法学学科新发展丛书

New Development of Legal Studies

刑法理论研究新视界

屈学武\主编

中国社会科学出版社

图书在版编目（CIP）数据

刑法理论研究新视界/屈学武主编.—北京：中国社会
科学出版社，2008.10
　(法学学科新发展丛书)
　ISBN 978 - 7 - 5004 - 7212 - 4

Ⅰ.刑…　Ⅱ.屈…　Ⅲ.刑法 - 理论研究　Ⅳ.D914.01

中国版本图书馆 CIP 数据核字（2008）第 143817 号

出版策划　　任　　明
责任编辑　　王半牧
责任校对　　修广平
技术编辑　　李　　建

出版发行　　中国社会科学出版社
社　　　址　北京鼓楼西大街甲 158 号　　邮　编　100720
电　　　话　010 - 84029450（邮购）
网　　　址　http：//www.csspw.cn
经　　　销　新华书店
印　　　刷　北京奥隆印刷厂　　　　　装　订　广增装订厂
版　　　次　2008 年 10 月第 1 版　　　印　次　2008 年 10 月第 1 次印刷
开　　　本　710×980　1/16
印　　　张　20.25　　　　　　　　　插　页　2
字　　　数　350 千字
定　　　价　36.00 元

凡购买中国社会科学出版社图书，如有质量问题请与本社发行部联系调换

总　序

景山东麓，红楼旧址。五四精神，源远流长。

中国社会科学院法学研究所位于新文化运动发源地——北京大学地质馆旧址。在这所饱经沧桑的小院里，法学研究所迎来了她的五十华诞。

法学研究所成立于 1958 年，时属中国科学院哲学社会科学学部，1978年改属中国社会科学院。五十年来、尤其是进入改革开放新时期以来，法学研究所高度重视法学基础理论研究，倡导法学研究与中国民主法治建设实践紧密结合，积极参与国家的立法、执法、司法和法律监督等决策研究，服务国家政治经济社会发展大局。改革开放初期，法学研究所发起或参与探讨法律面前人人平等、法的阶级性与社会性、人治与法治、人权与公民权、无罪推定、法律体系协调发展等重要法学理论问题，为推动解放思想、拨乱反正发挥了重要作用。20 世纪 90 年代以后，伴随改革开放与现代化建设的步伐，法学研究所率先开展人权理论与对策研究，积极参与国际人权斗争和人权对话，为中国人权事业的发展作出了重要贡献；积极参与我国社会主义市场经济法治建设，弘扬法治精神和依法治国的理念，为把依法治国正式确立为党领导人民治国理政的基本方略，作出了重要理论贡献。进入新世纪以来，法学研究所根据中国民主法治建设的新形势和新特点，按照中国社会科学院的新定位和新要求，愈加重视中国特色社会主义民主自由人权问题的基本理论研究，愈加重视全面落实依法治国基本方略、加快建设社会主义法治国家的战略研究，愈加重视在新的起点上推进社会主义法治全面协调科学发展的重大理论与实践问题研究，愈加重视对中国法治国情的实证调查和理论研究，愈加重视马克思主义法学和中国法学学科新发展的相关问题研究……

五十年弹指一挥间。在这不平凡的五十年里，法学所人秉持正直精邃理念，弘扬民主法治精神，推动法学创新发展，为新中国的法治建设和法学繁荣作出了应有贡献。

法学研究所的五十年，见证了中国法学研究事业的繁荣与发展；法学研究所的五十年，见证了中国特色社会主义民主法治建设的进步与完善；法学研究所的五十年，见证了中国改革开放与现代化建设事业的成就与辉煌。

今天的法学研究所，拥有多元互补的学术背景、宽容和谐的学术氛围、兼收并蓄的学术传统、正直精邃的学术追求、老中青梯次配备的学术队伍。在这里，老一辈学者老骥伏枥，桑榆非晚，把舵导航；中年一代学者中流砥柱，立足前沿，引领理论发展；青年一代学者后生可畏，崭露头角，蓄势待发。所有的这一切，为的是追求理论创新、学术繁荣，为的是推动法治发展、社会进步，为的是实现公平正义、人民福祉。

在新的历史起点上，我们解放思想，高扬改革开放的大旗，更要关注世界法学发展的新问题、新学说和新趋势，更要总结当代中国法学的新成就、新观点和新发展，更要深入研究具有全局性、前瞻性和战略性的法治课题，更要致力于构建中国特色社会主义法学理论创新体系。

为纪念中国社会科学院法学研究所建所五十周年，纪念中国改革开放三十周年，我们汇全所之智、聚众人之力而成的这套法学学科新发展丛书，或选取部门法学基础理论视角，或切入法治热点难点问题，将我们对法学理论和法治建设的新观察、新分析和新思考，呈现给学界，呈现给世人，呈现给社会，并藉此体现法学所人的襟怀与器识，反映法学所人的抱负与宏愿。

五十风雨劲，法苑耕耘勤。正直精邃在，前景必胜今。

中国社会科学院法学研究所所长李林　谨识

二〇〇八年九月

前　言

今年是中国社会科学院法学研究所建所 50 周年纪念日，为了纪念这一特殊的日子，本所刑法研究室全体研究人员携本室博士后研究人员与博士研究生，合力完成了本部题为《刑法理论研究新视界》的著作。

自 1997 年刑法颁行以来，随着中国社会改革开放的进一步纵深发展，刑法理论研究的视界也越来越开放、前沿。主要表现在：一方面，对传统的中国刑法学理论，刑法学同仁们在进一步纵向探究其沿革与发展的基本脉络之际，还能同时从事与国（境）外类似理论的比较研究，以从纵横相结合的角度深入探究中国现行刑法理论体系的失衡与不足、理论制度与刑事司法实践的滞后与错位，等等，并在此基础上，进一步反思中国刑事法理念以及中国刑法理论应予发展和更新的新方向、新视点等。

基于此一开放而前沿的视界考量，本书围绕着"刑法体系与刑法机制"问题、"刑法基本理论"问题、"刑罚"问题、"刑法实务"问题、"犯罪学与国际刑法学"研究等诸多问题展开了命题研讨。

总体看，本书之理论视点虽然多元，但其要旨还都在于：力求以新型视点或者新法释义来切入有关刑法理论问题与实践。基于此，从对相关理论进行"全面"的综述与回顾、特别是在对传统理论的"系统"解剖与诠释角度看，本书有的阐释也许谈不上"系统"，更谈不上"全面"，但这并不妨碍各论蕴涵的种种"新视点"、"新诠释"的发挥与述论。据此，就一事一议的角度看，哪怕全文蕴涵了一个有其独到甚至创新意义的新观点；抑或针对某一作者所赞同的观点，作者能就此提出有其诠释意义上的"全新"论据来佐论其所支持或赞同的观点，我们都谓之为"新视点"。就此意义看，本书所谓"新视界"之新点在于：

其一，能就某一刑法体系问题、其他理论问题、刑罚问题、实务问题提出有其创新意义的新视点并加以佐论。例如就中国刑法的构成体系问题、中国刑法机制问题、对犯罪的边界认识问题、对"夺取类"犯罪的"犯罪对象"问题的重新考量、认识，等等。

其二，就某一传统刑法学理论或者理念，做出有其创新意义的新型方法论的阐释或者述论。例如对"刑法平等原则"的新视角考量、对"正当化事由"之所以"正当"之基本理论的重新梳理与阐释；对"罪过三分法"之三维检讨与评析；对"量刑制度的改革与变迁"问题的新阐释及其完善意见，等等。

行文至此，编者惟愿借此机会深切感谢参与撰稿本书的全体同仁；同时感谢对本书之文字校对做了不少工作的中国社会科学院法学研究所刑法学博士研究生林俊辉；再者，对为本书之出版做了大量文字编排和审读工作的中国社会科学出版社的辛勤不已的编辑们，我们更是由衷地钦佩并在此特致深忱感谢！

屈学武

2008 年 5 月于北京和平里寓所

目　录

刑法体系研究

刑法基本理论

刑罚研究

刑事实务研究

犯罪学与国际刑法学

刑法体系研究

一体两支柱的中国刑事法体系构想
——侧重于废弃劳教制后的中国刑事法体系探析

屈学武[*]

一、一体两支柱的刑事法体系概述

本文所谓"一体两支柱"的刑事法体系，是相对于刑罚与类似于保安处分的特殊司法处分在广义的刑法体系中的地位而言。简言之，这里的"一体"是指广义的刑事法体系；"两支柱"则是指统一于整个刑事法体系之下的"刑罚"与类似于保安处分的"特殊司法处分"。

关于保安处分制度，一般认为，它是指国家刑事法律所规定的、对实施了危害社会的违法行为的无责任能力人、限制责任能力人以及法律上特定的有相当社会危险性的有责任能力人等所施以的刑罚以外的医疗施治、[1] 保护观察等特定措施，以预防和控制犯罪、确保社会平安和矫治行为者本人的不良人格或病理身心的各类刑事制裁制度的总和。[2] 对保安处分与刑罚的关系，大陆法系刑法史上的刑事古典学派与社会学派所代表的旧派与新派间一直存在二元论与一元论之争。主要争论在于：

第一，在保安处分的法律性质上，刑事古典学派认为，刑罚与保安处分不同：刑罚是司法处分、保安处分属行政处分，只是因为保安处分和刑罚在社会防卫上有共同之处，二者才统一规制在刑法典之中（不排除一些保安处分可以规制在特别刑事法之中）。新派学者却认为，刑罚与保安处分只有处罚量上的不同，并无实质上的差异，二者都属司法处分，例如保安处分的

　＊　中国社会科学院法学研究所研究员、刑法研究室主任；中国社会科学院研究生院教授、博士生导师。

　①　所谓"刑罚"以外，是相对于旧派和中介论者而言。在新派那里，刑罚与保安处分并无实质上的差别，主张二者间最终融合。

　②　在理论上，保安处分的适用对象还可包括未曾犯罪，但恶性重大、很可能再犯罪者。但在法律规定上，多数国家刑法（除西班牙对流浪者的保安处分，意大利对幻觉犯、不能犯的保安处分外）所规定的保安处分仅仅适用于上述 3 种人。此外，由于新旧两派观点不一，对保安处分的概念也各一。因而这里概定的保安处分的概念，乃是掺有笔者个人倾向性的相对"中介"观点的抽象。

奠基人之一意大利刑法学家菲利（Ferri）就主倡把刑罚和保安处分统一于一个社会政策；统一于一个防卫社会的目的，并将二者统称为"刑事制裁"或"社会保卫处分"。惟其如此，新派的诸此理论，又被称为一元化理论；与此相对立的旧派理论则被人称作二元化理论。

　　第二，在责任原则上，旧派学者基于客观主义的刑法观，主张道义责任论，又称行为责任论：即行为人基于自己的自由意思，实施了悖逆社会道德的、危害社会的行为，因而将受到国家法律的非难：其中之有责任能力者，自应接受刑罚的制裁；无责任能力人，因不发生"悖德"的道义责任，没有刑事责任可言。但因其悖常人格对社会构成威胁，因而应当受到保安处分的制裁，以防其社会危险性的"扩散"、危及社会安全。

　　新派学者持论相反：认为社会人没有真正的意志自由，主倡行为人责任论或社会责任论。新派认为：人类行为，无论是诚实的还是不诚实的，是社会性的还是反社会性的，都不是自己自由意志的结果，而是一个人的自然心理机制和生理状况及其周围环境交互作用的结果，因而任何行为都不是行为人主观"悖德"的结果，而是身不由己的、不由自主的；既而国家法律应当非难的不当是旧派"虚拟"的"违背道义的行为"，而是行为人偏常的"性格"、"人格"以及未对其成员恪尽正常人伦濡染教育之责的"社会"。既然如此，这种情况下，如对行为人还施以刑罚或保安处分，本为有损于行为人个人权益的不当之举，但国家为确保社会平安之计，不得不趋大利而损小害。

　　第三，在刑罚与保安处分的目的上，旧派强调特殊预防，认为刑罚的目的就是"报应"：是国家法律对危害了社会的犯罪人的"恶害"处罚；因而刑罚必以使受刑人感受到足以冲抵其犯罪所得到的"快乐"的"痛苦"的办法，预防其再犯。而保安处分的目的不在报应，仅在事前预防。为此适用刑罚，应当严守罪刑法定原则：罪多大、刑多重，且不得采不定期刑或以保安处分代科；而适用保安处分则可根据行为人主观危险性的大小酌定执行时间的长短或应否撤销处分。

　　对此报应刑论，新派主张：刑罚与保安处分的目的，都是为了社会防卫和对行为人本身的人格矫治，因而，无论是适用刑罚还是保安处分，都不必斤斤计较罪刑等价，而应着眼于个体人身危险性的大小。故此适用刑罚或保安处分时，应缜密推求行为人对刑罚（痛苦）或保安处分的感应程度以及个体接受矫治、悔悔归正的难易程度，从而量定刑罚或保安处分的种类或时间长短。为达此目的，适用刑罚与保安处分时也不必拘泥于僵化的法律规条而应根据刑事制裁个别化原则，采用不定期刑制。特别对那些没有或很少有刑罚（痛苦）感应度的限制责任能力人、性格或人格悖常的犯罪人，在刑罚机能对其作用力甚微的场合，与其徒耗人力物力地施以刑罚，不如以更加注重矫治、感化和人伦道义教育的保安处分矫正感化之。①

对此，本文赞同的立场乃为：折中其间的二元制立法。即：一方面我们难以认同旧派的绝对罪刑法定主义思想，而赞同相对罪刑法定主义，认为刑罚的目的不仅仅在于嗣后的报应，也在事前、事中、事后的预防及其对犯罪人的矫治等；同时认为保安处分在性质上应为有别于刑罚的特殊司法处分而非行政处分。另一方面，又认为新派过于强调社会防卫的立论，也偏废了法律的规范性及其法律对社会成员的正当私权利的合理保护。这是因为，法律的公正性不仅表现在司法、执法公平上，更表现在立法特别是国家对公权力、公权利和私权利的合理配置上。特别是，从"民权主义"的刑法观出发，无论是刑法还是刑罚，其根本目的还在于确保社会每一成员的最大限度的权利、自由及其人生价值的实现。因而，以"权力"来主导"权利"的"国权主义"刑法观，终究会为"以人为本"的新型法治观所取代。此外，刑事人类学派和刑事社会学派所主张的一元制的刑法观，还从法律性质上泯灭了刑罚和保安处分的界限，全盘否定了个人意思的相对自由，从而否定了当个人意志与法律规范冲突时选择了"犯罪"的行为人的个人责任，因而也殊不可取。

总之，大约正是源于上述种种缘由，才使得保安处分问世以来的一百多年间，始终未能形成一元制或者二元制之"一家独霸天下"的格局。恰恰相反，当今设置了保安处分的国家，其立法例多是二元之中有统一；统一之中有二致的。② 例如德国学者汉斯·海因里希·耶赛克和托马斯·魏根特就在其著名的《德国刑法教科书》中特别指出："在现今的德国，通说均赞同刑罚的双轨制，但不是十分强调从理论上区分刑罚和处分，而是强调两者的

---

① 参见屈学武：《保安处分与中国刑法改革》，原载《法学研究》1996年第5期，第55—68页。

② 所谓一元之中有二元，二元之中有统一，是指二者的立论原本有区别也有交叉面。单纯地一元或绝对的二元均是不可行的。例如二元论者一方面主张刑罚与保安处分性质有别：后者不是刑罚而是行政处分；另一方面又力倡应将保安处分纳入刑法典并只能由法官来宣告该"行政处分"，岂不自我矛盾？而一元论者一方面认为二者应当融合，另一方面，也承认对有些刑罚感应性强的本应处以保安处分者，适用刑罚可能更有利于社会防卫及其本人的矫治。因而，一元并非完全的一元。

互补性，现行法律正是体现了这一点。"①

基于上述立论，本文所主张的"一体两支柱"的刑事法体系，乃指从刑事法理及广义的刑事诉讼程序上，将刑罚与类似于保安处分的特殊司法处分，一并纳入整个刑事法体系之中的、折中于一元与二元之间、但偏重于二元制立法的刑事法体系。从而，既便于国家和社会能在充分保障每一公民（包括犯罪嫌疑人、被告人、犯罪人）基本人权的基础上，更加卓有成效地惩治、预防犯罪（及其相关违法行为），与此同时，还能达致从身心、生理等多角度矫治（或医治）受刑人（或受处分人）的病理人格或身心等多种刑罚或者处分所期寻的效果。

在立法体例上，"一体两支柱"的刑事法体系可按如下两种立法形式加以设置：

一是将刑罚与保安处分都规制于刑法典之中的立法例。如现行《德国刑法典》、《意大利刑法典》、中国《澳门刑法典》即是如此设置的。但是，在制订刑法典的过程中，无论是德国、意大利还是中国澳门刑法典，都是将"保安处分"专节（或专章）规制于"刑罚"专章或者专节之外的。据此可见，此类国家基本上是秉持着更偏向于二元论的"一体两支柱"的刑罚与保安处分设置立场。但笔者也注意到，《德国刑法典》是将"刑罚"与"保安处分"分别作为该法典第三章之第一节、第六节而"并列"规制于该章的。而第三章题为"犯罪的法律后果"。这就意味着——"保安处分"在德国刑法中是作为犯罪的法律后果之一加以规制的。可见，德国的二元论确为二元之中有统一的二元论。惟其如此，有德国学者才称现今的德国，通说赞同"刑法的双轨制"，认为保安处分是置于刑法之中的、有别于刑罚但又可与刑罚功效互补的"刑事制裁"。②

二是将保安处分置于刑法典之外的"一体两支柱"形式。如1929年荷兰的《常习犯人法》、1930年比利时的《社会防卫法》。显然，如此立法法，至少从外观上看，保安处分仅是特别的、广义的"刑法"。因而分设于刑法典之外的保安立法，其不同于"刑罚"的二元色彩也更加明显。

---

① ［德］汉斯·海因里希·耶赛克、托马斯·魏根特：《德国刑法教科书》，中国法制出版社2001年版，第104页。

② 同上书，第103—104页。

二、中国现行劳教制度弊象梳理及对策反思

综上分析可见，要在中国构建一体两支柱的刑事法体系，有必要在刑法典或者刑法典之外设置类似于国外保安处分性质的新型刑事法规范。实际上，关于保安处分与严格意义的"刑法"的关系、意义等，国际社会早在1926年的布鲁塞尔"国际刑法协会会议"就已清楚阐明，当时的大会还通过了"将来的刑法典中须有保安处分的实体规定"的希望性条款。继后，保安处分不仅为越来越多的大陆法系国家刑法之普遍纳入，也为东亚不少国家之刑法诸如韩国、泰国等借鉴和沿用，并在相当程度上成为刑法规范化、现代化的标志。

然而，80多年过去了，而今的中国刑法中虽然含有不少类似于保安措施的惩处规定，例如中国现行《刑法》第17条关于"满16周岁不予刑事处罚的，责令他的家长或者监护人加以管教；在必要的时候，也可以由政府收容教养"的规定、《刑法》第18条关于"精神病人在不能辨认或者不能控制自己行为的时候造成危害结果，经法定程序鉴定确认的，不负刑事责任，但是应当责令他的家属或者监护人严加看管和医疗；在必要的时候，由政府强制医疗"的规定、全国人大常委会《关于禁毒决定》中含有的"强制戒毒处分"的规定、《关于严禁卖淫嫖娼决定》中含有的"强制教育处分"的规定、对明知自己有性病仍然卖淫嫖娼者的"强制治疗处分"的规定等，都可谓类同于保安处分的规定。然而这当中：其一，中国现行《刑法》总则中并未对保安处分做出明确的设置，因而上述规定并非真正的保安处分规定；其二，按照中国《刑法》上述规定，裁决该保安措施者是"政府"而非人民法院，因而就其程序看，它也不合于保安处分须经法庭裁决的规定。

此外，《刑法》第17条还提到了针对刑事未成年人的"收容教养"问题，而中国刑法上的"收容教养"与中国现行"劳动教养"制度一样，都是存在诸多程序性、实质性弊病的，并有悖于《公民权利与政治权利国际公约》第9条规定的不伦不类的行为规范。应予全盘革新或者废除。① 其主要问题表现在：

---

① 近年来，关于废弃还是改革现行劳教制度的呼声颇高。在此"废除论"与"改革论"之争中，我们赞同下述观点，即废弃与改革现行劳教制度，实际上并不是一对迥然矛盾的命题——二者其实都是既要从形式、又要从实质上改革现行劳教制度的程序与实质不正义问题。因为，多数改革论者所持改革观，绝非仅仅针对现行劳教制度的"立法化"而已，而包括对其处分性质、适用对象、处遇方式的全方位的革故鼎新，加之对其"处分的任务与目的"的革新，这样，改革论与废除论之间也就没有多少本质区别了。参见屈学武：《"轻罪"之法价值取向与人身权利保护》，载《河北法学》2005年第11期，第18—23页。

（一）程序正义问题

众所周知，程序正义是实质正义的前提和保证。尽管就个案意义看，程序不正义者实质上未必不正义；但就一般意义看，没有程序正义就没有实质上的正义。特别是牵涉限制或剥夺人身自由的禁止性规范的设置，更须程序严谨而合法。

就中国现行劳教制度的执行处遇看，各类在教人员不是被限制了人身自由、就是被剥夺了人身自由，而众所周知，现行劳教制度的依据却多为"准法律"或"准行政法规性质"（刑法典中的个别依据除外）。① 由此可见，严格意义看，上述"依据"还有待进一步法律化。特别是现行《中华人民共和国行政处罚法》、《中华人民共和国立法法》以及中国已经签署的《公民权利与政治权利国际公约》都已明文规定，惟有依照法律确定的根据和程序，才能限制和剥夺公民的人身自由。这里的"法律"，应为严格意义的法律而非广义之法。据此，从严格意义看，《国务院关于劳动教养问题的决定》、《国务院关于劳动教养的补充规定》、《劳动教养试行办法》等，均无权设置限制或剥夺人身自由的行政罚或警察罚。虽然从实质正义角度看，限制或剥夺其中一些人的一定人身自由也许符合实质正义的蕴涵，但程序正义既然是实现和确保一般意义的实质正义的前提和保障，二者之间的关系即当"程序正义原则上优于实质正义"。有鉴于此，拟具一部定性合规而又适法的专门法律来规范此类处分的性质、对象、种类、范围、期限、裁决机关、宣告程序、执行处遇、执行机构等事宜，势在必行。

所谓定性"合规"，在此指符合有关国际公约的规定，例如符合我国已经签署、理当践行的《公民权利与政治权利国际公约》第 9 条的明文规定。该条第 1 款明确规定："……除非依照法律所确定的根据和程序，任何人不得被剥夺自由。"据此，中国多数学者主张应将劳教案的裁决机关改为人民法院而非公安机关或劳教委员会，这才能谓之审理和裁决的程序正当。

所谓定性"适法"，在此指该劳教法在法性质上应为全国人民代表大会通过的法律而非广义上的法。目前在中国学术界，有学者主张在保留现有劳教法规的基础上，对其加以改革；有学者主张另行设定专门的劳教法律，以

---

① 中国现行劳教制度的主要依据是：全国人大常委会批发的《国务院关于劳动教养问题的决定》、《国务院关于劳动教养的补充规定》等，此外，国务院 1982 年批发的《劳动教养试行办法》等也可谓国内实行劳教的主要依据。

规范劳教依据、程序及其实质内容，并认为"如此操作，与国外的保安处分的做法比较接近，在理论基础方面，也有许多值得借鉴和参考的地方"。①还有学者主张设定一部专门的类似于国外的保安处分的《社会防治法》，并将改造后的现行劳教处分及其他含有保安性措施的处分纳入其中。对此，我们比较赞成最后一种意见。至于"赞成"的主要理由，可从保安处分有别于一般行政处分及其刑罚的特点谈起：

第一，就保安处分的性质看，国内外刑法学者虽对此见仁见智——有称其为行政罚的、有视其为刑罚的，但通说意见看来还是认可保安处分应为介乎于行政罚与刑罚之间的刑事制裁——属一种特殊的司法处分，与刑罚既有区别又有联系。惟其如此，现今各国关于保安处分的规定，虽然多置于刑法典之中，但又都置于"刑罚"章节之外，大多特设专门的"保安处分"章。此外，对保安处分的裁决，各国几乎均经由法庭审决而非行政机关裁决，足见其绝非一般的行政处分。惟其如此，如将我国各类治安的、戒毒的、卖淫嫖娼的、轻微刑事犯罪的在教人员纳入专门的法律规定，并通过法庭审决送诸有关场所教养，就不会发生所谓"未经法律审判而限制或剥夺公民人身自由"的违背公约规定并遭受国际人权非议的问题。

第二，保安处分与刑罚的适用前提不同。刑罚的前提是行为人须具有罪责；保安处分则不以罪责为前提。因而在责任非难未被认可的场合，社会为了避免行为人实行犯罪的危险性，可对其科以保安处分，例如对精神病人的医疗监护处分即如此。

第三，保安处分的适用对象是：（1）尚未犯罪、但很可能危及社会公共秩序的违法人员；（2）已经犯罪、有较大人身危险性但不可归责者；（3）虽已经犯罪且可归责、再犯罪倾向明显的犯罪人。此三者的共同点是：被处分的对象均具有很可能危及社会秩序的"公共危险性"。须知，这一共同点，实际上也是现今我国对许多已经违法、尚未犯罪但有犯罪倾向者适用"劳教"的要件。

第四，保安处分的适用目的有二：（1）危险性预防。对此，当代著名德国刑法学者汉斯·海因里希·耶赛克曾明确指出，德国现行刑法典中的保

① 中国个别学者主张将改革后的劳动教养处分定性为非行政处分的、类似保安处分性质的"治安处分"。我们认为此种观点值得商榷。因为中国有专门的《治安管理处罚法》，该法属治安行政法规范，其中规定了多项对违反治安管理行为的处分方式，而该类"治安处分"均属行政罚性质。因而我们认为，一方面，将改革后的劳教定性为非行政罚是正确的；另一方面，将其名为"治安处分"，很容易致人曲解其罚则性质，因而此类称谓不可取。

安处分与刑罚一起构成了"刑法的双轨制",其中,刑罚的目的在于"罪责报应";保安处分的目的则在"危险预防"。(2)对被处分人的特殊矫治:即通过社会矫治机构或医疗机构,来达到其对违法者的偏常人格、性格、嗜好或异常心理、生理疾患的教育、医学治疗目的。如此看来,在我国适用特殊司法处分的目的也无外乎此两点。即其一,矫治违法犯罪人员;其二,确保社会治安。

第五,在处分期限上,保安处分具有更大的弹性。由于保安处分的目的不在"报应"而在危险性预防与个人矫治,因而一些国家将某些特殊的保安处分的期限设定为:根据被处分人的公共危险性的消除及个人矫治成效状况酌定。例如将受处分人安置于社会矫治机构、戒毒场所、精神病院,其期限不必固定,而是依其矫治情况酌定。我们认为,这种不定期性,对特殊人员是必要的。例如对于须行强制戒毒的人员、须行强制治疗性病、精神病的人员即如此。尽管在此问题上,还应从法律规定及其道义角度设定其期限长短把握的基本原则及限制自由时间的最高上限等。①

第六,相对于犯罪后果而言,刑罚是"事后罚";保安处分则不一定是事后罚,因为除犯罪人员外,保安处分还可适用于严重违法但尚未达致犯罪程度者,因而保安处分也可能是"事前罚"。②从犯罪学意义看,一般而言,"事后罚"主要是杀一儆百的消极预防;"事前罚"则属事前积极预防。特别对那些心理严重畸形的违法人员、醉酒驾车人员而言,这种事前罚,不仅能够确保社会平安;也有利于有效防范行为人自己最终走向那既毁灭他人、又毁灭自己的罪恶深渊。

第七,在处罚基础上,刑罚可谓"行为罚",非难的主要基础是行为人的"犯罪行为";保安处分的非难基础主要不是行为人的违法犯罪行为,而是其异常的"人格"或是畸形的心理、生理因素。因而与"刑罚"相比,"保安处分"更加讲究因人而异的处分"个别化"。

综上可见,保安处分确以其事前积极预防的保安措施与因人施治的刑事政策弥补了刑罚事后补救的、对社会安全和个人矫治的局限。基于此,此类

① 例如国外学者提出的必要性原则、相当性原则等,值得考虑。必要性原则是指接受处分与否及其期限的长短均取决于社会防卫及其矫治的有效性。如没有防范必要或其根本不可能矫治,则无须科以有关处分;如矫治仅须半年,则无须收容一年;相当性原则,是指处分的种类、期限须与受处分人行为的危险性及其社会保安的必要性相当。

② 所谓"事前罚",在此仅仅相对于"犯罪"后果而言;相对于"违法"仍属"事后罚",因而并非罚之无据;也非单纯地处罚"思想"或"倾向"。

保安立法，无论是形式上还是内容上，均有相当可资我国立法借鉴的因素。具体而言，我们主张：

废除现有的劳教法规形式，保留其合理的惩处种类内核，如将现有的对轻微违法犯罪人员的劳教处分、戒毒处分、性病治疗处分、无责任年龄人的收容处分及其刑法中的医疗监护处分等，统纳入专门的保安性立法之中，以首先从形式，即法律依据和程序上赋予其合法性、正当性。但考虑到中国刑法典刚刚全面修改不久、再行大幅度修改，恐有悖于刑法典的稳定性原则；同时虑及立法程序上的便捷与成本投入上的效益性，因而我们主张：与其大幅度修改刑法典、不如对其实行专门的单行立法更具现实性和可行性。① 有鉴于此，我们设想，将来的保安立法中，可将原来的劳教法规及现行刑法典中所含有的强制戒毒处分、强制教育处分、强制治疗处分、收容教养处分、医疗监护处分等悉数包容进去。然而，鉴于《公民权利与政治权利国际公约》第 8 条第 3 款所规定的除特定的刑罚以外的"任何人不得被要求从事强迫或强制劳动"的规定，作为非刑罚的原来的"强制劳动教养"的处分应当革新——例如改为"强制收容矫治处分"。此外，对被收容者，除强制教育外，可采取给付一定报酬、自愿（而非强制）劳动教养的办法来矫治此类人等。

（二）实质正义问题

这里所谓"实质正义"，核心在于对被处罚人应否处罚及其处罚度的公平把握问题。这当中既存在一个对"分配的正义（Distributive justice）"的权限掌握问题，也存在一个权力与权利之配置"量度"乃至孰为"本位"的问题。与私法上的"平均正义（Corrective justice）"不同的是，分配的正义一般认为是所有公法包括刑事法、保安法的指导原则。基于此，分配的正义往往倍加关注公法的社会防卫机能、同时相对轻忽公法的个人权利保护机能。一定程度看，中国现行劳动教养制度的实体规定就表现出这种公权力与

---

① 关于该类单行立法的称谓，中国国内也有多种主张。多数学者主张废弃原来的《劳动教养处分》的提法，特别是《公民权利和政治权利国际公约》第 8 条已明文规定"任何人不得被要求从事强迫或强制劳动"，多数学者因而不同意《劳动教养法》的定名方案；个别学者主张将其定名为《治安处分法》；另有学者主张名为《社会保安法》或《社会防卫法》；还有人主张名之为《教育矫治法》、《矫治处分法》、《教养处遇法》、《教导处分法》、《收容教养》等，本人比较赞同《司法矫治处分法》的主张。认为这一名称，既突出了此一处分法的性质在于特殊的司法处分；又强调了对行为人本人的矫治目的"优位"的法治立场。

私权利配置上的严重失衡甚至国家权力与个人权利的倒置。

我们知道，在新中国成立以来相当长的历史时期中，劳教制度主要适用于那些实施了违法行为但还不足以科处刑罚的人。为了教育改造他们，中国政府本意是要通过对这些人采取较刑罚相对更轻的处分——劳动教养来矫治他们。然而，由于立法指导思想上的失误以及执行中的错误，实践中反而出现了不少问题。例如，从遭受劳动教养的人被限制其人身自由的期限及严厉程度可看出，这种惩罚实际上比之被判处两年管制刑罚或被判拘役刑罚者更加严厉。中国的管制刑上限为 2 年、下限仅 3 个月；拘役刑上限为 6 个月；下限仅 1 个月。而劳动教养的期限可达 1—3 年；必要时，还可以再增加1 年。

由此可见，这种不合理的规定不仅仅在于其倒置了作为非刑事处罚的劳教处分与刑罚的严厉程度；还在其公权力与私权利孰为"本位"关系上的"倒置"。所谓"以人为本"就是要以公民权利为根本而非"国家本位"、"社会本位"。有鉴于此，从社会防卫角度讲，对一个犯情虽然轻微、但人身危险性较大的人施以较长时期的社会隔绝，固然可能有利于社会防卫，例如对一个屡屡卖淫的人限制其较长时期的人身自由，也许比之短期自由限制更有利于社会防卫，但此举显然倒置了国家与个人的权力与权利关系。更何况，对于一个行为尚不足以科处刑罚的人科以高于最低刑罚之自由限制期好多倍的处罚法，不免显失法律的公平与正义。因而，当其"分配的正义"面临国家权力与个人权利的两难选择时，我们认为，正义的价值取向之砝码应当基于"人本位"的原则去考量有关处分之轻重配置，即：在不损及国家和社会的根本利益的前提下，国家应最大限度地保护公民个人的权利和自由。

三、构建"一体两支柱"的中国刑事法体系思考

如上所述，就当前立法环境条件看，本文所主张的中国的"一体两支柱"的刑事法体系，是指在刑法典之外，另行设置可隶属于"大刑法"的特殊司法处分法。具体而言，我国立法机关可先行设置一部《司法矫治处分法》，以初步确立起上述"一体两支柱"的刑事法体系框架，① 俟条件成

---

① 今后待条件成熟时，我们仍主张将此特殊的司法处分移诸刑法典之中，以便在进一步规范保安处分制度的同时，强化其一体性；同时便于司法操作和广大民众知晓有关刑事法律体系的基本内容。

熟时，宜针对此类《司法矫治处分法》的操作程序，配套设置《刑事制裁程序法》等。针对《司法矫治处分法》的拟具与出台，我们的基本思路如下：

首先宜当废除现行劳教制度，仅保留其在处遇对象上的某些合理因素，并在此基础上创设类似于西方保安处分性质的《司法矫治处分法》。总体而言，在处遇方法上，我们既不主张用纯刑罚方法来调控现行劳教在教人员涉案的诸种行为，例如小偷小摸、小额诈骗、深度吸毒、卖淫、长期赌博等；也不赞成以纯行政处罚的方法来处置此类行为；同时不赞成将此类行为分流为一半犯罪、一半行政违法；抑或一半犯罪、一半保安措施来处理。而是主张全面设计、推陈出一种特殊的司法处分来调控现存的、由现行劳教体制处理的诸种国家、社会与公民个人间的冲突关系。

据此，该一特殊司法处分的特殊点在于：（1）中国现行的法律处分无外乎民事处分，刑事处分或行政处分三大类。而此类处分既不是民事处分，也非（严格意义的）刑事处分，更非行政处分，因而，它很特殊。（2）其适用对象主要是有轻微刑事违法、又够不上严格意义的"犯罪"之人，抑或实施了较为严重的治安违法行为者，以及其他需要强制施以心理矫治、人格矫治、戒毒治疗、戒赌治疗、性病治疗、精神病治疗等人员。（3）在处分期限上，对一些特殊的适用对象可在一定期限内有其弹性。例如对深度吸毒者、被强制治疗的精神病人、性病病人，可视其戒毒和治疗的需要来酌定限制其人身自由的长短。但之所以须同时拟具一部《刑事制裁程序法》，是因为"作为纯行为调查程序"的"刑事诉讼法还未被按照行为人个性研究的任务来处理。一旦可能科处剥夺自由的保安处分，就有必要聘请专家"……因而，"还应当考虑将刑事诉讼划分为判决程序和制裁程序"，前者乃针对刑罚适用而言；后者则针对适用此类特殊的司法处分而言。①

如此一来，所谓"劳动教养"的概念就会随着《司法矫治处分》的出台而在现行法治运作中消失。这样，就其表象或就其名称上看，既然这一部分人员已经不复存在，似乎就不再发生解决"劳动教养"的法律依据以及程序的问题。但就其实质看，由于某些违法行为包括嗜赌成癖、深度吸毒、长期卖淫嫖娼等行为与国家既定的法治规范的冲突关系依然存在；相应的，对此类人等的人格矫治乃至生理、心理施治的任务，依然存在。由是，我们

---

① 参见〔德〕汉斯·海因里希·耶赛克、托马斯·魏根特：《德国刑法教科书》，中国法制出版社 2001 年版，第 108 页。

可以说，如此立法实际上正好解决了调控此类冲突关系的法律依据及其程序问题，这是因为：

（1）此类冲突关系将划属全国人大（或其常委会）通过的"法律"来调控，从而致使此类处分有其法律上的依据；（2）限制人身自由必须通过人民法院的法庭裁决，因而从程序上看，它也是经由了司法裁决程序而非行政程序决定的。（3）从法律性质上讲，特殊的司法处分法，既不是严格意义的刑法，也非民法、行政法。而是特殊的司法处分，因而其限制人身自由的期限可以超过行政处罚期限；但被处分人等又并没有被标签为刑事犯罪人，从而有利于对此类人等的矫治改造；此外对某些特殊人等在一定期限内的弹性期限设定，也有利于对其本人的矫治和社会防卫。同时，该一弹性期限也是有其上限规定的（例如最长不得超过1年，精神病治疗者可例外，等等），以免有关处分执行人等滥用职权。（4）此一立法法，符合国际惯例，因而它绝不会发生悖逆我国已经加入或签署的国际公约中的人权规范的问题。

总之，笔者认为，在中国现行刑法体系中，增设特殊的司法矫治处分的立法法，不但可以解决当前劳动教养处分有违国际公约规范的难题，还可将当前散置于刑法或其他法中的、适用于轻微刑事违法人员的非刑罚处分集中统一起来，便于通过人民法院的简易裁决，确保其从实体内容到程序上的正当。

综上可见，本文所主张的特殊司法矫治处分法，既有其借鉴西方包括中国澳门特别行政区保安处分规定的本质成分，也有其自身特色。这当中，类似于国外保安处分之处主要表现在：在法律性质上，其都属独立于民事、行政处分之外的司法处分；在法律体系上，其均可划属广义的刑法体系；在处分程序上，都需要启动司法程序来完成。而且，我们也可将此类法官为适用《司法矫治处分法》而启动的司法程序统称为刑事裁决程序，以区别于法院审决罪犯时所启用的刑事审判程序；在适用对象上，还可部分地适用于轻度触犯刑律者。与此相对应，法官启动刑事审判程序时，在程序法上都适用《刑事诉讼法》；而在启动刑事制裁程序时，程序法上适用《刑事制裁程序法》、实体法上则适用《司法矫治处分法》。

二者的主要区别表现在：

其一，西方社会的保安处分大多适用于下述三等人：（1）无刑事责任年龄人和无责任能力人，通常指实施了重大犯情（如杀人、放火）的不满14周岁或实施了一般犯情而不满16周岁的人以及作案时精神不正常的精神病人；（2）限制责任能力人，指又聋又哑的人、盲人或智力痴愚的人；

（3）有特种危险性的有责任能力人。通常指本该刑满释放但尚未改其恶习的人、被宣告缓刑或假释的人，等等。本文所主张的司法矫治处分者，却不包括上述"本该刑满释放但尚未改其恶习的人"；同时它应另行包括深度吸毒、卖淫嫖娼、参赌、小偷小摸者以及屡屡实施治安违法、多处小偷小摸、小敲小骗者，等等。

其二，在处遇方式上，在身体条件许可的情况下，我们主张以更多的社区矫治来替代而今通行的隔离矫治甚至强制劳动改造等。而对被集中于特定的隔离区者，根据上述公约规定精神，也应逐步实行自愿参加劳动，并酌量发给一定报酬，以确保其依法行使他（她）们自愿参加或不参加隔离区劳动的权利。

其三，在法律后果上，由于被实行司法矫治处分的人，不属于刑事犯罪分子，因而当其再犯时，不属有前科者。

最后，在处分的目的、任务上，西方社会的保安处分往往以被处分人有其"人身危险性"为实行处遇的前提条件，因而"社会防卫"乃其启动该一处分的主旨和目标，而本文主倡的司法矫治处分，乃以矫治本人为其第一任，"社会防卫"则只是伴随受处分人"新生"之同时俱生的目标而已。

结语：一体两支柱的中国刑事法体系的构成

一般而言，所谓"刑事法"理所当然地包括刑事实体法与刑事程序法两大部分。基于此，虽然基于重点分析现行劳教制度之弊害的角度，本文之议论重心本在刑事实体法。但是，作为"一体两支柱"的中国刑事法体系，还不能或缺或偏废了对诉讼法之支柱作用的充分评价与高度重视。

据此，概括起来看，本文所企望的一体两支柱的中国刑事法体系，至少应包括：（1）中国现行刑法典；（2）国内其他单行刑事立法；（3）附属刑法；（4）《刑事诉讼法》；（5）本文设想的《司法矫治处分法》；（6）本文构想的《刑事制裁程序法》，等等。

继后，在条件更成熟时，国家宜进一步配套出台《刑罚执行法》、《司法矫治处分执行法》，等等。如此，一体两支柱的中国刑事法体系将基本告成。而刑罚与保安处分这两大支柱的"台柱"作用也才能在既定的刑事法治框架下依法得以充分发挥。进而，我国之刑事法方才能在全面落实《公民权利与政治权利国际公约》相关规定的基础上，在有效维系国家、社会秩序的同时，进一步推促与保障"以人为本"的法治终极目标的实现。

论 刑 法 机 制

刘仁文[*]

一、刑法机制概述

（一）刑法机制研究的回顾

"机制"一词来自英文的"mechanism"。《现代汉语大词典》对其的释义为："原指机器的构造和工作原理。生物学和医学通过类比借用此词，指生物机体结构组成部分的相互关系以及其间发生的各种变化过程的物理、化学性质和相互关系。现已广泛应用于自然现象和社会现象，指其内部组织和运行变化的规律。"[①] 在科学研究中，生物学、医学和心理学较早地借用了"机制"概念，后来延伸到经济学等社会科学领域。

我国刑法学界最早使用"机制"一词的学者，应是储槐植先生。他在1989 年第 1 期的《中外法学》上发表"建立刑事一体化思想"的论文，指出实现刑法最佳效益是刑事一体化的目的，刑事一体化的内涵是刑法和刑法运行内外协调，即刑法内部结构合理（横向协调）与刑法运行前后制约（纵向协调）。该文从刑法运行（犯罪态势——刑罚——行刑效果）前后制约的视角用了"刑事机制"一词，但没有给出定义，且仅有制约关系而未顾及协作关系。1993 年，储先生在"论刑法若干重大问题"一文中，提出了研究"刑罚机制"的主张："刑罚机制可理解为刑罚运行方式。刑罚运行实际是刑罚功能实现过程。运行方式有优有劣，研究刑罚机制的目的在于探索优化刑罚功能实现过程。优化过程的关键无非是要把握刑罚功能实现过程应循的规律。所以，研究刑罚机制就是探讨刑罚功能实现过程的规律。"[②] 2000 年，他又发表"关注刑法机制"一文，正式提出了"刑法机制"一词。文章虽短，但提出了一系列重要思想，如从 5 个方面分析了我国刑法机制不畅的原因：其一是刑法立法单轨模式，即罪与刑的法律规范只存在于狭

---

* 中国社会科学院法学所研究员，法学博士，经济学博士后。
① 《现代汉语大词典》（下册），世纪出版集团、汉语大词典出版社 2000 年版，第 2024 页。
② 储槐植：《论刑法若干重大问题》，载《北京大学学报》1993 年第 3 期。

义刑法（刑法典或单行刑法），其他所有法律即刑法以外的行政管理和经济运行等领域的法律都不能有独立的罪刑条款。其二，犯罪概念中的定量因素造成我国刑法的结构性缺损，给刑法运作带来麻烦。其三，存在立法疏漏。其四，在刑法适用解释方面本末倒置，过于依赖顶尖的中央司法机关的司法解释，而排除广大司法官办案中将法律规范适用于具体个案所进行的理解和解释。其五，"后位预期"办案思路，指刑事诉讼前一阶段的活动被后一阶段预计将会出现的结果所左右，前位活动惟后位预期是从。这将会造成最早阶段的提请批准逮捕数等同于最后阶段的有罪判决数。表面看，似乎诉讼各阶段均属高效，其实并不正常，会造成"削足适履"现象，结果是可能放纵犯罪，更可能"将错就错"、枉打无辜。①

也是在 2000 年，储先生指导的博士生宗建文出版了其博士论文《刑法机制研究》的专著。② 该书以刑法机制为视角，研究了刑法立法方法和刑法适用解释机制中的基本规律，希望借此促进刑法功能的最佳发挥。其立论的前提命题是，刑法规范是有局限性的，其原因包括认识论和本体论两个层面。刑法有局限性的逻辑结论是，刑法立法不能封闭司法活动，要通过刑法适用的过程来实现刑法的社会功能即刑法的活法化。在立法层面，刑法分则重点是解决严密刑事法网的问题，基本方法是确立定性的规则，给控方（国家的代表）提供指控犯罪的依据；刑法总则主要解决刑事责任问题，即在罪刑法定的范围内将罪责落实到具体犯罪人。由于刑法有局限性，在国家指控犯罪时，要允许被告人以辩护的方式发表自己对法律的见解。依法证明犯罪是罪刑法定原则的实质要求，在程序活动中，控、辩双方依法发表意见，在充分抗辩的基础上达成妥协，是刑法适用解释的基本方法。就现有情况来看，应当强调经验知识对官方知识的对等性，二者都是正确解释刑法条款、促进刑法适用解释机制顺畅的因素。该书还讨论了法官解释刑法的主要方法，并就进一步推行刑事法治改革、促进刑事程序的公正性作了探讨。作者后来又以此为基础，将每一章独立成文，分别以"论刑法机制研究的必要性"、"刑法立法思想现实化"、"刑法法典化及其可能性"、"刑法分则的功能：立法定性"、"刑法总则的功能：刑法适用解释的途径"、"刑法适用解释的功能：司法定量"、"刑法适用解释机制与刑事法治改革"为题，在

---

① 参见储槐植：《关注刑法机制》，载《检察日报》2000 年 1 月 14 日。
② 中国方正出版社 2000 年版。

"中国法学网"① 上将此作为其"刑法机制研究"系列论文予以发表。②

2004 年，法律出版社出版了储槐植、宗建文、杨书文、付立庆四人合著的《刑法机制》一书，全书 22 万余字。该书由储槐植教授设定编著大纲并撰写一、二章，其中第一章"刑法机制概述"包括"刑法机制的概念"、"刑法机制的构成要素"和"刑法机制的研究价值"。第二章"刑法结构"包括"刑法结构的概念"、"严而不厉和厉而不严"、"刑法结构和刑法机制"。第三、第四章由杨书文撰写，分别是"刑法功能"和"刑法立法科学合理"。第五章"刑法适用高效公正"由宗建文撰写，其中提出实现刑事司法高效公正的三个任务（在我看来也许叫三个途径更合适些）：一是从刑事司法解释向刑法适用解释的转变；二是犯罪构成的结构调整；三是依靠公正程序促进高效公正。第六、第七章由付立庆撰写，分别论述"刑事司法环境优化"和"行刑社会化"。其中前者又包括"警察权的制约"、"检察权的恰当行使"、"辩护权的培育和强化"、"审判权的加强"。第八章是附论："刑法现代化"（付立庆、宗建文合写）。

2007 年 4 月，中国人民大学刑事法律科学研究中心组织召开了"和谐社会语境下刑法机制的协调"的学术研讨会，收到论文数十篇，内容涉及"立法模式与刑法机制的协调"、"刑法总则与刑法分则的协调"、"刑罚体系与刑罚结构的协调"、"刑法立法与司法的协调"、"《刑法》与《违法行为矫治法》、《治安管理处罚法》、《监狱法》等法律的协调"、"《刑法》与《联合国反腐败公约》和《公民权利与政治权利国际公约》等国际公约的协调"等。③

（二）刑法机制的内涵及研究刑法机制的意义

1. 刑法机制的内涵

宗建文博士曾经指出："刑法机制，包括刑法立法机制和刑法适用机制，是指刑事立法与司法适用之间的相互关系和作用过程，二者分别遵循自身的运作规律并相互促进，刑法立法与司法适用有机配合，保证刑法保护社

---

① http://www.iolaw.org.cn.

② 该系列论文在内容上与作者前面的专著没有区别，只是个别地方作了些文字补充和调整，故本书写作此部分时重点参考作者发表在"中国法学网"上的系列论文，而不再一一注明此观点出自原著的第几页，特此说明。

③ 参见刘金林：《刑法机制：四个不协调亟待解决》，载《检察日报》2007 年 4 月 16 日。

会和保障人权两大功能得到最佳的发挥。"① 该观点将刑事司法与刑事立法结合起来，是对传统的静态刑法研究的一种拓展，有积极意义。

储槐植教授指出：刑法机制是刑法结构产生功能的方式和过程，它由刑法结构、刑法功能、刑法适用和刑罚执行四要素构成。其中，刑法结构"形式上指刑法总则和分则的组合；实质上指罪与刑的组合，即犯罪圈与刑罚量的配置"，"出于优化机制（的考虑），刑事立法要求科学合理"。刑法功能即"刑法运作产生的社会作用"，"是在刑法适用过程中动态地实现的"。刑法适用的"载体是刑事司法"，"刑事司法的核心制度是刑法适用解释"，好的刑事司法要求做到公正高效。该观点较之于前一观点，又有了深化，提醒人们刑法机制可以在立法与司法的层面下作更多视角的观察。但将"刑法功能"作为"刑法机制"的一部分似可商量。因为在笔者看来，二者是既有联系又有区别的两个概念：理顺刑法机制是为了更好地发挥刑法功能，反过来说，刑法功能发挥不理想，主要是因为刑法机制不顺。

笔者认为，刑法机制可以被定义为以刑法为重心的刑事法治各组成部分、要件和阶段的有机组合。以刑法为重心，意味着这一机制主要不是刑事诉讼机制（刑法机制看重实质正义，而刑事诉讼机制看重形式正义）；强调刑事法治各组成部分、要件和阶段的有机组合，意味着刑法机制不光要研究刑法本身，还要研究刑法运行的环境（包括内部环境和外部环境）和过程。一个好的刑法机制，必是能充分发挥刑法功能、② 较好地实现刑

① 宗建文：《论刑法机制研究的必要性》，载"中国法学网"（http：//www. iolaw. org. cn）。

② 关于刑法功能，又被有的学者称为刑法机能，还被一些学者称为刑法的作用，可以从不同的角度去考察。如有的学者从刑法的消极作用和积极作用来考察，认为刑法有遮蔽社会矛盾，不利于揭示犯罪发生的真正社会根源；硬化公众心肠，不利于培植温良恭俭的社会风气；镂刻犯罪烙印，不利于犯罪人的重新社会化等消极作用。但我认为，在讨论刑法机制的时候，刑法功能还是应特指刑法的积极作用为宜，否则容易使问题复杂化。因为尽管刑法有前述消极作用，我们迄今为止还是不能取消刑法，这就说明刑法对人类是有用的（当然这里的刑法被假定为是科学的刑法）。另外，有学者将刑法的功能分为基本功能与附属功能，前者又包括规范功能、保护功能和保障功能，后者则包括补偿功能与矫正功能。还有学者将刑法机能先分为"规范机能"和"社会机能"，在此二者之下又将规范机能分为评价机能和裁判机能，将社会机能分为保护机能和保障机能。我认为，规范机能是本体意义上的刑法机能，而保护机能和保障机能则是价值意义上的机能，二者不应在同一个层面上来被平视。在接下来的相关论述中，我对刑法功能的基本理解是规范基础上的保护（社会）功能和保障（人权）功能（至于所谓的附属功能，我暂且将其归入这两种功能之中）。前面提到的诸观点，可参见以下文献：杨书文：《刑法功能》，载储槐植等：《刑法机制》，法律出版社2004年版，第27—59页；陈兴良：《本体刑法学》，商务印书馆2001年版，第37页以下；周少华：《刑法机能产生的制度基础》，载《法律科学》2005年第3期。

法目的、①使刑法达到最佳效益的机制。鉴于刑法机制的研究还处于起步和探索阶段，我们不妨对其具体内涵持开放态度。不过，我也认为，无论怎么去界定，以下三个因素应是刑法机制的主要组成部分：刑法结构、刑法适用（重点是刑法适用解释）和刑法运作。因而后文的论述将围绕这三个方面展开，并着重从成本与效益的经济学角度来分析（因为刑法机制问题说到底是刑法运作的效益最优化问题）。

2. 研究刑法机制的意义

新中国成立后，先是因巩固政权的需要，后又因长期陷入人治的误区，我们主要凭借政策来定罪量刑，刑法学作为一门科学没有得到认真地对待。在这种情况下，当然不能指望对刑法机制给予关注。

1979 年，新中国第一部《刑法典》颁行后，学界将主要精力放在刑法注释上，为司法实务界掌握刑法做出了贡献。1997 年《刑法》修订前的 10 年左右时间，大家的注意力转向刑法完善，这也有其合理性。

随着《刑法》修订工作的完成，学界对理论刑法学给予了日益普遍的重视。理论刑法学的繁荣，对提高注释刑法学的质量，也可起到相辅相成的作用。如近年来有的理论刑法学者对刑法解释论问题的关注（与纯粹的刑法注释不同），对提高司法工作者的刑法适用能力产生了积极的作用。

但是，注释刑法学也好，理论刑法学也好，基本上是静态的文本刑法和理念刑法，而"刑法在运作中存在和发展，刑法的本性是动态的和实践的"。正因为此，"动态的实践刑法认知尚未形成较系统的学问（理论）是为一大遗憾"，"根据刑法的本性打造一门新学问，是刑法本身的需要，也是社会的需要"。②可以认为，从静态刑法到动态刑法，从文本刑法、理论

---

① 何谓刑法目的？这样一个基础性问题似乎并没有在我国刑法学界得到广泛讨论。从有限的文献中，我看到如下一些观点：张智辉先生认为，刑法的目的包括制定和适用刑法所直接追求的目的，以及通过这种直接目的最终所要达到的目的两个方面：刑法的直接目的是预防犯罪，而最终目的是维护现存社会的生存条件。参见张智辉："论刑法的目的性"，载高铭暄、赵秉志主编：《刑法论丛》（第 7 卷），法律出版社 2003 年版，第 1—38 页。李立景先生认为，传统的刑法目的观是惩罚犯罪，保护人民，但他主张刑法目的应走向惩罚与恢复的调和。参见李立景：《刑法目的惩罚与恢复的调和———恢复性司法理念的兴起》，载《辽宁大学学报》2004 年第 6 期。梁志波等先生的行文，将刑法目的等同于刑罚目的，并认为应将刑罚目的从传统的"一般预防"与"特殊预防"提法转向"高扬刑法保障人权之旗帜"与"防卫社会免于犯罪之侵害"的复合刑罚目的观提法。参见梁志波等：《困惑中的超越——应然刑法目的观》，转引自"中国论文资源库"（http//www. 59165. com）。由上可见，刑法目的与刑法功能（机能）、刑法任务分别是何关系，尚需探讨。我个人对刑法目的的不成熟观点是，可以将其简单概括为"通过惩治犯罪来保护法益"。

② 参见储槐植等：《刑法机制》，法律出版社 2004 年版，第 5 页。

刑法到实践刑法，是刑法学研究方法和方向的重大突破，其意义对于我国这样一个刑法机制还不太顺畅、在某些方面甚至还很不顺畅的国家而言，尤其不可低估。

二、刑法结构

（一）刑法结构的概念与研究视角

通行的刑法教程或论著，将刑法定义为规定犯罪和刑罚的法律规范，指出了刑法的成分之后即径直分列犯罪和刑罚两大部分予以论述，而没有涉及犯罪与刑罚之间的组合关系。储槐植教授敏锐地察觉到了这一点，他从"成分不等于结构"出发，指出成分相同而成分之间比重（结构）不同会造成事物的不同性质，如同样有死刑、监禁刑和罚金刑等几种刑罚方法（成分）存在，但彼此所占比例不同，会形成重刑结构与轻刑结构的重大差别。[①]

那么，何谓刑法结构呢？储槐植先生曾将刑法结构界定为"定罪面与刑罚量的组合形式"。[②] 后来，他又进一步指出：刑法结构其实就是刑法系统内诸要素的组合形式，即罪与刑的组合，也就是不同数量的搭配。罪的数量即为犯罪圈的大小，刑的数量则是刑罚量的轻重。犯罪圈大小体现为刑事法网的严密程度，刑罚量轻重体现为法定刑的苛厉程度。[③]

从罪与刑相应严与厉的关系上，储先生将罪刑配置分为四种组合，即四种刑法结构：一是不严不厉，二是又严又厉，三是严而不厉，四是厉而不严。他认为，又严又厉的刑法结构在当今世界并不存在，典型的不严不厉似乎也不存在，多数经济发达国家和法治程度较高的国家大体上属于严而不厉的结构类型，而我国当前的刑法结构基本上算是厉而不严。"严而不厉"的刑法结构表现为"刑罚轻缓"和"法网严密"，"厉而不严"的刑法结构则表现为"刑罚苛厉"和"法网不严"，后者是刑法机制不畅的内生性原因。我国刑法改革的方向应从"厉而不严"转向"严而不厉"。[④]

储先生关于刑法结构的"严而不厉"和"厉而不严"的提法，是他

---

① 参见储槐植等：《刑法机制》，法律出版社 2004 年版，第 7 页。

② 参见储槐植：《罪刑矛盾与刑法改革》，载《中国法学》1994 年第 5 期。

③ 参见储槐植等：《刑法机制》，法律出版社 2004 年版，第 8 页。

④ 同上书，第 8 页以下。

在刑法学界的标志性作品之一，确实带给人不少启发。但我认为，储先生对刑法结构的概念界定和分类还有以下进一步探讨的必要：一是他将刑法系统内的诸要素等同于罪与刑两个要素，使刑法结构过于简化。事实上，尽管罪与刑是刑法结构中的两个关键要素，但刑法结构绝不只是二者的相互关系和组合形式，它还应当包括《刑法典》与单行刑法、附属刑法的协调，以及《刑法》与《治安管理处罚法》、《违法行为矫治法》(《劳动教养法》) 等的协调，乃至刑法内部各条文之间的协调，这些都是结构的应有之意；二是他将刑法结构分为四类，而实际上他又否认另两类的存在，结果只剩下"严而不厉"和"厉而不严"两类，但问题是，何谓"严"？何谓"厉"？这本身是相对的，难道那些经济发达国家和法治程度较高的国家的刑法结构就都属"严而不厉"型的吗？它们彼此之间的刑法结构差异又作何解释呢？三是他将刑法结构主要视为一个宏观的东西，即是"严而不厉"还是"厉而不严"，但这似又不够，还应当从微观上对刑法结构进行深入研究。如所谓的我国的"厉而不严"结构，会不会存在刑罚总的来说偏"厉"、但个别地方存在偏轻（特别是罪与罪之间的刑罚不协调）呢？又会不会存在法网总的来说"不严"、但个别罪的定罪面又偏严（不该设置为犯罪的设置成了犯罪）呢？对我国刑法结构的微观考察将会发现这些问题确实是存在的。

　　另外，对刑法结构的研究也不必限于储先生提出的这一个视角。事实上，它可以有多个视角，如德国学者耶赛克对刑法结构的剖析如下：①处罚之先决条件（主要指总则之"犯罪论"部分）；②刑罚和处分；③具体的构成要件（主要指分则内容）；④国际刑法（如德国 2002 年颁布的《执行国际刑事法院罗马规约的法律》）；⑤附属刑法（如《麻醉品法》）。① 我曾经在几年前的一次刑法学科建设笔谈中提出过"立体刑法学"的构想，即刑法学研究要瞻前望后（前瞻犯罪学，后望行刑学）、左看右盼（左看刑事诉讼法，右盼民法、行政法等部门法）、上下兼顾（上对宪法和国际公约，下对治安管理处罚和劳动教养），内外结合（对内加强法的适用解释，对外给解释设立必要的边界）。② 其实这也可以作为研究刑法结构的一种思路，即以刑法典为轴心，辐射至：①"瞻前"，包括实然上的《未成年人犯罪预防

---

① 参见［德］耶赛克著，徐久生译：《为德意志联邦共和国刑法典序》，载《德国刑法典》，中国方正出版社 2004 年版，第 10—31 页。

② 参见刘仁文：《提倡立体刑法学》，载《法商研究》2003 年第 3 期。

法》和应然上的《犯罪预防法》、《证人保护法》、《被害人保护法》等；
"望后"，包括实然上的《监狱法》和应然上的《刑罚执行法》。②"左
看"，包括刑事诉讼法牵涉的刑法内容；"右盼"，包括各部门法中的附属刑
法规范。③"上对宪法和国际公约"，在一些国家，罪刑法定原则、废除死
刑等重要的刑法问题都被上升到宪法层面。① 我国虽然没有如此做，但对这
些问题的阐释和理解需要借助于宪法精神；对于我国批准的国际公约，其中
涉及国际罪行的，我国刑法总则已规定"在所承担条约义务的范围内行使
刑事管辖权的，适用本法"，因而也需要有此视野；至于"下对治安管理处
罚和劳动教养"，则如下文所要说明，这本身就是国外刑法中的内容。
④"内外结合"，在此适宜解读为"内"为刑法典，"外"为刑法典以外的
所有刑法规范，如单行刑法（特别刑法）乃至刑法的立法与司法解释等
"准刑法"。

如果我们把上述储槐植先生的研究视角视为实质的刑法结构，那么耶赛
克教授和笔者的这类研究视角就可称为形式的刑法结构。当然，实质的刑法
结构和形式的刑法结构并不能截然分开，二者有着内在的联系，如《治安
管理处罚法》和《劳动教养法》与《刑法典》的关系，表面看是刑法结构
的外在形式，但其实也牵涉到"定罪面"和"刑罚量"的界定。不过它们
毕竟不是一回事，如某一种法定犯（行政犯）的罪刑相同，但是规定在
《刑法典》里还是规定在刑法典以外的附属刑法中，这纯粹是一个形式的选
择问题。以下论述旨在阐明，刑法结构的形式建设对于理顺刑法机制、优化
刑法效益，有不可替代的作用。

（二）从小刑法典到大刑法典——刑法结构的调整之一

当前，我国民法学界正在致力于制定一部统一的刑法典，也许刑法学界
的人会略带几分自豪地说：我们的刑法典早在 1979 年就制订出来了，1997
年又出台了修订后的新刑法典。但我要说的是，其实我国的刑法典并不是一
部真正意义上的完整刑法典，因此制定一部统一的刑法典的任务还没有
完成。

让我们先看几部外国刑法典对犯罪的分类和处罚：

《美国模范刑法典》第 1.04 条将犯罪分为四类：重罪（felony）、轻罪

---

① 这种做法并不只具有形式意义，如废除死刑，写进宪法后，由于修宪比修改刑法要难，所
以不容易受民意、个案的影响而恢复死刑。

(misdemeanor)、微罪（petty misdemeanor）和违警罪（violation）。其中前三类被称为"实质犯罪"（crime），其处罚后果均可能涉及剥夺人身自由（微罪可被处以最高不超过1年的监禁刑），第四类"违警罪"只能被处以罚金或其他民事制裁，而且"不产生有罪认定所引起的限制能力或者法律上的不利"。①

法国《刑法》自1791年以来，一直按照犯罪的严重性，把犯罪分为重罪、轻罪和违警罪。1992年颁布、1994年开始实行的新《刑法》仍然维持了这种"三分法"。它规定："刑事犯罪，依其严重程度，分为重罪、轻罪及违警罪。"（第1条）"法律规定重罪与轻罪，并确定对罪犯适用之刑罚。条例规定违警罪，并依法律所定限度与区别，确定对犯违警罪者适用之刑罚。"②（第2条）根据该法第12条等的规定，违警罪只能被判处罚金、吊销驾驶执照、收回打猎执照等刑罚，不得处剥夺或限制人身自由的刑罚。③

德国早在1871年的《帝国刑法典》（现行《刑法典》的渊源）中就采用重罪、轻罪和违警罪的三分法。当时对违警罪的规定是"指应科处拘役或150个帝国马克以下罚金的犯罪行为"。李斯特认为：这种三分法"使得立法者在法律中的许多地方，对其表述方式作出从容的简述成为可能"④。德国现行《刑法典》（2002年修订）将犯罪分为重罪与轻罪两类，⑤ 其中重罪是指"最低刑为1年或1年以上自由刑的违法行为"，轻罪是指"最高刑为1年以下自由刑或科处罚金刑的违法行为"（第12条）。此外，德国现行《刑法》还在总则第三章"行为的法律后果"中将

① 参见《美国模范刑法典及其评注》，刘仁文、王祎等译，法律出版社2005年版，第8—9页。

② 参见《法国刑法典》，罗结珍译，中国人民公安大学出版社1995年版，第2页。

③ 同上书，第15—17页。

④ 参见《德国刑法典》，徐久生、庄敬华译，中国方正出版社2004年版，第8页。

⑤ 联邦德国在战后的1951年开始刑法修改工作，考虑社会诸因素，提出：违警罪自刑法中独立出来，而不再规定于新《刑法》中；违警行为中有必要升格为犯罪行为的，则仍规定在新《刑法》中，其余的违警行为则规定于"违反秩序法"中。直至1975年1月1日生效的联邦德国新《刑法》，根据上述原则，将旧刑法分则中的"违警罪"全部删除，并将原有性质轻微的各种犯罪，连同违警罪重加整理，分别情形，再作归类，对于一部分不宜用刑法调整的，全部纳入《违反秩序法》之中。同时《违反秩序法》开始制定，并于1992年颁布。参见李春华：《刑法与治安管理处罚法协调的思考》，载中国人民大学刑事法律研究中心：《和谐社会语境下刑法机制的协调论文集》，2007年4月，北京。值得注意的是，《德国刑法典》虽然从形式上取消了违警罪，但纵观其内容，许多类似我国治安处罚的行为都是规定在刑法典中的，而且只处以罚金刑。

"矫正与保安处分"与"刑罚"并列。据此，其矫正与保安处分措施包括：收容于精神病院；收容于戒除瘾癖的机构；保安监督；行为监督；吊销驾驶证；职业禁止。

由上可见，重罪、轻罪和违警罪的范围大抵是当今世界各国刑法的涵盖范围，而保安处分被系统纳入刑法典也是不少国家的做法。① 与之相对比，我国的刑法典大约只包括了西方刑法典的重罪部分，② 而缺违警罪、轻罪和保安处分三大块内容。在我国，刑法中的犯罪由于大都在定性之外还有定量（如要求数量较大、情节严重等），因此刑法之外尚有治安管理处罚和劳动教养两大块；另外，保安处分措施尚没有在我国刑法中得到比较系统的体现。

从现在的立法看，1997 年《刑法》修订时曾有人主张一并解决劳动教养问题，但没有成功，最后仍只是就狭义上的《刑法》作出修订。《治安管理处罚法》于 2005 年 8 月在原来的《治安管理处罚条例》基础上修订而成，并于 2006 年 3 月正式施行。针对劳动教养问题目前立法机关正在准备制定《违法行为矫治法》。如此看来，从实然角度看，三法分立的局面仍将继续存在。但本文站在应然的角度，想要说明将此三法统一到《刑法典》中，并加进保安处分措施，有利于构建一个更加科学的刑法结构。③

先来看相对独立的保安处分措施，它包括"矫正措施"和"保安措施"两类。前者着重"矫正"，如戒除毒瘾，后者着重"保安"，如对通过行为表现出对公众有危险的精神病人，将其收容于精神病医院。保安处分措施的存在价值在于：①保卫社会的安全始终是刑法的第一任务，但狭义的刑法不能完全完成这一任务，如对没有责任能力的危害社

---

① 前述《美国模范刑法典》和《法国刑法典》虽然没有像德国等国一样设专节规定保安处分，但都包含了内容丰富的保安处分措施，如法国刑法学者认为："无论是在 1992 年的法律之前，还是其颁布之后，法国法律中的保安处分措施都是分散的，零零碎碎的。正因为如此，对法国法律中的保安处分措施进行真正完整的逐一列举是不太容易的。"参见 ［法］卡斯东·斯特法尼等著，罗结珍译：《法国刑法总论精义》，中国政法大学出版社 1998 年版，第 502 页。

② 当然，我国将军人违反职责罪纳入《刑法典》，而不像西方一些国家制定单独的军事刑法，也值得商榷，因为军事刑法毕竟与普通刑法在犯罪主体、管辖的司法机构等方面有相当的差异，将其单独立法可以在不妨碍普通刑法的体系化前提下，减少刑法典的臃肿，这对面向大众普及刑法知识而言，有其经济上的积极意义。

③ 三法合一，另加保安处分，可以先作为一种理念，在这种理念指导下先依次立法，最后再编纂统一的刑法典，这就像民法典颁布之前先依次制定统一合同法、物权法、侵权法，另加婚姻家庭法、知识产权法等，最后再编纂统一的民法典。

会的精神病人和没有达到刑事责任能力的危害社会的人，刑法不能施加刑罚于他们，但从保卫社会来说必须要有相应的措施；②刑罚需要保安处分措施来弥补，有的犯罪人单靠判处普通的刑罚还不能达到改造和助其回归社会的目的，还需要矫正等措施来加以辅助（如对有毒瘾的犯罪人可以在执行刑罚前先执行戒除毒瘾的矫正措施），抑或在执行完定期刑罚后，经过评估，觉得其人身危险性还较大，因而需要继续羁押或释放后采取必要的监督措施。

　　但保安处分措施由于涉及剥夺或限制人身自由，因而从法律后果的严厉性来讲，可以等同于刑法的后果。故此需要法律规范以防止对执法对象造成人权侵害。我国目前在此一领域的法治状况还不理想，试举几例：①收容教养。我国《刑法》规定：对那些因不满16岁不予刑事处罚的犯罪人，在必要的时候，可以由政府收容教养。根据有关文件，收容教养的期限为一年至三年，有权作出收容教养决定的是公安机关。本来立法原意是要保护青少年，但实际如何呢？让我们看一个案例：几年前，北京海淀区发生过一个有名的"蓝极速"网吧纵火案。纵火者是两名青少年，其中一个达到了刑事责任年龄，就被法庭定罪量刑。另一个由于没有达到刑事责任年龄，则被公安机关决定收容教养，后者反而被剥夺了公开听证、律师辩护、上诉等权利。②强制医疗。根据《刑法》第18条的规定，对因精神病而不承担刑事责任的人，政府在必要的时候可以强制医疗。实践中作出这一决定的也是公安机关。目前的问题是相关配套措施和建设没有跟上，要么平时有些需要予以强制医疗的人流散在社会上，对他们本人的人身安全特别是社会上其他人的人身安全造成危害，要么就是重大节日或重大活动时期，将强制医疗的范围随意扩大，等这一时期一过就因经济压力而放人。目前还没有建立起对需要强制医疗的精神病人实行免费生理和心理治疗的制度，也没有对需要强制医疗以及可以释放回社会的精神病人建立起由相应的生理和心理医生提供意见、由法庭来裁决的制度。③强制戒毒。根据国家有关规定，公安机关可以对吸毒者作出3个月到6个月的强制戒毒决定，复吸者，送往劳动教养，并在劳教中戒毒。两者均具有一定的随意性，且实践证明这种通过片面强调剥夺人身自由的戒毒措施甚至是惩罚措施效果并不理想。④收容教育。其对象是卖淫嫖娼者，期限为6个月至2年，也是由公安机关决定。收容教育释放后又卖淫嫖娼的，送往劳动教养。这里边的随意性也很明显。

　　因此，无论从保卫社会的需要看，还是从保障行为人的人权考虑，都有必要将有关的矫正和保安措施体系化，纳入刑法典，作为其有机组成部分。基本的考虑是，这些措施的适用要通过司法裁决，而不能让有关执法机关既当运动员又当裁判员来自己作出决定。① 当然，这样做肯定会增加一定的司法成本，但这是法治的底线要求。通过这样的改革，就可以使各类矫正和保安措施的适用更加规范，其社会保护机能和人权保障机能都能得到更好的实现。

现在，让我们重点来考察一下将劳动教养和治安处罚并入刑法的有关问题。应当看到，我国目前的三法分立（刑法、劳动教养法规、治安管理处罚法）局面严重影响了刑法结构的科学性，是妨碍刑法机制畅通的一个根源性原因。这一局面造成的消极后果可列举如下：

一是立法的不协调。2006 年颁布实施的《治安管理处罚法》第 2 条规定："扰乱公共秩序，妨害公共安全，侵犯人身权利、财产权利，妨害社会管理，具有社会危害性，依照《中华人民共和国刑法》的规定构成犯罪的，依法追究刑事责任；尚不够刑事处罚的，由公安机关依照本法给予治安管理处罚。"从这条规定，《治安管理处罚法》与《刑法》二者紧密衔接，但实际中我们还有一个劳动教养制度，且其剥夺人身自由的时间最长可达 3 年（必要时还可延长 1 年）。一般认为，劳动教养立足于行为人的人身危险性，侧重于对未然犯罪的预防，而《刑法》和《治安处罚法》立足于行为人的行为，侧重于对已然犯罪的惩罚。这种说法即使符合现实，也不符合现代刑法的理念。因为现代刑法主张将行为和行为人、将已然的惩罚和未然的预防有机地结合起来。应当说，强调劳动教养对行为人恶习和人格的关注，有意无意地加剧了我国刑法惟结果论、对行为人的人格特征考虑不够的状况。除了劳动教养在立法上与《刑法》和《治安管理处罚法》的难以协调外，后两者本身亦存在一些"模糊"处，如《治安管理处罚法》第 40 条规定"非法侵入他人住宅或者非法搜查他人身体的"是属于"侵犯他人人身权利"的治安违法行为之一，但《刑法》第 245 条规定"非法搜查他人身体、住宅，或者非法侵入他人住宅的"构成"非法搜查罪"和"非法侵入住宅罪"。两个条文内容一样，却规定在性质不同的两部法里，自然为法的解释和适用的歧义留下了隐患。

二是执法的不协调。现行的劳动教养制度的适用条件之一就是"不够刑事处罚的"，而治安管理处罚的适用条件恰恰也是"不够刑事处

---

① 参见刘仁文：《限制人身自由的法律措施的完善》，载《检察日报》2005 年 11 月 17 日。

罚"。因此，造成了劳动教养与治安管理处罚的冲突，也造成了劳动教养制度、《治安管理处罚法》以及《刑法》三者之间的不协调。① 另一方面，实际中有的构成犯罪的又没有按照犯罪去追诉，而是直接劳教甚至治安处罚。这势必造成法律适用的混乱。试看两例：2006 年 10 月，位于深圳市 N 区的"温碧"发廊的老板李某（女），开始实施容留妇女卖淫的行为，16 天后被抓获。该区人民法院根据《刑法》第 359 条的规定，以容留卖淫罪判处被告人李某有期徒刑 5 年。被告人不服，提出上诉。深圳市中级人民法院做出维持原判的裁定。同年 12 月，位于深圳市 L 区的另一家发廊的老板姜某（女），实施容留卖淫行为，18 天后被抓获。该区公安局根据《治安管理处罚法》第 67 条的规定，对姜某处以 15 日拘留、5000 元罚款的行政处罚。为什么性质完全相同的行为，却得出迥异的结论呢？造成这种裁决的根源在于《治安管理处罚法》和《刑法》对同一行为的相同规定。《治安管理处罚法》第 67 条与《刑法》第 359 条对引诱、容留、介绍卖淫罪的基本规定是完全一样的。更为难的是，根据《刑法》第 359 条的规定，情节严重的引诱、容留、介绍他人卖淫的，处 5 年以上有期徒刑。对于只是一般情节或较轻情节的引诱、容留、介绍卖淫行为，判处 5 年以下有期徒刑；而根据《治安管理处罚法》第 67 条的规定，情节较轻的引诱、容留、介绍他人卖淫的，处以 5 日以下的拘留或 500 元以下的罚款；情节严重的上述行为，应该处以 10 日以上 15 日以下的拘留，可以并处 5000 元以下的罚款。也就是说，引诱、容留、介绍卖淫情节严重的，《治安管理处罚法》也作了规定。② 《治安管理处罚法》和《刑法》如此深度竞合的规定，即便是完全出于公心办案，也难以达到执法的协调。

执法不协调造成多方面的危害，首先是动摇人们对法律的信仰。相同的行为得不到相同或相似的处理。在当下司法机关公信力不高的情况下，很容易被人想象成司法腐败（事实上，有一部分案子也确实存在这种现象）。其次，影响执法效率，徒增司法成本。实践中有这样的案件：两家人吵架，一

---

① 参见郑霞泽、张桂荣：《关于违法行为教育矫治法的几点思考——兼谈与刑法及治安管理处罚法的协调》，载中国人民大学刑事法律研究中心：《和谐社会语境下刑法机制的协调论文集》，2007 年 4 月。

② 转引自吴学斌：《同种行为不同语境下的客观解读——寻找治安管理处罚法与刑法的模糊边界》，载中国人民大学刑事法律研究中心：《和谐社会语境下刑法机制的协调论文集》，2007 年 4 月。

家人纠集几个亲戚到对方家闹了一阵。刚开始当地公安机关作为治安案件来处理。但后来被害方不服,说这应当作为刑事案件来处理,反复上告、找关系、找媒体,最后在各种因素影响下,公安机关又被迫作为刑事案件来重新办理。再次,不利于执法对象的人权保障。有的案件,刚开始公安机关是作为刑事案件来办理的,但由于后来证据不足,被检察机关退回,本来此时应释放犯罪嫌疑人,但公安机关又拿起劳动教养这个武器来对付他。更不公平的是,此类案件由法院判决,即使犯罪成立,也可能判个缓刑或很短的自由刑,但劳动教养的适用结果反而数年。①

三是理论研究的不协调。由于整体意义上的刑法被肢解为数块,造成刑法学者只关注狭义上的《刑法》,而对《治安管理处罚法》、劳动教养和有关保安处分措施不熟悉、不关心,②使后者的理论研究严重滞后,相应也就造成执法中的问题更多。这方面的另一个问题是,由于我们犯罪成立的平台与国外大不同,造成犯罪统计数字的比较毫无意义,而我们有时在从事比较研究或对外宣传时,往往容易因忽略此点而犯如下错误:说我们的犯罪率、重新犯罪率比国外低多少。③而其实,在我国,大量的治安案件和劳动教养

---

① 我认为这是一种变相的"一事再理",违反了"一事不再理"原则。对于我国司法实践中的这种倒流现象,学界似乎还没有引起足够的注意。如有的被告人被法院宣判无罪后,原办案机关却抓住某个辫子,将本应退还给被告人的财物予以罚没,这归根到底还是一个处分权没有集中到法院的问题。为避免这种现象,我认为应确立以下原则:一是绝不能将被告人推向更不利的境地,法院宣判无罪后就不能再由公安机关决定对被告人适用劳动教养这类不是刑罚、胜似刑罚的措施。二是要求检察机关在起诉犯罪时,明确按照法律的相关规定提出定罪量刑之外的罚没财物等请求。如果定罪量刑不成立,但财物仍该被罚没,则可由法院判处罚没财物等"轻(微)罚"(如后所述,此类轻(微)罪可不按犯罪记录算)。三是作为前一原则的替代,也就是说,如果定罪量刑不成立,案件自动返回原办案机关,原办案机关仍然决定给被告人以罚没等处分时,必须给被告人以选择权。如果他认为依法该受此处理,就可以;如果他认为要交由法院来决定,则办案机关不得擅自处理,只能移交法院来处理。

② 我曾在一次有关限制人身自由的调研会上,亲耳听见一位某大学的刑法学博士生导师"请教"别人有关强制戒毒的期限、收容教育与收容教养的区别及其各自期限等问题。我当时就颇有感触:一个刑法学博士生导师居然对涉及人身自由时间如此之长的法律措施不知道。但这似乎也不好全怪他。我个人也有过如下经历:一次在美国纽约大学法学院参加柯恩教授的中国法课,讨论到治安管理处罚时,他当着学生问我几个问题,我就说:由于我主要是研究刑法的,对治安管理处罚不是很熟悉。这时,他提高嗓门对学生说:你们看,一个中国的刑法教授,却不熟悉可以剥夺人身自由的治安处罚!

③ 参见刘仁文:《比较的风险》,载《人民检察》2001年第10期。

案件是没有统计在内的。① 对比别的一些国家的刑罚结构和体系，我们可以发现，其自由刑的下限不要说比我们的劳动教养低，有时甚至比治安拘留还要低。如《韩国刑法》中的拘留幅度为 1 日以上 30 日以下；《瑞士刑法》中的监禁刑，最低为 3 天，最高为 3 年。除此之外，拘役的最低期限为 1 天，最高为 3 个月。

基于上述分析，我认为，实现刑法结构的统一化应是我国刑法未来发展的一个方向。也就是说，将治安处罚、劳动教养连同其他保安处分措施一并纳入刑法②，分别组成违警罪、轻罪、重罪和保安处分等内容，后三者都必须由法院判处（可以在法庭组成方式和审判程序上有繁简之分），这样就能理顺各块内容之间的关系，防止一行为受多个机关的不同方式的追诉。在形成这样一个综合型的刑法典的基础上，再考虑就某部分内容单独制定"实施细则"，或"少年司法法"之类的补充性法律（如德国《少年法院法》第 2 条规定：本法未作其他规定的，适用普通刑法）。

有人担心这样改造的结果会扩大犯罪圈，造成更多的人被贴上"犯罪人"的标签，这种担心完全可以通过相应的制度设计来消除。如法律直接规定：对适用违警罪、部分轻罪和某些保安处分的人不以"犯罪人"称；或法律根据罪行轻重分别设立长短不一的前科消灭期，期限一过就不再保存犯罪记录，其有关权利也自动恢复。如《律师法》规定，"受过刑事处罚的"（过失犯罪除外），不予颁发律师执业证书，确立了前科消灭制度后，就可以将此改成前科消灭后，可以颁发律师执业证书。

（三）从单轨制向双轨制——刑法结构调整之二

所谓刑法立法单轨制，是指罪与刑的法律规范只存在于刑法典和单行刑法（或称特别刑法）中，而其他法律即刑法以外的行政管理和经济运行等领域的法律都不能有独立的罪刑条款。储槐植教授曾观察指出："这种立法

---

① 我国每年发生的治安案件比犯罪案件要多得多，例如，1986 年全国治安案件为 111 万多起，立案率为 104 起/10 万人，分别比犯罪案件和犯罪率高 1 倍。所以，有学者指出："如果参照国外很多国家的做法把治安案件作为轻罪案件纳入犯罪统计中，那么我国的犯罪问题将更为严重。"参见胡联合：《转型与犯罪：中国转型期犯罪问题的实证研究》，中共中央党校出版社 2006 年版，第 4 页。

② 当然，其中的治安处罚也可借鉴德国等国家的做法，即将某些轻微的违法行为分出设立"违反秩序法"，其处罚不能包含有剥夺或限制人身自由的措施，只能是低额的罚款等，而且将处罚选择权交给当事人本人，即他要是不服警方的处罚，则案件不能由警方来结案，而必须由法院决定。

体制惟独我国（港澳台除外）存在。其他国家和地区，刑法均由两大部类构成，刑法以外的法律如果需要都可以规定独立的罪刑条款，统称附属刑法规范或称行政刑法，是刑法立法双轨制。"① 关于我国刑法立法单轨制的弊端和实行双轨制的好处，笔者在 2002 年的一篇关于完善破坏村委会选举行为的立法的文章中也曾有过初步探讨，当时提出一种新的立法思路，"即通过修改《村民委员会组织法》第 15 条，将该条中的'依法处理'明确化，直接在该条中规定'破坏村委会选举罪'的罪名及其刑事责任，以及相应的治安处罚内容。最后一种方式可能还有一定的观念上的障碍，因为迄今为止还没有通过附属刑法直接创制新罪名的先例，但我们认为，为了避免'依法处理'、'依法追究刑事责任'这类'口惠而实不至'的立法缺陷，今后在有关经济、行政、民事立法中直接规定相关罪名，不失为一种既经济又具可操作性的立法思路。"② 2007 年 3 月，在北京的一次学术会议上，储槐植教授又提出此问题，促使笔者进一步思考。

从刑法立法史来看，最初的刑法立法主要是针对自然犯的，但随着人类社会的发展，法定犯越来越多地被纳入刑法视野。③ 对于法定犯，各国刑法一般分三种立法方法：第一种方法是对于某些犯罪特征明显，或者说不需要借助相关行政法律的内容就能理解，或者说在现代社会，某些最初属于法定

① 储槐植等：《刑法机制》，法律出版社 2004 年版，第 24 页。
② 刘仁文、石经海：《破坏村委会选举行为的定性与立法完善》，载《法律应用研究》2002 年第 4 辑。
③ 自然犯（罪）和法定犯（罪）的最初区分来源于加罗法洛在《犯罪学》一书中的见解。其中的自然犯罪是指："在一个行为被公众认为是犯罪前所必需的不道德因素是对道德的伤害，而这种伤害又绝对表现为对怜悯和正直这两种基本利他情感的伤害。而且，对这些情感的伤害不是在较高级和较优良的层次上，而是在全社会都具有的平常程度上，而这种程度对于个人适应社会来说是必不可少的。我们可以确切地把伤害以上两种情感之一的行为称为'自然犯罪'。"加罗法洛在《犯罪学》中并没有明确给出法定犯罪的定义，只是指出："这里的'自然'一词并不具有通常意义，而是存在于人类社会之中，并独立于某个时代的环境、事件或立法者的特定观点之外。我借用'自然犯罪'一词是因为我相信，对于指明那些被所有文明国家都毫不困难地确定为犯罪并用刑罚加以镇压的行为，它是最清楚和不准成分最少——我并未说最准确——的一个词。""那些未被我们列入的犯罪不属于社会学研究的犯罪范围。它们与特定国家的特定环境有关，它们并不说明行为人的异常，即不证明他们缺少社会进化几乎普遍为人们提供的道德感。"由此，可以将加罗法洛的法定犯罪定义为：没有侵害怜悯和正直这两种基本利他情感，仅仅与特定时代的环境、事件相关的或者由立法者的特定观点所决定的、与行为人的道德异常无关的、不能表明行为人道德异常的行为。参见米传勇：《自然犯罪·法定犯罪区分之于刑罚轻缓化实现》，载中国人民大学刑事法律研究中心：《和谐社会语境下刑法机制的协调论文集》，2007 年 4 月，北京。

犯的已被视为自然犯（至少是在法定犯和自然犯之间不好截然区分①）的犯罪，如伪造货币等，直接规定在刑法典中。第二种方法是在刑法典修改时，将某些最初分散在行政法里的法定犯，经过一定的整理作为一章或一节纳入刑法典（如德国刑法典中的"危害环境罪"一章）。这种立法需要一些前提条件，如经过长期积累，此类犯罪已不是一个或两个，而是一大类。正好赶上刑法典修改，国家需要借此宣示某一方面的刑事政策。第三种方法就是对于大量的法定犯，不采取直接规定到刑法典中的做法，而是规定到相关的行政或经济法律中。据有学者考察，现代各国规定在刑法之外的法定犯（行政犯），数量无例外地超过规定在刑法典中的自然犯（刑事犯），因此世界已由自然犯进入法定犯时代。"从世界范围看，除了《中华人民共和国刑法》以外，其他国家的刑法和我们港澳台的刑法，规定在刑法典中的典型的自然犯只占这个国家全部犯罪总量的一小部分，不达四分之一。……我们国家《刑法典》规定的一些犯罪实际上在其他国家是不规定在刑法典中的，比如说走私犯罪、商标犯罪、著作权犯罪、专利犯罪等等，都是法定犯而不认为是自然犯，所以都规定在普通的以自然犯为基础的刑法典之外的各种各样法律中。"②

反观我国，刑事立法不注意区分法定犯和自然犯，而是将二者混为一谈，无一例外地归属于《刑法典》和单行刑法（特别刑法），而在大量的附属刑法里，往往只用"依法追究刑事责任"等含糊用语，这种立法模式带来诸多弊端：

首先，增加立法与执法成本。对于一个新的法定犯，往往是在新的经济法律或行政法律中不直接规定，而是在随后或同时另外通过一个刑法修正案来单独规定罪与刑，这从立法上就既耗时又费力。而落实到执法中，由于对其罪状理解又必须借助于相关的经济或行政法律，致使学法、普法和执法增添困难。

其次，容易导致立法留下空白，使执法无法可依，或者造成对行为人的肆意执法。有时，"依法追究刑事责任"并没有相应的刑事立法跟上，使民众要么因害怕承担不可知的刑事责任而不敢行动，要么因以为自己的行动是

---

① 法定犯与自然犯的关系有点像公法与私法的关系，虽然从理念上区分有重要意义，但具体到某一罪（某一法），有些则不好明确地说非此即彼，或者说是此而不是彼，前者如组织、参与恐怖组织罪，后者如劳动法。

② 储槐植教授在 2007 年 3 月中国政法大学刑事司法学院主办的"中国犯罪学基础理论高峰论坛"上的发言，即将刊载于《刑事法评论》。

法律允许而随后却被追究刑事责任，前者不利于建设一个创新、充满活力的社会，后者不利于建设一个对自己行为有可预见性的法治社会。①

再次，给实现刑罚轻缓化带来困难。刑法理论界认为，对自然犯的处罚一般要重，而对法定犯的处罚则相对要轻。② 正因此，我国有学者指出："以刑罚轻缓化为理论背景，在自然犯罪与法定犯罪区分的维度内，我们看到了法定犯罪较之于自然犯罪在（实现）刑罚轻缓化的伟大过程中所具有的更大的价值，它可以成为刑罚轻缓化的前沿阵地；进一步地，刑罚轻缓化的许多伟大的设想，都可以率先的在法定犯罪领域实现。"③ 而实现这一目标的前提在于将大量的法定犯从刑法典中的自然犯话语体系中剥离出来。

最后，也不利于保持刑法典的稳定。"在违法性上，法定犯经常处于变动之中，缺乏像自然犯那样的稳定性。"④ 换一种说法，在社会生活中，自然犯的法律规范变动较小，而法定犯的法律规范则变动较大，且常常得随相应的行政或经济法律的变动而变动。如果实行双轨制，即在行政或经济法律里直接规定罪与刑，则修改此类附属刑法也比较容易，还不影响刑法典的稳定。

综上，"刑法以外的其他法律一概不许有罚则规定"的刑事立法单轨制局面亟待改变，将新的法定犯直接规定在与之形同皮毛关系的行政或经济法律中，这样罪状描述可以更加详尽具体，法定刑也能更与之相贴切。其结果虽然表面看使刑法典的统一性受到某种程度的破坏，但其实必将大大方便司法操作。正如有学者所指出的："当前，我国司法实践中感到刑法适用困难的案件主要是在经济犯罪领域（均属行政犯）。如果这类犯罪行为的罪刑条款直接规定在有关法律中，则皮与毛相连附着结合为一体，易于对号入座。"⑤ 几乎可以确定无疑，随着我国经济与社会的发展，法定犯还将不断涌现和增加，在此背景下，确立刑事立法的双轨制是一个迟早的事情。

---

① 参见刘仁文：《相应的法律责任是什么责任》，载《法制早报》2006 年 6 月 12 日。
② 参见高仰止：《刑法总则之理论与实用》，台北五南图书出版公司印行，第 140—141 页。
③ 参见米传勇：《自然犯罪·法定犯罪区分之于刑罚轻缓化实现》，载中国人民大学刑事法律研究中心：《和谐社会语境下刑法机制的协调论文集》，2007 年 4 月，北京。
④ 参见苏惠渔主编：《刑法学》，中国政法大学出版社 1999 年版，第 82 页。
⑤ 参见储槐植等：《刑法机制》，法律出版社 2004 年版，第 24 页。

三、刑法适用

（一）刑法适用的核心在于解释法律

实现刑事司法的公正高效是刑法适用的主要任务，而刑法适用的核心在于对刑法相关法条的理解与解释。

谈到刑法解释，我们可能首先想到的是刑法司法解释，然后是刑法立法解释，还有学理解释之类的。但我们可能忽略的是，还有一种无处不在，也是对刑法适用起着最重要作用的解释，那就是法官在适用刑法的过程中结合案件事实以及立法精神等对刑法条文所做的解释（解读）。之所以说法官对法律的解释重要，是因为：

第一，世界上再有能力的立法者也不可能立出一部使法官一遇到案子就可以找到一一对应的法条，法律的含糊和争议之处即使能通过立法解释和司法解释来予以一定的弥补，但后者也是有限的，更何况过多的通过立法解释和司法解释来统一司法，还会存在下文将要谈到的消极作用。因此，正如德沃金所指出，如果说"法院是法律帝国的首都"，那么"法官便是法律帝国的王侯"。[①]

第二，法律本来就是一种阐释性的概念，只有亲自适用它的法官才最有资格结合具体案件寻找法律适用的最佳途径。庞德曾经观察指出："正如法律史清楚地表明，将法律解释与司法实践分离出来是不切实际的。"[②]

第三，规则的内涵是在官方知识（刑法规范）和经验知识（法官个人的经验判断）不断融合的过程中逐渐确定下来的。从西方国家的实践看，对法官个人经验知识的尊重和认可，既有助于实现个案的公正，也有助于保持规则内涵的开放性，并进而保持法律的相对稳定。[③]

（二）现行刑法适用解释机制的弊端

我国现行刑法适用解释机制的主要弊端是：

---

① 参见［美］德沃金著，李长青译：《法律帝国》，中国大百科全书出版社1996年版，第361页。

② ［美］罗斯科·庞德著，唐前宏等译：《普通法的精神》，法律出版社2001年版，第120页。

③ 参见储槐植等：《刑法机制》，法律出版社2004年版，第136页以下。

1. 司法实务人员过多依赖最高司法机关的解释

统计表明，我国司法实践中的刑事司法解释呈现出越来越多的态势。[①]为什么在新《刑法》比旧《刑法》更加追求明确性、司法人员的素质总的来说在不断提高的同时，释疑解惑的司法解释却非但不见减少，反而大量增加呢？这固然有社会发展导致疑难问题层出不穷、新《刑法》增加的新罪名增多等因素，但也不能否认另一个事实，那就是我们的刑事司法正在走入一个误区：司法工作人员越来越依赖于向上级部门请示，而上级部门又越来越依赖于最高司法机关的解释，最高司法机关也越来越习惯于行使这一权力。[②] 这样做的后果是什么呢？它将使司法实务工作人员越来越丧失主体意识，丧失综合运用自己的经验、智慧和勇气来追求个案合理性并进而推动法律在实践中发展的机会；它将拖延案件的处理，让案件在等候请示批复甚至逐级上报到最高司法机关作出解释的漫长过程中审而不决；[③] 它使得二审成为形式，因为一审判决之前已经请示过上级，而如果二审是走过场，那岂不等于浪费控辩双方的资源？

2. 最高司法解释机关之间以及与立法解释机关之间缺乏协调

试举一例：2000 年 12 月，最高人民法院公布了《关于审理黑社会性质组织具体应用法律若干问题的解释》（以下简称《解释》）。其中规定：《刑法》第 294 条的"组织、领导、参加黑社会性质组织罪"中的"黑社会性质组织"，一般应具备以下四个特征：①组织结构比较紧密，人数较多，有比较明确的组织者、领导者，骨干成员基本固定，有较为严格的组织纪律；②通过违法犯罪活动或者其他手段获取经济利益，具有一定的经济实力；

---

① 有学者曾撰文指出："从新《刑法》施行以来颁发的司法解释情况来看，无论是颁发司法解释的速度、密度还是总数量，可以说，新《刑法》施行以来的四年多已远远超过了旧《刑法》实施的头五年间。旧《刑法》从 1980 年 1 月 1 日起至 1984 年 12 月底实施的头五年间，'两高'颁发的司法解释约 40 件，平均一年颁发 8 件；其中颁发司法解释数量最高的一年是 1983 年，约 18 件左右。而新《刑法》实施不到五年的时间，司法解释总数已达到 80 余件，平均每年约 19 件左右！颁发数量和年均颁发量基本都是旧《刑法》施行前五年的一倍！颁发司法解释密度最高的一年为 2000 年，共有 35 件！超过了旧《刑法》实施 17 年间颁发司法解释密度最高的一年——1989 年，该年共颁发司法解释也只有 23 件左右。据笔者统计，最多的时候一天可以颁发 3 件司法解释！"参见刘艳红：《观念误区与适用障碍：新刑法施行以来司法解释总置评》，载《中外法学》2002 年第 5 期。

② 从某种意义上来讲，像错案责任追究制这类制度也加剧了这一局面的形成。正确的做法应当是：除非有证据表明法官有贪贿或徇私枉法等腐败行为，否则应允许自由心证、自由裁量，而不能一律以上级法院改判与否来论对错并进而追究责任。

③ 考虑到我国对未决犯实行的是审前羁押为原则、取保为例外的现状，案件拖延不仅带给被告人的是人身羁押，而且也增加国家对看守所的管理费用。

③通过贿赂、威胁等手段，引诱、逼迫国家工作人员参加黑社会性质组织活动，或者为其提供非法保护；④在一定区域或者行业范围内，以暴力、威胁、滋扰等手段，大肆进行敲诈勒索、欺行霸市、聚众斗殴、寻衅滋事、故意伤害等违法犯罪活动，严重破坏经济、社会生活秩序。

　　由于该司法解释公布前没有与最高人民检察院进行沟通，而在现有制度框架内，最高人民检察院也是有权作出司法解释的机关，所以最高人民检察院不同意该司法解释的部分内容，认为它是在《刑法》第 294 条之外对认定黑社会性质的组织又附加了条件，尤其是第三个条件（即所谓"保护伞"）的规定，突破了《刑法》的规定，致使一批"严打"整治斗争中正在办理的黑社会性质组织犯罪案件，不能依法追究，打击不力。① 同时认为，《解释》规定的四个特征，应当理解为一般情况下要同时具备，但在特殊情况下不一定同时具备。② 为了解决司法实践中存在的对法律理解不一致的问题，最高人民检察院向全国人大常委会提出了对《刑法》第 294 条中的"黑社会性质组织"的含义作立法解释的请求。后全国人大常委会于 2002 年 4 月通过了《关于〈中华人民共和国刑法〉第 294 条第 1 款的解释》，将"保护伞"问题不再当作黑社会性质组织的必备特征，而是从组织结构特征（稳定性、严密性和人数多）、经济实力特征（具有一定的经济实力）、组织行为特征（暴力性和多样性）、非法控制特征（通过利用国家工作人员的包庇或者纵容，或者通过实施违法犯罪活动来称霸一方）四个方面来界定黑社会性质组织。③

　　这里，实际上暴露出不少问题。例如：最高人民法院与最高人民检察院（有时在文中统称"两高"）在制定司法解释方面的不协调。由于"两高"在出台司法解释方面尚缺乏制度化的协作，加上我们现在出台的司法解释是如此之多、频率是如此之高，所以"两高"之间的司法解释不时出现一些

---

　　① 2000 年 12 月，公安部在全国部署"打黑除恶"的专项斗争，一时各地破获的黑社会性质组织猛增。最高人民法院的这个司法解释，我理解本意是为了限制司法实践中对黑社会性质组织的认定过宽、造成打击面过大。但问题是，仓促之间出台的如此细致的规定，难免被人抓住把柄。果然，在 2001 年 4 月党中央、国务院发起第三次改革开放以来的大规模"严打"斗争之后，最高人民检察院借着"严打"的优势话语权，对此提出了诘难。

　　② 最高人民法院的司法解释本来就可以包含这层意思，这从文字上解释没有任何障碍，构成障碍的是法官适用法律的思路，即唯司法解释的主要内容是从，而不敢或不善于在例外上做文章以构成裁判理由。

　　③ 参见黄太云：《立法解读：刑法修正案及刑法立法解释》，人民法院出版社 2006 年版，第 214 页以下。

矛盾或不一致之处。前述例子虽然最高人民检察院没有公布相应的司法解释，而是采取请求全国人大常委会发布立法解释的方式，但也从侧面说明了最高人民检察院对最高人民法院单独变通法律的不满。这种不协调带来司法的混乱和低效率是明显的。① 又如：司法解释与立法解释之间的界限不清楚。同一个问题，先是最高人民法院的司法解释，一年多后又来一个立法解释，而且两者内容对定罪与否有实质性的影响。根据前者可能定不了罪的，根据后者就可能定罪。这无疑会给法律适用带来困惑和麻烦。让我们假设以下情况：某被告人在 2002 年 4 月前被一法院审理，结果由于落实不了"保护伞"而被宣判无罪，但另一被告人由于办案机关的拖延，在 2002 年 4 月之后才审理，结果就可按新的立法解释宣判有罪（因为目前对法律解释我们并没有确立有利被告人的适用原则），这公平吗？

　　3. 法律解释的质量、出台过程、透明度等都存在不理想的地方

　　由于法律解释的过程不是很规范，有的并没有经过仔细的调研和讨论，因而直接影响出台的法律解释的质量。举例言之，全国人大常委会法制工作委员会刑法室主任郎胜曾就最高人民法院 2003 年发布的《关于审理非法采矿、破坏性采矿刑事案件具体应用法律若干问题的解释》指出："就凭着几个秀才就能够说解释这个合适，那个就不合适？前几天，我问最高人民法院的几位同志，你们作出解释规定破坏矿产资源犯罪的起刑点为 5 万元，我们对具体数额规定为多少没有意见，但是你们怎么就说 5 万元就构成破坏矿产资源犯罪呢？这个标准是怎么得来的？这个 5 万元是造成损失数额 5 万元，还是行为人的获利数额为 5 万元？他们回答说：'我们讨论过之后，觉得差不多吧。'"② 可见，一个司法解释的出台，比起立法的起草、审议和通过来说，要简单甚至随意得多，而其作为一种"副法"，功能与法律几乎没有两样。有的司法解释出尔反尔，透明度不够，引起社会广泛猜疑。如最高人民法院 2003 年 1 月发布的《关于行为人不明知是不满 14 周岁的幼女、双方自愿发生性关系是否构成强奸罪问题的批复》，尽管只是重复一个刑法学界绝大多数人都已达成共识的命题，但由于受到社会的强烈质疑（担心某些富人、名人利用这一理由逃避刑罚），最后最高人民法院采用内部通知的方式

---

　　① 1997 年新《刑法》实施后，我记得在一次课题调研中，曾有检察官反映，由于"两高"所颁布的司法解释不同，导致检察官起诉到法院的案卷被退回，而检察机关又坚持起诉，最后案卷退来推去，被长久地搁置在法院传达室里。

　　② 参见张军等：《刑法纵横谈》，法律出版社 2003 年版，第 38 页。

暂停这一司法解释的适用，即不再在判决书中引用这一司法解释。① 这正如有学者所评论的："采用内部通知停止适用，对于最高人民法院的权威以及独立都是一个莫大的损害，说明最高人民法院根本没有自信也没有权威去坚持维护自己所作的正确的（仅仅是就其结论而不是其必要性而言）司法解释。更为严重的是，这样的含糊方式在以下问题上，也是没有原则的，即究竟是最高人民法院改变了立场认为奸淫幼女行为无须特定对象的明知，还是在实际适用中仍然坚持这一立场，而仅仅是欺骗性地减少这一解释的'曝光率'以缓和、平息公众对此的质疑。"②

（三） 改进我国刑法适用解释的几点思考

首先，要把解释主体的重点从现在的最高司法机关及上级司法部门转向法律适用者本人。与其"授之以鱼，不如授之以渔"，这是我们的最高司法机关和上级司法部门所必须牢记在心的。为此，今后对于个案请示制度应当予以取消，因为这种制度不符合诉讼规律。只有亲自接触案件的人才对案件有最切身的体会，但在请示制度中，却由没有接触案件的上级法院给出如何适用法律的指示。我们知道，信息在传输中难免会失真。一个法律问题，经过请示人的请示、被请示人的下属的汇报和最后的下达指示，可能已经与活生生的案件事实以及紧密相连的法律适用有了相当的距离。更何况法律适用是一件具有高度艺术性和能动性的技术，它绝不是简单的输入和产出，就像霍姆斯所说：法律与其说是逻辑，还不如说是生活。

有人可能会担心，赋予具体司法人员解释刑法的权力，会造成司法腐败、法律适用结果差异悬殊等问题。我认为，预防司法腐败的关键不在通过司法解释或立法解释来束缚司法人员的手脚，而应采取别的思路，如在立法上适当缩小法定刑的幅度；在司法裁判中强调说理和判决书公开，而且要强调判决书的署名，法官对自己判决的责任承担（包括道义承担、意识到他所作出的判决将公开出版并被法学院师生讨论和引用）；在法院内要有"惩戒委员会"之类的机构，接受公众举报，建设一种公正、廉洁的职业文化；当然，也包括全方位地提高司法人员的业务水平和道德水平。

至于法律适用结果的差异，我认为只要是基于对法律目的和精神的准确

---

① 参见《刑事审判工作专家座谈会侧记》，载南英主编：《刑事审判要览》（第 7 辑），法律出版社 2004 年版，第 161 页。

② 参见林维：《刑法解释的权力分析》，中国人民公安大学出版社 2006 年版，第 221 页。

把握，结合具体案例导引控辩双方作深入沟通，并适当借鉴相关先例，一般而言，不会出现相差悬殊的结果。即便在某些个案中，如果法官确实认为有特殊情况和充足理由来作出与常规差异较大的判决，又有何不可呢？重要的是：第一，法官个人要身正不怕影斜，既行为清白，又建立在足够的专业自信基础上，使判决获得公信力，而不致因违背公众的一般法感情而招致社会的不满和猜疑。① 第二，要确保被告人及其辩护人参与到诉讼程序中来，并使他们的声音得到切实的重视。在我看来，被告人受刑事处罚的正当性在于：一是按照社会契约论，刑法是通过公众的代表组成的立法机关通过的，里面包含了公众的意志，即大家同意为了共同的生存和发展，要用刑法来保护某些法益。二是当动用刑法某一条款来具体处罚某个个体时，只有在处罚过程中加入被告人的意见，通过控辩双方的辨明和控、审、辩三方的沟通与协商，一步步推导出被告人应受处罚的结论，才能使"刑事责任的基础建立在承诺之上"，而"在现代文明诸国的刑法中，正是承诺确定了刑事义务"。②

在"授之以渔"方面，我们要做的事很多，当前尤其注意对法学方法论的提倡和重视，包括向前延伸到我们的法学教育。我们知道，在西方法学院里，法学方法论是一门很重要的课程，③ 正因为在学习具体的法律条文之外，还接受了法学一般方法的训练，所以也就不奇怪，美国最高法院的九个大法官并不像我们分刑庭、民庭、经济庭那样细，而是什么案子都要审。换成我们，可能就会说，对不起，我是学刑法的，你这是民事案子，我不懂。因此，我觉得，无论是法学院的教育还是司法系统的培训，都要把法学方法作为一个重要的内容。

其次，与前面相对应的是，司法解释和立法解释要大幅度地减少。由于强调由法律适用者本人来解释法律，因而来自最高司法机关和立法机关的解释就必然要减少，要以"物以稀为贵"的理念、在不得已的情况下才出台

---

① 我这样说并不是说法官一定要看民意眼色行事，相反，在民意不理性的时候，法官还应顶住民意的压力，依法理性判处。不幸的是，现今我们这样的法官还不够多。

② 参见储槐植等：《刑法机制》，法律出版社 2004 年版，第 164 页。另外，冯军教授也指出，承诺是刑事责任的基础即刑罚权行使正当化的根基。参见冯军著：《刑事责任论》，法律出版社 1996 年版，第 60 页。

③ 法学方法论以事实的认定和法律规范的寻找为中心，包括法律解释的方法、法律推理的方法、法律论证的方法和体系建构的方法等等。它讨论的主要问题包括：①法条的理论；②案件事实的形成及其法律判断；③法律的解释；④法官从事法的缔造之方法；⑤法学概念及其体系的形成。参见舒国滢：《走向显学的法学方法论》，载《法制日报》2007 年 4 月 15 日。

法律解释，这既是社会民主化、法官独立化的必然趋势，也是防止一个庞大的副法体系肢解刑法规范的必要之举。应当看到，现实中我们有不少司法解释其实并不符合这一要求。例如，2000 年 1 月 3 日最高人民法院《关于审理拐卖妇女案件适用法律有关问题的解释》，认为《刑法》第 240 条规定的拐卖妇女罪中的"妇女"，既包括具有中国国籍的妇女，也包括具有外国国籍和无国籍的妇女。像这种常识性的东西，完全可以委诸法官来解释。又如，前述《关于行为人不明知是不满 14 周岁的幼女、双方自愿发生性关系是否构成强奸罪问题的批复》，让我们来看一下原文："行为人明知是不满十四周岁的幼女而与其发生性关系，不论幼女是否自愿，均应依照刑法第 236 条第 2 款的规定，以强奸罪定罪处罚；行为人确实不知对方是不满十四周岁的幼女，双方自愿发生性关系，未造成严重后果，情节显著轻微的，不认为是犯罪。"这样的问题无论在学理上还是在实践中都已经有了基本统一的结论，具有通常知识的法官也完全应当有能力理解并裁断这样的争议。①正因此，有的外国学者认为这是一个令人惊奇的解释，即辽宁省高级人民法院会认为有必要提出这样一个问题，同样令人感到惊奇的是，最高人民法院会认为有必要回答这个问题。② 更麻烦的是，有时司法解释虽然解决了此问题，却带来了彼问题。如前述解释指出，行为人确实不知对方是不满十四周岁的幼女，双方自愿发生性关系，未造成严重后果，情节显著轻微的，不认为是犯罪。按照这样的逻辑，是否意味着如果确实不知对方是不满十四周岁的幼女，双方自愿发生性关系，但是造成了严重后果，情节严重的，就可以认为是犯罪了呢?③

再次，要完善解释技术。这里包含以下一些意思：一是解释主体问题。我觉得，为限制解释的随意性，应尽可能地由全国人大常委会（必要时可授权给法制工作委员会）会同最高人民法院、最高人民检察院共同出台有关法律的解释，这样既可以在程序上防止一家仓促出台，以提高解释质量，又可以增强彼此的协调性，防止最高人民法院和最高人民检察院各自出台司法解释使彼此间不协调甚至相矛盾，还可以防止"两高"的司法解释和全国人大常委会的立法解释在"界限"上扯不清的纠葛。二是解释形式问题。

---

① 参见林维：《刑法解释的权力分析》，中国人民公安大学出版社 2006 年版，第 162 页。

② 参见德国学者托马斯·李希特在"北大刑事法论坛"上就此专题举办的论坛所发表的评论，载陈兴良主编：《中国刑事司法解释检讨》，中国检察出版社 2003 年版，第 42 页。

③ 参见沈海平：《公正与功利的博弈——奸淫幼女司法解释评析及严格责任的正当性》，载陈兴良主编：《中国刑事司法解释检讨》，中国检察出版社 2003 年版，第 190 页。

目前我们刻意将刑法修正和刑法解释分开。例如，2001 年 8 月 31 日，全国人大常委会通过了《刑法修正案（二）》（内容仅涉及第 342 条一个条款），同一天又通过了《关于〈中华人民共和国刑法〉第 282 条、第 342 条、第 410 条的解释》。如果能将二者合二为一，对于减轻法律宣传的负担、方便法律适用都是有好处的。当然这也与接下来的一个问题有关，即刑法解释的时间效力问题。按照我们现有规定，刑法修正属于立法内容，因此不能溯及既往。[①] 对于刑法立法解释，虽然立法机关并没有明确规定能否溯及既往，但实际上是可以溯及既往的。如全国人大常委会 2000 年 4 月 29 日对《刑法》第 93 条第 2 款的解释，即将一定条件下的村民委员会等农村基层组织人员纳入"国家工作人员"之范畴，因而可以成为贪污罪、挪用公款罪和受贿罪的主体。该解释没有关于时间效力的规定，其结果是实践中可以溯及既往。而对于刑法司法解释，最高人民法院、最高人民检察院则在 2001 年 12 月 7 日颁布的《关于适用刑事司法解释时间效力问题的规定》中规定："对于司法解释实施前发生的行为，行为时没有相关司法解释，司法解释施行后尚未处理或者正在处理的案件，依照司法解释的规定办理。"这里，明确规定了刑事司法解释有溯及既往的效力。笔者过去曾经就此撰文指出：从彻底贯彻"罪刑法定原则"出发，此种做法并不妥当。对于刑事立法解释和刑事司法解释，不能一律可以溯及既往。对那些明显作了扩大解释的，原则上应当只对其施行之后的行为有评价功能，除非适用裁判时的解释比适用行为时的法律或解释更有利于犯罪嫌疑人和被告人。[②] 由于按照本文的前述设想，今后一般的刑法适用问题不动用司法解释和立法解释，需要动用司法解释和立法解释来解决的必是重大的疑难或争议问题，因而在此种情形下宜确立刑法解释一般不应溯及既往的原则。有人反对这一意见，认为：我们现在面临的问题是如何避免作扩大的刑法解释，而不应假设扩大解释已经成为法律解释的一种常态，再试图从溯及力上去限制它。[③] 但问题是，何为扩大

---

① 1997 年新《刑法》实施以来的历次刑法修订，都采取"本修正案自公布之日起施行"的时间效力原则，这说明认可不溯及既往，但公布当日即施行，而不留出一点过渡时间，这是否科学，值得考虑。因为刑法是要用来惩罚那些有令不听、有禁不止的，修正案当天公布时也许人们还不知道某种行为已被犯罪化，甚至有可能公布修正案是在下午、而行为人实施的行为是在上午，也因属于"公布之日"而被适用修正案，这当然不公平。

② 参见刘仁文：《关于刑法解释的时间效力问题》，载《法学杂志》2003 年第 1 期。

③ 参见黄太云：《立法解读：刑法修正案及刑法立法解释》，人民法院出版社 2006 年版，第 293 页。

解释，在实际中有时实在是不好把握。而且还应当看到，不确立刑法解释的"从旧兼从轻"，有时是很不公平的。如前述最高人民法院关于黑社会性质组织的解释，后来全国人大常委会又出台立法解释，后者比前者在对黑社会性质组织的界定上放松了某些要求。也就是说，过去认定不了为黑社会性质组织的现在就可以认定，如果根据"从旧兼从轻"，对新的立法解释之前实施的黑社会性质组织行为，仍将按照最高人民法院的司法解释来处理，而对于新的立法解释之后实施的黑社会性质组织行为，则按照新的解释来处理，这样才符合罪刑法定的精神实质。若是坚持"刑法立法解释一经公布，即应作为理解和适用刑法有关条文的根据，而无论案件发生在立法解释公布之前还是之后"，① 那么请问如何处理以下问题：根据《刑事诉讼法》第205条第3款的规定：检察机关对已经发生法律效力的判决和裁定，如果发现确有错误，有权按照审判监督程序向法院提出抗诉。既然现在全国人大常委会的立法解释对"黑社会性质组织"作出了界定，那就说明此前依据最高人民法院关于黑社会性质组织认定标准所作出的某些判决和裁定是错误的，因此检察机关可以对这些案件提起抗诉，这不仅会造成司法活动的某种混乱，还将极大地浪费司法资源。②

四、刑法运作

（一）刑法运作的基本含义

书本上的刑法与现实中的刑法有时是有差距的，法条上的犯罪有时在现实中并不一定不折不扣地追究，而是作司法中的无罪或轻罪处理；另一方面，有时长期以来在现实中没有被作为犯罪来处理或处理得很轻的现象，当某种特定形势出现时，可能会充分利用刑法中的资源，来对其作犯罪化处理或处理得更重。同样一部刑法在不同的环境中可能会有不同的实施效果，如在人治色彩浓的国家和法治色彩浓的国家，刑法适用结果的可预见性会有差

---

① 参见黄太云：《立法解读：刑法修正案及刑法立法解释》，人民法院出版社2006年版，第293页。

② 假若在现行解释及其适用体制下，出现如下情形：后来的全国人大常委会立法解释较之先前的最高人民法院司法解释对被告人更有利，那么从理论上来讲，既然你认为法律解释可以溯及既往，被告人一方可不可以据此申诉、检察机关可不可以据此抗诉呢？这里其实涉及两个问题：一是现有法律解释体制所导致的低效，如果像我前面建议的联合出台法律解释就不会出现这种前后不一的局面；二是"从旧兼从轻"原则对已生效判决和裁定能否适用。

别；在权力制衡机制弱和制衡机制强的国家，公共权力对刑事司法的干预和影响也会程度大不一样。这就需要我们关注刑法运作，也就是说从动态的角度甚至刑法之外的角度来观察刑法。

关注刑法运作，我认为主要涉及以下一些方面：

一是刑法适用的过程，包括从案件侦查、起诉、审判到刑罚执行乃至申诉、审判监督程序等阶段。比如，有的国家或地区，对检察官起诉标准要求较低，则可能起诉到法院的定罪率要相对较低，反之，对检察官起诉标准要求高，则定罪率也高。又比如，一个国家或地区的刑法有没有大赦、特赦、减刑、假释等制度，以及在实践中适用的频率高低，可能会对相似的定罪判刑后刑罚的轻缓化局面产生实质的影响，这些制度适用频率高，则刑罚要相对变得轻缓。还比如，在法院生效判决后，刑事再审程序如何启动，是本着"一事不再理"（禁止双重危险）的指导思想，原则上只允许对原审被告人有利的再审呢，还是本着"实事求是，有错必纠"的指导思想，不论对原审被告人有利还是不利，都允许再审？如果是前者，那就是"平反冤案"型的再审；如果是后者，那就还包括"重算旧账"型的再审。两种再审模式所导致的刑法适用后果是不一致的，前者将使原审被告人的无罪释放或重罪变轻罪的面扩大，后者则将使原审被告人的定罪或轻罪变重罪成为可能。①

二是刑法运作得以进行的各司法机构之内以及机构与机构之间的结构。机构之内，以人民法院为例，合议庭的组成是全部由法官组成，还是由法官和人民陪审员一起组成。如是后者，又涉及对人民陪审员是予以高度重视还是走过场。高度重视，则势必在讨论案子时对其法律知识和思维多加引导，这样在断案速度方面就会有所放慢，② 但运用得好，对防止司法腐败、增强司法的民主性和裁判的公信力却又有显而易见的好处。我国人民法院内的审判委员会也是一个可以对刑法运作产生重要影响的组织，一些重大疑难案件常常要经审判委员会讨论决定，合议庭并不对案件结果起决定性的作用。机构之间，我们可以考察一下我国现行刑事诉讼程序中的公、检、法三道工序。由于我国实行的是公、检、法"分工负责、互相配合、互相制约"的

---

① 参见陈光中主编：《刑事再审程序与人权保障》，北京大学出版社 2005 年版，第 6 页。

② 笔者曾在德国弗赖堡基层法院旁听过一个贩卖毒品的案件，法官和两个陪审员退庭评议案件久久不见出来，在外等候的检察官和律师就彼此交换看法，认为可能是法官需要向两个陪审员耐心细致地解释一些法律规则。

"平起平坐"作业方式，公安机关的权力很大，不仅可以自行决定实施各种调查取证活动以及强制措施，而且对犯罪嫌疑人有长时间的控制权，① 加上公安局长在不少地方又兼任政法委书记甚至党委常委，致使其他许多国家实行的"审判中心主义"在我们国家就变成了"侦查中心主义"。② 具体到实践中就如有学者所形象比喻的：公安机关是做饭的，检察机关是端饭的，法院是吃饭的，哪怕是夹生饭，也只能往下咽，其结果刑事诉讼程序出罪功能不足、入罪功能有余，犯罪嫌疑人从一开始就被放到了一个不断地由自由民"加工"成罪犯的流水线上。

　　三是刑法运作的外部环境。如我国的各级政法委员会（简称政法委），它在刑事司法机构之间有一种协调的作用，这种协调的积极作用和消极作用目前还缺乏全面的评估。但有关报道提醒我们，它有时容易突破制约机制，酿成冤假错案，如著名的佘祥林"杀妻"冤案，其处理结果就是经过市、县两级政法委组织有关办案单位、办案人员协调，并有明确处理意见后，才由两级法院作出判决的。③ 因此，政法委协调案件的制度要不要保留，如保留，如何提高其协调质量，使其工作方式方法尽可能地符合诉讼规律，值得认真研究。又如，我国近年来出现了一种各级人民代表大会及其常务委员会（简称人大及其常委会）对司法的个案监督制度，其产生背景是现实中的严重司法腐败现象。"在司法腐败猖獗的情况下，大量的控告、举报和申诉被提交到人大代表和人大机构，在人大缺乏切实、有效的监督措施的情况下，直接针对司法腐败而来的个案监督自然得到了许多人的认同。"④ 目前个案监督的主要形式有：听取司法机关对案件办理情况的汇报、调阅案件卷宗、向司法机关提出意见或发出监督意见书、将案件交有关司法机关办理并限期报告结果、组织专项调查等。无疑，个案监督对预防司法腐败具有一定的价值，但也带来了一些问题：如何防止对司法独立的干涉，使权力机关不至成为办案机关？如何使人大及其常委会的监督更专业（因为司法是一项专业

---

　　①　参见孙长永：《探索正当程序——比较刑事诉讼法专论》，中国法制出版社 2005 年版，第 63 页以下。

　　②　"审判中心主义"并不是说侦查不重要，相反，在以证据为基础的刑事审判中，侦查工作是十分重要的，只不过从正当程序理论出发，要对侦查行为建立起司法审查制度。

　　③　如著名的佘祥林"杀妻"冤案，其处理结果就是经过市、县两级政法委组织有关办案单位、办案人员协调，并有明确处理意见后，才由两级法院作出判决的。参见新华社记者唐卫彬、黎昌政：《湖北佘祥林"杀妻"案：冤案是怎样造成的》，新华社武汉 2005 年 4 月 7 日电。

　　④　储槐植等：《刑法机制》，法律出版社 2004 年版，第 206 页。

化的工作，而目前我们的许多人大代表及其常委会组成人员并不具有起码的法律专业知识），更符合法治的要求（遵照法律程序来依法改判）？等等。无疑，对这些问题的有效解决将改善刑法的运行环境。再如，传媒与司法的关系也是近年来学界所关注的一个问题。一方面，我们现在需要进一步强化传媒对司法的监督，另一方面，也存在一个如何防止造成传媒审判案件的问题。例如，2007 年 5 月 29 日，北京市第一中级人民法院对国家食品药品监督管理局原局长郑筱萸一审判处死刑后，《人民日报》即发表特约评论员文章，指出："消息公布后，广大人民群众反映强烈，拍手称快，有许多网民还在互联网上通过各种形式表示坚决拥护和支持；不少国外媒体也在显著位置进行报道，给予了积极评价。这表明，对郑筱萸案的判决，充分体现了人民群众的意志和愿望，充分体现了法律公平正义的精神，充分体现了我们党和政府坚定不移惩治腐败分子的坚强决心。"① 我认为，在生效判决作出之前，作为党报的《人民日报》发表如此特约评论员文章，是不妥的。试想，在如此情形下，二审法院乃至核准死刑的最高人民法院还敢改判吗？当然，这里也涉及一个司法机关和司法人员如何理性对待传媒和民意的问题。如在1997 年的河南郑州"8·24 血案"中，郑州市某公安分局局长张金柱酒后驾车撞人并逃离现场。案件尚未判决前，传媒声势浩大的声讨已形成"新闻审判"，最后法院作出了"不杀不足以平民愤"的判决，张金柱自己说他是"死在传媒的手中而不是法律的手中"，其律师也一直以"舆论高压"作为审判不公的理由。②

四是国家权力对刑法运作的影响。国家权力首先体现在制定政策包括刑事政策上。例如，过去 20 多年来，针对一定时期的社会治安恶化，国家发动了几次大规模的"严打"斗争，在"严打"期间对犯罪实行"从重从快"的打击，其量刑相比平时一般要重。又如，当某种犯罪变得严重时，国家往往通过会议、文件等形式强调对这类犯罪的打击，然后司法机关就出台相应的司法解释，甚至立法机关还修订相关的法律来适应国家政策的需求。如 2006 年伊始，中共中央总书记胡锦涛在中纪委第六次全体会议上提出"要认真开展治理商业贿赂专项工作，坚决纠正不正当交易行为，依法

---

① 特约评论员文章：《人民利益高于一切》，载《人民日报》2007 年 5 月 31 日。
② 参见林爱珺：《传媒报道诉讼活动的基本原则》，载《新闻记者》2003 年 6 月号。当然，也有人设想，假如传媒对张金柱酒后驾车撞人并逃离现场不予报道，或是仅作简单的报道，也许张金柱凭公安分局局长的身份，很可能会在不受刑制裁的前提下，"妥善处理"酒后驾车撞人事件。正是这前后结果的悬殊，暴露了我国当前刑事法治的不成熟和不健康。

查处商业贿赂案件"。其后，国务院总理温家宝在国务院第四次廉政工作会议上再次强调，各地各部门要把开展治理商业贿赂专项工作作为 2006 年反腐倡廉的重点。在此背景下，全国人大常委会于 2006 年 6 月通过了《刑法修正案（六）》，对涉及商业贿赂的刑法条文进行了相应修订；最高司法机关也通过了相应的司法解释，以指导对商业贿赂的定罪量刑。①

除了政策，国家权力有时还通过代表国家的部门或领导表现出来，这一视角无疑有助于我们解释刑法运行过程中的某些现象。例如，曾为新疆首富的热比娅于 1999 年被捕，2000 年以向境外组织非法提供国家情报罪名被判 8 年有期徒刑。2005 年，在其允诺"出境后绝不参与危害中国国家安全的任何活动"后，司法部门同意其申请"保外就医"。② 又如，陈伯达于 1980 年被最高人民法院特别法庭判处有期徒刑后，当时在中央主政的邓小平、胡耀邦，决定对他继续采取毛泽东实行的优待政策，不仅保持了同以前被关押时一样好的生活待遇，而且在判决之后的第二年，即 1981 年，就获准保外就医。③ 本来按照《刑事诉讼法》的规定，保外就医只能适用于"有严重疾病"的罪犯，但这两个例子明显地反映出，保外就医"醉翁之意不在酒"，而是为了实现更重要的政治目的。④

（二）刑法运作中的效率与公正

我们有充分的理由来重视刑法运作中的效率：首先，迟来的正义非正义。如果正义的实现路途非常漫长，则不仅受害者可能失去信心，社会也可能失去耐心，从而对刑法制度乃至整个司法制度产生怀疑和动摇。比如，米洛舍维奇死后，许多人就批评设在海牙的联合国前南斯拉夫特别法庭，认为

---

① 参见刘仁文、周振杰：《2005 年中国刑事法治状况》，载李林等主编：《中国法治发展报告》（2006 年卷），社会科学文献出版社 2007 年版，第 103—130 页。

② 参见中国新闻社 2007 年 1 月 7 日电。热比娅出境后没有遵守她的诺言，而是从事"疆独"运动。

③ 参见《陈伯达保外就医后的晚年生活》，载《文史博览》2005 年第 11 期。

④ 政治目的对刑事领域的影响在国外也是存在的。如 1998 年智利前总统皮诺切特在伦敦就医时，被英国警方拘捕，理由是西班牙国家法院大法官加尔松以皮诺切特在其独裁统治期间涉嫌虐待和杀害西班牙侨民，提出引渡皮到西受审的请求。智利政府为了维护国家主权和尊严，以皮作为前总统和现任终身参议员，应享有豁免权为由，要求英方立即释放皮。而反对皮的一些英国和其他欧洲国家人士，则坚持认为皮犯下的是酷刑罪，此等国际犯罪不能享有豁免权。后经有关方面激烈、反复的争论，英国政府权衡利弊，最终于 2000 年 3 月 2 日宣布"皮诺切特因健康原因不宜被引渡受审"而释放回智利。

它效率低下，耗费了联合国的巨额经费，最后却连他有罪无罪都没有个交代。除了法庭本身效率低，有人还对法庭的策略提出质疑，认为没有必要起诉和审判他数十项罪名，那样必然被拖入一场司法马拉松。如果只抓住他的一项或几项主要罪名来起诉和审判，也许案件早就有了结果。其次，司法资源是有限的。南非结束种族隔离后，之所以成立"真相与和解委员会"来处理大量的种族隔离期间双方犯下的罪行（不仅包括白人政府及其工作人员所犯罪行，还包括反种族隔离的"非国大"一方所犯罪行），理由之一就是要想对如此多的刑事案件全部按照正常的司法程序来处理，几乎是一件不可能的事情。

当然，我们也必须看到，效率并不能成为刑法运作的唯一追求，它必须受制于公正的底线和规律。例如，"严打"期间对犯罪分子实行"从快"，于是短时间内就破获一大批案件，或者使某些久侦不破、久拖不决的案件很快就得以侦破、处理，这本身应是有积极意义的。但"从快"也必须使案件的各个阶段能有时间保证，而不是走过场；快速侦破和快速处理也得在法律的范围内操作，尤其要确保犯罪嫌疑人和被告人的各项诉讼权利。

效率和公正有时是统一的，但有时又存在一定的矛盾。前者如在超期羁押的情况下，既可以说刑法运作是低效的（长期得不到有罪无罪的结论），也可以说是不公正的（对犯罪嫌疑人，但此时若释放犯罪嫌疑人不好说对被害人不公正，因为这是严格按照法律程序所作出的）。后者仍然以刑事再审为例：当一个案件的裁判生效后，如果只考虑效率，最好就是一律禁止再审，但这显然不公平，因为世界上任何一个刑事司法体系都应当有对冤假错案的纠错功能；但如果只考虑公正，则不仅要求对原审被告人有利的要予以再审，而且对原审被告人不利的也要予以再审（我国目前即属于这种情形），这势必削弱法院的既判力，导致申诉多、反复改判等消极后果。因此，当此种效率与公正发生矛盾的情形出现时，就需要寻求一个二者的最佳结合点。如前述再审制度，现在学界一般认为我国应遵循如下思路进行改革：要区分有利和不利被判决人的两种再审情形，对后者加以严格限制，即原则上"一事不再理"，只有在例外情况下才可以提起，如因原办案人员在办案过程中索贿受贿、徇私舞弊、枉法处理，或者被判决人一方串通证人做伪证、鉴定人做虚假鉴定，而导致错判无罪、重罪轻判、量刑畸轻的。①

---

① 参见陈光中主编：《刑事再审程序与人权保障》，北京大学出版社 2005 年版，第 189 页以下。

　　在促进刑法运作的效率和公正性方面，有关国际公约和国外经验无疑给我们提供了丰富的资源。如"一事不再理"原则，就是联合国《公民权利和政治权利国际公约》、《美洲人权公约》和《欧洲人权公约》等明确规定的一项刑事司法准则。我国在签署《公民权利和政治权利国际公约》之后，对这项原则的理解和认可不断增强，从而有助于我们反思现在的刑事再审制度。但是也应当看到，国际公约带有一定的妥协性和折中性，有时甚至有闪烁其词、回避问题的毛病，对一些问题往往只能作出原则性规定，而难以明确具体，所以像"一事不再理"原则，就留下到底允许存在哪些例外的争议。因此，我们一方面应对原则精神有比较透彻的把握，另一方面更要在其指导下，结合国情，从各个细节来充实和完善我们的各项制度。举个例子，目前我们在司法实践中，犯罪嫌疑人的家属往往只能收到一个公安局寄去的"逮捕通知书"（很多场合因是流动人员犯罪，家属离犯罪地往往相距遥远），告知某某因涉嫌某种犯罪被当地检察机关批准逮捕。家属拿着这个"通知"去找律师，律师长途跋涉去找当地的检察院，却被告知此案不在他们那里，而因案情严重转到了上一级检察机关，两个城市距离很远，既耗费当事人的钱又耗费律师的时间，而司法机关不但没有从中获利，反而因此其形象受到影响，可谓公正、效率两败俱伤。对此，笔者曾有感而提出过如下建议：刑事执法和司法机关，无论是纵向的上下级还是横向的各部门，都应当有一个让犯罪嫌疑人或被告人的家属及其律师方便打听案件下落和进展情况的途径，这并不难，只要在通知书上告诉一个联系电话，并规定在家属第一次联系后办案人员要留下对方的电话，一旦案子移交下一个机构或上级部门，就要通报给家属并告知其新的联系电话和联系人。①

---

①　参见刘仁文：《死刑案件跟踪》，载《方圆法治》2007 年 5 月（下半月刊）。

刑法基本理论

从人权视角看刑法平等原则

王雪梅

平等是一种信条,① 也是一个非常复杂的概念,对平等的追求是人类基于公正的朴素理念的自然冲动。在本体论意义上,平等是一种作为个体的人认识到自己与他人的共同性之后激发的本能性需要。平等的基本含义可以表述为:"同样情况同样对待"、"不同情况不同对待"。② 但是,平等不等于平均,也不要求绝对相同,对实质平等的持续努力使得平等对现实的差异具有一定的包容性。刑法平等是法律面前人人平等的法治原则在刑法中的体现。我们说这是一种自然冲动或体现,并不是说这是一种存在状态或事实。恰恰相反,我们确认或体认刑法平等只表示一种价值观念,表明根据道德经验判断,刑法应该是平等的。因此,这里不能用诸如刑法的平等符合"最大多数人的最大幸福"等功利主义的命题加以论证或说明,而须更多地关怀这种道德诉求的终极价值——人的自然本性,一种启蒙主义思想家们所强调的具有自然人权的形而上学的品质。也只有这种具有先验的形而上学品质的概念,才具备改造和批判现实法律制度的功能和力量。③ 本文拟从刑法平等的现实考察刑法平等的内容和立法确认,刑法平等的司法体认和人权保障机能的实现三个方面。

一、刑法平等的现实考察

平等、公正、自由等人的自然本性使然的价值理念之间具有某种天然的联系。平等是公正的必然要求,意味着"同样情况同样对待"和"不同情况不同对待"。平等又是自由得以证成和实现的前提条件。所有的等级理论、种姓制度的背后都隐含着一个共同的命题:人们之间的自由意志能力和

---

① [法] 皮埃尔·勒鲁著,王允道译,肖厚德校:《论平等》,商务印书馆1994年版,序言。

② 参见 [英] 哈特著,张文显等译:《法律的概念》,中国大百科全书出版社1996年版,第157页。

③ 参见赵雪刚:《功利主义人权观批判》,载徐显明主编:《人权研究》(第二卷),山东人民出版社2002年版,第96—135页。

水平是不同的。要实现人人平等，就必须承认每一个人的完整的自由意志，也就是一个人根据自己的不受干涉的推理能力，对自己的行为进行选择的能力。① 所以，平等是人对自我认识的肯定。人人都具有相同的道德价值。所有的人，因为是人，所以平等，从这个意义上说，平等也是一项权利。有论者从政治学角度考察了平等的内涵，认为平等的含义一是指人们在确立、实现自己法律权利、义务过程中的地位（权力或机会）平等，是人们在法律制定、执行、适用的全部过程中的地位平等，是实质意义上的平等。这种平等必须以人们在现实生活中的经济、社会地位的真正平等为完全实现的前提，是人类社会存在的理想状态和永恒的目标。二是任何人依法享有的相同权利都应该受到同样的保护，任何人违反自己所承担的法律义务都应该同样受到制裁。这是一种以承认现实中人与人之间存在实质不平等为前提的平等，是以法律手段来确认、保护、实现生活中那些作为历史发展必然要求的以实质不平等为内容的平等。政治法律发展史揭示，人类不断地将实质平等的理想状态转化为法律所维护的平等的现实，在法律所维护的现实中不断地增加、扩大实质平等的内容。②

平等的确是一个复杂的概念，人们可以在不同的意义上谈论平等，如基于身份地位的平等、基于能力的平等、基于性别的平等，还有"结果平等"、"实际平等"，等等。所以，有人认为，在现实的多样性的物质世界中，各种平等不能同时得到满足，"实现一种意义的平等，往往同时意味着另一种意义上的不平等；从一个方面反歧视，常常同时就形成了另一个方面的歧视。"③ 但是，如果对所谓的各种意义的平等作一番推敲，可以看到，有人把形式平等和实质平等混为一谈了。比如，所谓男女自然差别造成的权利享有方面的实际差别，所谓为消除这种差别而造成对男人的实际的歧视，都是形式上的不平等，而不是什么实质意义上的。从人性的角度来看，男女的天然差别是非本质差别。男女作为人来说在本质上是没有差别的，只有人和动物才存在本质的差别。因此，反对现实社会所存在的各种歧视和不平等是有自然基础的，这种自然基础就是承认道德上的人人平等，道德平等乃本文所谈论的平等原则的道德基础。

① 参见徐显明、齐延平：《论中国人权制度建设的五大主题》，载徐显明主编：《人权研究》（第二卷），山东人民出版社2002年版，第165—167页。
② 参见陈忠林：《刑法面前人人平等原则》，载《现代法学》2005年第4期。
③ 常健：《人权的理想·悖论·现实》，四川人民出版社1992年版，第208—209页。

需要强调的是，这里所说的平等是指在特定文化背景下的价值判断，不涉及自然法理论中的超验的绝对平等概念。法律平等更是如此，平等是成熟法阶段的信条，"成熟法的平等思想有两个基本点：法律规则的平等适用和人们履行其意志与处分其财产的机会平等。"① "法律平等是对政治平等的一种确认，不能离开政治社会结构讨论法律平等问题。"② 封建社会，存在着不同的阶级或阶层，人们根据阶级或阶层的不同身份或地位是王族、贵族、神父、平民、农奴等来享有权利和承担义务，基本没有平等可言，即便有也只能是一定阶级或阶层内部的有限的平等。有论者将这种有限的平等称为有区别的平等，并将这种有区别的平等对待归纳为四种情形：（1）否定一部分人的权利而给予另一部分人；（2）否定一些人的权利而给予其他的人；（3）强加给一部分人的责任而不及于另一部分人；（4）强加给一部分人的责任而不给予其他人同样重的责任。③ 尽管如此，基于公正的理由，人类始终在追求着平等的理想状态，并不断推动着历史的进步。

平等作为抽象的一般的人之间的平等、作为一种法律权利意义上的平等被认知和对待是近代资产阶级革命的产物。自资产阶级启蒙运动之后，西方政治法律思想家用"天赋人权"、"人人生而平等"、"人人生而自由"等主张，赋予平等概念以人与人之间应该具有相同的社会政治法律地位的内涵。近代启蒙运动将政治平等向法律平等转化。平等原则最初主要是用来反对封建世袭等级特权制度的，经过资产阶级启蒙思想家洛克、卢梭等人的倡导，公民在法律面前人人平等原则发展成为一项法治原则，并最早在美国《独立宣言》中得以体现，又得到法国《人权宣言》的确认。之后，这项原则被载入多国宪法并成为一项宪法原则。

在启蒙思想的影响下，贝卡里亚明确提出了刑法的平等性，并将刑法平等的评判标准统一于犯罪的社会危害性，确立了平等的客观标准。同时，还提出了平等的相对性，指出刑罚的平等只能是表面上的，实际上则是因人而异的。④ 在立法上，1790 年法国制宪议会的法令首次宣布：犯罪和刑罚必须

---

① ［美］罗斯科·庞德著，唐前宏等译，夏登峻校：《普通法的精神》，法律出版社 2001 年版，第 99 页。

② 陈兴良：《本体刑法学》，商务印书馆 2001 年版，第 74 页。

③ Geraldine Van Bueren, *The International Law on the Rights of the Child*, Martinus Nijhoff Publishers, 1995, p. 41.

④ 参见［意］贝卡里亚著，黄风译：《论犯罪与刑罚》，中国大百科全书出版社 1993 年版，第 65—74 页。

公平划一，不论犯罪者的等级身份如何，凡属同一种犯罪，均处同一种刑罚。现代之后，各种阶级或阶层不断分化、瓦解、融合，世界渐趋一体化和国际化，平等的适用有了更加广阔的空间。平等原则经过《国际人权宣言》等国际公约的确认，又发展成为一项重要的国际人权原则。平等往往与人格尊严相联系，是自由、正义与和平的基础。这一思想在《世界人权宣言》、《消除一切形式种族歧视国际公约》等国际文件中一再得到重申，也在我国刑法中得到确认，平等与罪刑法定、罪刑均衡一同构成我国刑法的三大基本原则。

　　当然，人类追求实质平等并不是说实质平等比形式平等更重要。实际上，形式平等是实现平等的不可或缺的要素，我们对平等的理性追求首先也是通过形式平等来表现。日本学者大名贺须指出："平等作为近代民主政治的理念并不是实质上的，而是形式上的。"① 刑法平等同样涉及实质平等和形式平等问题。需要说明的是，这里所说的刑法的实质平等和形式平等与有的论者所说的实体平等和程序平等不是一一对应的概念。② 一般来说，通过法律条文体现出来的平等大多表现为形式上的平等，而刑法的实质平等是指隐含在刑法规范背后的隐隐约约的一种冲动。这也并不意味着，刑法的实质平等是不可知的，而是说刑法的实质平等是存在于刑事立法者和司法者心中的，通过立法和司法活动表现出来的一种理念、信仰，一种试图使刑事立法和司法不断趋于公正的追求。但是，由于不存在实质平等所要求的基础——"没有差别"，所以，完善的立法并不能反映现实的平等，不论是历史中还是现实生活中，不平等的事件都随处可见。例如，在美国历史上，曾基于人种的、宗教的和政治见解的不同，而对其公民以不合法的和非理性对待的情形。1954 年在著名的"布朗诉教育局"一案中，美国最高法院首次判定了基于种族的原因而不能进入公立学校受教育的隔离，是宪法"平等对待"原则所不允许的。从那以后，在美国首次实现了教育上的种族平等。再如，2002 年初，清华大学学生刘海洋先后两次用火碱、硫酸将北京动物园的五只熊烧伤，致使其中一头黑熊双目失明。次年，法院判决刘海洋犯故意毁坏财物罪，但免予刑事处分。对此，有学者认为法院的判决结果是一种刑法适

---

　　① ［日］大名贺须著，吴新平译：《生存权论》，法律出版社 2001 年版，第 39 页。
　　② 所谓的刑法平等的实体平等和程序平等是指从正义观上看，大陆法系强调实体正义，英美法系更加注重程序正义。在平等问题上，如果说大陆法系的平等更大程度上意味着实体平等，那么英美法系则在更大程度上体现程序平等。参见陈兴良：《本体刑法学》，商务印书馆 2001 年版，第 74—75 页。

用中的隐性不平等，是基于犯罪人的特殊身份而可能造成的一种特殊优待，造成了对刑法平等原则的破坏和刑事法治的冲击。[1] 另外，在我国的刑事立法中还存在违背"公职人员犯罪从重处罚原则"的规定。[2] 可见，追求平等的斗争并不是一件容易的事情，不仅要在法律上确认平等，这是平等的起码要求也是实现平等的关键步骤，更重要的是要实现公众对平等观念的普遍接受，成为越来越多的人的普遍追求，使平等的观念越来越成为我们所生存的世界的一种精神风貌。因此，无论多么完美的法律或者制度设计都只能是形式上的，而不是真正意义上的实质平等。

从消极的方面看，平等不仅意味着消除特权，还意味着没有歧视，但其内涵又不完全等同于非歧视。从内涵上来说，平等保护比非歧视更加周延，也更加积极。同时，就像差别不等于歧视一样，平等也不是等同，平等并不否定社会分工和社会权威，因此，不是与公正毫不相干的平均主义，而是有形式差别的"公平对待"。尽管根据平等原则，任何差别都是不允许的，但是，平等并不意味着否定差别，这种差别对待并没有破坏平等的价值意义。关于差别原则的合理性，罗尔斯已经做出了精辟的论证。[3] 刑法平等也不否定视犯罪人或被害人的个人情况而在刑法适用上有所区别，但是，这种区别对待一般情况下应当以法律的明确规定为前提。例如，根据法律规定，考虑到社会危害性和人身危险性，对累犯的从重处罚，而对未成年犯、中止犯、从犯、自首犯、有立功表现的犯罪人的从宽处罚。体现了刑法的人道价值；对犯罪时不满 18 周岁和审判时怀孕的妇女不适用死刑规定，以及对于又聋又哑的人或者盲人犯罪的规定，都是在法律规定的范围内的区别对待。法律上有规定的，区别对待就是符合刑法平等原则的。即便没有刑法的明文规定，也应当根据刑事立法精神，考虑犯罪行为对社会危害程度和行为人的人身危险性，适用酌定情节因素不同而做出不同的量刑。这些立法上的区别对待以及根据刑事立法精神适用酌定情节做出的不同量刑，体现了刑事法律人对实质平等的执著追求。

---

① 参见付立庆：《论刑法适用中的隐性不平等——以刘海洋案为视角的考察》，载《法律科学》2004 年第 2 期。

② 参见贪污受贿罪和盗窃罪起刑点的规定，前者起刑点为 5000 元，后者为 500 元。

③ 参见［美］约翰·罗尔斯著，何怀宏等译：《正义论》，中国社会科学出版社 2001 年版，第 75—83 页。

二、刑法平等的内容和立法确认

刑法平等不像罪刑法定原则那样以追求个人自由为其价值内容，平等本身即是其目的，平等所包含的内容则是这一原则所蕴涵的价值内容。对刑法平等内容的探求，其实质就是对是否要制定一部平等刑法的必要性的追求。

（一）刑法平等的内容

所谓刑法的原则，是刑法的创制与适用的准则。关于何谓刑法的基本原则，有多种不同的论述，概括起来大致有下面这些特征：独别性、普遍性和可普遍化、规约性、纲领性、融贯性、号令性、抽象性和稳定性。[①] 对于刑法平等的性质、含义和内容也存在各种不同的观点，据笔者所掌握资料，大致归纳如下：

1. 刑法面前人人平等原则不适宜作为刑法的基本原则。理由是：①和部门法基本原则确认的独别性标准相矛盾；②和部门法基本原则的司法性要求不契合；③和其他刑法基本原则的价值取向不协调。[②]

2. 刑法适用平等只是适用法律的平等，即司法平等，而不包括立法平等。立法上是否平等并不影响司法上平等。[③]

3. 罪刑平等原则或刑法平等原则具有两方面的内容，立法上的平等和司法上的平等，这两方面的内容相辅相成，缺一不可。没有立法上的平等，司法平等就根本没有存在的前提，没有司法的切实贯彻执行，立法平等只能形同虚设。[④]

其中第二种观点是在学界中较为流行而占主导地位的观点。但笔者则是站在第三种观点的立场上看待刑法平等原则的。

就刑法平等的价值内容而言，刑法平等一方面表现在：平等地保护刑事法律关系当事人的权益；另一方面表现在：平等地制裁犯罪，排斥特权和歧

---

① 参见熊浩：《刑法基本原则考问》，载《学术探索》2006 年第 3 期。

② 同上。

③ 参见何秉松主编：《刑法教科书》，中国法制出版社 2000 年版，第 77 页；马俊：《试论刑法之平等原则》，载《天水行政学院学报》2000 年第 3 期。

④ 参见王作富主编：《刑法》，中国人民大学出版社 1999 年版，第 22 页；彭泽君、向阳：《简论罪行平等原则的司法运作》，载《荆州师范学院学报》（社会科学版）1999 年第 4 期；赖早兴：《刑法平等原则辨析》，载《法律科学》2006 年第 6 期。

视。从权利保护的意义上看，平等涉及机会平等、待遇平等和基本需求平等。因此，我们也可以说，平等首先是一项道德原则，即便我们在平等前面冠以刑法的字样，也改变不了平等的本质。作为一种政治法律要求，平等首先是人类特有的基本需求的反映，是作为个体的人认识到自己同他人的共同性之后激发的一种本能性需要。一个人必须认同自己所属的社会群体，并与自己所属群体的其他成员一样平等地认同、分享自己所属群体的基本价值，这种"归属需要"就成了人类及其个体要求"平等"的内在动力。①

从刑法价值论的角度看，刑法中的平等既是一种立法理念，又是实在刑法的补充，是可以用来解释刑法价值的内容。刑法平等较之罪刑法定和罪刑均衡更明显地体现了刑法的价值取向和刑法的人权保障机能。要实现刑法中人人平等的权利，就要确保犯罪主体具有平等的道德地位以及起码的形式平等，这两个方面也正体现了平等权的要义：一方面，主体平等是平等权的实现前提。如果主体被先在性地做了不平等的划分，那么，任何平等权利的形式都会导致不平等的结果，也就是说，所有平等权利均会丧失其价值。另一方面，形式平等是平等权的理性所系。离开了形式平等而言平等，平等权就有可能成为空话。形式平等的核心理论由"起点平等"和"同等情况同样对待"两部分组成。② 在平等地制裁犯罪方面，首先意味着定罪、量刑和行刑都得遵循同一个标准——刑法，反对特权和歧视。特权和歧视往往代表对于两种不同社会群体的生存状态的态度，因此，反对特权和歧视体现了刑法平等原则背后的道德价值意蕴。只有反对特权和歧视，才能实现刑法平等，甚至可以说，平等的实现程度直接取决于反对特权和消除歧视的进程。

正如前文所述，刑法平等也指法律待遇平等，包括两方面的含义：一是对不同身份的人应处以相同之刑；二是对犯同一之罪的人应当处以相同之刑。前者是身份上的平等，较易实行；后者是待遇上的平等，涉及平等是以犯罪的客观危害还是主观感受为标准等一些较为复杂的问题。③ 当然，这里的身份与刑法当中对特定身份在定罪、量刑和行刑方面的特殊规定中的身份是不同的概念。例如，我国刑法规定对累犯的从重处罚，对自首、立功以及未成年等犯罪人的从宽规定。刑法还可以授予某些特殊身份的人某种特别的

---

① 参见陈忠林：《刑法面前人人平等原则》，载《现代法学》2005 年第 4 期。

② 参见徐显明、齐延平：《论中国人权制度建设的五大主题》，载徐显明主编：《人权研究》（第二卷），山东人民出版社 2002 年版，第 166 页。

③ 参见陈兴良：《本体刑法学》，商务印书馆 2001 年版，第 74 页。

权利，或者不授予某些人以特定权利。比如，负有特定责任的人无权为了避免本人危险而不履行相应的职务。可见，如前文所述，刑法平等并不排斥区别对待。如此一来，对同一种犯罪完全可以有不同的处罚结果。立法上有些追求实质平等的区别对待的规定，这并不是对形式平等的反动，而仍然是在承认了刑事主体存在差异的情况下的区别对待，体现了形式平等的基本特征。这种不同情况不同对待应当是平等原则题中应有之义，反映出刑法对实质平等的体认和追求。因此，刑法平等应当是形式平等和实质平等的统一。唯其如此，才能真正体现刑法公正的价值意蕴。刑事义务中就有根据公民的不同身份进行特别分配的情形。例如，国家公务人员的特殊身份、家庭成员的特殊身份、军人的身份等就要求其承担与其身份相应的刑事义务。不相同的人承担各不相同的刑事义务，同样也是正义的要求。但是，公民的特殊身份的获得，必须符合公意。① 当然，刑法平等并不意味着现实的平等，受政治文化和法律文化的影响，经济社会发展的不平衡，我国刑事司法实践中仍然存在不能平等适用刑法的现象。

刑法平等应当包括立法平等和司法平等。立法平等指在刑事立法活动中，立法者平等地看待每一个公民，不能以身份、地位、贫富等因素在刑事义务和权利的分配上有所差别。司法平等是指对一切犯罪人在适用刑法时应当根据同样的法律，同罪同罚。刑法平等的基本含义是任何人犯罪，不论其性别、种族、民族、家庭出身、社会地位、职务大小、财产多寡、政治派别、宗教信仰等如何，都一律平等地适用刑法，任何人不得有超越刑法的特权。②

我国刑法平等所强调的是反对特权和歧视，追求的是刑事司法在定罪、量刑、行刑方面的公正、不偏不倚。从刑法典条文的表述上看，我国刑法平等是一项司法原则，包括定罪、量刑和行刑的平等。但是，立法平等是司法平等的前提和基础，只体认司法平等不反映立法平等是不全面的。如果定罪、量刑和行刑待遇没有统一的标准，那么，如何能真正做到司法上的平等呢？那种认为刑法平等仅仅指适用法律平等的观点为不公正的法律的出台提供了理论上的支持。因为，对于来源于社会现实需要的法定义务，立法者特别容易加入自己的私利与偏见。有时我们确实可以看到，某些犯罪所以被规定为犯罪，实是因为统治者为了一己之私利或者愚蠢的偏见。如何防止立法

① 参见曲新久：《刑法的精神与范畴》，中国政法大学出版社 2000 年版，第 104 页。
② 参见屈学武主编：《刑法总论》，社会科学文献出版社 2004 年版，第 36 页。

者在立法时为了自己或者自己所属的阶层或者阶级谋取私利，既是一个十分重要的政治问题，又是一个十分重要的法律问题。刑法平等原则就是刑法领域的一个最重要的限制性原则。相同的人必须承担相同的法定刑事义务，也就是说，在公民之间平等地分配法定刑事义务，同样属于分配正义的必然要求。在刑事义务的分配方面，根据公民的种族、政治见解、国籍或社会出身、财产、出生或其他身份等方面进行分类，并予以不平等的对待，是非正义的。① 平等首先是一项道德原则，然后才是法律原则。如果立法时不考虑平等，就已经削减了平等的独立价值。德沃金在谈到自由时所说的一段话或许能给我们一些启示。他说："当我们制止一个人谈情说爱或做爱时，我们削减了他的自由，当我们制止他谋害或诽谤他人时，我们也削减了他的自由。虽然，后一方面的限制是可以有理由的，那也只是因为它们对于保护他人的自由和安全来讲是必要的妥协，而不是因为这些限制本身没有侵害自由的独立价值。"边沁曾说，"无论什么法律都是对自由的'违背'，而且，虽然某些类似的违背是必要的，但是，若要假装说它们根本就不是违背，那就是蒙昧主义的论调了"。②

（二）立法确认

刑法平等只有首先在立法上得到确认，才能在司法中得到落实。因此，刑事立法平等具有重大意义。刑法规范必须符合平等原则，这是正义与功利的共同要求。一切公民在立法上都应当受到平等的保护，任何公民都不得享有任何不公正的特权，也不应受到任何歧视，而应得到公正无偏见的待遇。③

刑事立法平等首先诞生于西方，并得到国际社会的普遍认同，在较为晚近的时候，对我国刑事立法产生了重要影响。1789 年法国的《人权宣言》第 6 条最早宣告"法律对于所有的人，无论是施行保护或处罚都是一样的。在法律面前，所有的公民都是平等的"。平等思想在国际人权法中也作为一项重要的立法原则出现。例如，在《联合国人权宪章》以及国际人权条约中都有规定。《公民权利和政治权利国际公约》第 26 条规定，"所有的人在

---

① 参见曲新久：《刑法的精神与范畴》，中国政法大学出版社 2000 年版，第 104 页。

② 参见［美］德沃金著，信春鹰、吴玉章译：《认真对待权利》，中国大百科全书出版社 1998 年版，第 352 页。

③ 参见曲新久：《刑法的精神与范畴》，中国政法大学出版社 2000 年版，第 100、102 页。

法律面前平等，并有权享受法律的平等保护，无所歧视。在这方面，法律应禁止任何歧视并保证所有的人得到平等的和有效的保护，以免受基于种族、肤色、性别、语言、宗教、政治或其他见解、国籍或社会出身、财产、出生或其他身份等任何理由的歧视。"另外，《囚犯待遇最低限度标准规则》第6条集中体现了对囚犯平等权的体认，规定"本规则应与公正执行，不应基于种族、肤色、性别、语言、宗教、政见或其他主张、国籍或社会出身、财产、出生或其他身份而加以歧视。"国际社会对平等不断追寻的精神，也感染了我国的立法和司法活动。平等除了作为我国宪法的一项原则之外，在刑法中也给予了确认并得到了较为系统的体现：

1. 总则确认

作为刑事立法的基本原则，首先应当体现在刑法总则的规定中。近代以降，刑法总则就成为规定犯罪与刑罚的一般原理、原则和制度的普遍性刑法规范，因而在刑法总则中确认刑法平等是刑法分则刑法平等的基础。刑法平等在总则中体现在如下几个方面：

（1）明确确立刑法适用平等原则。《刑法》第4条规定："对任何人犯罪，在适用法律上一律平等。不允许任何人有超越法律的特权。"这里的"任何人"不仅包括对任何犯了罪的人，还包括对其行为需要刑法进行评价的人；不仅包括自然人还包括法律上拟制的人"适用法律"主要指国家机关依照法律规定的程序将刑事法律规范的内容转变为现实活动。"超越法律的特权"指违反法律的规定，为法律所不允许的特权。① 将平等确立为刑法的一项基本原则，才能充分认识任何刑法上的不平等都是对刑法存在根本的动摇，是在根基上侵蚀刑事法治的行为。

（2）明确犯罪定义。《刑法》第13条指出，无论何人只要实施了刑法规定的危害社会的行为，依照法律应当受到刑罚处罚的，都是犯罪。这条规定表明，刑罚是犯罪的必然结果，刑法规定是定罪量刑的唯一标准，在刑法的适用上人人平等。

（3）明确了刑法的适用对象和范围。《刑法》第6—11条和第30—31条规定，我国刑法适用于自然人犯罪和单位犯罪。还规定，除本法有特别规定外，无论是在我国领域内还是领域外犯罪，也不论是中国人、无国籍人还是外国人，只要实施了本法适用范围内的犯罪，将一律平等适用我国刑法。

平等地分配刑事义务是实现刑法的实质正义和功利需要的共同要求，是

---

① 参见陈忠林：《刑法面前人人平等原则》，载《现代法学》2005年第4期。

刑法规范的平等原则的一个基本方面。① 另外，公民在刑事权利的享有方面也是平等的。比如，我国刑法总则关于正当防卫、紧急避险的规定，反映出这些刑事权利应当是每一个人平等拥有的。

2. 分则确认

《刑法》分则对平等的确认为刑事司法平等提供了前提条件，是总则平等适用刑法的自然延伸。在刑法条文的设定上，普遍体现了"起点平等"、"同等情况同样对待"的立法理念，对同样犯罪的处罚没有性别、种族、社会地位和身份等的区别。同时，还体现了"不同情况不同对待"的立法思想，对一些具有特殊身份的特殊主体在分配刑事义务和享有刑事权利方面的区别对待规定。比如，国家机关工作人员犯罪、军职人员犯罪等职务犯罪的规定，目的在于明确特殊主体在承担相应义务基础上才能享有特定的权利。

三、刑法平等的司法体认与人权保障机能的实现

刑法平等不仅是立法原则，也是司法原则。只有通过有效的司法活动，才能更好地实现刑法平等原则。符合刑法保护主义和平等主义的刑法规范，如果不通过司法活动加以适用，正义与功利的实现也就无从谈起。② 司法就其本质而言，就是平等，但是，正如 19 世纪法国哲学家勒鲁在其《论平等》中所做的比喻，有时候，司法是一个瞎眼的波吕斐摩斯③，在他的眼里有两个社会，"有一个社会，那里的人只要一犯罪就会落入法网或宪兵手中，那就是穷苦阶级。还有一个社会，那里有些人几乎犯有种种的罪行，但他们可以不受刑法处分，或者至少不必害怕，那就是富人阶级"。④ 如果说在刑事立法活动中，对刑法平等价值意蕴的体认非常重要，那么，在刑事司法活动中，因为实现刑法平等更为困难，因此，对平等价值的体认则更具有重要的意义。刑事司法的平等是人们实现价值追求的要求，对树立正确的平等观、对其他部门法的正确实施以及维护社会公平和刑法本身的权威性具有现实意义。⑤ 我国刑法平等原则本身就是一项司法原则，体现出在刑事司法

① 参见曲新久：《刑法的精神与范畴》，中国政法大学出版社 2000 年版，第 117 页。

② 同上书，第 118 页。

③ 希腊神话中的独眼巨神，以食人肉为生。

④ 参见［法］皮埃尔·勒鲁著，王允道译，肖厚德校：《论平等》，商务印书馆 1994 年版，第 29 页。

⑤ 张明楷：《刑法学》（上），法律出版社 1997 年版，第 47—48 页。

中，立法者对实现平等价值的体认。在刑事司法领域，适用刑法平等原则具体体现在以下几个方面：

（1）在定罪方面，司法官员在定罪时，既不允许将有罪认定为无罪，也不允许将重罪认定为轻罪；反之亦然。除刑法的特殊规定外，触犯同种罪名的行为人应当以同种罪名定罪，犯罪人的地位高低、权力大小、金钱多寡都不能影响犯罪的成立与轻重。

（2）在量刑方面，该判重刑的不得轻判，该轻判的不得免除处罚，反之亦然。行为人的地位、贫富等因素不能影响量刑的轻重。在具体案件中具有刑法规定的从重或者从轻、减轻和免除处罚的情节时，要依法裁处，不能因为行为人的经济、社会或政治地位的不同而枉法擅断。

（3）在行刑方面，司法官员也应当做到不枉不纵。在执行刑罚时，对于所有受刑人平等对待。凡罪行相同、主观恶性相同的，行刑上一律平等，不受权势地位、富裕程度所左右，进而对一部分人搞特殊，而对另一部分人加以歧视。严格掌握减刑、假释的条件标准，不搞法外施恩。同时，对罪行轻重不同，主观恶性不同，改造表现不同给予差别待遇，也是行刑平等应有之义。

从刑法功利性的角度看，刑事司法平等是人权保障和保护合法权益的需要。刑法具有保障机能和保护机能。如果不能平等地适用刑法，有部分没有犯罪的人受到了刑法制裁，他作为合法公民的权利如何得到实现？如果有部分犯罪人享有不受刑法制裁的特权，刑法又如何保护社会和其他公民的合法权益？那么，在司法活动中，如何实现刑法的人权保障机能？司法官员怎样才能平等地适用刑法呢？除了设计一套科学合理的刑事司法制度外，就司法官员来说，一方面，司法官员要理解平等的价值内容，树立正确的平等观。另一方面，有限度地赋予司法官员自由裁量权。

关于刑法的价值内容，前文已经有所论述，简言之，平等适用刑法要求对任何人都予以平等无差别的对待。从刑事执法的角度看，刑法平等意味着在执法中应当实现官民平等、公私平等、强弱平等，反对官轻民重、以公害私、恃强凌弱的不平等现象。刑法平等是刑法公正的必然要求。在一个没有特权和歧视的社会里，法律能够平等地对待任何人，不会因为身份、地位等因素而影响到定罪、量刑和行刑。同时，我们所说的平等对待并不是无差别的绝对等同对待，不考虑年龄、智力程度等因素差异的绝对同罪同罚，不能涵盖平等的全部意蕴。刑法平等的价值内容，在很大程度上要通过司法得以实现，使得刑法对平等的追求，不仅表现于立法平等，还要在司法的运作过程中，在维护刑事平等的过程中尽可能地接近实质的平等。司法具有独立于立法的品格，并通过司法官员的具体司法活动展现出来。然而，任何法律都无法以一种完美无缺的方式适用于一切情况，通过刑事司法实现平等也是有局限性的，这种局限性客观上是由于司法实践的纷繁复杂，主观上是因为法官对立法理解的不同，对法律规范的解释就有差异，这种差异必然会影响到判案的结果，因而，这就引申出了法官到底有没有法律解释的权利问题。

关于法官解释法律的问题，在理论上，有司法机械主义和司法能动主义两种学说。在司法机械主义者看来，法官是一个机械地适用法律的工匠：刻板、毫无生气、严格地按照法律规定进行逻辑推理。例如，我们比较熟知的贝卡里亚提出的三段论式逻辑推理的司法模式①就是司法机械主义的典型。而司法能动主义则认为，法官并非法律的奴隶，法官在刑事司法活动中，通过创造性的审判活动弥补立法的缺陷，甚至在一定程度上造法。正如有论者所认为的那样，法官在司法活动中不是木偶与摆设，其能动性是应当承认的。但法官的司法劝诱不是没有限制的，只能在法定范围之内行使这种权力。② 司法能动主义主张的司法官员的自由裁量权是受平等观所限制的。这种限制就是，自由的界限不能够将定罪、量刑或行刑的自由扩张为一种不平等权，扩张为某些人的特权或对某些个体的歧视。当然，刑法平等首先表现为在刑法面前的抽象个体的平等，但是，和民事主体平等不同的是，刑事司法中的不平等经常是司法官员滥用自由裁量权的结果。从人权保障的观点看，正如夸大自然法的适用极具危险性一样，过分夸大司法官员的自由心证也是非常危险的，因此，对实质平等的追求不是要脱离实在法对某些人"法外开恩"，而是要借助自然法，在宪法秩序的范围内体现刑法的平等性。在刑事司法运作中，司法官员是以代理国家刑罚权的面貌出现的，那么，这种代表着国家刑罚权的司法官员相对于犯罪嫌疑人、被告人或罪犯来说无疑具有极大的威力。因为，正如有的学者所指出的那样，不论犯罪主体多么凶悍，相对于以强大的国家机器为依托的司法力量而言，总是处于弱小的地位。司法官员能否平等对待犯罪主体既取决于刑事立法的平等也取决于司法官员的良心确认，而司法官员的职权及其活动、刑事司法的过程及其结果，对犯罪主体的人格尊严、财产、自由甚至生命会产生极为严重的影响，这种

---

① 参见［意］贝卡里亚著，黄风译：《论犯罪与刑罚》，中国大百科全书出版社1997年版，第12—14页。

② 参见陈兴良：《本体刑法学》，商务印书馆2001年版，第95—96页。

客观存在的影响力，极易转化为对人权的侵害。①

　　如何解决刑法规范的一般性和司法实践中平等适用于具体事件的特殊性之间的矛盾，一种主张是绝对自由裁量主义。无论中外都有寄希望于明智的统治者或法官的绝对自由裁量主义的主张。在西方社会，持这种主张的有柏拉图、庞德、弗兰克、卢埃林等。根据这种主张，将道德上的普遍正义作为司法的基本原则，其前提假设是要有一个"好人社会"和"君子统治"。但是，至少目前看来，这是不可能的。权力必须受到制约，不受任何制约的绝对权力意味着绝对的腐败。赋予法官以绝对的自由裁量权，只能导致司法专横。另一种极端的主张是绝对规则主义。这种主张力图排除司法过程中法官的自由裁量。② 但是，"任何一种人类语言都不可能将某个法律规定表达的精确到可以完全排除法官在解释和适用它时的自由裁量权"。③ 因此，需要赋予法官以解释刑法和适用刑法的自由裁量权，但要加以限制。这种限制表现为：首先，当刑法规范本身清楚、明确时，法官必须公平地直接适用刑法，而无需再解释刑法或者适用自由裁量权。例如，刑事责任年龄作为认定人具有刑事责任能力的客观标准之一，在没有更为科学的标准之前是十分公平的。刑事责任能力是一个逐渐形成的过程，并且个体的差异使得人的认识能力和控制能力也有所差别。司法实践中有时会遇到虽然一个犯罪嫌疑人的年龄还没有达到刑事责任年龄，但是，因其心理、生理的过早发育和社会经验的积累，使其实际上已经具备了刑事责任能力，这种情况下，有一条平等适用于任何人的明确规则，比根本不作规定要公平。在修订《刑法》的时候，我国就曾经发生过对于相差几天就满 14 岁的少年实施了杀人等行为是否要追究刑事责任的问题的讨论。当初，不仅引起了法官的疑惑，而且在社会上掀起轩然大波。从法理上来说，不同的人有着不同的正义要求，这种情况表现出正义的一种相对性，但是，对于不同的正义要求的考量，是在立法时应当解决的问题。当立法者确立了明确的规则后，就成为绝对不可随意更改的规则，这也是正义之绝对性的必然要求。对于已经确立的明确的正义标准，法官必须对所有的人一视同仁，不偏不倚地加以适用，否则，就是不公平、非正义。其次，法官在运用自由裁量权时，必须在有利于被告人的严格

　　① 参见王敏远：《刑事司法理论与实践检讨》，中国政法大学出版社 1999 年版，第 304 页。
　　② 参见曲新久：《刑法的精神与范畴》，中国政法大学出版社 2000 年版，第 119—120 页。
　　③ 〔英〕彼得·斯坦、约翰·香德著，王献平译：《西方社会的法律价值》，中国人民公安大学出版社 1990 年版，第 47 页。

解释的前提下，对各种权利要求作公正的通盘考虑。①

刑法平等的司法体认还涉及和刑罚个别化的关系问题。刑事实证学派以人身危险性为根据建立刑罚个别化理论，这种同罪异罚体现了在更为公正的基础上对实质平等的追求。刑法个别化意味着适用刑罚必须考虑犯罪人的个人情况，对犯罪人区别对待。这样就会出现同罪异罚、有罪不罚的情况。一般而言，实施了同样犯罪的人却被判处不同的刑罚，或有的被判处刑罚而有的却免予处罚，这是不平等的，也是不公平的。但这是否意味着刑罚个别化违反了刑法平等原则呢？在这个问题上存在两种截然相反的观点：一种观点认为，刑罚个别化并不违背刑法平等原则，② 理由是：①我们已经建立起了人与人之间的平等互利关系，消灭了封建的等级特权，体现犯罪人社会关系的个人情况是可以自由改变的。②考虑犯罪人的个人情况，并不排斥责任观念，一些可以加重责任的个人情况，必定是犯罪行为人在日常生活中自我选择与自我表现的结果，如累犯、自首以及犯罪嫌疑人的一贯表现，依据这些情节加重或减轻犯罪人的刑罚，并不违背刑法平等的基本规则。③刑罚个别化作为一项刑罚原则，并不是无限制的个别化，而要受到罪刑法定、罪刑相当、人道主义、个人责任等原则的制约，这些原则尤其是人道主义原则可以确保刑罚个别化不致成为国家压迫或歧视某些人的工具，或者不公正地特别优待某些人的工具。相反，刑罚个别化原则还有利于刑法平等的实现，因为平等并不否定差异，不考虑差异的绝对平等实质上是一种不平等。因为平等与正义相连，正义意味着每个人应当得到他该得到的东西。当刑罚被赋予人道主义内容的情况下，考虑犯罪人的不同情况予以不同等处遇，是合乎正义的，也是平等分配原则的要求。还因为平等的基本含义之一是要按照人们的需要进行分配，需要相同分配相同，需要不同分配也不同，不同的犯罪人有着各不相同的教育改造需要，因而需要区别对待，否则，就不符合平等的原则。刑罚个别化理论近年来在我国刑法学界受到关注并得到一定的积极评价。这一理论在刑法中最主要地集中体现在《刑法》第 5 条的规定中，"刑罚的轻重，应当与犯罪分子所犯罪行和承担的刑事责任相适应"。另一种观点认为，刑罚个别化与刑法平等原则存在价值观上的冲突，在功利的天平上确实存在取舍的选择。尽管有些刑法理论如综合主义和分配主义的刑法理论试图把二者融合起来，找到一种两全其美的理论，但是，刑罚个别化理论的

---

① 参见曲新久：《刑法的精神与范畴》，中国政法大学出版社 2000 年版，第 121—124 页。

② 同上书，第 490—494 页。

确对刑法平等构成了强有力的冲击，二者是注定不可能走到一起的。① 笔者赞同第一种观点，第二种观点没有真正理解刑法平等的价值内涵，上文已经有论述，刑法平等并不排斥差别对待，这种观点实际上是绝对自由裁量主义或司法机械主义的体现。

结 束 语

平等不是一个事实；"平等是一项原则，一种信仰，一个观念，这是关于社会和人类问题的并在今天人类思想上已经形成的唯一真实、正确、合理的原则"。② 刑法平等也不是一个事实，进而言之，刑法这种对平等的追求，正是印证了不平等的存在，这种不平等恰恰是至今在我们的立法和司法中仍然存在的，包括特权在内的即卢梭已经明确指出的第二种不平等。③ 这种不平等的存在，时刻提醒我们它对我们生活的各个方面的影响有多么的深入，以至于我们在适用刑法平等原则时，要不断地和那些销蚀平等意愿的痼疾作斗争，比如，凌驾于刑法之上的特权，"变通执法"，等等。

---

① 参见吴全柱、陈孝平：《论我国刑法中的平等原则》，载《咸宁师专学报》2002 年第 2 期。
② ［法］皮埃尔·勒鲁著：《论平等》，商务印书馆 1988 年版，第 68 页。
③ 参见［法］卢梭著：《论人类不平等的起源和基础》，商务印书馆 1982 年版，第 70 页。

犯罪主体变化浅析

田　禾*

　　犯罪是一种古老的社会现象，但它是随着社会的发展而不断发展变化的。犯罪最初以危害个人人身和财产关系为主。随着民族国家的建立，危害政权、国家统治秩序、国防利益、社会管理秩序的行为也成为犯罪。犯罪通常是指在一定经济、政治、文化制度背景和物质精神生活条件下，罪犯的反社会行为，这种行为具有社会危害性、违法性和应受惩罚性。犯罪与犯罪主体的生理、心理结构，以及思想意识等状态有关。随着社会经济的发展，我国的犯罪现象也出现了一些新的变化趋势。尤其是在市场经济条件下，越来越多的侵犯市场经济秩序的行为被规定为犯罪，犯罪变得逐渐多样化和复杂化。今天，犯罪形态由传统型向现代型转变：在犯罪类型上，侵财型犯罪突出；在犯罪活动空间上，跨国有组织犯罪增加；在犯罪手段上，高科技犯罪比重骤升。这些变化给犯罪主体的认定带来了一定的影响。

　　犯罪主体在犯罪构成中具有重要的地位。为了明确表述犯罪的主体条件，有必要首先考察一下犯罪构成理论。在理论上，犯罪构成主要有三种模式：一是以苏联和中国为代表的，由犯罪主体、犯罪主观方面、犯罪客观方面、犯罪客体四个要件组成的犯罪构成模式。二是以德国、日本为代表的，由构成要件该当性、违法性、有责性三大部分组成的模式。三是英美法系国家的双层控辩平衡模式。从犯罪构成要件本身的地位来看，一些国家的犯罪构成理论又把构成要件分为一般构成要件与特别构成要件两部分。前者是指总则要件，也称犯罪的成立要件，后者是指各种犯罪所具有的特别构成要件，即指《刑法》分则条文上规定的各种犯罪的特别构成要件。某种行为符合构成要件是犯罪成立的基本的条件，但要成立犯罪还必须具有违法性和有责性。根据这种理论，在认定犯罪上又存在以行为或行为人为中心的不同分野。

　　中国的犯罪构成理论是借鉴了苏联的刑法理论而成的。中国刑法不厌其

＊　中国社会科学院法学研究所研究员。

烦地构建了一套静态的和模具式的犯罪构成理论，其中，犯罪主体是罪犯必须符合的主体条件。中国刑法中的犯罪构成，是指我国刑法规定的，决定某一具体行为的社会危害性及其程度而为该行为构成犯罪所必须具备的一切客观要件和主观要件的总和。[①] 这套犯罪构成理论是分析中国犯罪问题的根据，是中国刑法的圣经，也是众多刑法学家赖以生存的饭碗。尽管理论界对这套犯罪构成理论的批评时常出现，对犯罪主体是否犯罪构成的要件也时有质疑，但这套犯罪构成理论在中国刑法中绝对主流地位的位置仍然不可动摇。本文仍然是在现有刑法理论范围内，讨论中国刑法中犯罪主体的演变趋势。

一、犯罪主体概论

（一）犯罪主体理论及其历史溯源

一般认为，犯罪主体是犯罪构成中最基本的要件。只有确定了犯罪的主体，才能对罪犯进行定罪量刑。研究犯罪主体可以更好地区别罪与非罪、此罪与彼罪。罪，即"犯罪"，指违反刑事法律，对社会造成了危害而应承担刑事责任的行为。谈论犯罪主体，首先应涉及的是什么是犯罪？按照1997年中国《刑法》第13条之规定：一切危害国家主权、领土完整和安全，分裂国家、颠覆人民民主专政的政权和推翻社会主义制度，破坏社会秩序和经济秩序，侵犯国有财产或者劳动群众集体所有的财产，侵犯公民私有的财产，侵犯公民的人身权利、民主权利和其他权利，以及其他危害社会的行为，依照法律应当受到刑罚处罚的，都是犯罪，但是，情节显著轻微危害不大的，不认为是犯罪。这是一个概括和包容性的定义，也是中国犯罪主体范围不断发生演变的根据。众所周知，上述定义包含了三个特征，即严重的社会危害性、刑事违法性和应受刑事处罚性。这三个特征都蕴涵了强烈的权力色彩。简言之，就是什么行为具有严重的社会危害，什么行为被刑法规定为违法并应受一定的处罚，体现了某种意志。这种意志虽然不能再用无产阶级或资产阶级的斗争这类陈词滥调来解释，但确实是一种国家意志。这种国家意志体现在法律上，就是将某种行为确定为犯罪，实施了这种犯罪行为的人就叫罪犯，也就是犯罪主体，对罪犯就

---

① 屈学武主编：《刑法总论》，社会科学文献出版社2004年版，第84页。

应该进行惩戒。

犯罪是犯罪人即犯罪主体实施的。刑法理论认为，犯罪主体，是指实施了危害社会的行为、依法应当负刑事责任的自然人和单位。自然人主体是指达到刑事责任年龄、具有刑事责任能力的自然人。单位主体是指实施了危害社会的行为并依法应负刑事责任的公司、企业、事业单位、机关、团体等。单位只是刑法分则所规定的部分犯罪的主体。

确定犯罪主体是定罪量刑的关键。如果主体不适格，也不能成立犯罪。例如行为人若是患有间歇性精神病，在患病期间，实施了犯罪的行为，虽然符合犯罪构成的其他要件，但犯罪并不成立。确定犯罪主体的作用还在于，区别此罪与彼罪。如贪污罪的犯罪主体是特殊主体，主要是国家工作人员以及以国家工作人员论的自然人。如果不能很好地区分犯罪主体，就容易混淆贪污罪与诈骗罪、职务侵占罪的区别。

犯罪主体经历了一个变化过程，其与社会经济的发展、社会分工的细化、社会阶层的逐渐分明有密切的关系。犯罪主体的变化不仅受社会物质存在方式制约，同时也受主流意识形态的影响。如果站在民俗、道德和习惯法的立场看，罪犯或曰"犯罪主体"则更呈现出另一种面貌。1992 年12 月2 日，位于甘川陕三省交界的甘肃省文县堡子坝中岭村发生了一起震惊全国的恶性杀人案件。该村一户人家及两名外地生意人共六口人，被活活打死并焚尸，参与作案人员之多，手段之残忍，性质之恶劣骇人听闻。杀人的原因却非常简单——怀疑被害人与抽取猪胆有关。① 在村民们看来，杀人放火的行为天经地义，是符合传统习惯的行为，是合"法"的行为，只不过这个法不是国家的法、现代意义上的法，而是习惯法。这样一些在国家的法看来是严重犯罪的行为，在村民的眼中则是"为民除害"的行为。② 行为人当然不是"罪犯"，而是惩治罪犯的"正义"的一方。

当然，在讨论犯罪主体问题时，我们仍然应该以刑法的立场看问题。站在刑法的立场上，在某个历史阶段不是犯罪的行为，在另一个历史时期有可能是犯罪。如流氓罪就是如此。1979 年《刑法》第 90 条规定："聚众斗殴，

---

① 猪苦胆中可以提取胆红素，为促使猪多排胆汁，人们给猪注射"促胆素"，此为致癌物质。被注射过的猪肉流入市场对人体有害。参见赵树平、窦秉臣：《猪胆冤魂》，载《民主与法制》1994 年第 4 期。

② 参见朱晓阳：《罪过与惩罚》，天津古籍出版社 2002 年版，第 5 页。

寻衅滋事，侮辱妇女或进行其他流氓活动，破坏公共秩序，处7年以下有期徒刑和拘役或管制。""流氓活动"这一用语包括的范围非常广泛，模糊、含混，难以确定，因此，流氓罪在中国也被戏称为"口袋罪"。就是法律没有规定的，但是又有社会危害性的罪行都往里面装。作为一个罪名，流氓罪被1997年《刑法》废除。1997年《刑法》用若干条文细化和代替了笼统的流氓罪，"其他流氓行为"的提法则被彻底取消。又如投机倒把罪。1979年《刑法》第118条将"以走私、投机倒把为常业的，走私、投机倒把数额巨大的"规定为犯罪。但《刑法》并没有对"投机倒把"进行准确的定义，一般理解为从零售商店或其他渠道套购紧俏商品，就地加价倒卖。投机倒把罪是计划经济体制下特有的罪名。投机倒把罪的取消说明中国经济步入了市场经济的轨道，在计划经济看来是违法的行为，在市场经济中则变成了合法的行为。之所以发生这样的变化，是因为我国市场经济的发展，社会经济条件的变化，犯罪形态也发生了一定的变化，从而影响到了犯罪主体的构成。中国现行《刑法》是1997年10月1日经全国人民代表大会通过的，它取代了1980年1月1日生效的旧《刑法》。相对旧《刑法》，1997年《刑法》有一些重大变化。最明显的变化是《刑法》从原来的192条增加到了452条。新增的许多条文都是针对个罪的。

此外，在历史上，中国刑法惩戒的罪犯仅仅是自然人，具体的人。随着社会的发展，惩戒的对象扩大到了抽象的"人"——单位。虽然单位是由各个具体的人组成的，但单位的行为显然与个人的行为有较大的区别。带有中国社会主义社会的鲜明特征，单位的构成也是多元的，单位原来只是指国家机关，或是国有企业。改革开放以后，国有经济之外的经济组织大量出现，单位的含义发生了很大的变化。随着市场经济的发展，单位参与市场经济犯罪的情况也大量出现，单位犯罪成了法律应该打击的重要对象。而且，单位不仅可能成为国内犯罪的主体，也可能成为跨国犯罪的主体。在全球化条件下，资本、技术和人员等生产要素在国内外的自由流动和优化配置，这为犯罪分子提供了跨国犯罪的可能。各国法律、政策的差异，如同一种行为，一些国家可能将其定为犯罪，另一些国家则可能不认为其是犯罪，这就为罪犯提供了得以规避法律制裁的空间。以洗钱活动为例，有的国家认为洗钱是严重的犯罪行为，应严厉打击，而有的国家不认为洗钱是犯罪。又如种植罂粟，有的国家刑法规定将其界定为犯罪行为，印度和土耳其却认为是合法行为，"有的跨国犯罪分子就利用这种法律规制状况的国别差异而在不同国家实施不同行为，或将某一活动分解在几个国家完成，从而逃避法律的制裁"。①

总之，现代意义上的犯罪主体必须用现代意义的刑法来衡量。所谓现代意义的刑法就是指掌握国家政权的统治阶级，为维护本阶级政治上的统治，根据自己的意志，规定何种行为是犯罪和应负的刑事责任，并给犯罪人以何种处罚的法律。当然，人们对这种教科书上的标准描述也有一定争议，因这种意义的刑法给人们的更多的是镇压和工具性的色彩，而没有体现更多的人性和社会性。从某种意义上说，刑法并不仅仅是实现国家政治目的的工具，甚至主要不是实现国家政治目的的工具。从纯粹功利主义的角度考虑，一个国家对付犯罪其实并非必须靠刑法。应该彻底转变刑法的价值观念。如更新刑法观念，应当彻底破除刑法万能主义观念，树立刑法谦抑的刑事政策思想。这种观点势必对犯罪主体的内涵和外延有一定的影响。如对一些可用民商法、经济法和行政法手段就能有效调整的情况，是否有必要将其犯罪化？刑法谦抑性理论是否有研究的必要？等等。

（二）犯罪主体的法律规定和理论争议

1. 刑法规定的犯罪主体

刑法将犯罪主体定义为实施了危害社会的行为、依法应当负刑事责任的自然人主体和单位主体。自然人主体是指达到刑事责任年龄、具备刑事责任能力的自然人。单位主体是指实施了危害社会的行为并依法应负刑事责任的公司、企业、事业单位、机关、团体。

（1）自然人犯罪主体

对自然人犯罪主体，刑法规定了刑事责任能力和刑事责任年龄。《刑法》第 18 条、第 19 条分别规定了刑事责任能力和限制刑事责任能力。第 18 条规定，精神病人在不能辨认或者不能控制自己行为的时候造成危害结果，经法定程序鉴定确认的，不负刑事责任，但是应当责令他的家属或者监护人严加看管和医疗；在必要的时候，由政府强制医疗。间歇性的精神病人在精神正常的时候犯罪，应当负刑事责任。尚未完全丧失辨认或者控制自己行为能力的精神病人犯罪的，应当负刑事责任，但是可以从轻或者减轻处罚。醉酒的人犯罪，应当负刑事责任。第 19 条规定，又聋又哑的人或者盲

---

① 肖剑鸣、郑赛花：《"入世"冲击下我国犯罪形态的现代演进》，载《中国人民公安大学学报》（社会科学版）2006 年第 5 期。

人犯罪，可以从轻、减轻或者免除处罚。

《刑法》第 17 条规定了刑事责任年龄，已满 16 周岁的人犯罪，应当负刑事责任。第 2 款规定了相对刑事责任年龄，已满 14 周岁不满 16 周岁的人，犯故意杀人、故意伤害致人重伤或者死亡、强奸、抢劫、贩卖毒品、放火、爆炸、投放危险物质罪的，应当负刑事责任。第 3 款规定，已满 14 周岁不满 18 周岁的人犯罪，应当从轻或减轻处罚。第 4 款规定，因不满 16 周岁不予刑事处罚的，责令他的家长或者监护人加以管教；在必要的时候，也可以由政府收容教养。对未成年人犯罪的刑事责任，2002 年 7 月 24 日全国人大法制工作委员会《关于已满 14 周岁不满 16 周岁的人承担刑事责任范围问题的答复意见》、2003 年 4 月 18 日最高人民检察院研究室《关于相对刑事责任年龄的人承担刑事责任范围有关问题的答复》、2006 年 1 月 11 日最高人民法院《关于审理未成年人刑事案件具体应用法律若干问题的解释》也都对刑事责任年龄做了进一步的明确。

自然人除了一般犯罪主体外，还有特殊犯罪主体。特殊犯罪主体又叫身份犯。特殊主体是指具有某种特定身份、对其犯罪主体资格有重要影响的犯罪主体。特定身份可以分为：自然身份与法定身份。自然身份，是指人因自然因素赋予而形成的身份，例如，男女之分。有的犯罪如强奸罪，一般情况下仅男性可以成为犯罪的主体。法定身份，是指法律赋予的某种身份，如军人、国家机关工作人员、司法工作人员等，其具有法律赋予的一定职责，即权利和义务。刑法对犯罪主体的特殊身份有明确的规定，往往是由分则加以具体规定，即由分则条文对该种犯罪的主体附加特殊的要求或限制身份的要求。常见的是职务和业务身份的特殊主体，如贪污罪的主体除了国家工作人员还有受委托经营管理国有资产的人；渎职罪中，除了故意或过失泄露国家秘密罪是一般主体外，其他犯罪的主体都必须是国家机关工作人员。报复陷害罪的主体也限于国家机关工作人员；职务侵占罪、挪用资金罪的主体必须是公司企业人员。必须注意的是，这里的公司企业人员必须是非国家工作人员，如果是国家工作人员，只能构成贪污、挪用公款罪。刑法把国家工作人员规定为受贿罪主体的特殊身份条件，是为了惩罚与其职责相联系而违反其职责的收受他人财物的行为。

除了特定职务和业务身份外，国籍也可能构成一定的犯罪身份。比如说，危害国家安全的犯罪中背叛国家罪、投敌叛变罪要求是具有中国国籍的人。又如脱逃罪要求的犯罪主体必须是依法被关押的犯罪嫌疑人、被告人。

特殊主体限于实行犯或"正犯"。实行犯外的其他共犯即帮助犯、教唆犯，没有特殊主体限制。一般主体可以和身份犯形成共犯关系，但这种共同犯罪行为必须以身份为前提。如强奸罪的实行主体限于男性，妇女教唆、帮助男性强奸的，可以成为强奸罪的共犯。又如，一些司法解释认为，职务侵占罪中，内外勾结伙同实施职务侵占犯罪行为的，可以成为职务侵占罪的共犯。

（2）单位犯罪主体

单位犯罪主体与自然人犯罪主体是不一样的。单位作为犯罪主体也经历了一个变化过程。在我国，长期以来犯罪主体只限于自然人。这是因为，我国在计划经济时代，企业没有自主权，没有严格意义上的法人，也就没有法人犯罪。随着经济体制的改革，市场经济的发展，企业成为独立的利益主体，法人犯罪应运而生。1987 年 1 月 22 日，全国人大常委会公布了《中华人民共和国海关法》。该法第 47 条第 4 款规定："企业、事业单位、国家机关、社会团体犯走私罪的，由司法机关对其主管人员和直接责任人员依法追究刑事责任，对该单位判处罚金，判处没收走私货物、物品、走私运输工具和违法所得。"1988 年 1 月，全国人大常委会《关于惩治走私罪的补充规定》和《关于惩治贪污罪贿赂罪的补充规定》也明确单位和组织可以成为走私罪，逃套外汇罪，非法倒卖外汇牟利的投机倒把罪、受贿罪和行贿罪的主体。[①] 1997 年我国对《刑法》进行了修订，第一次在新《刑法》总则中规定了单位犯罪。由此，单位成为我国刑法规定的一些犯罪的主体。

2. 刑法理论对犯罪主体作为构成要件的争议

刑法上的犯罪主体是指实施了刑法所禁止的危害社会的行为，符合法定条件，并应对自己行为承担刑事责任的人。犯罪主体是犯罪构成的要件之一，是犯罪构成其他要件的基础，没有犯罪主体就没有犯罪，更没有刑事责任可言。因此，从一般意义上讲，犯罪主体，就是依照刑法的规定，能够对自己的行为承担刑事责任的人。

但在理论上，对刑事责任和犯罪主体的定位是一个有争议的问题。对犯罪主体的定位涉及对刑事责任的定位。大陆法系理论对刑事责任能力的地位一直存在分歧，有人主张责任前提说，另有人主张责任要素说。责任前提说认为，责任能力是行为人的属性，是责任的前提。责任能力通常在犯罪构成的前面讲，它总是被置于犯罪构成的范围之外。责任要素说认为，责任能力虽然是作为非难可能性前提的人格的适格性，但责任能力同时是能否辨别各

---

① 这两个单行刑法现在已经失效。

个行为的是非善恶以及依据这种辨别实施行为的问题，所以，它并不只是非难的前提，而且是对行为意识形成的非难性的本身。① 责任前提说与责任要素说是各有其道理的。根据责任前提说，责任能力是离开各个行为独立的行为人的一般能力，其判断标准重视生物学的因素，责任能力的判断先行于故意、过失。按照责任要素说，责任能力的判断标准重视心理学的因素，责任能力的判断后于故意、过失。② 责任前提说是大陆法系的通说。刑事责任是犯罪主体的核心，从而成为犯罪构成的决定要素。在法律上，"能力"实际上是一种资格。在刑法上，刑事责任能力与刑事行为能力是具有同等含义的。在刑法规范中，以行为参与刑事法律关系并承担刑事责任的资格，既是刑事行为能力，也是刑事责任能力。③

对犯罪主体能否作为犯罪构成的要件之一？有观点认为，犯罪主体当然是犯罪构成要件之一。因为任何犯罪行为，都是由一定的犯罪主体实施的，没有犯罪主体，就不可能实施危害社会的行为，也不可能有危害社会的故意或过失，从而也就不会有犯罪。所以犯罪主体是犯罪构成不可缺少的要件。④

但也有学者认为，如果认定责任能力是罪责前提，即涉及犯罪行为主体能否成为犯罪构成要件。因为，责任能力是行为主体固有的一种资格，与行为主体不可分割。责任能力如果是罪责前提，意味着其在犯罪行为实施之前就已存在，其就不应是犯罪构成要件。如果责任能力是罪责前提而非犯罪构成要件，则犯罪主体也只能是罪责前提，不可能成为犯罪构成要件。因此，传统刑法理论将犯罪主体作为与犯罪客体、犯罪客观方面、犯罪主观方面处于平行地位的犯罪构成要件，本身有难以解决的矛盾。⑤ 而且，刑事责任年龄和刑事责任能力解决的是人认识和控制自己行为的能力问题，属于主观范畴，应列入主观要件。特定的身份，也只是犯罪行为的前提条件，与行为的性质没有直接的关系。犯罪构成要件应当具有普遍适用的意义，《刑法》分则所要求的特定身份由于不具备这种普遍性，因而不能作为犯罪构成要件。

从表面上看，两种观点各有千秋；但实质上，四要件构成理论更体现了对犯罪行为中心论和行为人中心论的一种调和。在考察犯罪行为的同时，也

① ［日］大谷实:《刑法总则讲义》，成文堂 1994 年版。

② 同上。

③ 彭文华:《论犯罪构成之主体要件不适格》，载《河北法学》2005 年第 3 期。

④ 赵秉志:《刑法总论中的争议问题研究》，http://www.sfyj.org/list.asp? unid = 197，2007-08-11。

⑤ 彭文华:《论犯罪构成之主体要件不适格》，载《河北法学》2005 年第 3 期。

充分注意到行为人本身的情况，因此，更客观和更能说服人。实际上，行为人的刑事责任年龄、刑事责任能力、特定的身份特征是区分罪与非罪、此罪与彼罪、罪轻与罪重的重要根据。犯罪主体是不能被犯罪主观方面要件包含的，尽管特定身份不具有普遍性意义，但其在确定某些犯罪时，仍然具有决定性的意义。比如特殊身份的人犯罪，只考虑主观要件是不能准确定罪量的。如挪用公款罪和挪用资金罪，如果只考虑行为人主观方面，而不考虑其身份，即其是否是国家工作人员，则无法定罪量刑。

笔者同意，责任能力可以说是行为主体固有的一种行为资格，其与行为主体具有不可分割性，在犯罪行为实施之前就已存在，但这只是在一般意义上而论。就个罪而言，每个行为人的责任能力仍然是在定罪量刑时需要仔细考虑的因素。在个罪中，各个行为人的责任能力以及身份在区分此罪与彼罪时具有重要甚至决定性的作用，因此也很难说其只是前提，而不是犯罪构成的要件。理论终归是理论，可以说，犯罪构成的每一个要件，都是超脱个罪之外抽象的理论和前提的，只有在考察具体的个罪的时候，它们才具有实际的意义。因此，犯罪主体不应该被剥离于犯罪构成之外，而应是其构成要件之一。

二、犯罪主体内涵和外延的变化

如前所述，刑法对犯罪主体做了周密的规定，无论是自然人一般主体、自然人特殊主体还是单位主体，都做了详尽的规定。但百密一疏，社会是发展的，经济是流动的，再灿烂的阳光也有照耀不到的地方。随着社会经济的深入发展，犯罪的节奏和形式也发生了变化，原先没有考虑到的，或原先不存在的现象出现了，犯罪主体自然也有了新的变化。从刑法理论上看，犯罪主体的变化引起讨论的主要有以下几个方面：

（一）关于职务犯罪主体的讨论

职务犯罪是指具有一定职务的特殊主体，利用职权或通过职务行为进行违法活动，触犯刑法，应受刑事处罚的行为。职务犯罪主体主要分为两类：一类是公务性主体，包括国家工作人员和准国家工作人员，即《刑法》第93条第1款和第2款规定的从事国家公务的相关人员，例如贪污罪、挪用公款罪、受贿罪等犯罪主体；另一类是非公务性主体，包括在国家机关及公司、企业或者其他单位中所有不从事国家公务、但又利用本身职务上的便利进行犯罪的人员，例如职务侵占罪、挪用资金罪、非国家工作人员受贿罪等犯罪主体。与职务犯罪主体相关的问题主要有以下几个方面：

1. 农村基层干部是否是国家工作人员

2005 年 9 月，两个安徽农村基层干部因职务犯罪被判刑，其犯罪主体的身份引起了很大的争议。这是两个案件，第一起案件是"安徽第一村"隆岗村原村党支部书记宋业贤受贿、贪污案。在这起案件中，检察机关指控和法院审理认为，宋业贤身为国家工作人员，利用职务便利，为在生意上帮助从事铆焊业务的个体工商户徐某及徐某某，在 1999 至 2004 年 6 次收受现金 1.1 万元，涉嫌受贿罪。而且，被告人在 1999 年至 2003 年与隆岗村委会其他成员以交通费、加班费等将 316161 元私自分配，被告人分得 29090 元，其行为又构成贪污罪。宋及其辩护律师则认为，宋并不具备国家工作人员身份。宋因受贿罪、贪污罪被判处有期徒刑 3 年。

第二起案件是安徽省马鞍山市佳山乡马塘村民委员会主任杨留俭犯非法转让土地使用权、职务侵占案。本案的被告人被判处 7 年有期徒刑。杨及其辩护人都认为杨不是国家机关工作人员，不论其行为是否存在，都不可能构成职务犯罪。杨的辩护人认为，全国人大常委会《关于刑法第 93 条第 2 款的解释》以立法解释的形式明确了刑法的规定。该立法解释规定，村民委员会等村基层组织人员协助人民政府从事的七种行为属于《刑法》规定的"其他依照法律从事公务"的活动，也就是说，只有协助人民政府从事行政管理工作，才构成职务犯罪，这是与行使村公共事务管理工作有区别的。①

从这两个案件的情况来看，争议的焦点是农村基层干部是否属于国家工作人员，或者在什么情况下，他们的行为应该以国家工作人员论。之所以发生这样的争议，与《刑法》对国家工作人员的定义有关。其实，《中华人民共和国刑法》对"国家工作人员"作了比较详细的描述。《刑法》第 93 条规定："本法所称国家工作人员，是指国家机关中从事公务的人员。国有公司、企业、事业单位、人民团体中从事公务的人员和国家机关、国有公司、企业、事业单位委派到非国有公司、企业、事业单位、社会团体从事公务的人员，以及其他依照法律从事公务的人员，以国家工作人员论。"国家工作人员包括"其他依照法律从事公务的"人员，"其他"之说是导致上述两个案件主体争议的主要原因。

---

① 参见《安徽两村官因职务犯罪被判刑》，http://www.tzjw.com/Article/ShowArticle.asp？ArticleID＝462，2005-09-05。

　　农村基层干部是否属于其他依照法律从事公务的人员？根据 2000 年 4 月 29 日第 9 届全国人民代表大会常务委员会第 15 次会议通过的《关于〈中华人民共和国刑法〉第 93 条第 2 款的解释》（下称《解释》），村民委员会等村基层组织人员协助人民政府从事下列行政管理工作时，属于《刑法》第 93 条第 2 款规定的"其他依照法律从事公务的人员"：①救灾、抢险、防汛、优抚、扶贫、移民、救济款物的管理；②社会捐助公益事业款物的管理；③国有土地的经营和管理；④土地征用补偿费用的管理；⑤代征、代缴税款；⑥有关计划生育、户口、征兵工作；⑦协助人民政府从事的其他行政管理工作。村民委员会等村基层组织人员从事前款规定的公务，利用职务上的便利，非法占有公共财物、挪用公款、索取他人财物或者非法收受他人财物，构成犯罪的，适用《刑法》第 382 条和第 383 条贪污罪、第 384 条挪用公款罪、第 385 条和第 386 条受贿罪的规定。由此规定可见，村民委员会等村基层组织人员属于准国家工作人员，在上述七种情况下，可以以国家工作人员论，构成贪污罪、挪用公款罪和受贿罪的犯罪主体。

　　村民委员会等基层工作人员的活动范围广泛，如何看待除上述七种行为之外的职务行为呢？2004 年 6 月 5 日最高人民检察院《关于贯彻执行〈全国人民代表大会常务委员会关于《中华人民共和国刑法》第 93 条第 2 款的解释〉的通知》认为，村民委员会等村基层组织人员从事村民自治范围的经营、管理活动不能适用《解释》。农村基层干部职务犯罪的主体作为特殊主体，属于身份犯，它要求行为人必须具备一定的身份和职务方能构成该罪。根据上述《解释》，农村基层干部履行着两种职权：一种是单纯的村民自治事务，又称为集体事务，另一种是具有政府行政管理性质的事务，又称为国家公务。农村基层干部，一般是指村民委员会和村党支部的组成人员。具体来说，是指村委会主任、副主任、委员和村党支部书记、副书记、支部成员等农村基层干部。农村基层干部在职务犯罪主体问题上的双重性是由其职务双重性所决定的。① 农村基层干部的职务行为是由集体事务和国家公务两部分组成的。集体事务，大多是指组织从事修桥筑路、修建码头、兴修水利、集资办厂、出租房屋、办学等公益事业。在从事集体事务时，有关人员利用职权侵占集体财物、挪用集体资金的，可以构成职务侵占罪和挪用资金罪的犯罪主体，但不构成贪污罪、挪用公款罪或者受贿罪的犯罪主体。农村

---

① 张杰：《我国现阶段农村基层干部职务犯罪主体的界定》，http：//www.dzwww.com/dzwfz/fzlt/200510/t20051020_ 1230758. htm，2006-08-17。

基层干部履行国家公务，如上述七项任务之时，利用职务之便，侵吞、挪用公共财物或者索取、非法收受他人财物的，可以成立贪污罪、挪用公款罪或者受贿罪的犯罪主体，可依照《刑法》相关条款追究刑事责任。

2. 对渎职罪主体问题的讨论

我国现行渎职罪刑事立法的问题突出表现在对渎职罪的主体规定不尽合理，对徇私舞弊行为的定位与内涵的把握不准，分类不尽科学。为了解决这个问题，虽然先后出台了一些立法解释和司法解释。然而，这些解释并没有解决渎职罪主体的范围问题，反而在理论上和司法实践中造成了一定的困扰。

从渎职罪的历史沿革来看，我国 1979 年《刑法》在第 8 章第 185 条至第 192 条规定的渎职犯罪，共有受贿罪、行贿罪、介绍贿赂罪、泄露国家重要机密罪、玩忽职守罪、徇私舞弊罪、体罚虐待被监管人员罪、私放罪犯罪和妨害邮电通讯罪 9 个罪名，其犯罪主体明确规定为国家工作人员。为了加大打击渎职犯罪的力度，1997 年《刑法》细化了渎职罪的主体，将玩忽职守罪和徇私舞弊罪分解为具体的 33 个罪名，除泄露国家秘密犯罪可以是非国家机关工作人员外，其余均由国家机关工作人员构成。由于我国正处于转型时期，我国的一些行政管理工作还由一部分非国家机关工作人员担任。1997 年《刑法》第 397 条将渎职罪的主体改为国家机关工作人员，在实践中就出现了一些问题。

"国家机关工作人员"的界定是渎职罪主体认定中遇到的第一个困惑。《刑法》第 93 条对国家工作人员作了说明："本法所称国家工作人员，是指国家机关中从事公务的人员；国有公司、企业、事业单位、人民团体中从事公务的人员和国家机关、国有公司、企业、事业单位委派到非国有公司、企业、事业单位、社会团体中从事公务的人员，以及其他依照法律从事公务的人员，以国家工作人员论。"由此规定可见；国家机关工作人员是国家工作人员的一部分，与国家工作人员是一种从属关系。① 有争议的是国家机关工作人员是否包括《刑法》第 93 条第 2 款所列人员。由于我国正处于转型时期，我国的政治体制并没有完全做到政企分开，一些行政管理工作还由相当一部分非国家机关工作人员担任，所以，1997 年《刑法》将渎职罪的主体改为国家机关工作人员，在实践中就存在一些问题。为此，最高人民检察院和最高人民法院针对我国《刑法》将渎职罪的犯罪主体由国家工作人员修

---

① 　武自亮：《渎职罪若干问题研究》，载《法制与社会》2007 年第 1 期。

改为国家机关工作人员颁布了一系列解释。

实际上，渎职罪的主体争议与如何区别国家工作人员、国家机关工作人员与公务员有关。有主张认为，国家工作人员应当限于国家机关工作人员，如果把国有企事业单位包括进去，不符合政企分开的改革方向和国家人事制度的改革方向。也有主张认为，国家工作人员的范围还应包括在国有单位中从事公务的人员。我国是公有制国家，实践中许多贪污受贿案件发生在国有企事业单位，将国有企事业单位工作人员列为国家工作人员，有利于保护国有资产。我国《刑法》采纳的是第二种主张，将国有企事业单位的工作人员规定为准国家工作人员。尽管从本质上看，国有企事业单位的工作人员不应是国家工作人员，但在目前国家经济体制和政治体制改革尚未完成的情况下，一下子尚难以将他们完全排除在国家工作人员范围之外。国家工作人员与公务员的区别何在呢？我国 2005 年 4 月 27 日颁布的《中华人民共和国公务员法》规定："本法所称公务员，是指依法履行公职，纳入国家行政编制，由国家财政负担工资福利的工作人员。"公务员应包括：法官、检察官；行政机关工作人员；民主党派机关工作人员与共产党机关工作人员；人民团体、群众团体的工作人员；中国共产党机关的工作人员；人大机关的工作人员；政协机关的工作人员。另外，根据《公务员法》第 95 条：机关根据工作需要，经省级以上公务员主管部门批准，可以对专业性较强的职位和辅助性职位实行聘任制。可见，公务员也包括聘任制公务员。

按照《刑法》的规定，发生在国有公司、企业、事业单位中的渎职犯罪行为，被归类在《刑法》分则第 3 章"破坏社会主义市场经济秩序罪"中。该章规定了非法经营同类营业罪、为亲友非法牟利罪、徇私舞弊低价折股、出售国有资产罪等。这说明，在国有公司、企业、事业单位、人民团体中从事公务的人员不是渎职罪的主体。

从《刑法》和各种立法、司法解释中可以看出，国家机关工作人员作为渎职罪的主体不能够满足现实的需要。立法解释对国家机关工作人员做了扩张性解释，其合法性、明确性都受到质疑。虽然它在一定程度上解决了渎职罪主体的部分问题，但是仍然有很多问题没有解决。国家机关工作人员和国家工作人员在本质上都是从事公务，所以很难清楚界定哪些是国家机关工作人员，哪些是国家工作人员。《公务员法》界定的公务员可以很好地满足惩罚渎职罪现实的需要。《公务员法》关于公务员范围的规定，充分考虑到我国政治制度等基本国情以及我国干部人事管理的现实需要，符合我国当前国情的人事分类管理体制，也是确定我国公务员范围的基础。我国公务员的范围比国家机关工作人员范围要广泛，不会放纵犯罪。根据权利和义务对等的原则，应当将公务员作为渎职罪的主体，因为主体的渎职行为较一般的渎职行为所承担的责任要重，之所以加重他们的责任是因为他们因这一身份享有一定的权利和保障。①

　　3. 贪污犯罪的犯罪主体问题

　　我国《刑法》中的贪污罪，最早见之于 1952 年《中华人民共和国惩治贪污条例》。其第 2 条规定："一切国家机关、企业、学校及其附属机关的工作人员，凡侵吞、盗窃、骗取、套取国家财物，强索他人财物，收受贿赂以及其他假公济私违法取利之行为，均为贪污罪。"② 此外，该条例还规定军人、社会团体工作人员犯贪污罪，也适用该条例。1979 年《刑法》第155 条也明确规定了下列两种行为为贪污犯罪：①国家工作人员利用职务上的便利，贪污公共财物的行为；②受国家机关、企业、事业单位、人民团体委托从事公务的人员利用职务上的便利，贪污公共财物的行为。1988 年 1月，全国人民代表大会常务委员会制定并通过了《关于惩治贪污罪贿赂罪的补充规定》（以下简称《补充规定》），对 1979 年《刑法》规定的贪污罪进行了修改，将贪污罪的主体明确规定为国家工作人员、集体经济组织的工作人员或者其他经手、管理公共财物的人员。1997 年《刑法》再次对贪污犯罪的主体进行了修改，并将贪污贿赂罪单列一章。依照《刑法》第 382条，贪污罪的犯罪主体主要是"国家工作人员"和"受国家机关、国有公司、企业、事业单位、人民团体委托管理、经营国有财产的人员"。

　　现行《刑法》还将公司、企业工作人员侵占犯罪的主体、保险工作人员侵占犯罪的主体与贪污罪的主体区分开来。但 1997 年《刑法》第 93 条对"国家工作人员"仅是概括性规定，未明确"国家机关"、"国有公司"、"人民团体"、"从事公务"、"委派"、"受委托"等概念的具体含义。因此，在实践中，刑法学界对贪污罪主体的认定仍存在着争议，如贪污罪主体是否变成非特殊主体，对"其他经手、管理公共财物的人员"也有不同的认识。

　　贪污罪犯罪主体是特殊主体还是一般犯罪主体？从贪污罪规定的发展变化来看，1979 年《刑法》对贪污罪主体的规定是：国家工作人员是受国家机关、企业、事业单位、人民团体委托从事公务的人员；1985 年"两高"

---

① 刘传华：《关于渎职罪主体的思考》，载《企业家天地》（理论版）2007 年第 1 期。

② 《中华人民共和国惩治贪污条例》于 1952 年 4 月 18 日中央人民政府委员会第 14 次会议批准，1952 年中央人民政府公布。

《关于当前办理经济犯罪案件中具体适用法律的若干问题的解答（试行）》（以下简称《简答》）对贪污罪主体的规定是："国家工作人员，也可以是集体经济组织工作人员或其他受国家机关、企业、事业单位、人民团体委托从事公务的人员。"1988 年《补充规定》对贪污罪主体的规定是："国家工作人员，集体经济组织工作人员或者其他经手、管理公共财物的人员。"1997年《刑法》第 93 条规定："国家工作人员是指在国家机关中从事公务的人员。国有公司、企业、事业单位、人民团体中从事公务的人员和国家机关、国有公司、企业、事业单位委派到非国有公司、企业、事业单位、社会团体从事公务的人员，以及其他依照法律从事公务的人员，以国家工作人员论。"

从贪污罪主体规定的变化来看，有观点认为，贪污罪主体正在变成非特殊主体。①《刑法》和《解答》中受委托从事公务人员中的"委托"，是指"受国家机关、企业、事业单位、人民团体的委托"，而《补充规定》的"其他经手管理公共财物的人员"，"其经手、管理"的依据没有上述机关、单位或团体之限制，其贪污罪主体的范围明显较大。《刑法》与《解答》中的"委托"是国家机关、事业单位、人民团体对某个人的委托，必须有行政上或法律上的正式的组织程序，《补充规定》的"其他经手、管理公共财物的人员"没有这样的限制，只要行为人实际上是经手、管理公共财物的人员，都可以成为贪污罪的主体。因此，贪污罪的犯罪主体可以说是非特殊主体。

另一种观点认为贪污罪的主体就是特殊主体。② 其认为，《补充规定》中把"受委托从事公务的人员"修改为"其他经手、管理公共财物的人员"，明确表明贪污罪主体资格人员除国家工作人员、集体经济组织工作人员、还有其他人员，并把三类人员都限制在从事"经手、管理公共财物"的公务活动范围以内，三类人都必须是"利用职务上的便利"从事犯罪活动。认为由于"其他经手、管理公共财物"的范围比"受委托从事公务的人员"范围更大，贪污罪主体已不是特殊主体的观点，是基于对"经手、管理公共财物"一词的误解，即似乎不管何种委托，只要不是非法的，都可以产生"职务"。职务在刑法上是指从事公务活动人员的身份，以及相应

---

① 《贪污罪的犯罪主体的认定》，http://www.papercn.cn/news/xflw1/2007-4-20/07-4-20-89HBF.html，2007-08-11。

② 同上。

之职权和职责。其受法定单位或组织之委托从事公务而产生。平等主体之间的委托和不经法定单位或组织的委托，是不能产生"经手、管理公共财物"性质"职务"的。

本文认为，第二种观点更有说服力。"其他经手、管理公共财物的人员"都必须是依法接受国家机关、企业、事业单位、人民团体和其他具有法人资格的社会组织的委托之后，才具有经手、管理公共财物的人员。"受委托"是刑法意义上的"受委托"，有别于民事法律中的委托代理关系，委托内容具有公务性。因此，贪污罪主体应该是特殊主体，其包括三部分内容：国家工作人员；集体经济组织工作人员；其他经手、管理公共财物的人员。这三类主体的本质特征为，都是依照法律从事公务时实施的犯罪行为。本文也认为贪污罪主体应是特殊主体。

二是贪污罪犯罪主体的共犯问题。贪污罪可以由共同犯罪行为构成。共同贪污罪必须符合共同犯罪的基本特征，即两个以上的主体共同故意贪污的行为。贪污罪的主体是特殊主体，但在共同贪污犯罪中，其主体必须包括特殊主体在内。

依据共犯的不同身份，贪污罪的共同犯罪可分为相同主体的共同贪污和不同主体的共同贪污。相同主体的共同贪污是一般意义上的共同贪污犯罪，即共同贪污的犯罪人都是特殊主体，都是法律上有所规定的。不同职务种类的主体，可能在共同贪污犯罪中所起的作用不同，从而也会影响到刑事责任的大小。相同主体共同贪污最常见的形式是贪污犯罪的窝案、串案，这类共同贪污的特点是利用工作关系所形成的职责分工，以职务行为为掩护，合伙侵吞、骗取、盗窃公共财物并据为己有。

不同主体的共同贪污是指有贪污罪的共犯中有非特殊主体，主要是指与国家工作人员、受国家单位委托经营国有资产的人员伙同贪污的其他人员。根据《刑法》第383条第3款的规定，不同主体的共同贪污，应定性为贪污罪，伙同贪污的行为人，虽然单独不能构成贪污罪的主体，但应定为贪污罪的共犯。

司法中只要能证明其与贪污罪主体相勾结，利用贪污罪主体的职务便利，侵吞、窃取、骗取或者以其他手段非法占有公共财物的，就可以认定其贪污罪共犯的主体地位。

4. 受贿罪犯罪主体问题

受贿罪是一种最常见的职务犯罪。对受贿罪犯罪主体的研究成果也是汗牛充栋，立法也在不断吸取理论研究成果而加以完善。不过，随着市场经济的发展，受贿罪的主体问题仍然在理论和实践上遇到了新的挑战。

依照现行《刑法》，我国受贿犯罪有两种：受贿罪和非国家工作人员受贿罪。犯罪主体也分为两类：一类是受贿罪的主体。另一类是非国家工作人员受贿罪主体。根据现行《刑法》第93条的规定，受贿罪主体可分为以下三种类型：①在国家机关中从事公务的人员；②在国有公司、企业、事业单位、人民团体中从事公务的人员和国家机关、国有公司、企业、事业单位委派到非国有公司、企业、事业单位、社会团体从事公务的人员；③其他依照法律从事公务的人员，如村民委员会等基层组织人员在协助人民政府从事有关行政管理工作时，依照全国人大常委会的解释，以国家工作人员论。另一类是非国家工作人员受贿罪的主体。这种受贿罪的主体是非国有公司、企业中不具有国家工作人员身份的人员。

对受贿罪主体的划分在理论和实践上存在一定的分歧。《刑法》第385条规定，国家工作人员利用职务上的便利，索取他人财物的，或者非法收取他人财物，为他人谋取利益的，是受贿罪。有观点认为，第385条的犯罪主体过于宽泛。[①] 在国有公司、企业、事业单位、人民团体中从事公务的人员和国家机关、国有公司、企业、事业单位委派到非国有公司、企业、事业单位、社会团体从事公务的人员，不应当一概以国家工作人员论。因为，此类人员又分两种：一种是依照法律、法规或国家授权担任某些具有国家管理职能的国有公司、企业、事业单位和在人民团体中从事公务的人员；另一种是在不具有国家管理职能的国有公司、企事业单位、人民团体中从事"公务"的人员，以及国有公司、企事业单位委派到非国有公司、企业、事业单位、社会团体从事"公务"的人员。前一种应该以国家工作人员论，而后一种不应以国家工作人员论。

职务行为是否以国家名义来实施是国家公务的标志。一些国有公司、企业、事业单位的工作人员行使的职权是市场意义上的行为，不具有管理国家事务的性质，其利用职务便利实施的行为侵犯的是公司、企事业单位、人民团体的正常秩序，并没有直接侵犯到国家机关的正常管理活动，而只是侵犯了市场管理和经济秩序。如果刑法把上述不具有管理国家事务的人员以国家工作人员论，有失公平。因为，《刑法》规定了妨害公务罪的罪名，对以暴力、威胁方法阻碍国家机关工作人员和其他有关人员执行职务的，以妨碍公务罪论处。刑法对国家机关工作人员的职务行为给予了特殊保护，而这种保

---

① 马长生、王洪龙：《论我国受贿犯罪之应然主体》，载《重庆社会科学》2005年第4期。

护没有把国有企事业单位、人民团体工作人员纳入进来。而且，在定罪量刑方面也是不公平的。两类人员在利用职务的便利受贿的情况下，非国有单位的以非国家工作人员受贿罪定罪，国有单位人员以受贿罪论处，两个罪的量刑明显不平衡。

第二类受贿罪是《刑法》第 163 条及全国人大常委会 2006 年 6 月 29 日颁行的《刑法修正案（六）》第 7 条所规定的非国家工作人员受贿罪。非国家工作人员受贿罪是指公司、企业或者其他单位的工作人员利用职务的便利，索取他人财物或者非法收受他人财物，为他人谋取利益，数额较大的行为。非国家工作人员受贿罪的犯罪主体是非国有公司、企业中不具有国家工作人员身份的人员，如董事、理事、经理等。国有公司、企业中从事公务的人员，国有公司、企业委派到非国有公司、企业从事公务的人员不是本罪的主体，而是受贿罪的主体。在《刑法修正案（六）》颁行前很长一段时间，都有观点认为非国家工作人员受贿罪的主体范围过于狭窄。① 在实践中，还存在许多非国有的事业单位、社会团体，其工作人员利用职务的便利受贿，情节严重的也应以受贿罪论处。按照现在的立法，这部分人犯罪就无从惩处，因而有必要修改本罪之罪名，扩大其主体范围，实现对同类人员相同行为的平等处理。2006 年 6 月 29 日《刑法修正案（六）》颁行以后，上述问题基本得到了解决。

5. 挪用公款罪的主体问题

挪用公款罪的设立也经历了一个较长的发展过程。1979 年《刑法》没有规定挪用公款罪，随着社会经济的发展，新的具有较大社会危害性的经济犯罪不断出现，如挪用公款罪。如何处置挪用公款这一行为，对当时的司法机关提出了新的挑战。中共中央办公厅于 1982 年 8 月 27 日发出了中办发〔1982〕28 号《转发关于惩治贪污、受贿罪和惩治走私罪两个〈补充规定〉（草案）的通知》，规定：国家工作人员、集体经济组织工作人员和其他经手、管理公共财物的人员挪用公款以贪污罪论处。1988 年 1 月 21 日全国人大常委会公布实施了《关于惩治贪污罪贿赂罪的补充规定》，规定了挪用公款罪。该规定中，对挪用公款罪的犯罪主体表述与贪污罪的犯罪主体的表述基本一致。1997 年《刑法》第 384 条明确规定了挪用公款罪，即"国家工作人员利用工作之便，挪用公款归个人使用，进行非法活动，或者挪用公款数额较大、进行营利活动的，或者挪用公款数额较大，超过 3 个月未还的是

---

① 马长生、王洪龙：《论我国受贿犯罪之应然主体》，载《重庆社会科学》2005 年第 4 期。

挪用公款罪。"第 2 款规定，"挪用于救灾、抢险、防汛、优抚、扶贫、移民、救济款物归个人使用的，从重处罚。"挪用公款罪的主体为国家工作人员。尽管 1997 年《刑法》对此作了明确规定，但仍然对挪用公款罪的犯罪主体出现了一些争议。为此，最高人民法院、全国人大常委会陆续颁布了一些司法解释和立法解释，也并没有解决这样的争议。根据《刑法》第 384 条，挪用公款罪的犯罪主体是国家工作人员，非国家工作人员在特定情况下，如在教唆、帮助等共同犯罪中有可能构成共犯。这些争议包括何为国家机关？中国共产党的机构是否是国家机关？如何理解新形势下的"国有企业"，如国有企业与私人公司、企业、组织或个人组成的单位，国家参股控股的有限责任公司、股份有限公司是国有企业吗？怎样理解其他依照法律从事公务的人员？等等。

6. 商业贿赂犯罪主体

商业贿赂犯罪是指发生在商品购销过程中的犯罪。商业贿赂犯罪是一种新型经济犯罪。在市场经济出现之初，商业贿赂是一种商业习惯，不受法律的干预。但随着市场经济的有序发展，其社会危害性就逐渐暴露无遗。在中国，人们对商业贿赂危害性有一个较长的认识过程。1979 年《刑法》未对商业贿赂做出规定。1993 年 9 月 2 日，立法机关才通过了《中华人民共和国反不正当竞争法》，将商业贿赂定义为不正当竞争行为，并明令予以禁止，构成犯罪的应承担刑事责任。《反不正当竞争法》第 8 条规定："经营者不得采用财物或者其他手段进行贿赂以销售或者购买商品，在账外暗中给予对方单位或者个人回扣的，以行贿论处；对方单位或者个人在账外暗中收受回扣的，以受贿论处。"第 2 款同时规定："经营者销售或者购买商品，可以明示方式给对方折扣，可以给中间人佣金。经营者给对方折扣，给中间人佣金的，必须如实入账。接受折扣、佣金的经营者必须如实入账。"

全国人大常委会还于 1995 年 2 月 28 日通过了《关于惩治违反公司法的犯罪的决定》（以下简称《决定》）。《决定》第 9 条、第 10 条、第 11 条分别规定了商业受贿罪、侵占罪、挪用资金罪。《决定》第 12 条同时规定，国家工作人员犯上述 3 条之罪的，依照《补充规定》处罚，即按受贿罪、贪污罪、挪用公款罪定罪处罚。这些规定可以看作是惩处商业贿赂行为的法律依据。

1997 年《刑法》虽然没有明确使用"商业贿赂"的表述，但《刑法》第 163 条规定的非国家工作人员受贿罪，第 164 条规定的对非国家工作人员行贿罪，第 184 条规定的金融机构工作人员受贿罪，第 385 条规定的受贿罪，第 387 条规定的单位受贿罪，第 389 条规定的行贿罪，第 391 条规定的对单位行贿罪，第 392 条规定的介绍贿赂罪以及第 393 条规定的单位行贿罪等，特别是第 163 条和第 164 条，都与商业贿赂罪有关。

商业贿赂包括行贿和受贿，是一种不可分割的双向行为，其犯罪主体相应的也包括行贿罪主体和受贿罪主体。商业行贿罪主体是"经营者"，即从事商品经营或者营利性服务的法人、其他经济组织和个人、非商品经营者不能成为商业行贿罪的主体。这是与普通贿赂罪中的行贿主体不同之处。在商业行贿中，如果提供贿赂是以经营者法人单位的名义执行的是该法人的意志，则应由该法人承担责任，成为商业行贿罪的主体。准确限定商业贿赂罪的主体资格，有利于准确打击商业购销中的行贿行为。

商业受贿者是接受行贿者的财物或其他利益的"对方单位或个人"。由于商业贿赂行为必须是发生于商品购销领域，"对方单位或个人"必然是商品交易的对方单位或个人，即商业贿赂的主体应是企业法人或其他组织中的推销人员、采购人员或业务人员。如果收受贿赂的是国有企业或其工作人员，其既符合渎职罪中受贿罪的特殊身份，又具备商业受贿罪的主体要件，应定为受贿罪还是商业受贿罪存在争议。由于市场经济的基本特点是市场主体地位平等，这些单位或个人在商品买卖过程中发生同一性质的贿赂犯罪，应当都以商业贿赂罪论，否则，就会出现同一行为不同定罪的问题，不利于对这种犯罪行为进行统一管制。[①]

（二）关于单位犯罪主体的讨论

在我国，建国以后经济改革之前，实行的是计划经济制度，没有独立的经济主体和严格意义上的法人，企业没有自主权，单位不能也不需要实施犯罪，在法律上自然也没有反映。随着经济体制改革，法人大量涌现，企业成为独立的利益主体，法人犯罪成为很实际和现实的问题。1987 年 1 月 22 日，第 6 届全国人大常委会第 19 次会议通过了《中华人民共和国海关法》，该法第 47 条第 4 款规定："企业、事业单位，国家机关、社会团体犯走私罪的，由司法机关对其主管人员和直接责任人员依法追究刑事责任，对该单位判处罚金，判处没收走私货物、物品、走私运输工具和违法所得。"由此条规定，单位可以作为走私罪的犯罪主体。此后，全国人大常委会又在《关于惩治走私罪的补充规定》和《关于惩治贪污罪贿赂罪的补充规定》中再

---

① 李卫红、王国宏：《论商业贿赂犯罪》，http：//www.chinalawedu.com/news/2003_12%5C5%5C1702551764.htm，2007-08-12。

次明确单位和组织可以成为走私罪、逃套外汇罪、非法倒卖外汇牟利的投机倒把罪、受贿罪和行贿罪的主体。1997 年《刑法》第一次在中国的《刑法》总则中对单位犯罪作了规定。1997 年《刑法》第 30 条规定："公司、企业、事业单位、机关、团体实施的危害社会的行为，法律规定为单位犯罪的，应当负刑事责任。"该条文在立法上认可了单位犯罪的存在，结束了多年来立法是否应当承认法人犯罪（或单位犯罪）的理论纷争。因此，有学者认为，我国刑法形成了从个人一元主体到自然人与法人二元主体的嬗变，使我国刑法成为个人与法人刑事责任一体化的刑法。[①]

1997 年《刑法》第 30 条没有界定单位犯罪的本质内涵和构成特征。基于司法的需要，最高人民法院在《关于审理单位犯罪案件具体应用法律有关问题的解释》中进一步明确了单位犯罪构成要件。

单位犯罪主体具有复合性的特点，它是以单位（法人或非法人组织）为形式，以自然人（单位主管人员和其他直接责任人员）为内容组成的特别主体。它既有别于单一主体，又不是两个主体，而是由单位成员和单位合二为一的一个主体。在单位犯罪的主体构成中被认定为一个主体：单位，但在量刑时对单位和直接责任人员分别处刑。

单位犯罪一般具有以下条件：首先，单位必须是依法设立的，包括《公司法》规定的两类公司、企业（公司以外的其他从事生产经营活动的经济组织）、不以营利为目的，从事社会公益事业的事业单位、国家机关，包括国家权力机关、国家行政机关、中国共产党的各级组织、各级人民政协组织、不同人群的自治组织，包括人民团体和社会团体。单位既包括法人，也包括非法人。非法人单位应当具备独立的民事行为主体资格，即应有自己独立的名称和财产。有法人资格的私营公司、企业、事业单位，以公司、企业、事业单位的名义实施犯罪的，按单位犯罪处理；不具有法人资格的独资、私营等公司、企业、事业单位，其犯罪行为按自然人个人犯罪定罪处罚。1999 年最高人民法院对不以单位犯罪论处的几种情况做了解释。下列四种情况不以单位犯罪论处而应当以个人犯罪或者自然人犯罪论处：无法人资格的独资、私营等公司、企业、事业单位实施犯罪的；个人为进行违法犯罪活动而设立的公司、企业、事业单位实施犯罪的；公司、企业、事业单位设立后，以实施犯罪为主要活动的；盗用单位名义实施犯罪，违法所得由实

---

① 陈兴良：《单位犯罪：以规范为视角的分析》，载《河南省政法管理干部学院学报》2003 年第 1 期。

施犯罪的个人私分的。

其次，单位实施犯罪的目的必须是为了单位的利益，为个人利益犯罪，只能按自然人个人犯罪处理。另外，单位实施危害社会行为，只有法律规定为犯罪的，才按照单位犯罪定罪处罚。《刑法》规定为单位犯罪的主要属于破坏经济秩序、环境资源、危害公共卫生的犯罪。

在市场经济条件下，单位犯罪主体也在不断延伸。

1. 单位贷款诈骗主体问题

目前《刑法》只规定了自然人贷款诈骗罪，而未规定单位贷款诈骗罪。现实生活中，单位贷款诈骗不仅客观存在，而且贷款诈骗的金额逐年增加，社会危害性越来越大。根据《刑法》第 30 条和第 193 条的规定，单位不构成贷款诈骗罪。2001 年 1 月 21 日最高人民法院《全国法院审理金融犯罪案件工作座谈会纪要》的精神也说明，单位不能构成贷款诈骗罪。对于单位实施的贷款诈骗行为，不能以贷款诈骗定罪处罚，也不能以贷款诈骗罪追究直接负责的主管人员和其他责任人员的刑事责任。在司法实践中，对单位明显地以非法占有为目的，利用签订、履行借款合同诈骗银行或其他金融机构贷款，符合《刑法》第 224 条规定的合同诈骗罪构成要件的，以合同诈骗罪定罪处罚。[①] 将单位贷款诈骗犯罪按合同诈骗犯罪论处的方式有一定的不足之处。在《刑法》没有规定单位贷款诈骗的情况下，以合同诈骗罪处罚单位贷款诈骗行为，不能穷尽所有的单位贷款诈骗行为。虽然通过签订合同是取得贷款的主要方式，但不是全部方式。[②] 以合同诈骗罪处罚单位贷款诈骗，还违背了单位犯罪的司法认定原则。根据我国《刑法》，司法机关在认定单位犯罪时必须同时参考《刑法》总则和分则的规定。《刑法》总则规定了单位犯罪的概念、单位的性质及处罚原则，《刑法》分则规定犯罪的具体罪名和行为。《刑法》没有规定单位贷款诈骗为犯罪，也就不能处罚，更不能以合同诈骗罪处罚。合同诈骗罪和单位贷款诈骗行为，虽然都是破坏社会市场经济的行为，但也有区别。单位贷款诈骗是金融犯罪，而合同诈骗侵犯的是正常的市场秩序。目前，单位在市场经济中发挥着重要的作用，单位违法的现象也越来越复杂，为了稳、准、狠地打击犯罪，有人建议应立法明确单位贷款诈骗犯罪的打击问题，而不应以合同诈骗罪取而代之。[③] 2006 年 6

① 李立众编：《刑法一本通》，法律出版社 2003 年版，第 160—161 页。
② 刘小倩：《单位犯罪应增设单位犯罪主体》，载《人民检察》2006 年第 7 期。
③ 同上。

月 29 日《刑法修正案（六）》第 10 条在《刑法》第 175 条后增加一条，作为第 175 条之一："以欺骗手段取得银行或者其他金融机构贷款、票据承兑、信用证、保函等，给银行或者其他金融机构造成重大损失或者有其他严重情节的，处 3 年以下有期徒刑或者拘役，并处或者单处罚金；给银行或者其他金融机构造成特别重大损失或者有其他特别严重情节的，处 3 年以上 7 年以下有期徒刑，并处罚金。单位犯前款罪的，对单位判处罚金，并对其直接负责的主管人员和其他直接责任人员，依照前款的规定处罚。"可见，随着 2006 年 6 月 29 日《刑法修正案（六）》的颁行，我国立法机关已经通过修订刑法的方式，解决了单位贷款诈骗罪的主体问题。

  2. 单位走私罪的主体问题

  我国对单位犯罪的突破是从单位走私罪开始的，尽管单位走私罪的立法时间较长了，但单位走私罪的主体认定仍然存在几个疑难问题。首先，境外公司能否成为单位走私犯罪的主体？境外的公司在大陆境内涉嫌走私犯罪，如果其犯罪行为体现公司意志的，应当作为单位走私犯罪的主体追究法律责任。这不但涉及我国刑法适用的空间效力问题，而且也关系到法律面前的平等待遇问题。既然我国《刑法》已经规定了单位这一特殊犯罪主体，该规定不仅应适用于境内的公司、企业，也应适用于境外的公司、企业。

  3. 单位信用卡诈骗罪主体问题

  根据《刑法》第 200 条的规定，单位不构成信用卡诈骗罪。然而，从司法实践看，单位实施信用卡诈骗行为并不罕见，具体表现为单位信用卡的具体持卡人按照单位意志恶意透支，供单位经营之用，以及单位职工根据单位意志申领个人信用卡供单位恶意透支使用。如何处理单位信用卡诈骗行为，在理论上和实践中都存在分歧。有观点认为，此行为构成信用卡诈骗罪。而且，单位信用卡诈骗行为实际损害了刑法保护的法益，但被侵害权利救济并不明确，某种程度上这说明刑法存在一定瑕疵。[①] 在实践中，对单位信用卡诈骗行为，只是追究直接负责的主管人员和其他直接责任人员的刑事责任。[②] 第二种观点认为，此行为构成合同诈骗罪。此种观点以 2001 年 1 月 21 日最高人民法院印发的《全国法院审理金融犯罪案件工作座谈会纪

---

  ① 张建、陈邑岭：《关于增设信用卡诈骗罪单位犯罪主体的思考》，载《犯罪研究》2006 年第 2 期。

  ② 参见 2002 年 8 月 9 日最高人民检察院颁布的《最高人民检察院关于单位有关人员组织实施盗窃行为如何适用法律问题的批复》；1996 年 12 月 16 日最高人民法院审判委员会第 853 次会议通过的《最高人民法院关于审理诈骗案件具体应用法律的若干问题的解释》。

要》为依据，认为此行为构成合同诈骗罪。该纪要表明：单位实施的贷款诈骗行为，不能以贷款诈骗罪定罪处罚，也不能以贷款诈骗罪追究直接负责的主管人员和其他直接责任人员的刑事责任。在司法实践中，对于单位明显以非法占有为目的，利用签订、履行借款合同诈骗银行或其他金融机构贷款，符合《刑法》第224条规定的合同诈骗罪构成要件的，应当以合同诈骗罪定罪处罚，实行"两罚制"。第三种观点认为，此行为不构成犯罪，因为《刑法》并没有规定。现行《刑法》不能对单位信用卡诈骗进行处罚，是因为单位不能构成信用卡诈骗罪，在单位不构成犯罪的情况下，对单位的直接负责人员和其他直接责任人员以自然人犯罪论处缺乏法律根据。1979年《刑法》未规定单位犯罪，1997年《刑法》仅规定诈骗罪主体为自然人，不存在单位犯罪主体，司法实践中对上述行为一般也不予追究。故第一种观点难以成立。① 第二种观点也是难以成立的。按照《刑法》第224条，构成合同诈骗罪必须以非法占有为目的，单位恶意透支所得往往用于生产经营，在经营不善或者倒闭而无法归还透支款息时，难以认定其非法占有的目的。但完全对单位信用卡诈骗行为不追究刑事责任，而仅给予必要的民事赔偿、经济制裁或行政处罚，并不利于打击犯罪。因此，《刑法》应当增设信用卡诈骗罪的单位犯罪主体。

4. 单位是否是计算机犯罪的主体

计算机犯罪是随着计算机信息技术的发展而产生的一种新型高科技犯罪，我国《刑法》第285条、第286条和第287条三个条文规定了计算机犯罪。第285条规定："违反国家规定，侵入国家事务、国防建设、尖端科学技术领域的计算机信息系统的，处3年以下有期徒刑或者拘役。"第286条规定："违反国家规定，对计算机信息系统功能进行删除、修改、增加、干扰，造成计算机信息系统不能正常运行，后果严重的，处5年以下有期徒刑或者拘役，后果特别严重的，处5年以上有期徒刑。违反国家规定，对计算机信息系统中存储、处理或者传输的数据和应用程序进行删除、修改、增加的操作，后果严重的，依照前款的规定处罚。故意制作、传播计算机病毒等破坏性程序，影响计算机系统正常运行，后果严重的，依照第1款的规定处罚。"第287条规定："利用计算机实施金融诈骗、盗窃、贪污、挪用公款、窃取国家秘密或者其他犯罪的，依照本法有关规定定罪处罚。"

① 张建、陈邑岭：《关于增设信用卡诈骗罪单位犯罪主体的思考》，载《犯罪研究》2006年第2期。

从现有的规定来看，计算机犯罪主体狭窄。我国《刑法》第30条的规定："公司、企业、事业单位、机关、团体实施的危害社会的行为，法律规定为单位犯罪的应当负刑事责任。"我国《刑法》并未明确规定单位可以成为计算机犯罪的主体，也就是说单位被排除在计算机犯罪的主体之外。在司法实践中，单位在某些情况下确实可能实施计算机犯罪，而且可能手段更高超、类型更多样化和复杂化。如公司之间竞争时，有的公司可能利用计算机病毒破坏另一个公司的计算机系统数据文件，以达到不正当竞争的目的。

《刑法》中对单位计算机犯罪规定的缺失，也使《刑法》与其他相关法规的衔接出现错位。我国近年来颁布实施的一系列有关计算机网络安全方面的行政性法规、规章，如《中华人民共和国计算机信息系统安全保护条例》、《计算机网络国际联网安全保护管理办法》等，都在罚则部分规定了对单位计算机犯罪的处罚，但《刑法》中却无相应单位构成犯罪的规定，从而导致无罪无刑，因此，有必要在《刑法》中增加单位计算机犯罪。

（三）关于未成年人犯罪的主体争议

在我国，未成年人犯罪呈上升趋势，但由于未成年人身心发育并不成熟，对未成年人犯罪以教育为主、从轻处罚一直是我国刑事政策的重要内容。不过，对未成年人实施的严重犯罪，《刑法》仍然规定了处罚的标准和力度。如何理解未成年人犯罪，在理论和实践中仍然存在分歧。现行《刑法》第17条第2款规定："已满14周岁不满16周岁的人，犯故意杀人、故意伤害致人重伤或者死亡、强奸、抢劫、贩卖毒品、放火、爆炸、投放危险物质的应当负刑事责任。"该款规定了8种犯罪，基本上包括了最严重的犯罪，但绑架罪除外。刑法学界的通说认为，按照罪刑法定原则，年满14周岁未满18周岁的未成年人不应成为绑架罪的主体，因为《刑法》已经将绑架罪明确排除在上述八种严重犯罪之外。

那么未成年人犯绑架罪该如何处置呢？绑架罪是否属于最严重的犯罪之列？全国人大法制工作委员会曾就相对刑事责任问题给最高人民检察院答复称：关于已满14周岁不满16周岁的人承担刑事责任范围问题，《刑法》第17条第2款规定的八种犯罪，是指具体犯罪行为而不是具体罪名。对司法实践中出现的已满14周岁不满16周岁的人绑架人质后杀害被绑架人，为拐卖妇女、儿童而故意造成被拐卖妇女、儿童重伤或死亡的行为，依据《刑法》是应当追究其刑事责任的。

最高人民检察院法律政策研究室2003年4月18日《关于相对刑事责任

年龄的人承担刑事责任范围有关问题的答复》也认为：相对刑事责任年龄的人实施了《刑法》第17条第2款规定的行为，应当追究刑事责任的，其罪名应当根据所触犯的《刑法》分则具体条文认定。对于绑架后杀害被绑架人的，其罪名应认定为绑架罪。对此种观点，有学者提出明确的不同意见，认为已满14周岁未满16周岁的未成年人应为绑架罪的犯罪主体。① 因为，绑架罪的社会危害性并不比上述八种严重犯罪小。比较绑架罪与抢劫罪，绑架罪主要侵犯的是人身权利，财产权利仅是次要客体，抢劫罪侵犯的主要是财产权利，人身权利是次要客体。一般而言，侵犯人身权利的犯罪行为比侵犯财产权利的犯罪行为的社会危害性更大。再比较绑架罪和故意杀人罪，故意杀人罪是八种犯罪中最为严重的犯罪，《刑法》第239条将致使被绑架人死亡或杀害被绑架人作为死刑的量刑情节。可见在一定条件下，绑架罪的社会危害性并不比故意杀人罪小。另外，从绑架罪的法定刑和上述八种严重犯罪的法定刑的设置比较来看，绑架罪实际上也应列为最严重犯罪之一。故意杀人、故意伤害致人死亡、强奸、抢劫、放火、爆炸、投放危险物质罪，最低法定刑皆为3年有期徒刑，贩卖毒品罪的最低法定刑为管制，故意伤害致人死亡的最低法定刑为10年有期徒刑，最高法定刑均为死刑。绑架罪的法定最低刑为10年有期徒刑，并处罚金或者没收财产，法定最高刑为死刑。然而，根据《刑法》第239条，行为人在绑架的过程中杀害被绑架人的，仍然只定绑架罪。这样一来，年满14周岁未满16周岁的行为人犯下如此罪行后，只能按绑架罪来追究刑事责任。绑架罪被排除在年满14周岁未满16周岁的人所应负刑事责任的八种犯罪之外，因此，在法律上出现了空白之处：惩治未成年人实施最严重犯罪的空白。年满14周岁未满16周岁的未成年人绑架又杀人的，虽应以绑架罪论及，但因未达到绑架罪的刑事责任年龄规定，则不负刑事责任。但是，该行为人如果仅仅是故意杀人，依刑事责任年龄的规定，则要承担刑事责任。故《刑法》需要在这方面进行修改和协调。

三、犯罪主体变化的分析

犯罪是流动的，随着社会经济条件的变化，原来不认为是犯罪的现在可能被规定为犯罪，反之亦然。犯罪的变化对犯罪主体的构成带来了重要的影

---

① 饶珊：《绑架罪主体浅议》，载《江西青年职业学院学报》2006年第12期。

响，由《刑法》的修订便可窥见一斑。现行《刑法》是对 1979 年《刑法》修订而成的。1979 年《刑法》分两部分：一是总则，其规定刑法的基本原则、刑事责任等内容；二是分则，其规定具体的犯罪类型。1979 年《刑法》分则条文非常少，只有 103 条。为了弥补《刑法》存在的疏漏，有关部门还颁布了大量的单项法规对其加以补充。现行《刑法》是 1997 年 10 月 1 日经全国人民代表大会通过的，1997 年《刑法》从原来的 192 条增加到了 452 条，主要是分则增加了许多内容，对具体犯罪的规定更加详尽。

（一）犯罪主体变化与社会经济发展变化密切相关

法律以政治经济制度为前提，为经济基础服务，任何存在利益冲突的社会都必然存在调整人们的行为、调整利益关系的行为规范，刑法则是调整人们行为的最低规范。我国刑法经历了一个制定、补充、修订的漫长过程，至今还难以说其是完善的。以新中国第一部《刑法》为例，其基本原则的确立，罪名及罪刑关系的配置，都是为计划经济服务的。随着市场经济的发展，一些原有的罪名失去了存在的理由，同时又产生了新的罪名。市场经济是资源配置的一种形式，是市场组织经济、调节资源配置的形式之一。市场经济体制呈现出利益主体多元化。刑法的作用就在于对各种经济犯罪的惩罚，有效地维护正常的经济秩序。1997 年我国对《刑法》进行了全面的修订，使之更加符合市场经济的需求。

随着我国经济体制改革和政治体制改革的进一步深化，国家权力的配置和运行、人民群众对法制的需求都出现了新的特点。如在市场经济条件下，我国的经济格局呈现出多元化，多种经济成分并存的局面。经济犯罪的主体的范围不断扩大，从以往的国家工作人员和集体经济组织工作人员向私营、外商独资企业等非公有制企业单位及其人员拓展，由自然人向法人犯罪拓展，由独立个体向合伙犯罪拓展，显示出当前经济犯罪的复杂性和多样性。

在市场经济条件下，犯罪及犯罪主体的最突出变化表现为，国家机关工作人员职务犯罪增多，如在土地的审批、煤矿的重大事故，环境监测失职、食品卫生监测失职等方面，职务犯罪呈现高发趋势。[①] 之所以存在这样的情况，是因为在社会发展和转型的过程中，有关部门监督机制不全或监督不到位，给一些玩忽职守、滥用职权的行为留下了较大的活动空间，这些行为给国家、人民财产造成了重大损失。

---

① http://www.sina.com.cn, 2006-07-26.

　　许多职务犯罪与各种经济犯罪密切相关，是权力与贪利相结合的犯罪。一些国家工作人员，利用职务上的便利或者与职务有关的便利条件，贪污、受贿、滥用职权，充当一些经济犯罪人员的保护伞。市场经济虽不是职务犯罪的根源，但在市场经济条件下，官员的道德和法律意识无疑经受着更大的考验。

　　在金融证券市场、上市公司与商业交易等经济领域，出现了一些危害社会的新行为和新的犯罪主体，这些危害社会的行为及行为主体对我们国家经济生活和社会生活带来越来越大的危害，如果不对这些行为和主体予以刑罚的制裁，无法保障市场经济健康高速发展。以商业贿赂罪为例，商业贿赂犯罪是一种新型经济犯罪，虽然《刑法》第163条规定的非国家工作人员受贿罪，第164条规定的对非国家工作人员行贿罪，第385条规定的受贿罪，第387条规定的单位受贿罪，第389条规定的行贿罪，第391条规定的对单位行贿罪，第392条规定的介绍贿赂罪以及第393条规定的单位行贿罪等，特别是第163条和第164条，都与其有关，但现行《刑法》没有明确使用"商业贿赂"的表述。打击商业贿赂犯罪的法律支持并不是十分有力。因此，需要《刑法》进一步加以明确。

　　中国的市场经济是有中国特色的市场经济，当前出现的犯罪手段、犯罪形式、犯罪特点也在不断发生新变化。预防职务犯罪，增强国家工作人员的法律意识，通过刑法对各种贪污、受贿、徇私枉法等腐败犯罪的惩罚，充分发挥刑罚的强制性和权威性，才能有效地保证廉洁施政，保证市场经济健康高速的发展。

（二）刑法应注意条文在主体规定方面的协调一致

　　由于改革开放不断深入，我国的政治、经济、文化建设取得了很大的成就，形势也发生了很大变化。与此同时，犯罪主体也发生了变化，而这些变化必然会体现在变化了的法律之中。为适应形势发展的需要，国家制定了一批新的法律法规，并对一些法律法规做出修订和补充，使刑事法律体系更加协调和完善。但在刑法中，条文之间缺乏呼应和衔接的情况仍然存在。

　　以单位信用卡诈骗为例。我国《刑法》规定，单位可以成为生产、销售伪劣商品罪、走私罪、金融诈骗罪、集资诈骗罪、票据诈骗罪、信用证诈骗罪等绝大多数犯罪的主体，但未规定单位可以成为信用卡诈骗罪的犯罪主体。性质类似的信用证诈骗罪可以由单位构成，而信用卡诈骗罪只能由自然人构成。《刑法》第177条也规定了伪造变造金融票证罪，单位伪造信用卡的，可构成伪造、变造金融票证罪。单位伪造信用卡可以被追究刑事责任，而单位实施信用卡诈骗行为，却不构成犯罪，这显然是不合理的。单位可以而且应该成为信用卡诈骗罪的主体之一。

又如，职务犯罪是刑法理论和实践中经常提到和用到的一个类犯罪概念。但这一概念的含义在理论上并不统一，主要分歧还是在犯罪主体的认定上。在刑法中，职务有广义和狭义之分，狭义的职务是指公务的意思。刑法在两种情况下使用了"职务"这一术语。《刑法》第 163 条第 1 款规定："公司、企业或者其他单位的工作人员利用职务上的便利，索取他人财物或者非法收受他人财物，为他人谋取利益，数额较大的，处 5 年以下有期徒刑或者拘役；数额巨大的，处 5 年以上有期徒刑，可以并处没收财产。"《刑法》第 262 条第 1 款则规定："国家工作人员利用职务上的便利，侵吞、窃取、骗取或者以其他手段非法占有公共财物的，是贪污罪。"由上可见，刑法上的职务是广义的概念，既指公司、企业或者其他单位的非公务人员所具有的职务，也指国家工作人所具有的职务。从字面上看，似乎这并没有什么区别，但在定罪和量刑上区别大焉。广义的职务概念与刑法理论上的职务概念并不吻合。刑法理论上将职务犯罪的主体限定为与国家工作人员相关的人，仅指公务人员犯罪，这就出现了刑法理论与刑法条文在概念上的矛盾之处。公务犯罪的实质是，"国家工作人员和其他依法从事公务的人或单位利用公务之便进行非法活动，或者玩忽职守、滥用职权破坏国家对公务行为的管理活动，依照刑法应当受到刑法处罚的犯罪行为"。① 为了解决刑法理论和条文中职务概念使用混乱的问题，是否有必要引入公务犯罪概念，即将国家工作人员和其他依法从事公务的人利用其职务（也就是公务）进行的犯罪称为公务犯罪，引起了人们的讨论。引入公务犯罪的概念的好处在于，既能避免职务犯罪含义过于宽泛，又能准确界定此类犯罪。

还如渎职罪的主体问题，刑法上也存在需要解决的冲突。1997 年《刑法》、几个立法和司法解释都先后对渎职罪主体进行了限定，但仍存在一些不足。1997 年《刑法》把渎职罪主体从国家工作人员修改为国家机关工作人员，把国有公司、企业、事业单位人员的渎职犯罪划入"破坏社会主义经济秩序罪"一章中，缩小了渎职罪的主体范围，突出了渎职罪的打击重点，但同时也形成了立法上的漏洞。因为此规定，一些国家工作人员的其他严重渎职行为得以逍遥法外。为了弥补该漏洞，其后出台了不少司法解释和

---

① 赵蕾：《论公务犯罪的概念及主体》，载《法制与社会》2007 年第 1 期。

立法解释，造成了渎职罪主体的立法错综复杂，难以执行。

　　1997 年《刑法》将渎职罪的犯罪主体限定于"国家机关工作人员"，也造成了对法律理解和执行的混乱。① 《刑事诉讼法》第 18 条规定："贪污贿赂犯罪，国家工作人员的渎职犯罪，国家机关工作人员利用职权实施的非法拘禁、刑讯逼供、报复陷害、非法搜查的侵犯公民人身权利的犯罪以及侵犯公民民主权利的犯罪，由人民检察院立案侦查。"据此规定，由人民检察院立案侦查的是"国家工作人员的渎职犯罪"，而不是"国家机关工作人员的渎职犯罪"，这就在实体法和程序法的衔接上造成了错位。

　　全国人大常委会《关于〈中华人民共和国刑法〉第九章渎职罪主体适用问题的解释》（以下简称《解释》），客观上解决了司法实践中的疑难问题，但《解释》把"受国家机关委托代表国家机关行使职权的组织中从事公务的人员"解释为国家机关工作人员，混淆了国家机关工作人员与国家工作人员的内涵与外延。受委托组织是非国家机关的组织，该组织中的人是不具有国家机关工作人员的资格，其职权是经委托而非依法取得，也不是《刑法》第 93 条第 2 款的"其他依法从事公务人员"。

　　再如对未成年人实施的严重犯罪的理解。未成年人是否应为绑架罪的犯罪主体？现行《刑法》的规定存在矛盾之处。对未成年人犯绑架罪的处置，最高人民检察院法律政策研究室 2003 年 4 月 18 日《关于相对刑事责任年龄的人承担刑事责任范围有关问题的答复》认为：未成年人绑架后杀害被绑架人的，其罪名应认定为绑架罪。由于绑架罪的社会危害性不比上述 8 种严重犯罪小，尤其是在一定条件下，绑架罪的社会危害性并不比故意杀人罪小。另外，从绑架罪的法定刑和上述八种严重犯罪的法定刑的设置比较来看，绑架罪实际上也应列为最严重犯罪之一。年满 14 周岁未满 16 周岁的行为人犯绑架罪后，只能按绑架罪来追究刑事责任。绑架罪又被排除在年满 14 周岁未满 16 周岁的人所应负刑事责任的八种犯罪之外，因此出现了法律上的自相矛盾：年满 14 周岁未满 16 周岁的未成年人绑架又杀人的，应以绑架罪追究其刑事责任，但又因未达到绑架罪的刑事责任年龄规定，则不应负刑事责任。但是，该行为人如果绑架中又故意杀人，依刑事责任年龄的规定，则要承担刑事责任。

　　刑法是最重要的保障法、补充法，修订与完善刑法，消除刑法的内在矛盾和不协调之处，是同各种罪犯作斗争的需要。为了及时打击刑法中没有规

---

① 武自亮：《渎职罪若干问题研究》，载《法制与社会》2007 年第 1 期。

定的犯罪行为和弥补原刑法规定的一些缺陷,立法机关经过调查研究,不断地修订和补充现有的刑事法规,使之趋于更加完善。

全国人大常委会于 2006 年通过的《中华人民共和国刑法修正案(六)》,其对一些犯罪的主体重新做了解释。首先,《刑法修正案(六)》修订了一些犯罪的主体条件。如修订了重大安全生产事故犯罪的主体条件。《刑法》第 134 条、第 135 条对重大安全生产事故犯罪作了规定。根据这两个条文,犯罪主体仅限于工厂、矿山、林场、建筑企业或者其他企业、事业单位的人员,与实际情况不符。在现实中,有的重大安全生产事故的行为人并非企业、事业单位人员,另外,强令他人违章冒险作业的行为与在生产、作业中违反有关安全管理的规定的行为的社会危害性也明显不同。《刑法修正案(六)》第 1 条到第 4 条对《刑法》第 134 条、第 135 条进行了修正:将重大安全生产事故犯罪的主体修改为一般主体;将强令他人违规冒险生产、作业的行为与在生产、作业中违反有关安全管理规定的行为区分开来,对前者设置了更重的法定刑;将"劳动安全设施"修改为"安全生产设施或者安全生产条件",并取消了"经有关部门或者单位职工提出后,对事故隐患仍不采取措施"这一犯罪成立要件;将举办大型群众性活动违反安全管理规定,发生重大伤亡事故或者造成其他严重后果的行为,以及在安全事故发生后,负有报告职责的人员不报或者谎报事故情况,贻误事故抢救,情节严重的行为规定为犯罪。

在重大的恶性安全事故频发,如近年来各地频发的煤矿事件、大型群众活动中的安全隐患,都给人民的生命财产带来了重大的损失的情况下,刑法原有的规定已经不能适应需要。为了遏止恶性安全事故的发生,打击此类犯罪,《刑法修正案(六)》对重大安全生产事故等犯罪进行了修订,这显得非常及时和尤为重要。

《刑法修正案(六)》对妨害对公司、企业管理秩序犯罪主体也进行了修正。《刑法修正案(六)》之前的《刑法》第 163 条规定了公司、企业人员受贿罪,主体限于公司、企业人员,如果是事业单位的人员收受贿赂,就无法追究其刑事责任。更严重的是,该规定不利于打击商业贿赂等犯罪。针对刑法规范中对商业贿赂规定的不足,2006 年《刑法修正案(六)》扩大了非国家工作人员贿赂犯罪的主体范围。《刑法修正案(六)》第 5~9 条从主体、行为方式对妨害对公司、企业管理秩序的犯罪进行了修正。与主体有关的修正为:将主体扩大为"公司、企业或者其他单位的工作人员"。《修正案》将《刑法》第 163 条修改为:"公司、企业或者其他单位的工作人员利用职务上的便利，索取他人财物或者非法收受他人财物，为他人谋取利益，数额较大的，处 5 年以下有期徒刑或者拘役；数额巨大的，处 5 年以上有期徒刑，可以并处没收财产。"同时规定公司、企业或者其他单位的工作人员在经济往来中，利用职务上的便利，违反国家规定，收受各种名义的回扣、手续费，归个人所有的，依照前款的规定处罚。第 164 条第 1 款修改为：为谋取不正当利益，给予公司、企业或者其他单位的工作人员以财物，数额较大的，处 3 年以下有期徒刑或者拘役；数额巨大的，处 3 年以上 10 年以下有期徒刑，并处罚金。

　　一些司法解释也对一些原来犯罪主体规定不明确的犯罪，进行了重新划分。2006 年 7 月，最高人民检察院公布了《最高人民检察院关于渎职侵权犯罪案件立案标准的规定》。该《渎职侵权犯罪立案标准》对渎职侵权类犯罪的主体范围做了更加明确地划分。根据《刑法》，渎职罪的犯罪主体是国家机关工作人员，但由于此前未对国家机关工作人员做出明确规定，致使渎职罪主体问题成为长期困扰司法实践的一个突出问题。2002 年 12 月 28 日全国人大常委会做出了《关于〈中华人民共和国刑法〉第九章渎职罪主体适用问题的解释》。2005 年 4 月 27 日全国人大常委会又通过了《公务员法》，对国家机关工作人员范围的界定提供了法律依据。《渎职侵权犯罪立案标准》在吸收立法成果的基础上，对渎职侵权案件中国家机关工作人员的概念和范围作了明确的界定，即："国家机关工作人员，是指在国家机关中从事公务的人员，包括在各级国家权力机关、行政机关、司法机关和军事机关中从事公务的人员。在依照法律、法规规定行使国家行政管理职权的组织中从事公务的人员，或者在受国家机关委托代表国家行使职权的组织中从事公务的人员，或者虽未列入国家机关人员编制但在国家机关中从事公务的人员，在代表国家机关行使职权时，视为国家机关工作人员。在乡（镇）以上中国共产党机关、人民政协机关中从事公务的人员，视为国家机关工作人员。"

　　立法和司法部门对犯罪主体进行的这些修订以及解释，无疑对完善刑法、打击犯罪具有重要的作用。当然，随着社会经济的发展，刑事法规中的犯罪主体肯定也会发生变化，这需要理论部门加强前瞻性研究，实践部门进行深入的调查研究，通过立法或司法解释，稳、准、狠地打击犯罪。

（三）宽严相济刑事政策与犯罪主体

　　刑事政策是国家为维护社会稳定根据犯罪态势而制定的由国家与社会多

重力量参与的惩罚和预防犯罪的一系列方略，是国家政策在刑事领域的反映，是国家政治与刑事法律的结合体，是国家公共政策的重要组成部分。刑事政策的范围较广，不仅涉及立法和司法领域，也涉及社会政策领域。刑事政策的目的是预防、控制和惩治犯罪。

宽严相济政策是指对犯罪区别对待，既要做到有力地打击和震慑犯罪，维护法律的权威，又要尽可能减少社会对立面。宽严相济的"宽"是指该轻就轻，宽严相济的"严"是指当重就重，法网严密，有罪必罚。"济"是指以宽济严、以严济宽。

最高人民检察院 2007 年 2 月出台了三个关于宽严相济的指导性文件，分别是《最高人民检察院关于在检察工作中贯彻宽严相济刑事司法政策的若干意见》（以下简称《若干意见》）、《人民检察院办理未成年人刑事案件的规定》和《最高人民检察院关于依法快速办理轻微刑事案件的意见》。其阐明了宽严相济的基本精神。《若干意见》指出，审查逮捕是检察机关的一项重要职能，检察机关履行此项职能时，要严格依据法律规定，在把握事实证据条件、可能判处刑罚条件的同时，注重对"有逮捕必要"条件的正确理解和把握。《若干意见》在与一般主体有关的"宽"的内容主要为，在批准逮捕的时候，看主体是否属于未成年人或者在校学生、老年人、严重疾病患者、盲聋哑人、初犯、从犯或者怀孕、哺乳自己婴儿的妇女等。修订后的《人民检察院办理未成年人刑事案件的规定》增加、完善了未成年人刑事案件进展情况告知、专门机构和专人办理、审查起诉中的"亲情会见"、未成年人和成年人案件分案起诉、社会调查等制度。还规定了慎用逮捕措施和适用不起诉的几种情形。《关于依法快速办理轻微刑事案件的意见》规定，未成年人或者在校学生犯罪、70 岁以上的老年人犯罪等 8 种情形适用快速办理机制，应当在法定期限内，缩短办案期限，提高诉讼效率。

宽严相济严的一面，就是要依法严厉打击严重危害社会治安和严重破坏市场经济秩序的犯罪，以及依法严肃查处贪污贿赂、渎职侵权等国家工作人员职务犯罪。要加大打击国家工作人员犯罪的力度，尤其是加大打击贪污罪、挪用公款罪、受贿罪的力度。在打击这三种犯罪时，首先应严格区分这三种职务犯罪的主体情况。挪用公款罪、受贿罪的主体都是"国家工作人员"，即主体是相同的。贪污罪的主体范围要大于其他两个罪，因为贪污罪除了"国家工作人员"以外，《刑法》第 382 条第 2 款还特别规定，受国有单位委托管理、经营国有财产的人员也可以成为贪污罪的主体。按照法律规定，这些人员虽然不是国家工作人员，也以国家工作人员论，也可以成为贪污罪的主体。受国有单位委托管理、经营国有财产的人员也可以成为贪污罪的主体，这些人员挪用国家资金的，只能定挪用资金罪，而不能定挪用公款罪。① 另外，主体身份具有多重性。在一些情况下，一个人代表国家从事公务的时候便是刑法上的国家工作人员，反之则是非国家工作人员。了解主体身份的多重性对准确适用法律是有帮助的。如村委会人员在协助政府从事 7种行政管理工作时是国家工作人员，如果非法占有公共财物定贪污罪；如果他同时又在村务活动中非法占有村集体财物，则属非国家工作人员，构成职务侵占罪，数罪并罚。

（四） 完善单位犯罪主体的规定，加大对单位犯罪的打击力度

从前面的叙述来看，刑法在单位犯罪主体规定方面的缺失是最严重的。单位贷款诈骗、单位走私罪、单位信用卡诈骗罪、单位计算机犯罪主体方面都存在一定的不足。这说明，一方面，刑法理论和实务界对单位犯罪的准备不足，因单位犯罪毕竟是市场经济条件下出现的新情况。刑法规定模糊或不到位，使一些单位经济犯罪没有得到有力的打击，或处置不得当。中国需要对单位犯罪更加明晰地立法，对其施加更加严厉的打击，使任何犯罪都难逃法网。

从另一方面来看，单位犯罪主体规定不完善实际上与中国文化的潜意识有很大的关系。在中国文化中，集体主义意识根深蒂固，人们对"集体"的犯罪认为比对"个体"的犯罪恶性更大。在理论上，这与如何理解集体主义和个人主义有关。个人主义和集体主义是两种冲突的政治哲学。个人主义认为，个人是最基本的社会构成单位，也是最高的社会构成单位，没有一种社会构成单位比个人更高，以至于可以凌驾在个人之上。集体主义则认为，没有比个人更小的社会构成单位，但是有比个人更高、个人必须屈从的社会构成单位，如政党、阶级、国家、政府等。个人主义和集体主义对人的本性、社会以及人与社会关系的看法有着根本的冲突。个人主义是现实存在的根本单位和最终的价值标准。中国文化更看重集体的价值和利益。长期以来，集体的利益高于一切。在这种意识形态的影响下，立法和执法部门自然潜意识中都会维护集体的利益，这使得一些单位犯罪在立法上被有意或无意地忽略；在执法上被有意或无意地偏袒。这种现象也是需要学者、实务工作者从理论上和在实践中认真总结的地方。

---

① 参见最高人民法院 2000 年 2 月 24 日《关于对受委托管理、经营国有财产人员挪用国有资金行为如何定罪问题的批复》。

罪过三分法的实践意义
——以分化理论为切入点

邓子滨[*]

一、分化理论简释

分化（differentiation），是指事物整体的所有组成部分在功能上专门化的一种趋势。在商业和学术发展方面表现得尤为突出：商店里的化妆品已经五花八门，学科门类正在不断细化，这一切都是一种分化的表现。分化与划分不同，划分是人为的对事物的分类，而分化是事物在人的因素介入下自我发展的形式之一。同时，分化也是人们对事物的认识和研究不断深化、细化的结果，但是，由于事物发展的惯性和其他因素的影响，分化又成为一种难于遏制的趋势。其中的利弊及规律很值得研究。

近20年来，西方法学界尝试运用分化理论来分析某些法律问题。美国法律社会学家唐纳德·布莱克（Donald Black）提出的法律分化理论认为："法律直接随分化而变，变到某一点上，就使本身逆向变化。所以，法律与分化的关系是呈（双）曲线型的。具体地说，法律随分化而逐渐增加到相互依靠的程度，但随着共栖（symbiosis）[①] 的出现而趋于衰落。"[②]

如图所示：

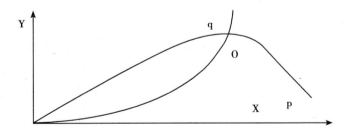

＊ 中国社会科学院法学研究所副研究员。

① 共栖，在此指双曲线的交汇点。

② 沈宗灵：《现代西方法理学》，北京大学出版社1992年版，第382页。

曲线 q 表示法律分化的过程。可以看出，分化是不断发展甚至是不断升级的。曲线 p 则代表法律的任一功能，在双曲线的交点 O 的左部，法律随分化而逐渐增强其功能，在达到 O 点时，其功能呈最佳状态，也就是所谓"共栖"。但假定分化没有就此停止，而是继续下去，那么，曲线 p 在 O 点右部便趋于衰落，表示法律功能的急剧退化。

儒攀基奇教授指出："刑法体系会最终过度发达，阻碍刑法目的的实现，包括可预见性降低，法律适用不统一，因相似案件结果不同而有欠公正，在寻求刑法体系所固有的方针过程中缺乏一致性。"[1] 他运用分化理论来论述法律的过细发展即分化与法律可预测性（predictability）的关系：

p 表示可预测性，即正确回答某一行为及其后果，或者特定案件如何处理的可能性。

q 表示法律分化程度，即法律的概念、理论或立法的精细程度。

O 点表示法律分化的程度适中，此时法律的可预测性达到最大值。

O 点的左部双曲线表示法律的分化程度不够，理论和立法粗疏，比如罪名过分宽泛，刑罚幅度过大，或者罪过划分笼统。此时，法律越是不断完善，罪名越是细致分解，刑罚幅度越是加以限制，罪过越是适当划分，法律的可预测性就越高，法律的分化、发展与法律的确定性、可预测性呈良性同步发展状态。

O 点的右部双曲线表示，法律的分化发展在达到最佳状态（分界点 O）后，超过了应有的限度，法令滋彰，罪名繁苛，理论繁复，使法律的确定性、可预测性走向了反面，在这种情形下，法律越是迅速分化和发展，法律的确定性和可预测性越是急剧下降。

二、认识主义：对罪过的第一次划分——功能不足

"如果不带偏见，任何人都不会否认，罪过形式是一个陈旧的传统议题，也是一个常新的永恒命题。"[2] 罪过的心理因素由认识、情感和意志构

---

[1] 参见斯洛文尼亚宪法法院大法官、卢布尔亚那大学教授、哈佛大学教授 Bostjan M. Zupancic 于 20 世纪 70 年代在美国哈佛法学院的博士学位论文 "Criminal Law——A Critique of the Ideology of Punishment" 第三章中的有关内容。该论文于 2002 年被译成中文。参见卜思天·儒攀基奇著，何慧新等译《刑法——刑罚理念批判》，中国政法大学出版社 2002 年版，第 215 页。

[2] 姜伟：《犯罪故意与犯罪过失》，群众出版社 1992 年版，第 1 页。

成。"现代刑事立法和刑法理论，都以主观心理的认识因素与意志因素的不同组合确定犯罪故意与犯罪过失，并具体划分各种形式的。"① 这个说法基本上符合实情。刑法理论对罪过形式的研究，恰恰反映了分化理论所揭示的真谛——浅薄粗疏的理论意味着法律功能短缺，而繁复臃肿的理论导致法律功能的萎缩。本文所关注的是找出罪过形式的最佳划分，探讨罪过理论能够最大限度发挥其功效的那个"O点"。让我们以分化理论为视角，沿着罪过划分理论发展脉络，去把握罪过形式分化的曲线。

认识主义，以行为人对自己的行为及其危害后果有无认识为标准来划分故意与过失，不考虑行为人的意志因素和情感因素，这是对故意和过失加以区分的最直观、最朴素的标准。罪过观的萌芽时期，人类只能这样理解故意、过失：知而犯之谓之故，不意误犯谓之失。这样，过失就成为一种无认识的心理状态，即现今所谓疏忽大意的过失。"当'过失'一词用于表示一种心理状态的时候，它实在没有未注意的程度问题，因为过失意味着在某人的心理上完全缺乏特定的思想，即空虚；而空虚是没有程度差别的"②。

刑法之所以惩罚一种无认识的行为，只是因为"行为人没有遵守任何有理智的正常人本来可以遵循的行为准则，而这一准则就是要求行为人采取预防措施，以免造成危害。无论从法律还是非法律的意义上讲，'过失'这个词总是和没有做应当做的事情发生着本质的联系"③。这说明疏忽大意过失作为一种无认识罪过，与有认识的罪过——不管这种罪过如何进一步划分——相比，有着本质上的区别，那就是："无意之失"只能用潜意识来说明其心理事实，而有认识的罪过只能由显意识加以解释。④ 既然缺乏认识因素，那么意志因素、情感因素也就丧失了存在的前提。不仅如此，由于对无认识过失的处罚既不能杜绝本人的再犯，也不能警戒他人的初犯，完全不符合刑罚的目的，因而有必要将无认识的过失从刑法的对

---

① 姜伟：《犯罪故意与犯罪过失》，群众出版社1992年版，第43页。
② ［英］塞西尔·特纳著，王国庆等译：《肯尼刑法原理》，华夏出版社1989年版，第43页。
③ ［英］哈特著，张志铭等译：《惩罚与责任》，华夏出版社1989年版，第141页。
④ 陈兴良教授在其《刑法哲学》中（第41页）用潜意识来解释疏忽大意过失的心理事实，论证严密而有说服力。但是，陈教授认为，过于自信过失的心理仍然是由潜意识支配的结果，笔者认为可以商榷。

象中彻底除去。① 认识主义的区分标准先将无认识的罪过即疏忽大意过失完善地独立出来，直观而朴素，在司法实践中也有易于认定的可操作性。但是，这样一来，"有认识"罪过的范围就过于宽泛了，以至于同属有认识的罪过，由于意志因素、情感因素的不同而使其主观恶性程度差别巨大，不利于解决定罪量刑问题，法律功能明显不足，因此有必要对有认识的罪过进一步划分。

三、希望主义：对罪过的第二次划分——功能的最佳状态

希望主义，以行为人对行为及其危害后果是否"希望"为标准，将有认识的罪过分为直接故意和"非直接故意"。以希望为标准独立出直接故意，深刻揭示了许多犯罪所体现的主观上的恶，能够对有预谋、有准备的犯罪明确认定、重点防范，有利于对惯犯、累犯惩罚和改造。但是，这样的划分也导致了直接故意和间接故意划分的难题。对于"非直接故意"（包括间接故意和自信过失），可以用"轻率"② 概括之。这样，就有了故意（仅指直接故意）、轻率（包括间接故意和自信过失）和过失（仅指疏忽大意过失）的罪过三分法。

经过认识主义和希望主义这两次罪过划分，过失，仅指所谓"疏忽大意的过失"，是行为人无意识的行为导致了危害结果的发生，法律事先设定了行为人的预见义务，行为人因违反法律设定的义务，即应当预见而没有预

---

① 有一女工由于身体不适而在宿舍休息，趁人少想洗个澡。她从水房接了一盆热水，走向洗漱间的过程中想起忘带了香皂，所以将水盆顺手放在走廊上，返身到数米外的自己的房间取香皂。就在这个当口儿，一个 4 岁的孩子从正对着水盆的那个房间打开门出来，而且是倒退着走出来，一屁股坐进了热水盆里，烫成重伤。这方面的例子不胜枚举，但给我们的启发都是一样的：首先，说这件事是意外事件，不能完全令法官信服，因为在是否"应当预见"的争议之外，可以看到女工确有行为不当之处——怎么可以将一盆滚烫的热水放在走廊中呢？即使不是这个孩子遭遇不幸，其他人也可能被烫伤，因为女工行为所制造的风险，对他人来说是"不可预见"的。其次，认为这个女工有疏忽大意的过失，进而给她刑事处罚，既不能预防其他人同样的疏失，也不能杜绝这个女工再犯同样的错误。但从常识经验上看，即使不动用刑罚，这个女工也不可能再次酿造同样的悲剧。最后，动用刑法的理由可能有两个：女工和遭遇不幸的那个母亲一样穷困，民事上无法承担令人满意的救济，对她施加刑罚可能是令孩子母亲心理得到宽慰的唯一方式。

② 后文将说到这里的"轻率"不一定等同于英美法中的"Recklessness"。

见。故意①，仅指所谓"直接故意"，专指行为人有目的实施的行为，行为人对危害结果持希望和积极追求的心态。轻率，是行为人在对自己的行为及其危害结果有认识的情况下，虽然不希望危害结果的发生，但未经深思熟虑即采取行动，最终导致危害结果。轻率的主要心理因素是情感，情感是认识和意志的中间环节，它是对外界事物的状态和评价的心理活动，可区分为肯定的情感、否定的情感和模糊的情感。② 在具备轻率罪过的前提下，行为人的意志因素、情感因素，可以理解为从 0 到 1 的一个数轴：0 点是回避危害结果——过失，1 为希望危害结果发生——故意，从 0 到 1 就是意志、情感因素从无到有，从小到大，从轻信经由放任而无限趋近于希望的过程——轻率。

对于罪过的划分本可以到此为止，因为过失、轻率、故意的"罪过三分法"具有较完满的解释力。从分化理论角度看，此时罪过的分化程度和罪过理论的实践价值两条曲线相交汇，呈共栖状态，罪过理论的法律功能达到了顶点。但是，若想正面论证"罪过三分法"就是前文图示中的 O 点，殊非易事，不过可以采用反证法。首先假定"罪过三分法"就是 O 点，如果证明了曲线 p 在 O 点的左部和右部时，线上各点（不含 O 点）都不是最大值，其代表的法律功能或不足或萎缩，则可以反证 O 点作为"罪过三分法"之最佳状态。认识主义的第一次划分可以看做曲线 p 在 O 点的左部即法律功能不足，这一点前文已有论证，这里需要说明曲线 p 在 O 点的右部即法律功能萎缩是如何产生的。

四、容认主义：对罪过的第三次划分——功能萎缩

对轻率作出进一步的区分，正如现在刑法理论所做的那样，是容认主义对认识主义和希望主义的矫枉过正。许多学者会论证说，区分间接故意和自

---

① 将"间接故意"从故意之中剥离出去还有一个好处：有利于刑罚特殊预防目的的实现，因为难于改造的、再犯可能性大的基本上是直接故意犯。我国刑法有关累犯的规定将间接故意犯罪包括在内实在没有必要，因为累犯可以说都是直接故意犯。

② 储槐植教授认为，在直接故意中存在肯定性情感，在轻信过失中存在否定性情感，在间接故意中存在模糊性情感。模糊情感在数轴上表示为一个区间，有的模糊情感较接近于肯定性情感，有的则更靠近否定性情感。这种论证，虽然不是否定传统的罪过形式四分法，但却说明了间接故意是直接故意与轻信过失的中间形态。参见储槐植《刑事一体化与关系刑法论》，北京大学出版社1997年版，第388—389页。

信过失，是为了克服轻率罪过的主观恶性幅度过大的弊端。笔者也承认这一弊端，但相对于进一步划分所造成的混乱而言，还是小巫见大巫了，两利相权取其大，两害相权取其轻。如前所述，轻率实为从无认识到希望这一数轴上 0 到 1 的区间，但不包括 0 和 1 这两个点本身。从数学上升到哲学，数轴上的 0 和 1 两点可以认为有质的差别，但从 0 到 1 这个区间仅具有量的意义，虽然量变能导致质变，但在质变之前量变无论多么剧烈也只能是量变。因此，轻率中的任何成分都与故意或过失有着质的不同。对轻率进行质的区分，就是将仅有量的差异的东西强行作了质的划分。

而容认主义是理论的过分发展导致的刑法功能的退化和萎缩。间接故意与自信过失的界限，理论上论证不易，实践中运用更难，是刑法学上的一个死结。在注释刑法学领域，许多法条规定罪名的罪过形式成为学者们争论不休的话题；[①] 在对具体案件的实证分析中，若要"排除任何合理怀疑地证明"[②] 行为人心理状态的量的差异，实在不是一件容易的事，罪过的不合理划分使犯罪构成的设置不利于司法的证明，增大了司法的主观随意性，甚至导致出入人罪。[③] 我们过去对间接故意与自信过失的划分，基本上是以理论论证为基点的，不太注重这种划分在司法实践中的实效，即使遇到疑难的案例也以趋就理论的态度来弥合理论与实践的裂隙，而很少反思其理论上的根源。笔者以为，以轻率涵盖间接故意与自信过失能使法律具有更强的可操作性，便于司法人员解决实际问题，降低相关案件的难度，减少错案。[④]

容认主义所导致的间接故意与自信过失的分化，既在很大程度上降低了法律的可预测性，也有损于法律的确定性。贝卡里亚力倡法律的确定性，痛斥法律的含混性。"法律是用一种人民所不了解的语言写成的，这就使人民处于对少数法律解释者的依赖地位，而无从掌握自己的自由，或处置自己的

---

① 参见林维为中国刑法学会 1999 年年会提交的论文"刑法归责构造的欠缺——以丢失枪支不报罪为中心"。文中提到的许多罪名主观方面的疑难都涉及间接故意与自信过失的区分。

② 虽然我国目前的刑事诉讼还没有这种证明程度的要求，但笔者认为，这是刑事法治的必然，应该成为我们追求的目标。

③ 有一个案例很说明问题：某建筑包工队在休息的时候，一个工人自称练过"铁头功"，并叉开两腿站好"马步"。包工头绰起一根木棍猛击其头部，致死。包工头的心态如何？恐怕用"轻率"解读比较方便。如果一味地要在间接故意和自信过失中必择其一，我认为，与其说是理论的效果，不如说是公安、司法人员想要什么结果，以及犯罪嫌疑人、被告人在怎样的情况下给出怎样的口供。而这肯定不是我们的理论初衷。

④ 当然，也不妨认为，将间接故意与自信过失合并后，不外乎是把"定罪"的难题转移到"量刑"之中。但是，我始终认为，量刑是法官自由裁量权的一部分，宽泛一点尚可忍受。

命运。"① 美国著名法学家、大法官霍姆斯也说："我们所指的法律，就是对法院事实上将做什么的预测，而不是其他的虚伪矫饰。"② 然而，一旦法律从理论到立法都过度发展，则除了某些业内人士以外，多数民众将无从依法预测自己的行为后果。间接故意与自信过失的异同，对法律专业的本、专科学生而言尚属难点，广大民众根本不知所云，法律无法起到对公民行为的指引作用。于是，人们要么生活在惶恐不安之中，要么过分瞻前顾后行为萎缩。③ 而且，人类对罪过形式的研究一直处在发展过程中，罪过形式的划分也因历史阶段、法律文化传统的不同而各异，没有统一的、标准的模式。因此，"罪过四分法"虽有其合理性，但远不是至上的真理，大有可以探讨的空间。借用李海东博士的一句话："间接故意与有认识过失的界限问题，是刑法学对于刑法学者由来已久的学术挑战，也是未来刑法学者的一个理论机会。"④

五、罪过三分法：基于理论还是立足实践

有必要先回到本文的初始立论：依据分化理论，罪过四分法属于分化过度，而罪过三分法则是最佳状态。这便生出一个提问：一个"三分法"，一个"四分法"，谈何过度？如果不能很好地回答这个问题，那么本文的所有立论就都是无效的。

我之所以认为四分法是过度划分的，是因为多一次划分随之带来的不是多出"间接故意"和"自信过失"两个概念，而是因为伴随着两个概念的是一大堆区分的理论。这类理论非常之多，笔者所见的就有"容忍说"、"漠然说"、"可能性说"、"概然说"、"表现防果意思说"、"认真说"、"决定说"、"综合说"、"具体危险说"、"风险说"、"非无概然性及习于风险说"、"客观认真说"以及"故意危险说"，等等。⑤ 所有这些学说如迷宫，

① ［意］贝卡里亚著，黄风译：《论犯罪与刑罚》，中国大百科全书出版社 1993 年版，第 15 页。

② ［美］博西格诺等著，邓子滨译：《法律之门》（第八版），华夏出版社 2007 年版，第 17 页。

③ 关于刑法中构成要件的明确性与国民抑制自己的行为进而出现"萎缩的效果"，参见张明楷著《外国刑法纲要》（第二版），清华大学出版社 2007 年版，第 31 页。

④ 李海东：《刑法原理入门》，法律出版社 1998 年版，第 63—64 页。

⑤ 参见许玉秀《主观与客观之间》，春风旭日论坛——刑事法丛书系列 1997 年版，第 80 页。

对学者来说，走不走得出来倒也无所谓，但对于警官、检察官、法官以及陪审团来说，则意味着此罪和彼罪，意味着故意罪和过失罪的巨大差异。换言之，本文所谓"划分过度"，主要不是就罪过种类而言的，而是就一次划分所带来的"无数"理论而言的。

那么，"三分法"的努力有何成效呢？实际上，在故意与过失之外，提出第三种罪过形式者不乏其人。"将刑法上之责任形式，仅限于故意或过失一事，乃系恶意之自然法的见解，在理论上，除故意及过失之外，更可树立第三种责任形式；因此，不论'法律的过失'若何，将之解为既非故意、亦非过失之第三种责任形式，在立法论上，决非不合理。"① 苏联、东欧等国的刑法学者曾经做过这方面的努力，试图用"明知"作为第三种罪过形式，以包括间接故意和自信过失这两种心理态度。② 不过，主张间接故意与自信过失"合一论"，并且真正对这个问题进行了深入研究的还是德国学者，尤以霍尔（Hall）、魏根德（Weigend）、许乃曼（Schünemann）和叶瑟（Eser）的研究最有影响。他们主张"合一论"理由可以概括为：①这个区分完全是一个虚构、拟制的问题。②两者原本就没有根本的区别，这种区别完全是长期费心经营的结果，只不过是黑、灰、白之间的色谱关系。③学说已经对这个区分的界限无能为力，与其给出各异的说法，不如干脆不予区分。④制裁上更符合最后手段原则，有利于只处罚故意和轻率，不处罚无认识的、疏忽大意的过失。⑤直接故意和间接故意的区别，实际上大于间接故意和自信过失的区别，在诉讼上很难分辨。从刑事政策上看，合并起来能获得更多的正义。⑥借鉴英美法中对罪过的实用主义划分，尤其可以借助"轻率"的概念。③

问题在于，德国学者所主张借鉴的"轻率"，在实践着这一概念的英美，其内涵和外延也是纷繁不一。迈克尔·杰斐逊（Michael Jefferson）曾经引述了另一位学者无奈的感叹："就我们所探讨的主题而论，轻率在英国法中因其诸多不同的含义而臭名昭著。"④ 不过，依据英国的判例，轻率分为三种：第一种叫"坎宁汉轻率"（Cunningham recklessness），指被指控者预见到某种特定的危害可能发生，但他还是继续其冒险行为。第二种叫

---

① 洪福增：《刑事责任的理论》，台北刑事法杂志社1982年版，第114—115页。

② 姜伟：《犯罪故意与犯罪过失》，群众出版社1992年版，第12页。

③ 参见许玉秀《主观与客观之间》，春风旭日论坛——刑事法丛书系列1997年版，第114—118页。

④ Michael Jefferson, *Criminal Law*, Pearson Education Limited, 2001, p. 109.

"考德威尔轻率"（Caldwell recklessness），指存在下列情形之一时，被告人仍然实施了一个制造严重的危害风险的行为：①认识到存在某种危害发生的风险；②甚至根本没有用心考虑这种风险的可能性，而这种危险事实上是显而易见的。第三种叫"推定犯意轻率"（presumed *mens rea* recklessness），指在制定法没有规定或者规定不明时，除非被告人相信某个犯行（*actus reus*）的要素是不存在的，否则就要推定他有罪。① 而美国《模范刑法典》则采用了不同于大陆法系的四分法：将罪过划分为蓄意、明知、轻率和疏忽。这种划分只是相似于我们的罪过分类。② 从美国学者乔治·弗莱彻（George P. Fletcher）的论著中可以体会到，明知似乎更接近于间接故意，轻率似乎更靠近疏忽过失。但是，蓄意（故意）与后三者的区别，显然大于后三者之间的区别。③ 同时，我国有学者认为，英国刑法中的轻率并不等同于我国刑法中间接故意与自信过失的合二为一④，但这并不妨碍本文基于实用主义的考虑，将间接故意与自信过失合并命名为"轻率"。这个轻率不是一定要和"Recklessness"等同。前者是本文规定的，后者是英美法上概念，两者无需完全一致。所以，本文的目的只是基于实用主义的考虑再次提出罪过划分的问题，而绝不敢妄想给出什么结论。⑤

---

① Jonathan Herring, *Criminal Law* (3rd Edition), Palgrave MacMillan, 2002, pp. 67—73.

② 参见储槐植《美国刑法》，北京大学出版社1996年版，第77—78页。另可参见美国法学会编《美国模范刑法典及其评注》，刘仁文、王祎等译，法律出版社2005年版，第23页。

③ 参见乔治·弗莱彻《刑法的基本概念》，王世洲主译与校对，中国政法大学出版社2004年版，第156—157页。

④ 王雨田：《英国刑法犯意研究——比较法视野下的分析与思考》，中国人民公安大学出版社2006年版，第166页。

⑤ "轻率"的实践意义莫过于在规制轻率驾驶方面的作用。比如飙车、报复性追逐、恶意并线、惊吓斑马线上的行人，等等，都是极危险的故意行为。但是，依照现行法律规定，如果没有出现死伤等后果，不予追究；即使发生了死伤结果，也是按交通肇事罪处理，即，按过失犯罪处理。虽然交通肇事罪的设定有立法推定的成分，意在降低证明责任，尽快化解多发性案件，同时，也有学者主张规定交通安全方面的危险犯，旨在前移犯罪构成，尽早防范危险，但是，将交通肇事罪理解为"轻率犯罪"，也不失为一条难题解决之路。

正当化事由研究

——从回顾与评论的角度

周振杰[*]

一、正当化事由的内涵外延

正当防卫、紧急避险等具体制度可见诸于各国刑法，但是不同的刑法理论对这些制度的概括不尽相同，大陆法系刑法理论通常称之为"违法性阻却事由"，英美法系刑法理论通常称之为"正当化辩护事由"，在我国刑法理论中，有称之为"排除行为的犯罪性情况"者，有称之为"排除犯罪性行为"者，有称之为"排除社会危害性行为"者，有称之为"正当化事由"者，还有的称之为"正当化行为"者，等等。[①]从核心要旨出发，我们可以将这些林林总总的称谓大致分为两类：一类将正当防卫、紧急避险等刑法制度，在理论上视之为一种"事由"，另一类则视之为"行为"。那么，究竟是"事由"还是"行为"能够在理论上更准确地反映出正当防卫、紧急避险等具体制度的本质特点？从语意上而言，所谓行为，即举止行动，指受思想支配而表现出来的外表活动，而所谓事由指事情的缘由，二者之间存在迥异的差别。此外，还需要指出的是，在事由的场合存在一个原因与结果的判断问题。由此出发，我们可以尝试对上述问题进行解答。请看下面案例：

被告人何某原系某建筑公司工人。1998年8月，某市一家饭馆突然失火，火焰顿时随风烧向邻屋。当消防车赶来抢救时，火舌已伸向第三家邻店。此时，正在附近建筑工地施工的队长何某带领十多个工人奔到现场后，并未参加灭火，却令工人迅速拆毁近邻第五家房屋。何本人则与另外两个工人跑回工地，驾驶着吊车、铲车和推土机又赶到现场，也投入拆房行动。何某组织一部分工人抢出房内物品，同时指挥工人们用斧头、锯子截断房屋的横梁和柱脚，并开动推土机冲撞墙壁。何本人随即开动吊车，把屋顶梁架吊离原地，之后让工人们用铲车铲出一条隔离空道。火焰蔓延到第四家邻店房

---

* 日本早稻田大学高等法学研究所助理研究员，法学博士。

① 参见田宏杰《刑法中的正当化行为》，中国检察出版社2004年版，第5—6页。

屋尾部时，被消防队员扑灭。此后，虽然某公诉机关以故意毁坏财物罪将何某起诉至人民法院，但人民法院经审判，认为何某的行为构成紧急避险，因此宣告其无罪。①

在上述案例中，我们可以看到存在一个行为，即被告人何某为避免火势蔓延而拆毁他人房屋的行为，此行为同时也是本案的判断对象，因为其形式上符合我国《刑法》第 275 条故意毁坏财物罪的要件；一个判断过程，即人民法院的审判过程；一个判断结果，即被告人的行为不构成犯罪，是正当行为；还存在一个判断理由，即紧急避险。因此，本案被告人何某故意毁坏他人财物的行为能被认定为正当行为，原因就在于其符合《刑法》第 21 条紧急避险的规定，也即紧急避险是原因，行为被正当化是结果。广而言之，正当防卫等能够使形式上符合刑法规定的行为正当化的制度都是原因。基于此，与"行为"相比较，"事由"更能够反映出正当防卫、紧急避险等刑法制度的本质特点。

虽然大陆法系刑法理论中的"违法性阻却事由"、英美法系刑法理论中的"正当化辩护事由"② 以及我国学者所提倡的"正当化事由"在本质上是相同的，但他们与各自刑法理论中的犯罪构成体系紧密相连，此乃具体称谓有所差异的原因所在。在大陆法系刑法理论中，犯罪构成体系呈构成要件该当性、违法性、有责性的递进式结构，即"作为一般概念的犯罪，是符合构成要件、违法并且有责的行为"③。根据这一体系，该当构成要件的行为通常就被推定为具有违法性，而正当防卫、紧急避险等阻却了符合构成要件该当性的行为的违法性，因此被称为违法性阻却事由。在英美法系刑法理论中，犯罪构成体系由犯罪要件与辩护理由构成，犯罪要件是某一行为构成犯罪所必须具备的各种主客观要素，也是判断该行为是否违法的事实基础。但仅仅是违法尚不足以引发刑事责任。刑事责任还要求被告人没有有效的辩护理由。一个被告人也许触犯了某种罪名，但是，如果他能够证明自己的行为适当，就可能不构成犯罪。例如，防卫杀人就不是谋杀。④ 因此，从英美

① 参见李良品、孟春主编《法学案例精选》，青岛海洋大学出版社 1999 年版，第 35 页。

② 与大陆法系的违法性阻却事由与责任阻却事由相对应，英美法系中的辩护理由（Legal defense）分为正当化辩护（Justification）与免责辩护（Excuse），亦可称为正当化事由与免责事由，违法性阻却事由、正当化辩护与我国刑法中的正当化事由相类似，责任阻却事由与免责辩护相类似。

③ ［日］曾根威彦著，黎宏译：《刑法学基础》，法律出版社 2005 年版，第 179 页。

④ 参见［美］道格拉斯·N. 胡萨克，谢望原等译：《刑法哲学》，中国人民公安大学出版社 1994 年版，第 20 页。

法系的犯罪构成体系出发，辩护理由、合法抗辩事由等称谓更为合适。根据我国的刑法理论，犯罪构成是由犯罪主体、犯罪客体、犯罪主观方面、犯罪客观方面四个要件构成，体系内的各要件相互依存而为综合评价的耦合式犯罪构成理论体系。① 通常认为，这一犯罪构成体系只有入罪而无出罪的功能，而正当防卫等恰是使形式上符合犯罪构成的行为出罪的事由，因此无法从犯罪构成的角度而只能从犯罪概念的角度予以界定。在理论上，犯罪是具有严重社会危害性、违反刑事法规并且应受刑事处罚的行为。② 相应地，正当化事由就成了最好的选择。之所以说正当化事由是最好的选择，是因为我国学者所提倡的其他一些称谓，如排除社会危害性的事由、排除犯罪事由等，虽然其实质含义与正当化事由相同，但是这些称谓具有误导性，从表面上看，仿佛某一行为本身含有社会危害性或者犯罪性，而特定事由能够将之排除，而作为判断对象的行为只是形式上违法，实质上并不违法，因此无所谓排除社会危害性或犯罪性的问题。如果某一行为形式上违法，实质上也违法，就应属于无法被正当化的犯罪行为。

上述分析表明，虽然由于犯罪构成体系的不同，各国对正当化事由的称谓有别，但内涵是相同的，即能够使形式上构成犯罪的行为正当化的事实理由，在程序意义上，就"是定罪的反面。换言之，正当化事由是否定意义上的定罪"③。然而，就正当化事由的外延看，各国的刑法规定不尽相同，例如我国《刑法》明文规定的正当化事由只有两种，即正当防卫与紧急避险。《意大利刑法典》规定的正当化事由则包括权利人承诺、行使权利与履行义务、正当防卫、合法使用武器、紧急避险。④《法国刑法典》规定的正当化事由包括法律的命令、当局的指挥、正当防卫、紧急避险、被害人同意。⑤《西班牙刑法典》规定的正当化事由包括正当防卫、紧急避险、由于无法克服的恐惧所造成的损害、为履行义务或者依法行使权利、公务或者职务的行为。⑥ 而且，除法律明文规定的以外，从法秩序的精神出发，考虑到

---

① 参见李洁《三大法系犯罪构成论体系性特征比较研究》，载陈兴良主编：《刑事法评论》（第 2 卷），中国政法大学出版社 1998 年版，第 440 页以下。

② 参见高铭暄、马克昌主编《刑法学》，高等教育出版社、北京大学出版社 1998 年版，第 42 页以下。

③ 陈兴良：《正当化事由研究》，载《法商研究》2000 年第 3 期。

④ 参见《意大利刑法典》，黄风译，中国政法大学出版社 1998 年版，第 20—21 页。

⑤ 参见《法国新刑法典》，罗结珍译，中国法制出版社 2003 年版，第 10—11 页。

⑥ 参见《西班牙刑法典》，潘灯译，中国政法大学出版社 2004 年版，第 9—10 页。

立法的有限性、抽象性与滞后性，许多国家还承认超法规正当化事由的存在。

问题是：为什么内涵相同的正当化事由，在外延上会存在如此大的差异呢？

首先，这与刑法所采取的基本立场有关。如果刑法所采取的是权利本位的立场，则可能为了保存权利，赋予个体更多的自我保护的手段。反映在正当化事由领域，就是规定的范围更为宽泛一些。如果采取的是权力本位的立场，则可能更多的扩张权力的作用范围，限制个体的权利以及自我保护的手段。反映在正当化事由领域，就是限制其边界。例如在我国，文化传统就是一种"中国特有把人伦的'伦'看的比人还重的文化传统"①，个人完全淹没在家、国之中，因此刑法的"国家主义"色彩浓重，国家权力极度扩张导致私人领域的狭小，权力至上的社会价值观念渗透到了公法、私法、司法、行政的各个领域②，形成了权力主宰型的秩序结构，在这种情况下，刑法对正当化事由范围的严格限制自在情理之中。

其次，这还与刑事诉讼构造有关。正当化事由的存在与成立与否关系到被告人的罪与非罪，因此在诉讼程序中需要严格证明。通常情况下，证明正当化事由成立的责任需要由辩护方承担，例如"英美法系将合法抗辩的证明责任转嫁给被告人，使之具有诉讼要件的印记"③。既然辩护方需要承担证明责任，出于实现正义与发现事实的需要，国家应该赋予辩护方更多的权利，并保证这些权利能够得以实现，如此辩护方才能恰当地履行证明责任。在对抗制的刑事诉讼程序中，辩护方的权利相对较多，而且权利保障更为充分，具有更大的自主性，能够获得与控诉方平等的武装。在这种情况下，辩护方能够充分地取证，能更好地承担证明责任，正当化事由的范围规定得宽一些，就具有实际的可能与意义。与此相对应，在审问制的刑事诉讼程序中，辩护方的权利受到限制，而且得到的保障也相对薄弱，难以充分地调查取证，切实地承担证明责任，因此，正当化事由的范围即使规定得比较宽泛，其实践意义也值得怀疑。

---

① 王蒙：《人文精神问题偶感》，载王晓明编：《人文精神寻思录》，文汇出版社 1996 年版，第 110 页。

② 参见单飞跃、杨期军《中国民法典生成的文化障碍》，载《比较法研究》2005 年第 1 期。

③ 陈兴良：《正当化事由研究》，载《法商研究》2000 年第 3 期。

二、正当化事由的多元根据

正当化事由的根据，即正当化事由得以存在的基础，或特定事由能够将形式上符合构成要件的行为正当化的原因所在。关于正当化事由的根据，在大陆法系与英美法系刑法理论中都有深入的研究。我国学者的研究主要集中在大陆法系的刑法理论上，并形成了一元论与多元论的对立。一元论是理论上对试图将刑法中的各种正当化行为在本质上加以统一的上位原理所提出的种种见解的统称，目前主要有法益衡量说、目的说、社会相当性说、允许的危险说等种种见解。与此相对应，多元论从违法现象本有多种形态的客观实情出发，认为作为违法性对立物的刑法中的正当化行为建立在完全不同的正当化要素的组合之上，因此刑法中的正当化行为虽有体系化的必要，但实际上并无统一的正当化原理可循，所以只有依多元个别原理，才能解释种种正当化事由的本质。①

仔细分析发现，目前我国的相关研究，首先是过于注重大陆法系的刑法理论，忽略了英美法系的刑法理论，限制了审视问题的视角，其次是大多囿于刑法理论的范围，未能从刑法只是社会控制的手段之一这一基本判断出发，在更广泛的权利与权力、市民社会与政治国家的分立与统一的背景下探讨正当化事由的根据。

（一）正当化事由根据的各种学说

在大陆法系刑法理论中，目前仍然受到重视的关于正当化事由根据的学说主要有：第一，法益权衡说。根据该说，正当防卫与紧急避险等正当化事由都是法益冲突的结果，在法益冲突的情况下，应当进行法益比较，保全重要法益而牺牲次要法益。法益权衡说可以很好地解释紧急避险的存在根据，而且使正当化事由的根据实证化，具有可考量性，这是其优越之处。②"但是把所有违法性阻却事由都以优越利益的原则来说明是不可能的，特别是正当防卫和被害人承诺不是以利益衡量原则阻却违法，而依据利益衡量说将会

---

① 参见田宏杰《刑法中的正当化行为的根据》，载《河南社会科学》2004 年第 5 期。
② 陈兴良：《正当化事由研究》，载《法商研究》2000 年第 3 期。

得出应该把这两个从违法性阻却事由中排除的结论。"[①] 而且，何种法益更为重要在不同的情况下可以得出不同的判断，例如通常认为生命权是高于自由权的，但是意大利在押的 300 多名死囚联名要求恢复死刑的事实表明[②]，有时候生命权未必就高于自由权。第二，目的说。该说以规范论为基础，认为违法的实质在于行为违反国家所承认的共同生活的目的或为达到此项目的而采取不适当的手段，所以"未违反国家所承认的共同生活的目的或为达成此项目的而采用的手段适当"即是刑法中正当化事由的存在的基础，但是目的说并不能够对被害人承诺的行为的正当性提供合理的说明。第三，社会相当性说。该说认为社会生活本属历史形成的社会伦理秩序范围之内，正当化事由存在的根据就在于其并未违反社会伦理秩序。社会相当性说的缺陷在于社会相当性之标准与界限难以确定[③]，而且规范行为的正当性根据因过多道德因素的介入，从而难以避免泛道德主义倾向在刑法正当化事由的根据及其司法认定上的充斥和泛滥，"与目的说一样，其实都存在着因主观认定色彩的浓厚与不能完全消除，而有回归主观主义，从而丧失客观公正的危险"[④]。第四，允许的危险说。该说主张包含着侵害人的生命、身体、财产等法益的危险的行为倘能认为其属于可以允许的危险的范围以内，即不应对其作违法的认定，从而使行为具有正当性。此说的提出及其适用主要针对的是过失犯的认定，因而该理论对于过失行为正当性的说明颇具说服力，但对于故意行为的正当性难以作出合理的解释，所以该说对刑法中正当化事由的正当性根据的说明也不具有普适性。

在英美法系刑法理论中，关于正当化事由的根据同样存在多种学说：

1. 更小恶害说（lesser evil），又称优越利益说。该说认为在不可避免的利益冲突的场合，保护了更大利益的行为是正当的，虽然该行为在某种程度上也是有害的。尽管该行为可能造成损害，并尽可能地予以避免，但在需要避免的损害或者需要保护的更高的社会利益超过可能造成的损害的情形下，

---

① ［韩］李在祥著，韩相敦译：《韩国刑法总论》，中国人民大学出版社 2005 年版，第 191 页。

② 参见"意大利囚犯呼吁恢复死刑"，载《中国青年报》2007 年 6 月 5 日。

③ 例如德国学者威尔策尔教授认为社会的相当性是指在历史形成的社会伦理的共同生活秩序的范围内得到允许，日本学者团藤重光教授认为社会的相当性是指得到了作为法秩序基底的社会伦理规范的允许，大谷实教授则指出社会的相当性是指对于现存的社会秩序的存续发展来说被认为是相当的，等等观点不一而足。参见田宏杰《刑法中的正当化行为的根据》，《河南社会科学》2004 年第 12 卷第 5 期。

④ 参见田宏杰《刑法中的正当化行为》，中国检察出版社 2004 年版，第 112 页。

该行为是正当的，所以"正当化事由可以被归结为冲突利益的权衡与对更高的利益的有利的判断"①。当然，对冲突利益的相对价值作出判断的主体是社会或者其代表，而不是行为人。只有两者的判断相一致时，行为人的正当化辩护才可能被采纳。"优越利益说与从个人行为中保证社会收益的功利主义目的相一致，也与衡量道德权利与保护优越权利的非功利主义理念相一致"②，所以得到了许多学者的支持。

2. 行使权利说（Right enforcement）。根据该说，行为人为了保护其得到承认的权利不受非法干涉，在必要的情况下可以正当地造成损害。拥有某一权利，就意味着保护该权利免受侵害的道德权力或许可。因此，正当化事由与行为人的权利紧密相关，当其权利或者自治空间受到威胁时，行为人有权驱逐入侵者，保证其权利或自治领域的完整。当然使用暴力是不正确的，应该尽可能地予以避免。权利保护说能够很好地解释造成伤害的正当化行为，正如有的学者所言，与将必要的防卫作为更小罪恶的替代选择相比较，侵害者的主观罪责在此无关紧要了，重要的是侵害行为的客观性质。③

3. 公共利益保护说（Public interest）。早期的普通法规定正当化事由主要是出于共同利益的需要。特定行为如果是为了社会利益，或者以社会的名义实施，则是正当的。例如著名的法学家布莱克斯通就划分出了三种正当的杀人行为：政府官员为了正义而命令实施的杀人行为，政府官员为了保证公共福利而许可的杀人行为与公民为了预防暴力重罪而实施的杀人行为。尽管公共利益说如今仍然存在于法律之中，但是其主导地位已经大不如前。④

4. 道德权利丧失说（Moral forfeiture）。该说认为，人人都享有特定的道德权利或利益，比如生存权与财产权。社会通过刑法对这些权利进行确认。当公民权利受到了威胁或者侵犯时，社会通过承认社会损害来对已经发生的、对公民权利的侵犯予以补救。但是，公民所享有的某些道德权利或者利益，可能因其违反道义的行为而丧失。基于特定行为人违反道义的行为，社会可以单方面地决定不再承认行为人的生命或者财产权。例如，某一实施重罪的人，就因为其违法行为丧失了其生命权，当被侵害者为了保护自己的生命而剥夺了侵害者的生命时，社会不再认为有损害存在，因此被侵害者的行

① George P. Fletcher, Rethinking Criminal Law, little brown and company, 1978, p. 769.
② Joshua Dressler, Understanding Criminal Law, Mathaw Bender & Co., 1987, p. 183.
③ See S. H. Kadish, Respect for life and Regard for Rights in the Criminal Law, 64 Cal. L. Rev. (1976).
④ Joshua Dressler, Understanding Criminal Law, Mathaw Bender & Co., 1987, p. 180.

为是正当的。虽然道德权利丧失说在普通法里面影响广泛，但是在涉及生命权的场合，其缺陷就一览无余，因为生命是神圣的，是不可以被剥夺的。

5. 法律与道德权利保护说（Moral and legal interest）。道德权利丧失说关注的是被害人一方，与此相反，法律与道德权利保护说强调的是冲突的另一方，即被告人一方。根据该说，如果能够确认被告人享有保护社会所承认的利益的固定权利，而此权利受到了被害人的侵犯，则被告人的行为就是正当的。该说也受到了相当的批判，因为其过于关注权利受到侵害的一方，"将所有的情形划分得黑白分明"①，只要能够确定被害人侵犯了被告人的权利，被告人就可以通过任何途径来实施保护，而无论侵害行为的性质与强度，容易造成侵害行为与保护行为之间的失衡。

（二）正当化事由的多元根据

如上所述，因为正当化事由的具体内容所强调的侧重点不同，如紧急避险强调的是优越法益，而被害人承诺强调的则是被害人的自主权利，所以一元论的任何学说都无法涵盖所有情形。正如美国学者所言，"如果能就正当化事由确定一个统一的根据，将是非常理想的，因为这一根据可以在立法者与司法者判断特定行为是否是正当化行为时提供指导。然而事实表明，可以被纳入正当化事由范围的情形千差万别，一元论无法完整地概括其根据"②。所以，尽管一元论在理论上可能有利于阐明违法与适法的界限、划清刑法中的正当化行为与其他相近行为的界限并为刑法中的正当化行为的类型化与体系化提供指导基准③，但"把所有的违法性阻却事由以一个统一的原理来说明只可能造成不明确的抽象概念，故违法性阻却事由的一般原则应当根据多元论来说明"④。

在多元论中亦存在不同的观点⑤，例如德国学者梅兹格教授认为，违法性的实质在于法益侵害。基于这一基本立场，他把违法性阻却事由根据的一般原理划分为优越利益原则与利益欠缺原则，认为后者包括被害人的承诺和

---

① Fletcher, Proportionality and the Psychotic Aggressor: *A Vignette in Comparative Criminal Theory*, 8 Israel L. Rev.（1973）.

② Joshua Dressler, Understanding Criminal Law, Mathaw Bender & Co., 1987, p. 181.

③ 参见田宏杰《刑法中的正当化行为的根据》，载《河南社会科学》2004 年第 5 期。

④ ［韩］李在祥著，韩相敦译：《韩国刑法总论》，中国人民大学出版社 2005 年版，第 191 页。

⑤ 参见田宏杰《刑法中的正当化行为》，中国检察出版社 2004 年版，第 100 页以下。

推定的承诺，其他的违法性阻却事由都属于后者。日本学者西原春夫教授认为，刑法的任务在于保护必要、优越以及正当的利益，因此刑法中的正当化事由根据的一般原则包括：第一，正当利益之保护原理。依照法令的行为、正当防卫与自救行为就属于此原则；第二，优越利益之原理，可用于解释正当业务行为与紧急避险；第三，必要利益之保护原理，被害人承诺即是此原则的适例。我国台湾地区学者蔡墩铭教授则认为，刑法中的正当化事由的原则有两个，即社会相当性原理与优越利益保护原理。上述各种观点，既有相同之处，如三者都对利益表达出了相当的关注，又有差异之处，如蔡墩铭教授在利益之外，还主张引入社会相当性原理。产生这种差异的原因何在？原因就在于对犯罪本质的认识立场不同，因为正当化事由即是非犯罪化，是犯罪化的反面。如果认为犯罪在本质上是对法益或者利益的侵害，则可能倾向于结果无价值，主张以法益或者利益为基础来解释正当化事由；如果认为犯罪在本质上是对规范的违反，则更有可能从行为无价值出发，支持社会相当性原理。所以，多元论中的各种观点无所谓对错，因为其理论基础在于对犯罪本质认识的不同，而这种不同源自于各国家、各民族的文化传统、道德意识以及法律意识。在一定范围内，各种观点都有其合理性，能够更好地引导公众心理，实现刑法的功能。

此外，大陆法系与英美法系刑法理论关于正当化事由根据的各种观点的对比表明，前者以法益或者规范模糊了个人与社会的区别，后者却突出了个人权利在正当化事由根据中的重要作用，如行使权利说、法律与道德权利保护说都是将以个人权利为基点来认识刑法中正当化事由的根据，这其实提供了另外一个研究问题的视角，将正当化事由根据的问题引入了权利与权力对立统一的大背景之下。因此，正当化事由的根据表面上在于对符合社会相当性行为或优越利益的保护，在深层次上是对个体权利的确认与整体秩序的追求。首先，正当化事由的根据在于对权利的确认。刑罚权的基础在于权利让渡，是"个体为了最大限度地享受自由而割让的一份份最少量自由的结晶"①。所以，个体在向国家让渡权利的时候，其本身仍然保留着为了保护自己的权利与自由而采取必要措施的权利，立法者的目的也在于"为在最小限度的导致暴力滋扰和违法机会的条件下发挥个人能力和满足个人需要留

---

① ［意］贝卡利亚：《论犯罪与刑罚》，中国大百科全书出版社1993年版，第9页。

下充分的余地"①。正当化事由将个体为了保护自身权利而实施的行为或者个体在权利处分范围内授权他人实施的行为非犯罪化，如正当防卫、承诺行为，其实是对个体权利的刑法确认，这是其存在的根据之一。其次，正当化事由的根据还在于对整体秩序的追求。权利的行使以一定秩序的存在为条件。为了保证秩序的稳定，最大限度地保证每个人能够自由地行使其权利，"对在社会中生活的人们必须有一种强迫服从的规律"②，"使个人行动和一定社会所期待的类型相一致"③。因此，刑法在通过正当化事由对个体权利进行确认的同时，并没有放弃对整体秩序的追求：第一，在确认个体权利的同时，承认社会权利与国家权利的存在，这就是为了他人利益、社会利益与国家利益而实施的正当防卫行为、紧急避险行为以及法令行为、业务行为能够出罪的原因所在，因为这些行为有助于整体秩序的实现；第二，通过社会相当性的标准或者通过法益权衡的标准，对个体权利行为施加一定的限制，以防止整体秩序受到破坏，妨碍个体权利的实现。所以，正当化事由还体现着对整体秩序的刑法追求，这是其存在的又一根据。

　　具体到我国的场合，我们认为以法益衡量说为主，以社会相当性说为辅作为正当化事由的多元根据是适当的，理由如下：第一，随着权利意识的觉醒与经济的发展，我国刑法从国家本位向权利本位的转变是一种必然趋势，体现了客观主义立场与结果无价值论的法益概念是这一转变的必然要求。而且，法益概念具有实践性，在生命、自由、财产、名誉等法益中，"一般而言，在个人法益中，生命法益高于自由法益，自由法益高于个人的名誉和财产法益，而在超个人法益中，法益的位阶以及法益之间的价值衡量，又可依据法益保护的法律渊源效力，即通过对法益系宪法性法益还是单纯的刑法性法益、民法性法益的考量，得出一个合乎罪刑法定原则旨趣的合理结论"，因此便于司法操作，能够"使国家对每一个形式上违反刑法规范行为的惩罚权变成了不是理所当然的，而是必须予以证明的。一个行为即使形式上违反了刑法规范并具备了刑法规定的犯罪构成要件，如果不能证明它实际上侵犯了法益，或者虽然侵犯了较小的法益或者同等的法益，却保全了较大的或者另一同等的法益，它就不仅不具有实质的违法性，相反是为法秩序整体所

---

　　① ［意］恩里科·菲利著，郭建安译：《犯罪社会学》，中国人民公安大学出版社2004年版，第194页。

　　② 陈兴良：《刑法的价值构造》，中国人民大学出版社1998年版，第213页。

　　③ ［日］曾根威彦著，黎宏译：《刑法学基础》，法律出版社2005年版，第5页。

宽容的刑法中的正当化行为"①。

第二，如上所述，法益衡量说并非能够对所有的具体正当化事由作出解释，因此需要其他理论的补充。基于目前我国的刑事立法与法律传统，社会相当性说无疑是最好的选择。首先，虽然我国学者对传统的关于犯罪本质的社会危害性说进行了反思，但是《刑法》第 13 条关于犯罪概念的规定还是以社会危害性为基础的。其次，在刑法理论中，主观主义还在发挥着重要的作用，行为无价值论还在支配着某些具体的结论。最明显的一个例子就是未遂犯与不可罚的不能犯的区别，如误把白糖等无毒的物品当作砒霜等毒药去杀人，我国刑法主流的理论将之视为不能犯未遂，可以比照既遂犯从轻或减轻处罚②，这其实是坚持了行为无价值论的观点，注重行为本身的恶性。因为根据结果无价值的观点，行为人的行为根本没有侵害法益的可能性，这种情况最多是不可罚的不能犯。因此，在法益衡量说不能作出合理解释的场合，以社会相当性说进行补充解释是可以的。关于社会相当性的标准，可以从目的与手段两个方面综合：从目的的角度出发，在社会生活中，在个体间存在着各种权利冲突。行为人基于个人权利，追求本人的目的，只要这种目的符合社会生活的一般伦理秩序，即应视为正当；从手段的角度出发，实现上述目的的手段也必须是正当的，不能以不正当的手段来实现正当的目的。只有在目的正当，手段也正当的情况下，才可以说某一具体行为是符合社会一般观念，具有社会相当性。③

三、正当化事由的法律地位

在大陆法系与英美法系，虽然因为犯罪构成的结构不同，正当化事由的法律地位有所差异，但是其地位是明晰确定的：在大陆法系刑法中，正当化事由的法律地位主要是违法性阻却事由，在英美法系刑法中，正当化事由是正当化辩护事由。而在我国，有观点指出，因为犯罪构成是在各行为要素基础上建立起来的由四大构成要件形成的耦合式体系，而正当化事由不是刑法

---

① 参见田宏杰《刑法中的正当化行为的根据》，载《河南社会科学》2004 年第 5 期。
② 参见高铭暄、马克昌主编《刑法学》，北京大学出版社、高等教育出版社 2002 年版，第 159 页。
③ 陈兴良：《正当化事由研究》，载《法商研究》2000 年第 3 期。

意义上的行为要素，所以其是游离于犯罪构成体系之外的。① 还有的观点进一步指出，在我国的刑事司法实践中，对某一行为罪与非罪的评价除了基于犯罪构成之外，实际上还要借助于两个辅助性标准，即正当防卫、紧急避险为代表的正当化事由和犯罪概念，即将后者作为出罪标准从否定方面将特定行为非犯罪化，如此就在事实上分割了犯罪构成的罪与非罪的评价功能，导致了罪与非罪认定标准的混乱。② 但是，对上述观点，也有学者进行了反驳。

（一）观点回顾

关于当下平面耦合式的犯罪构成体系与正当化事由的关系及后者的法律地位，我国学者提出了否定说与肯定说两种对立的观点。否定说认为"犯罪构成理论是为某一行为构成犯罪提供法律标准，因而其功能应当由积极要件来完成。但犯罪构成的积极要件本身又具有过滤机能。对于不具备这一要件的行为自然排除在犯罪构成之外。在苏联及我国的犯罪构成理论中，不存在专门性的消极要件。在英美法系的犯罪构成要件中，以犯罪构成的积极条件（犯罪行为与犯罪心理）为原则，以消极要件（合法抗辩）为例外，在消极要件中，主要是免责条件，这种免责条件被认为与遗嘱、合同、结婚之类的民事行为无效的心理条件之间具有类似之处。尽管如此，在英美法系的犯罪构成理论中，犯罪构成的积极要件是基本的，违法性基本上是以违法阻却为内容的，意在将正当防卫、紧急避险等正当行为排除在犯罪构成之外，因而可以说是一种纯粹的消极要件"，而"犯罪构成要件应当是积极要件，而不应当包括消极要件。因此，不构成犯罪的情形作为构成犯罪的例外，不应在犯罪构成体系中考虑，而应当在犯罪构成体系之外，作为正当化事由专门加以研究"③。

肯定说则认为只要坚持犯罪构成是犯罪成立的唯一根据，就必须将刑法中的正当化行为置于犯罪构成体系之内解决，明确正当化事由的法律地位。

---

① 参见田宏杰《刑法中的正当化行为与犯罪构成关系的理性思考》，载《政法论坛》2003 年第 6 期。

② 参见聂昭伟《论罪与非罪认定标准的统一——兼论犯罪构成体系的完善》，载赵秉志主编《刑法评论》（第 7 卷），法律出版社 2005 年版，第 155 页。

③ 王明辉、刘良：《正当性行为与犯罪构成体系关系论》，转引自聂昭伟、魏云燕《论犯罪构成对证明责任分配的影响——兼论我国犯罪构成的完善》，载《广西政法管理干部学院学报》2006 年第 6 期。

既然目前中国的犯罪构成体系无法容纳正当化事由，就应该对之进行较为彻底的改造，如此，既能够完善犯罪构成理论，也能够使阻却犯罪事由的考察成为司法人员认定犯罪过程中的一个结构化的思维过程，有效于其在准确认定案件事实、维护公民权益方面的积极功能。至于如何改造目前的犯罪构成体系，各种观点不胜枚举①，具有代表性的主要有以下三种观点。

第一种观点主张以英美法系犯罪构成模式为基础，结合中国大陆传统犯罪构成体系的合理要素，立足于经验与理性的融合与沟通重构中国犯罪构成体系，认为可以将犯罪构成体系改造成犯罪基础要件和犯罪充足要件两个层次。其中，犯罪基础要件的核心是危害行为，由危害行为的客观要素、危害行为的主观要素和行为能力构成。具体而言，危害行为的客观要素包括危害行为、危害结果、危害行为与危害结果之间的因果关系、危害行为的时间、危害行为的方式、危害行为的手段等；而危害行为的主观要素则包括危害行为故意、危害行为过失、危害行为目的、危害行为动机；危害行为能力则是指行为人辨认和控制自己实施的危害行为的能力，包括辨认能力和控制能力。这里，需要说明的是，危害行为故意或者危害行为过失是指实施了危害行为的行为人对于自己实施的行为及其造成的客观损害或者损害可能性所持的心理态度，因而可将完全不存在危害行为故意和危害行为过失的意外事件、不可抗力通过犯罪基础要件的判断，在犯罪构成的第一层次即被阻却在犯罪圈之外。但是，这里的危害行为故意、危害行为过失与中国大陆传统犯罪构成体系中的犯罪主观方面的犯罪故意、犯罪过失不同。前者仅指危害行为的行为人对于危害行为的客观事实要素的认识，对其所作的判断，是一种抽象的形式意义上的判断；后者则指危害行为的行为人对于自己实施的行为的法益侵害性以及由此造成的法益侵害结果所持的心态，对其进行的判断，既有事实判断，又有价值判断；既是抽象判断，又是具体判断。至于犯罪充足要件，则是指刑法中的正当化行为的不存在，具体包括法定的正当化行为以及各种超法规的正当化行为。②

第二种观点主张借鉴大陆法系的犯罪构成体系来改造我国的犯罪构成体系，即保留了传统犯罪构成体系中的犯罪主观方面和犯罪客观方面，改为行为的主观方面和客观方面且只涉及事实层面，作为犯罪构成的第一层次。然

---

① 详细参见田宏杰《刑法中的正当化行为》，中国检察出版社 2004 年版，第 149 页以下。
② 参见田宏杰《刑法中的正当化行为与犯罪构成关系的理性思考》，载《政法论坛》2003 年第 6 期。

后将传统犯罪构成体系中的犯罪客体的内容作为单独的违法性评价，此为第二层次。将传统犯罪构成体系中的犯罪主体构建成责任领域，此为第三层次。正当防卫等正当行为可归位到第二层次中进行研究。①

第三种观点则立足于现有的犯罪构成体系，将违法性事由的具体情况融合到犯罪构成的各个要件中去处理，认为可以"如同将意外事件、不可抗力放在犯罪主观要件中研究一样，将正当防卫等表面上看起来符合客观要件的行为放在犯罪客观要件中进行研究，将经被害人承诺或推定的承诺所实施的表面上侵犯了他人合法权益的行为放在犯罪客体要件中进行研究"②。

（二）简单评论

罪刑法定原则是现代刑法的基石，犯罪构成则是罪刑法定原则在刑事实体法中的核心体现，也是我国的刑法理论与刑事实践一直坚持的。因此，不能脱离犯罪构成来谈论罪与非罪，应当将作为定罪反面的正当化事由纳入犯罪构成体系来考虑。由此出发，否定论的观点无疑是不妥当的。肯定论的立场有一定的合理性，但是可以被称之为肯定论的各种观点隐含了一个前提，就是现在的犯罪构成体系无法容纳正当化事由，所以对之必须予以改造。因而，这里首先要回答的问题是在目前的犯罪构成体系中是否有正当化事由的立足之地。只有对这一问题的回答是否定的，才存在改造犯罪构成体系之必要。那么，在目前的犯罪构成体系中是否有正当化事由的立足之地呢？答案应该是肯定的。

我国的犯罪构成体系与英美法系与大陆法系的犯罪构成体系皆有差异，是以一个平面的结构容纳了后两者所包含的所有实质要件，如德日刑法中的违法性，就是我国犯罪构成体系中犯罪客体的内容，有责性的内容就是我国犯罪构成体系中主观方面和犯罪主体的内容，构成要件符合性的内容则多半集中在犯罪客观方面之中，因此其能够成为判断罪与非罪、此罪与彼罪的唯一标准。这一点也决定了：首先，我国的犯罪构成体系是实质要件与形式要件的统一，即行为的社会危害性与刑事违法性的统一，"行为符合犯罪构成，就意味着该行为不仅在形式上符合某具体犯罪的轮廓或者框架，而且在实质上也具有成立该罪所必要的相当程度的社会危害性。因此，就正当防卫、紧急避险而言，其之所以不构成犯罪，首先是因为其缺乏成立犯罪的实质要件

---

① 参见陈兴良主编《刑事法评论》（第8卷），中国政法大学出版社2001年版，第38页。

② 参见张明楷《刑法学》（上），法律出版社1997年版，第221页。

即相当程度的社会危害性，在此基础上，也就缺乏形式要件——刑事违法性。换言之，在正当防卫、紧急避险的场合，没有犯罪构成符合性的存在。因此，完全不可能出现行为在符合构成要件之后，又根据正当防卫、紧急避险的规定而排除其犯罪性的情形"①。其次，我国的犯罪构成体系还是消极要件与积极要件的统一。《刑法》分则就特定行为构成犯罪所需要的具体要件进行了规定，而《刑法》总则就所有行为构成犯罪所需要的共同要件进行了规定，这些要件中既包括积极要件，如刑事责任年龄、犯罪故意与过失，也包括消极要件，如正当防卫与紧急避险。因此，在根据特定犯罪构成确定某一行为的罪与非罪之时，判断主体其实已经将相关的正当化事由考虑在内。换言之，我国刑法理论中以正当防卫、紧急避险为代表的正当化事由本来就是犯罪构成体系的一部分，而不是游离于犯罪构成体系之外的异质分子。

　　既然正当化事由已经在我国的犯罪构成体系内占据一席之地，对后者当然就不必进行改造。此外，还应当指出的是，犯罪构成作为罪与非罪、此罪与彼罪的判断基准，最终是要应用于司法实践的。虽然我国现行的犯罪构成体系还存在着一些缺点，如犯罪构成要件之间的层次关系不明朗，容易导致定罪上的主观主义：犯罪概念唯一，出现刑事处罚上的空当，就是其问题的体现②，但是也具有一定的优点，就与大陆法系与英美法系的犯罪构成相比，需要较少的逻辑推论与思维想象，更多的是注重事实的辨别与分类，对于检察官与法官的起诉与审判而言便捷而且容易③，对于法学理论功底、推理演绎能力没有过高的要求，这是符合我国国情的。

　　自《法官法》与《检察官法》实施以来，法官与检察官的素质有了很大提高。据报道，在 2005 年，全国法官中具有大学本科以上学历的有 9 万余人，占法官总数的 51.6%，全国检察官中具有大学本科以上学历的有 77686 人，具有硕士研究生以上学历的有 4690 人。④ 但是，我们应该注意到：第一，上述所谓的拥有大学本科学历者，并非都接受过正规的大学教

---

　　① 黎宏：《我国犯罪构成体系不必重构》，载《法学研究》2006 年第 1 期。

　　② 同上。

　　③ 当然，这也可能是缺点。就如我国有的学者所言，这样的犯罪构成体系"留给被告人合法辩护的空间非常狭小，被告人难以平等地与国家进行对话与交涉、充分表达自己的意见。这就势必致使诉讼活动在很大程度上成为权威单方主导的定罪流程，自由对话、中立判断等对抗制模式功能得以正常发挥所必需的先决条件不能得到保证。"参见田宏杰著《中国刑法现代化研究》，中国方正出版社 2000 年版，第 361 页。

　　④ 参见吴兢《我国法官检察官整体素质大幅提高，本科比例过半》，载《人民日报》2005 年 7 月 17 日。

育，其中有相当一部分是通过在职培训、自学考试获得，而且其中还有相当
一部分并非法学本科；第二，学历比较高的检察官、法官大多集中在市级以
上的检察、审判机关，青海省检察机关干警的学历结构清楚地表明了这一点
（详见表一）。① 而基层司法机关承担了绝大部分的刑事案件。据江西省检察
机关的统计，在 2006 年前后约 80% 的案件是由基层检察院办理。② 在这种
情况下，保留目前易于司法操作的犯罪构成无疑是更现实的选择。

表一　　　　　　　青海检察机关检察干警的学历结构状况　　　　（%）

检察机关\学历结构	青海省检察干警学历结构	8 个州、市、分院检察干警学历结构	43 个县级检察院检察干警学历结构
研究生	0.15	0	0
大学本科（法律本科）	21.58	24.95	19.04
大专（法律专科）	42.65	43.03	42.10
专业证书	7.72	6.87	9.14
高中、中专以下	27.9	25.15	29.72
总计	100	100	100

　　当然，反对者可以说，我们可以通过改变教育方式与教育内容，逐步提
高法官和检察官素质来为改造犯罪构成创造条件，而且有的学者已经开始在
刑法教科书中按照大陆法系犯罪判断三阶段论的路径来分析、改造我国的犯
罪构成体系。但一方面，在目前教育产业化、法学院校大肆扩招的情况下，
如果试图改变教育方式与教育内容，国家需要付出多少代价，个人又需要付
出多少代价？从这一点出发，如果改造的目的是为了强化犯罪构成的出罪功

---

　　① 转引自杨新京《青海检察干警学历结构与〈检察官法〉的距离》，载《国家检察官学院学
报》2002 年第 6 期。应当指出的是，虽然表中的统计数据是 2002 年的，但是从各类报道判断，我
国许多地区，尤其是西部地区，司法人员的学历结构并没有太大的改善，在有些地区反而因为高学
历人才的流动，出现了倒退的现象。例如据报道，在甘肃省，2006 年共有 95 个基层法院，从事审
判工作的法官共有 3593 人，平均每个法院不到 38 名法官（参见田雨《缓解西部及贫困地区基层法
官检察官短缺问题》，载《人民日报》2006 年 3 月 11 日）；在宁夏回族自治区，2006 年各级法院缺
编 200 人，各级检察院缺编 171 人。2002 年以来，补充检察官 35 人，而因辞职或调离等原因减少的
检察官却有 140 人。4 年来全区补充的法官也仅有 20 人。参见周崇华《宁夏人大常委会执法检查组
披露〈法官法〉〈检察官法〉实施十年情况》，载《法制日报》2006 年 7 月 21 日。
　　② 参见罗峰《赣基层法官检察官缺员严重，与准入门槛提高有关》，载《信息日报》2006 年
9 月 5 日。

能，更便利、更经济的选择是改善刑事诉讼构造，加强刑事诉讼中辩护律师与被告人的权利保护，增加刑事诉讼过程的对抗性色彩，保证控辩双方的平等武装。另一方面，目前司法系统中的检察官、法官所熟悉的还是四要件的犯罪构成，急于按照大陆法系或者英美法系的犯罪构成体系改造我国的犯罪构成，不但会引起理论上的争议与混淆，在目前地方刑事司法系统每年需要处理数十万件刑事案件，还在逐年递增的情况下（详见图一）①，而且有可能给司法实践带来不利影响，影响到秩序的稳定与社会的发展。说到底，刑法理论、刑事司法等都是为了秩序、权利这两个终极的价值目标而存在的，如果不但无益反而有害于我们所追求的价值目标，改造犯罪构成体系这一选择显然就是不明智的。

单位：件

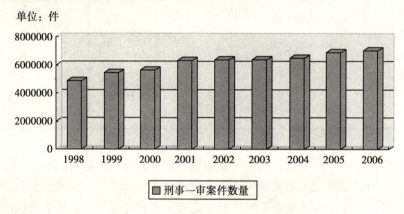

图一　1998—2006 年地方各级人民法院刑事一审案件数量

四、正当化事由与责任阻却事由

本来正当化事由与责任阻却事由是有着明确的界限的，正如英美法系的学者所言，"免责事由主要立足于行为人的主观方面，而正当化事由主要着眼于行为的客观特征"②，"正当化事由表明特定行为在所有情况下都是被允许的，虽然该行为未必是最恰当的，但是其是被法律认可的行为。正当化事

① 数据来源：国家统计局官方网站，http：//www.stats.gov.cn/tjsj/ndsj/（2007 年 6 月 20 日登录）。

② George Mousourakis, Criminal Responsibility and Partial Excuese, Ashgate Publishing Company, 1998, p.6.

由并不否认被害人所受到的伤害，但是认为存在使得特定行为正当化的情节，……免责事由则承认特定行为是不正当的，但是认为考虑到行为人的行为时的主观状态或者客观情形，行为人不应该承受通常情况下的谴责，其行为是可以理解与宽恕的"①。但是，因为在程序结果上正当化事由与免责事由几乎是相同的，都能导致被告人的无罪。因此，二者在理论上的交叉现象越来越多，例如在大陆法系刑法理论中，就有将违法性阻却事由划分为违法性阻却事由与排除可罚的违法性阻却事由的见解，认为"前者使行为完全不违法，即规定为合法行为的事情，后者则是指并非完全失去违法性，只是其程度减低或者在质上不同"②。其实，后者是起到减轻行为人刑事责任的功能。在实践中，正当化事由因某些原因未能使特定行为完全合法的情况下，亦能在一定程度上减轻刑事责任，过限行为与部分正当化行为就是突出的两例。

（一）过限行为的刑事责任

就正当化行为而言，无论是大陆法系刑法理论的法益权衡说、社会相当性说还是英美法系的更小罪恶说，有一点是明确的，就是必须给特定行为施加一个限度，使其在特定的程度之内才能根据正当化事由完全合法化。如根据《意大利刑法》第 50 条的规定，经可以有效处置权利的人同意，对该权利造成侵害或者使之面临危险的，不受处罚。但是，对于某些犯罪而言，权利人同意不能排除可罚性，例如权利人不得违反《意大利民法典》第 50 条规定的原则，处置自己的身体的行为不得导致本人身体健康的长期减弱，也不得以其他方式违反法律、公共秩序或良好风俗。③ 唯有如此，方能在保护公民合法权益的同时，保证刑事法治最根本的正义价值的实现。因此，大多数国家的刑法通常都对过限行为做了有罪规定。但是，考虑到可能成立正当化事由之事实的存在，对于过限行为，大多数国家的刑法也都通过不同途径做了减轻责任之规定。

第一，规定行为人对过限行为应当承担刑事责任，同时规定只需负担较轻的刑事责任，以我国《刑法》与俄罗斯《刑法》的规定为代表。我国

---

① See Jonahan Herring, Criminal Law (3rd edition), Law Press of China, 2002, p. 383.

② ［日］大塚仁著，冯军译：《刑法概说》，中国人民公安大学出版社 2003 年版，第 315 页。

③ 参见黄风《意大利刑法导论》，载《意大利刑法典》，黄风译，中国政法大学出版社 1998 年版。

《刑法》第 20 条第 1 款规定："为了使国家、公共利益、本人或者他人的人身、财产和其他权利免受正在进行的不法侵害，而采取的制止不法侵害的行为，对不法侵害人造成损害的，属于正当防卫，不负刑事责任。"第 2 款继而规定："正当防卫明显超过必要限度造成重大损害的，应当负刑事责任，但是应当减轻或者免除处罚。"《俄罗斯联邦刑法典》第 38 条第 1 款规定："为了将犯罪人押解到权力机关或为了制止犯罪人实施新的犯罪而拘捕犯罪人时对犯罪人造成损害的，如果不可能用其他手段拘捕犯罪人而且也没有超出为达此目的所必需的方法，则不是犯罪。"该条第 2 款规定："如果采取的方法显然与被拘捕人所实施犯罪的性质和社会危害性的程度及与拘捕犯罪人时的情况不相当，而对被拘捕人造成显然过分的，并非情势所致的损害，则是超过被拘捕所必需的方法。只有在故意造成损害的情况下，才应对超过必需方法所造成的损害承担刑事责任。"①

第二，通过立法将过限行为规定为过失犯罪，以减轻行为人的刑事责任。如《意大利刑法》第 55 条规定："当实施第 51 条（行使权利或履行义务）、第 52 条（正当防卫）、第 53 条（合法使用武器）和第 54 条（紧急避险）规定的某一行为时，因过失而超过由法律或主管机关规定的程度，或者超过取决于需要的程度，如果行为被法律规定为过失犯罪，适用关于过失犯罪的规定。"②

第三，通过立法将过限行为的刑罚限制在对特定犯罪形态应处刑罚范围内，减轻行为人的刑事责任。如我国澳门特别行政区 1996 年《刑法典》第 30 条第 2 款将被害人承诺规定为正当化事由之一，即"尤其在下列情况下作出之事实，非属不法：……获具有法律利益而受侵害之人同意"。第 37 条进而对被害人承诺的构成要件及过限行为的处罚作出了具体规定："①除法律特别规定同意阻却事实之不法性之情况外，如涉及之法律利益可自由处分，且事实不侵犯善良风俗，则事实之不法性亦为同意所阻却。②同意得以任何方式表示，只要该方法能表现出受法律保护之利益人之认真、自由乃以明了情况之意思；同意并得在事实实行前自由废止。③同意之人必须满 14 周岁，且在表示同意时具有评价同意之意义及其可及范围之必要辨别能力者，同意方生效力。④如同意并未为行为人所知悉者，行为人处以可科处于

① 转引自〔俄〕Н. Ф. 库兹涅佐娃、И. М. 日科娃主编，黄道秀译：《俄罗斯刑法教程》（总论），中国法制出版社 2002 版，第 457、459 页。

② 参见《意大利刑法典》，黄风译，中国政法大学出版社 1998 年版，第 20—21 页。

犯罪未遂之刑罚。"

(二) 部分正当化与部分免责

所谓部分正当化，指因为特定行为超过合理之限度，刑法未完全将之合法化，但考虑到可能作为正当化事由之事实的存在，将特定行为规定为较轻的犯罪，这也就是意味着部分减免了行为人的刑事责任。这种情况，在大陆法系刑法与英美法系刑法中都有明确的例证。例如在日本，被害人的承诺并不否定犯罪的成立，但是，对所成立的罪名和法定刑具有重要意义。根据《日本刑法》的规定，具有被害人的承诺而将被害人杀死的行为，只成立承诺杀人罪（《日本刑法》第202条），而不成立普通杀人罪（《日本刑法》第199条）。承诺杀人罪的法定刑是6个月以上7年以下的惩役或者监禁，普通杀人罪的法定刑是死刑、无期或者3年以上的惩役。[①] 这种意义上的被害人承诺，因为不只是涉及个人法益，也涉及社会法益，只是部分的承诺，不具有全部的效力，是不完全的被害人承诺，因此只能将杀人行为部分正当化。

在英美法系刑法中，激情犯罪是部分正当化与部分免责的最佳证明。从刑法的角度而言，激情犯罪指被告人因被害人不当言行产生的短暂、强烈的极度愤懑的情感（激情）而丧失自我控制能力，并于不当言行之时或之后合理的时间内实施犯罪，刑事立法对之予以从宽处罚的犯罪行为。在英美法系的某些国家或地区，激情犯罪是完全的正当化事由，可以将特定行为合法化。[②] 如根据美国新墨西哥、得克萨斯和犹他州的刑事立法，愤怒的丈夫杀死其妻子的情夫（不包括妻子）是正当杀人（Justifiable homicide），认为这是一种制止犯罪（通奸）的特殊形式的防卫，但在大多数国家与地区，激情犯罪只是部分正当化事由，只能部分免责。

在英美刑法中，激情犯罪通常被限定在故意杀人罪的案件中。如英国《1957年杀人罪法》第3条规定："在谋杀罪的指控中，如果存在陪审团能够据以认定被告人是因为激情（无论是基于行为或言词或二者兼具）而丧失自我控制能力的证据，陪审团就应该确定：被告人所经历的激情是否足以使一个正常人作出与被告人相同的行为。在确定这个问题的时候，陪审团应

---

① 参见《日本刑法典》，张明楷译，法律出版社1998年版，第64页。

② 事实上，在未将激情犯罪规定为完全正当化事由的英美法系国家的刑法理论中，一直存在着激情犯罪是部分正当化事由还是部分免责事由的争论。See Joshua Dressler, Partial Justification or Partial Excuse, Modern Law Review 51（1988）.

该按照自己的看法，来考察被告人所面临的言行的所有内容对正常人的影响。"《美国模范刑罚典》第 210 - 3 条也规定："本应构成谋杀，但行为人具有相当理由或者不得已的事由而在精神或者情绪的极度混乱的情况下实施杀人行为的，构成非预谋杀人罪。"

如果能够认定被告人的行为属于激情犯罪，则陪审团有权将本来应该构成谋杀罪的行为减至非预谋故意杀人，并通过改变罪名，进而减轻犯罪人的刑罚。如在美国，同样是出于故意而杀人，在不属于激情犯罪的场合，被告人可能被判成立谋杀罪，至少在某些州，最高刑可达死刑。而在属于激情犯罪的场合，被告人的行为构成非预谋故意杀人罪，刑罚明显要轻于谋杀罪。在英国更是如此，其刑事立法在仍然保留死刑之时规定"激情犯罪"这一情节，目的就在于通过赋予陪审团给出非预谋故意杀人罪的判决的自由裁量权，避免在"被告人确有可恕之情"的案件中适用死刑。①

五、特定正当化事由的具体考察：自救行为

近年来，因为公力救济的缺位或者滞后，自救行为在现实生活中已经屡见不鲜。突出的例证如：因对民工的恶意欠薪而引起的民工通过非正常方法讨要所拖欠工资问题。因为对民工的合法权益保护不够，许多用工单位或老板在工程或者约定的劳务事项结束以后，有的不肯按照约定支付民工的工资，百般推诿，更有甚者对讨要欠薪的民工大打出手，民工被打伤、打死的事情时有发生②，而通过合法的途径与正常的程序追讨欠薪，成本又过于高昂。据有的学者统计，为了要回 1000 元工资，个人需要支出的时间成本是 33 天，社会的成本至少需要 18 天，个人的经济成本是 3327 元，需要直接支出的费用为 1677 元。③ 因此，许多民工就不得不采取他们认为无成本或

---

① 参见周振杰《激情犯的基础理论与立法问题研究》，载《河北法学》2006 年第 7 期。

② 如据报道，周某在湖北金堂承包了某工程的部分项目，他们都在该工地打工。但工程完工后，工程单位尚拖欠 7 万余元工钱。2005 年 3 月 16 日，周带领彭某等 3 个民工到金堂讨欠款。到工地后，他们多次联系工地负责人均无果，气愤之下他们拉下了工地的电闸。但几分钟后，几十人冲进工地，手提刀棒，向讨要工钱的民工劈头盖脸打去。一阵打斗后，周等 3 人被打倒在地，周头部被打出一道 7 厘米长的口子，左手两拇指被打断，彭等两人也满身是伤。随后，受伤的民工被送往金堂医院抢救。而打人者竟然赶到医院继续追打已经受伤的民工。参见宋永坤、秦衍《3 民工讨要工钱被打进医院，遭追杀忍痛跳楼逃命》，载《楚天都市报》2005 年 3 月 19 日。诸如此类的报道不胜枚举。

③ 参见刘晓梅《城市何处是我家》，载《检察风云》2007 年第 8 期。

者低成本的非正常方法讨薪，其中之一就是通过将工作单位的产品、原料、部件或生产工具偷出变卖自我兑现工资。对于这种情况，有的观点认为属于自救行为，行为人至多需要承担民事责任，有的观点则认为应当以盗窃罪追究行为人的刑事责任。① 孰是孰非？

自救行为，或称自力救济，是指"法益受到侵害的人，按照法律上正式的程序等待国家救助机关的救助时，就不可能恢复或者显著难以恢复时，用自己的力量求得其恢复的行为。它针对的是已经过去的侵害，在这一点上，区别于对紧迫的侵害的正当防卫"②。各国刑法对于自救行为的态度可以分为三种，第一种是肯定自救行为的合法性，如《韩国刑法典》第 23 条规定："①在不能依法定程序保全其请求权的情况下，为避免请求权不能实现或难于实现所作行为，而有相当理由者，不罚。②前项行为过当者，得依其情况，减轻或免除其刑罚。"③ 第二种是明文否定其合法性。如根据《意大利刑法典》第 392 条、第 393 条之规定："以行使自己所主张的权利为目的，在能够诉诸法官的情况下擅自通过对物的暴力自行其是的，或者通过对人身的暴力或威胁自行其是的，经被害人告诉，处以罚金或者有期徒刑。"④ 第三种是在立法上对自救行为保持沉默，留待通过法律解释回答其是否属于适法。我国《刑法》并没有规定自救行为，理论界对之持有两种观点。第一种观点认为，认为自救行为对自己权利的救济有迅速和代价低廉的优点，因而，无论是在法制健全、公民权利保护完善的国家，还是在法制相对落后的国家，自救行为均存在着现实性基础，其在民法上为损害赔偿之问题，在刑法中则被视为阻却违法事由之问题。社会实践证明，在立法和执法过程中认可自救行为，对保护公民合法权益、预防犯罪以及维护正常的社会秩序是十分必要的。⑤ 第二种观点虽然认为在理论上自救行为属正当行为，但不宜在立法中作明确规定，这种自身加以保全或恢复原状的行为，因属未经正当程序的事后自力救助，不宜提倡，如在立法上明确规定，更易出流弊。⑥

"一切法律都是为了人的缘故而制定的。制定法律的宗旨就是为了保护

---

① 参见戴瑞春《讨不到工钱私自拿物品构成何罪》，载《新法制报》2006 年 10 月 17 日。

② ［日］大塚仁著，冯军译：《刑法概说》，中国人民公安大学出版社 2003 年版，第 366 页。

③ 参见［韩］李在祥著，韩相敦译《韩国刑法总论》，中国人民大学出版社 2005 年版，第 227 页。

④ 参见《意大利刑法典》，黄风译，中国政法大学出版社 1998 年版，第 118—119 页。

⑤ 游伟、孙万怀：《自救行为及其刑法评价》，载《政治与法律》1998 年第 1 期。

⑥ 参见赵秉志、赫兴旺等《中国刑法修改若干问题研究》，载《法学研究》1996 年第 5 期。

人们的生存利益。保护人们的利益是法的本质特征，这一主导思想是制定法律的动力所在。"① 自救行为是权利人为了保护自己的合法权利而不得已的选择，有助于保障个体的合法权益，体现了法律对个体权利的确认与保护，并且能够通过弥补公力救济于时间和空间上救济能力之不足，有助于维护社会秩序的稳定，这是其价值所在也是其存在的基础。正如韩国学者所言："在国家权力未被确立的原始时期，权利人在其权利受到侵害时，不得不以自身实力来寻求救济，故自救行为成了权利行使的常用手段。但随着权利的确立，法律救济程序的完备，对权利侵害的救济逐步依存于公权力上。……但是无论法律救济手段如何完备，也存在无法期待事实上又由国家机关迅速而有效救济的情况。在这种无法依据法定程序来请求适时的救济，……不承认私人的自力救济，则会造成法律站在不法一边的结果，从而违反正义和公平的理念。"② 因此，我们不仅应该在理论上，而且应该在立法上承认自救行为。

当然，承认自救行为的同时，也必须给自救行为划定边界，否则"就有轻视国家的救助机构，导致治安紊乱之虞。而且，会由于自救行为者的实力不同，给救助造成不公平"③。因此，自救行为应当符合一定的构成要件，如此方能在维护特定个体合法权益的同时，不损害其他个体或者公共的权益，并防止自救行为超越必要的限度泛滥为私刑。参考国外的立法例与刑法理论，自救行为应该符合以下三个要件：

1. 行为人的权利受到了非法的侵害。因为自救行为系救助自身的行为，如果所保全之权利非自身之权利而是属于第三者的权利，则不存在实行自力救助的问题。例如为保护社会公共利益或他人合法权利的私力救济，不属于自救行为。但对某些权利有管理权的人，在其管理权限范围之内，应视同为自己权利，如原权利人之法定代理人、失踪人之财产管理人、遗产管理人、遗嘱执行人、破产管理人等。从保护权利的性质来看，它所保护的权利主要是请求权，包括债权与物权，在特定情况下，物体财产权、亲属权或者继承权也可以成为自救行为的对象。

2. 存在通过正常的公力救济途径与程序，受到侵害的权利不可能得到

① ［德］李斯特著，徐久生译：《德国刑法教科书》，法律出版社 2000 年版，第 3 页。

② ［韩］李在祥著，韩相敦译：《韩国刑法总论》，中国人民大学出版社 2005 年版，第 226 页。

③ ［日］大塚仁著，冯军译：《刑法概说》，中国人民公安大学出版社 2003 年版，第 366 页。

恢复或者显著难以得到恢复的事实。因为在法治社会，私力救济是对公力救济不得已的补充，如果通过公力救济能够公平、公正地实现保护受损权利的目的，就不应该采取自救行为。这里的"不可能得到恢复或者显著难以得到恢复"可以认为包括如下两种情况：第一，被害人来不及请求公力救济，或者请求了公力救济但被官方不当拒绝或迟久不予答复；第二，如果不立即依靠自己的力量进行救助，被害人的权利将不能得到实现或将陷于困境。譬如共同犯罪人在盗窃他人钱款后进行分赃时被被害人发现，此时如果被害人请求警方救助，结果很可能是不但犯罪人逃之夭夭，而且被盗窃的钱款也难以追回，如此被害人之请求权就难以实现。所以在此情况下被害人限制犯罪人的自由并夺回钱款的行为是符合自救行为构成要件的。[1]

3. 自救行为所损害的权利不应超过请求权所指向的权利，自救行为侵害的法益与行为人意图保护的法益相近，自救行为的手段也应该具有社会相当性。[2]

综上，就民工"自我兑现工资"的问题，如果民工确实已经向主管部门（比如劳动部门）请求救济，后者在合理的时间内并没有采取有效的措施，或者有证据证明通过法律规定的救济程序，民工将要支出的成本等于或者大于所讨要的工资，而且为"自我兑现工资"而拿出的产品、原料、部件或生产工具的价值并非远远大于被拖欠的工资，应当认定其行为符合上述构成要件，属于自救行为，不负刑事责任。

① 参见游伟、孙万怀《自救行为及其刑法评价》，载《政治与法律》1998年第1期。
② 基于这一点，日本学者认为，可以考虑过剩自救行为、误想自救行为、误想自救过剩自救行为的观念，并根据过剩防卫、过剩避险、误想防卫、误想避险、误想过剩防卫、误想过剩避险来处理。参见［日］大塚仁著，冯军译《刑法概说》，中国人民公安大学出版社2003年版，第367页。

刑 罚 研 究

量刑制度的变迁与改革

蒋熙辉[*]

量刑，即刑罚裁量，是指根据刑事法律，对于构成犯罪的行为人确定是否判处刑罚，判处何种刑罚及是否适用某种刑罚制度的审判活动。[①] 量刑制度，是量刑活动形成的应当遵循的系统化的规则体系。刑罚裁量制度与刑罚执行制度、刑罚消灭制度共同构成刑罚运用制度的三大支柱。罗尔纲先生认为："研究制度应当尽力去搜求材料来把制度重新构造起来，此与考古学家从一个牙齿构造起一个原人一样，这可称为'再造'工作。研究制度的目的是要知道那个制度，究竟是个什么样子；平时如何组成，用时如何行使，其上承袭什么，其中含有何种新的成分，其后发生什么。"[②] 量刑制度相异于量刑原则、量刑情节和量刑方法。本专题报告专门探讨量刑制度的变迁，对量刑制度的沿革、制度内涵与外延（是否包括特别减轻制度、易刑处分和量刑表）进行考察，研究量刑制度的功能，回顾我国量刑制度的现状，研究推动刑罚改革的对策并展望量刑制度改革走向。

一、量刑制度的变迁考察

凡物皆有进化，量刑制度亦然。自存在刑罚以来，可以推定存在刑罚运用的相关制度。根据学者的考证，中国刑法史初期存在两种刑罚体系：[③] 一种是黄河流域以黄帝为盟主的各部落的刑罚体系，即《尚书·皋陶谟》记载的"有邦"、"兢兢"、"业业"、"一日"、"二日"五种死刑和"聪明"、"明畏"两种肉刑；另一种是黄河流域下游的以蚩尤为盟主的各部落的刑罚体系，即《尚书·吕刑》记载的作"五虐之刑"曰"法（大辟）"、"鼻"、"刖"、"琢（宫）"、"墨"。在如何根据原始习惯法运用刑罚体系时采用的

---

[*] 中国社会科学院法学研究所副研究员，法学博士。

[①] 高铭暄、马克昌主编：《刑法学》（上编），中国法制出版社 1999 年版，第 460 页。

[②] 罗尔纲：《晚清兵志》（第一卷淮军志），中华书局 1997 年版，第 1 页。

[③] 宁汉林、魏克家：《中国刑法简史》，中国检察出版社 1997 年版，第 6 页。这一考证是可信的，传统说法说皋陶采苗民刑制制五刑，实际上黄帝所在部落联盟同样存在刑制。

系统性的规则即刑罚制度（这种说法或许不准确，当时并不存在完整的可以按照现代标准衡量的制度）。史料虽未记载，但完全可以推知。

（一）刑罚进化论与刑罚变迁

关于刑罚是否进化，一般观点从进化论出发认为刑罚存在进化。世界各国的刑罚演变存在共同之处：①刑罚体系由以身体刑为中心到以自由刑为中心；②刑罚由繁到简；③刑罚由严酷到缓和；④刑罚由注重过去到注重将来。[1] 但是，有一种观点提出异议，认为：刑罚进化论对刑罚制度的线性发展持乐观态度，认为刑罚趋于人道和轻缓的观念值得质疑。进而，主张刑罚进化论不能成立，刑的正当性与进化论无关，而只与刑事政策的运用及规范有效性的维持、规范的稳定有联系。坚持刑罚进化论命题在刑事法领域会产生负面效果。一方面，刑罚进化论强制人们忍受残酷、多余的刑罚制度；另一方面，它也会导致阻碍刑罚改革的惰性思维的产生。[2] 我们认为，刑罚的进化，无论是刑种还是刑罚运用制度，都会伴随人类文明的进步而进步的，除非否定人类文明的不断进步，才能否认刑罚处于进化之中。至于因为认同刑罚进化论而导致"强制人们忍受残酷、多余的刑罚制度"和"阻碍刑罚改革的惰性思维的产生"，则是多余的。"法律进化论"认为，法律不仅是通向文明的工具，而且也是文明的产物。法律对于过去来说它是文明的产物；对于现在来说，它是维系文明的工具；对于未来来说，它是促进文明的工具。[3] 伴随文明的进步，刑罚必然发生相应的进化。同态复仇、血亲复仇，残酷性远胜于刑罚，这种私力救济能够满足原始蒙昧时期的报复理念；但是到现代社会，同质复仇取代了"以眼还眼、以牙还牙"，这是文明的进步，是文明对野蛮的胜利。

刑罚演进的阶段，历来存在不同的划分方法：按照社会形态的更替，刑罚可分为奴隶制刑罚、封建制刑罚、资本主义刑罚和社会主义刑罚；按照历史年代的发展，刑罚可分为：太古刑罚、中古刑罚和近世刑罚；按照刑罚追求的理念，刑罚可分为复仇时代的刑罚、威慑时代的刑罚、博爱时代的刑罚和科学时代的刑罚。有学者将从理性发展角度出发，提出一种新的理性分段

① 高铭暄主编：《刑法学原理》（第 3 卷），中国人民大学出版社 1994 年版，第 20—23 页。
② 周光权：《刑罚进化论——从刑事政策角度的批判》，载《法制与社会发展》2004 年第 3 期。
③ ［美］庞德著，邓正来译：《法律史解释》，华夏出版社 1989 年版，第 140 页。

法，认为刑罚的进化路线依次为：报复时代的刑罚、威慑时代的刑罚、等价时代的刑罚、矫正时代的刑罚和折中时代的刑罚。[①] 还有学者将刑罚演进规律与社会文化演进联系起来作了较为深入的分析，认为世界刑罚的演进伴随着文化的演进，存在着一些动态的规律性趋向，主要表现为：①刑罚由严酷趋向宽缓；②刑罚的作用对象由注重肉体转向注重灵魂；③刑罚由注重社会保护、人道内涵稀薄趋向注重人权保障，人道内涵增厚；④刑罚由消极地注重过去趋于积极地注重未来；⑤刑罚体系由以身体刑为中心发展为以自由刑为中心，刑种也由繁杂走向精简。[②] 我们认为，立足于法律进化论，完全可以产生刑罚进化的结论。辩证法告诉我们，事物的发生发展具有必然性也具有偶然性，事物的发展是螺旋式地上升，不排除某个阶段的倒退。正因为存在对肉刑的深刻认识，才会不断废除肉刑；也正因为对死刑不人道的认识，才会有控制死刑乃至废除死刑的努力。刑罚演进的根本原因，是经济社会的决定因素。刑罚作为一种社会现象，其产生与发展必然会形成一定的规律，也将遵循规律而发展。量刑制度作为刑罚运用的一大制度，必然遵循刑罚发展的规律，并遵循一定的进化路径。

（二）量刑制度发展的三大趋势

如果我们自皋陶改革刑制算起，至现代世界各国广为采用的量刑制度，我们约莫概括为三大特征加以把握：从零散走向系统；从野蛮走向科学；从简单走向复杂。

1. 从零散走向系统

从现代世界各国关于量刑制度的资料来看，量刑制度呈现系统化倾向。以自首制度言，第一次出现在史料中是《尚书·禹刑·洪范》。其记载："凡厥庶民，有猷、有为、有守。"意思是：处罚的庶民中，有预谋犯罪的，有实施犯罪行为的，有犯罪后自首的。必须区分不同情节惩罚罪犯，才能收到良好成效。这仅仅是对于自首的原则性规定。其后，自首制度逐渐完备。自唐宋时期，出现了关于自首制度的较为系统并结合相关罪名体系对于刑罚轻重影响的详尽的规定。《唐律》卷第五——《名例律》中规定："诸犯罪

---

① 邱兴隆：《遭变的理性和理性的遭变——主题报告：邢罚进化论·评论·答辩》，载《现代法学》1999 年第 5 期。

② 许发民：《论社会文化对刑罚的影响》，载《中国法学》2002 年第 1 期。

未发而自首者，原其罪。其轻罪虽发，因首重罪者，免其重罪；即因问所劾之事而别言余罪者，亦如之。即遣人代首，若于法得相容忍者为首即相告言者，各听如罪人身自首法。其闻首告，被追不赴者，不得原罪。即自首不实及不尽者，以不实不尽之罪罪之，至死者，听减一等。其知人欲告及亡叛而自首者，减罪二等坐之；即亡叛者，虽不自首，能还归本所者，亦同。其于人损伤，于物不可备偿。即事发逃亡，若越度关及奸，并私习天文者，并不在自首之列。"可见，《唐律》中已有自首、他首、代首等多种方式，并对自首影响刑罚轻重作了较为详尽的规定。《明律》在此基础上增加"凡犯罪未发而自首者，免其罪，犹征正赃"和"若强窃盗、诈欺取人财物，而于事主处首服，及受人枉法、不枉法赃、悔过回付还主者，与经官司自首同，皆得免罪。若知人欲告，而于财主处首还者，亦得减罪二等。其强窃盗，若能捕获同伴解官者，亦得免罪，又依常人一体给赏。"可见，《明律》关于自首制度较《唐律》更为详尽，虽在未规定代首制度和新增规定妥当与否上存在疑问（薛允升注：未规定代首制度不得其故，新增规定不尽妥当①），但详尽则是比较二律的通论。

　　我国 1979 年《刑法》规定自首制度在第 63 条，当时鉴于形势规定得较为简略：自首者从轻，犯罪较轻的减轻或免除处罚；犯罪较重的如有立功表现也可减轻或免除处罚。这是一条对于自首影响刑罚轻重的原则性规定，为理论研究留下了较大的空间。1997 年修订《刑法》时，第 67 条专门规定了自首的概念，力图澄清学界纷争，同时对一般自首和余罪自首作了较为详尽的规定，② 同时将立功制度单列出来（第 68 条）。这样，刑法典通过司法解释的进一步明确，形成了远较古代法典详尽的条文和完备的制度。

　　2. 从野蛮走向科学

　　我们在分析刑罚进化时习惯将刑罚分为数个时代：从政治角度划分，包括奴隶制刑罚—封建制刑罚—资本主义刑罚—社会主义刑罚；从观念进化角度划分，复仇—威慑—博爱—科学（报复—威慑—等价—矫正—折中）。③伴随刑罚史的演进，刑罚制度史也从野蛮走向科学，这不仅仅体现在刑罚体

---

　　① 薛允升撰，怀效锋、李鸣点校：《唐明律合编》，法律出版社 1999 年版，第 69—71 页。

　　② 更科学地说，1997 年《刑法》自首制度还包括特别自首。即：《刑法》第 164 条第 3 款（对公司、企业人员行贿罪）、第 390 条第 2 款（行贿罪）、第 392 条第 2 款（介绍贿赂罪）。三条款均规定，行为人在被追诉前主动交代罪行的，可以减轻或免除处罚。

　　③ 邱兴隆：《罪与罚讲演录》（2000 第一卷），中国检察出版社 2000 年版，第 1—3 页。

系上,① 而且量刑制度不断吸收科学成果逐步科学化。以缓刑为例,作为补充短期自由刑不足的措施,它是近现代刑罚发展史的一大进步。通说认为缓刑制度是教育刑思想的产物,发轫于早期英国刑事司法实践。据学者介绍,教士恩赦、司法暂缓和具结释放是近代缓刑的制度渊源。② 现代缓刑制度直接得益于马萨诸塞州波士顿市的鞋匠约翰·奥古斯特斯,这位好心的鞋匠通过个人的力量数度帮助穷苦犯人,为他们寻找职业,劝导他们"改邪归正"。马萨诸塞州议会从鞋匠的实践中获得启示,订立了世界上第一个缓刑立法。然而,只要我们回过头去看看奴隶制时期和封建时期的短期自由刑状况,我们不能乐观。边沁在名著《立法理论》中指出,监狱包含了对身体与心灵的各种可以想象的侵蚀,一座普通监狱是一所用更确定的方式教育邪恶而不是谆谆传播美德的学校。③ 他描绘的是一幅如下图景:所有的坏人都将自己提高到更坏的层次。最残忍之徒到处鼓动凶残;最狡诈之辈随时传播狡诈;最无耻的淫荡者到处灌输淫荡。所有对心灵和思想的腐蚀物都变成了这些人绝望的慰藉。受到共同利益的驱使,他们互相帮助以摆脱耻辱感的束缚。社会荣誉感的毁灭建起了一种新荣誉,它由奸诈虚伪、耻辱恐怖、忘却未来、敌对人类而构成。所有这些在短期自由刑犯人身上体现得尤为突出。正是出于对短期自由刑的反思,现代各国刑法纷纷制定缓刑制度。在我国,只存在一般缓刑和战时缓刑的区分;在发源地美国则存在暂缓监禁、缓刑监督、附条件释放和综合缓刑四种之多。这不可以不说是量刑制度科学化的进步。

　　另外,我国刑罚制度上赎刑的删除也是刑罚进化的一个表现。赎刑在我国历史上源远流长。赎刑是中国古代法律规定的允许犯罪人用金钱或物品来代替或抵消其所受刑罚的制度。《唐律》规定,赎罪以铜赎,死刑绞斩赎铜120斤;流2000里,2500里,3000里赎铜分别为80斤、90斤、100斤;徒1年至3年五等赎铜分别为20斤、30斤、40斤、50斤,60斤,杖60赎铜6斤,杖80赎铜8斤,杖100赎铜10斤;笞50赎铜5斤,笞20赎铜2斤,笞10赎铜1斤。但《唐律》同时规定禁赎之法,尤对赎死限制很严。明清

---

　　① 周密教授精心绘制的中国刑罚制度史一览表搜集上自舜禹时代下至半封建半殖民地时期的刑名种类,以演示刑罚史进化,但惜之于量刑制度则未涉及。参见周密:《中国刑法史纲》,北京大学出版社1998年版,第443—483页。

　　② 储槐植:《美国刑法》(第二版),北京大学出版社1996年版,第334—335页。

　　③ 〔英〕吉米·边沁著,李贵方、陈兴良等译:《立法理论——刑法典原理》,中国人民公安大学出版社1993年版,第89页。

时代赎刑更为发达，例如，明代赎刑包括律赎和例赎两类。清代赎刑更分为纳赎、收赎和赎罪三类，区分不同情形适用赎刑制度。根据学者考证，古代赎刑制度的原因在多方面。① 随着现代人权观念和平等理念的深入人心，赎刑制度渐至没落。作为奴隶制和封建制特权法的表现之一的赎刑制度理所当然地遭到现代刑事法制的抛弃。目前广泛讨论的"以钱赎刑"必须认真对待：犯罪嫌疑人因及时赔付被害人损失而获得从宽处理的，不应当被理解为赎刑；但对于犯罪嫌疑人"以钱赎刑"的，不应当被制度化。犯罪嫌疑人赔偿受害人损失只能视为真诚悔罪的从宽情节，绝不能因为社会效果的"良好"而牺牲法律的公平正义，而且只能在法律的范围内对犯罪嫌疑人予以处罚。

3. 从简单走向复杂

数罪并罚制度是现代刑法理论中的难点。各国刑法一般将其与罪数一并讨论，以简化理论便于实践。作为当代世界各国刑事法律制度的重要内容，数罪并罚制度是指审判机关对犯罪人在法定期限内所犯数罪分别定罪量刑之后，依照法定的并罚原则和并罚规则决定其应予执行的刑罚的制度。

数罪并罚制度源远流长。根据史料记载，西方国家，主要是大陆法系国家的数罪并罚制度，始于罗马法的规定。罗马法时代的数罪并罚制度主要采取的是简单的并科原则。日耳曼法时代，除采用并科原则外允许以死刑吸收赎罪金。② 近代西方刑事立法以 1810 年《法国刑法典》为先声，数罪并罚制度开始采纳吸收原则，并逐渐确立限制加重原则。我国古代刑事立法在数罪并罚制度上走在世界的前列，远在西周时期就确立了重罪吸收轻罪的数罪并罚规定。历秦汉时期至唐宋时期，数罪并罚制度逐渐周详完备。以《唐律》为例，关于数罪并罚制度的规定主要由《名例律》（总29条）"犯罪已发而更为罪"条和《条例律》（总45条）"诸二罪以上俱发"条组成，确立了并科原则、限制加重原则和吸收原则。③ 沈家本修律引入现代刑法意义

---

① 研究认为，古代赎刑具有多方面原因：①由于犯罪事实不够清楚，证据不够确凿，难于处断。如《唐律》的"诸疑罪，各依所犯以赎论"；②出于对某些罪犯的矜恤照顾，如老、幼、废疾、妇女、应存留养亲者等，可以依法适用赎刑；③作为给贵族、官僚及其家属的一种特权，如《唐律》规定，凡是有品级的官员以及他们的某些亲属，犯了流罪以下的罪，不可以赎；④由于国库不足或兵食困难，借赎刑敛财，增加国库收入。参见樊凤林主编：《刑罚通论》，中国政法大学出版社1994年版，第616页。

② 蔡墩铭：《数罪并罚立法之变迁》，载《刑事法杂志》第5卷第6期。

③ 黄京平：《罪数与并罚制度研究》，中国人民大学法学院1995年印，第278页。

的吸收原则、限制加重原则和并科原则并设专章规定数罪并罚制度，但仍沿用"俱发罪"的古代刑法概念。

现代刑法理论和刑事立法对数罪并罚制度一般不再单纯地采纳单一的原则而是综合并科原则、吸收原则和限制加重原则，权衡利弊适应不同的刑种加以并罚。从简单地采用一种并罚规则到综合采纳多种并罚规则并要求适应不同刑种加以选择适用，代表着并罚制度由简单逐渐走向复杂、由不科学逐渐走向科学的历程。

二、量刑制度的内涵与外延

量刑制度的现状是研究量刑制度的基础。在内涵上，量刑制度是立法工作者在总结立法经验和理论研究成果，借鉴国外相关立法的基础概括而成，量刑制度是刑事立法机关根据刑罚目的遵循量刑原则制定的如何量刑的具体体系化的构成。外延上，包括的具体制度存在一定的争议。

（一）量刑制度的内涵

量刑制度包括两种特征：一是量刑即刑罚裁量；二是制度即体系化的构成。刑罚裁量是相对于刑罚执行和刑罚消灭而言的，属于狭义上的刑罚的具体运用。量刑是一个多义语，一般意义上既作为制度又作为刑事诉讼活动使用。量刑制度是在量刑活动中长期形成的同时也为刑法明确规定必须遵循的体系。关于制度，《辞海》的解释是"要求成员共同遵守的按一定程序办事的规程"。① 规程的特征是体系性。量刑制度区分于量刑原则、量刑方法、量刑模式、量刑情节等。需要再加以说明的是，作为体系强调的是系统性而非单个情节；作为体系必然通过量刑情节的运行影响量刑结果。

1. 量刑制度区别于量刑原则

原则（Principle），是指导社会实践活动进行的精神的总结与概括。它凝聚着人们对某项活动理性进行的深层次思考的总结。法律原则是指导人们从事法律活动的基本规则。量刑原则则是贯穿量刑指导量刑活动的基本规则。量刑原则具有两种表现形态：一是理论形态，一是条文形态。根据各国刑事立法的规定，具有大陆法系传统的各国一般在刑事立法中对量刑原则作出规定；而具有英美法系传统的国家则无相关规定。

① 《辞海》（缩印本），上海辞书出版社1989年版，第210页。

无一例外的是，各国对量刑原则在理论上均作研究，司法实践中也广为遵循和援用。从这些看来，量刑原则包括三个方面：一是依照法律量刑；二是依据犯罪行为的"损害程度"、"危害结果"；三是考虑犯罪人"个人情况"。作为指导整个量刑活动的规则，量刑原则应当贯穿量刑活动的始终，而同时它又必须平衡于量刑基准（量刑基准，又称量刑基础，它从宏观角度来考察量刑的根据）。刑法学说史上存在行为责任主义与行为者责任主义之争。目前学界和立法上都肯定折中论的见解，认为量刑基础包括行为与行为人，不可将行为与行为人绝对对立起来加以区分，① 不能将指导刑罚适用乃至刑事司法的原则作为量刑原则。因此，量刑原则包括：量刑目的性、量刑个别性、量刑法定性、量刑统一性。目的性指刑罚裁量应当符合刑罚目的的要求，既有助于一般预防目的又有助于个别预防目的。个别性指刑罚裁量应当是一种对法条规范（刑法条文）的涵摄过程，是对具体行为人就具体犯罪事实而作出的裁量。法定性指刑罚裁量应当在刑事立法规定的范围、幅度内加以裁量。统一性是指个罪之间应维持刑罚大体上的均衡。制度是一种安排，是一个系统化的体系化的可预期的和稳定的行为模式。以量刑制度而言，它是立法工作者在总结立法经验和理论研究成果，借鉴国外相关立法的基础概括而成。量刑制度是刑事立法机关根据刑罚目的遵循量刑原则制定的如何量刑的具体体系化的构成。从外延上讲，包括：累犯制度、立功制度、缓刑制度、数罪并罚制度等。在我国刑事立法体系中的位置居于第一编"总则"第四章"刑罚的具体运用"的前五节。

原则与制度的区分，是宏观与中观的区分，也是抽象与具体的区分。以缓刑为例，它针对短期自由刑之弊而设，是量刑个别化原则的体现；以累犯为例，要求对一定期限内在犯一定刑期之上的行为人处以更重之刑罚，既有量刑个别性的指导也有量刑目的性的指导，以阻遏具有前科劣迹者再为犯罪；再以数罪并罚为例，行为人犯应当并罚之数罪均应处以有期徒刑时，应受刑法规定的并罚规则制约（如并科、限制加重等），这是法定性的要求。在对不同行为人不同个案的量刑时，应当参照案件事实基本相同情节类似的案例，以免量刑因案发时间、案发地点、审判官员的不同而得出迥然相异、畸轻畸重的量刑结果。这既是量刑目的性也是量刑统一性的要求。量刑制度

---

① 赵秉志主编：《外国刑法原理（大陆法系)》，中国人民大学出版社 2000 年版，第296—297 页。

是量刑原则系统化的定性化的呈现，是其静态的展开。

2. 量刑制度区别于量刑情节

制度与情节是系统与零散的区别。如果说量刑制度是一种系统化兼定型化的行为模式，这种模式如何影响量刑结果？量刑制度的运用需要情节的介入。我们在论及量刑制度时，提及的是累犯制度、自首制度等，但判例多援引的是具有"累犯情节（系累犯）"、"具有自首、立功情节"等语，究竟我们在哪种层面上区分制度与情节呢？可以肯定的是，量刑制度与量刑情节存在交织的地方。

刑法中的情节是指与犯罪和刑罚相关的情状和环节，包括定罪情节与量刑情节。从外延上讲，量刑情节有广狭义之分。广义的量刑情节是指审判机关在裁量刑罚时所要考虑的体现犯罪的社会危害性和犯罪人的人身危险性，并进而影响和决定犯罪人的刑罚轻重或免除刑罚处罚的所有主客观事实情况。如犯罪主体自身的特殊情况、犯罪的动机、目的、犯罪的手段、犯罪的结果、前科、累犯、惯犯、自首、坦白等，都属于广义的量刑情节的范畴。狭义的量刑情节外延相对较小，不包括已被制度化的特殊量刑情节如累犯、自首等，而是限于制度之外的量刑情节。[①] 我们在此研究的量刑情节是就广义量刑情节而言的，即法律规定的定罪事实以外的与犯罪行为或犯罪人有关的体现行为、社会危害性程度和行为人人身危险性程度的，因而在决定处刑从宽、从严和免除处罚时必须予以考虑的各种具体事实情况。[②] 学理上，习惯将量刑情节按照不同标准区分为：总则情节与分则情节；单功能情节与多功能情节；法定情节与酌定情节；确然情节、或然情节与放任情节；犯前情节、犯中情节与犯后情节；反映社会危害性的情节与反映人身危险性的情节；从宽情节与从严情节。以累犯为例（可以理解为一种制度也可以理解为一种情节），作为一种量刑情节，归属于总则情节、从严情节、单功能情节、法定情节、确然情节、犯前情节、反映人身危险性的情节。

区分量刑制度与量刑情节，需要考察量刑制度的形成。量刑制度从功能上讲，包括累犯、自首、立功等通过影响量刑结果的制度和缓刑、数罪并罚等通过量刑动态流程中条件的符合和规则的运用进而影响量刑

---

① 　郭理蓉硕士学位论文：《量刑情节比较研究》，中国人民大学法学院 2001 年印，第 17 页。

② 　陈兴良主编：《刑事司法研究》，中国方正出版社 2000 年版，第 104 页。

结果的制度。前者是区分量刑制度与量刑情节的关键。① 可以这么说，累犯、自首与立功既是量刑制度又是量刑情节。这是由立法者设计制度时形成的。对于一种常在的而非单一的实体性适用前提条件的量刑情节，预先设计一套包容其构成条件和量刑功能的制度是必要的。考察立功制度，一般立功需要满足：①犯罪分子；②揭发他人犯罪行为查证属实或提供重要线索得以侦破其他案件等。满足两个条件者即视为具有立功情节——可以从轻或者减轻处罚。相反例子如：未成年（已满 14 周岁不满 18 周岁）作为从宽情节，满足的是未成年的单一构成，量刑功能是应当从轻或减轻处罚。

　　3. 量刑制度区别于量刑方法

　　量刑制度与量刑方法如何区分？首先需要引介的是量刑模式的概念。量刑模式是量刑的操作程序，量刑方法则是在其指导下的具体技术和步骤。关于量刑模式，有学者分析认为包括：一是采取电子计算机的量刑模式；二是以类似《量刑指南》的刑事裁判规范性文件进行量刑的模式；三是制定法与判例法相结合的量刑模式。② 关于量刑方法，理论与实务研究琅琅大观。③ 近世刑罚改革不仅仅是在刑罚轻缓化，而且在刑罚个别化（尤其是刑罚精确化）上着力甚狠。这种方式和探索带来了量刑方法的巨大变革。综观量刑方法，可以分为：综合估量法、基准点量刑法、分格式量刑法、量化积分法。④ 数学方法和计算机技术的运用是作为辅助工具的形式出现，不构成一种独立的量刑方法。

　　制度是静态的条件与规则集合体，需要方法的整合才能实现其功能。量刑制度是实现其求取最佳量刑结果过程中的器具，得益于量刑方法的运用方能发挥效用。比如说数罪并罚制度指的是以《刑法》第 69 条、第 70 条、第 71 条为主要架构的针对一人犯数罪如何处罚的刑罚制度。但在数罪并罚

---

　　① 截然区分量刑制度和量刑情节，我以为不妥当。参见李晓明：《量刑及其理论体系》，载《新刑法研究与适用》，人民法院出版社 2000 年版，第 154 页。该文认为，自首、立功和累犯作为刑罚量增减的前提和依据，属量刑情节，数罪并罚、缓刑和"从重、从轻、减轻与免除处罚"属量刑制度。

　　② 邓修明：《我国刑罚裁量模式与刑事判例机制》，载《现代法学》2006 年第 1 期。

　　③ 关于量刑方法分类，参见樊凤林主编：《刑法通论》，中国政法大学出版社 1994 年版，第 481 页；喻伟主编：《量刑通论》，武汉大学出版社 1993 年版，第 110 页；苏惠渔等：《电脑与量刑》，百家出版社 1989 年版，第 10 页。

　　④ 马克昌主编：《刑罚通论》，武汉大学出版社 1999 年版，第 302—325 页。

制度中存在的所谓"先加后减"和"先减后加"等方法只能作为制度中蕴涵的具体方法，当不属量刑方法之类。只有辅助性的外在于量刑制度的方法方可称之为量刑方法。它主要表现在量刑幅度的确定上和量刑最佳结果的求解上。如曾广为我国司法实践采用的"估堆法"即"科学"运用经验方法预测量刑幅度求取量刑结果，这样一来量刑结果的科学性必将因裁判法官的个人体验而大打折扣，造成类似罪行因裁决地点、裁决时间和裁决法官的不同存在较大差异的罪刑不均衡现象。

（二）量刑制度的外延①

量刑制度需要研究哪些内容（具体制度），是圈定各论研究范围的问题。刑法学界对此存在争议。② 1997 年《刑法》修订前通说认为量刑制度包括累犯制度、自首制度和数罪并罚制度。③ 1997 年《刑法》增设立功制度。我们认为，量刑制度包括累犯制度、自首制度、立功制度、数罪并罚制度基本上没有异议，④ 但在死刑缓期执行、刑的免除、减刑、假释、再犯和特别减轻、刑罚易科、缓刑制度能否构成量刑制度上存在一定争议，我们将逐一辨析该制度的外延。

1. 死刑缓期执行

死刑缓期执行是一种行刑制度还是一种量刑制度，需要考察死缓创设的宗旨。死缓是为了弥补死刑的弊端而设置，为我国刑事立法的独创。通过死缓的判决实践证明，死缓是死刑限制政策的一项有效的刑罚制度。⑤

---

① 参见黄京平、蒋熙辉：《量刑制度宏观问题研究》，载《政法论坛》2004 年第 3 期。

② 在某些著作中，量刑制度被划分为：从重制度、从轻制度、减轻制度、免除处罚制度、数罪并罚制度、缓刑制度。累犯、立功、自首均作为情节被定义。参见张明楷著：《刑法学》（上），法律出版社 1997 年版，第 441—473 页。也有著作在比较研究中将量刑制度划分为：刑的加重与减轻制度、免予处罚制度、累犯制度、自首制度、数罪并罚制度、缓刑制度。参见赵秉志主编：《海峡两岸刑法总论比较研究》（下卷），中国人民大学出版社 1999 年版，第 679—789 页。

③ 樊凤林主编：《刑罚通论》，中国政法大学出版社 1994 年版，第 429—456 页。同时将暂缓执行制度、监外执行制度、减刑制度、假释制度和赦免制度归入行刑制度，未对刑罚消灭制度加以涉及。

④ 关于缓刑制度是否属于量刑制度，牵涉量刑活动的理解。存在广义说、狭义说和折中说三种。目前的学说认为：量刑的前提是正确定罪；量刑轻重的依据是案件确有的宽严处罚情节；量刑的任务是依法选择适当的刑罚或其他处理方法实现刑事责任。参见吕继贵、宁青著：《刑法比较研究》，澳门基金会 1997 年版，第 150—151 页。

⑤ 这一制度为国外立法实践关注，也许会成为由死刑限制走向死刑废除的能为公众接受的途径。参见［日］大谷实著：《刑事政策学》，黎宏译，法律出版社 2000 年版，第 113—114 页。

它既可以保留死刑的威慑力，又可以体现惩罚与宽大的政策，从而为不是必须立即执行的罪该处死的犯罪分子留下一条生路。为此，有学者主张对所有判处死刑的罪犯一律判处死缓。① 应当说，死缓是我国限制死刑到逐渐废除死刑的必由之路。死刑缓期执行是死刑刑种中的一项过渡性处理方法，属死刑中的一种执行制度，如同缓刑作为自由刑和拘役的执行制度一般。死缓在条件上需要具备：罪行严重当处死刑；不是必须立即执行。一般认为，不是必须立即执行的包括：自首、立功或具有其他法定从轻情节的；共同犯罪中处于从犯地位且罪行不太严重的；因被害人过错而犯罪或存在易于改造的相关情节的等。从此角度而言，死缓制度理应属于量刑制度。

2. 刑的免除

刑的免除，是指基于各种不同事由对犯罪人仅作有罪宣告而不予处刑的一种措施。关于免刑情节，各国刑法皆有规定。如：《法国刑法》规定免刑情节包括自首并揭发同案犯、遵从上级命令以及叛乱者悔悟；《德国刑法》规定免刑包括中止、防卫过当等情形。② 我国《刑法》规定的免刑情节包括：经过外国审判的域外犯罪（第 10 条）；聋哑人或盲人犯罪（第 19 条）；防卫过当（第 20 条第 2 款）；避险过当（第 21 条第 2 款）；犯罪预备（第 22 条第 2 款）；犯罪中止（第 24 条第 2 款）；共同犯罪从犯（第 27 条第 2 款）；胁从犯（第 28 条）；自首（第 67 条第 1 款）；立功（第 68 条）。从这些规定看来，免刑虽然在量刑过程中实施，属于量刑活动但未能形成体系，称之为制度有所不当。同理，将刑的加重、减轻（一般减轻）称为制度同

---

① 陈兴良：《刑法哲学》，中国政法大学出版社 1992 年版，第 379 页。我们是否可以考虑，死刑成为存而不用的刑种，保持对犯罪的威慑力。See Steven Davidoff："A Comparative Study of the Jewish and the United States Constitutional Law of Capital Punishment"，ILSA Journal of Int' & Comparative Law，1996.

② 从这些国家的规定看来，刑的免除仅仅是对系列情节做出的后果，没有形成相应的体系化的制度。值得注意的是南斯拉夫的刑法规定：法庭在认定行为人有罪的同时，在法律所规定的情况下，可以免除其刑事处罚。包括七种可以免刑的情况：犯罪人有正当理由足以证明其犯罪行为产生于法律上的错误；由于激愤或被侵袭受惊引起的正当防卫过当；紧急避险过当，但情节显著轻微；不能犯未遂；自动中止犯罪预备行为或自动中止犯罪着手行为；自动中止帮助行为或教唆行为；行为人过失犯罪，其犯罪后果已使其本人严重受害，以致此时对其处刑显然不符合刑罚的目的。参见朱华荣主编：《各国刑法比较研究》，武汉出版社 1995 年版，第 351 页。可见免刑规定虽为详尽，但仍然规定在不同条款，未能形成体系。

样有欠思考。①

3. 减刑与假释

减刑与假释制度在刑法条文的体系结构上归于刑罚的具体运用。理论上，减刑与假释都是在原判刑罚已经确定的情况下因一定事由的出现而对原判刑罚加以减少或变更执行方法的制度。在功能上，减刑和假释均对长期自由刑的消极作用有弥补的功效。创设和运用的宗旨在于顺应刑罚执行的效果变更原有刑罚，促进罪犯改造自新。世界各国刑法基本上都对减刑和假释作出规定，尽管在刑法或在刑事诉讼法中。从制度运行的空间来看，其存在于行刑环节应当属于行刑制度。

4. 再犯

再犯，即再次犯罪。再犯与前科是紧密联系在一起的两个概念。我国《刑法》未规定前科消灭制度仅规定前科报告制度，是一种并不妥当的规定。前科报告制度是指依法受过刑事处罚的人在入伍或就业时应当如实向有关单位报告的制度。前科消灭制度，根据沃克教授的解释为：已判过罪的人如果在几年内未再犯任何严重的罪行，他就应像未被定过罪或判过刑的人一样被看待。② 再犯制度正是在存在前科消灭制度的前提下作为从重情形加以规定的。各国刑法一般将刑事前科作为法定从重情节甚或加重情节。我国《刑法》中是否规定再犯制度，存在一定争议。③ 在 1997 年《刑法》修订过程中，中国人民大学刑法总则修改小组第 3、4 稿均存在再犯的规定。例如，

---

① 这一点针对我国古代刑法而言，刑的加减和赎免形成了体系性的制度。例如，关于刑的减轻，可分为两类，属于普通罪犯的，有从坐减、自首减、故失减和公坐相承减；属于特殊罪犯的，有议减、请减和例减。后者是法律给予特权阶层犯罪人和亲属的一种待遇。《唐律》规定，一人同时享有减罪、请减、例减的，仅得依其中最高者减之，不得累减。凡议减、请减、例减与从坐减、自首减、公坐相承减相重合时，可累减，即连续减刑。参见樊凤林主编：《刑罚通论》，中国政法大学出版社 1994 年版，第 618—619 页。可见，形成的这种体系化的才能称为制度。

② ［英］戴维·M. 沃克编，邓正来等译：《牛津法律大辞典》，光明日报出版社 1988 年版，第 761 页。

③ 1997 年《刑法》修订前，通说认为：我国刑法中的再犯可以分为一般再犯和特别再犯。所谓一般再犯，是指因犯罪而被判处刑罚，在刑满释放后再次实施犯罪的犯罪分子。立法依据是《关于处理逃犯或者重新犯罪的劳改犯和劳教人员的决定》第 2 条第 2 款的规定，即"刑满释放后又犯罪的，从重处罚"。所谓特别再犯，是指因犯特定之罪而被判处过刑罚又犯特定相同类别之罪的犯罪分子。立法依据是《关于禁毒的决定》第 2 条第 2 款的规定"贩卖、运输、制造、非法持有毒品罪被判过刑，又犯本决定罪的，从重处罚"。目前，我国单行刑法所规定的特别再犯仅有毒品犯罪的再犯这一种。参见赵秉志、吴振兴主编：《刑法学通论》，高等教育出版社 1993 年版，第 419 页。

1994 年 9 月的第 4 稿第 82 条规定："因故意犯罪被判刑，在刑罚执行完毕或者赦免、刑满释放以后，又犯故意犯罪，尚不符合累犯条件的，是再犯。对于再犯，可以从重处罚。"此条规定在 1997 年《刑法》中并未见到，原因何在尚不明了。① 问题在于如何理解 1997 年《刑法》第 356 条的规定。② 我们认为，再犯制度作为与累犯紧密联系的一种制度，应当归于量刑制度。但鉴于再犯制度与累犯制度的紧密联系，将其置于累犯制度中加以研究，也便于比较。

　　5. 特别减轻制度

　　刑罚的特别减轻，是指法官斟酌考量案件相关情节并根据一定规则决定是否在法定刑以下判处刑罚的制度。我国澳门地区存在此类制度。③ 基本精神是对量刑情节特别价值的衡量，以求个案公正。我国大陆地区《刑法》第 63 条第 2 款规定有特别减轻制度，即酌定减轻处罚必须经最高人民法院核准的制度。基本含义是：不具有法定减轻情节的犯罪分子在具备特定情形时经最高人民法院核准，可以在法定刑以下判处刑罚。特别减轻制度的创立与适用涉及罪刑法定和自由裁量权的权衡、牵涉审判懒惰与立法法定刑幅度确立等问题。仔细将特别减轻制度与刑事类推制度作一全面比较，可以发现二者存在惊人的相似之处。现行法治环境下特别减轻制度的运作是对罪刑法定的背离和对自由裁量的突破。反思这一制度的创设，不管是立意在追求个

---

　　① 我以为，此与再犯和前科的密切联系有关。如果规定再犯而无前科的相关规定，于法理恐有不合。

　　② 关于毒品犯罪是否可以构成特别累犯，结合 1997 年《刑法》修订前的讨论，刑法理论界存在不同观点：一是认为这是一种再犯制度，是再犯从重制度的法律化。参见桑红华：《毒品犯罪》，警官教育出版社 1992 年版，第 123—124 页。一是认为再犯毒品犯罪与再犯危害国家安全罪并列为特别累犯。参见马克昌主编：《刑罚通论》，武汉大学出版社 1995 年版，第 434—435 页；杨敦先、苏惠渔等主编：《新刑法施行疑难问题研究与适用》（刑法学研究会 1998 年年会论文集），中国检察出版社 1999 年版，第 327 页。我们认为，《刑法》第 356 条规定的犯罪具备构成特别再犯的条件，它区别于危害国家安全罪的特别累犯。

　　③《澳门刑法》规定，刑罚的特别减轻规则包括：①当犯罪人应被判处较重的监禁刑时，可用轻一档次的较重监禁刑替代本应适用的较重监禁刑；②当犯罪人应被判处 2 年至 8 年的较重监禁刑时，可将最低刑减为 1 年，或以不少于 1 年的惩教性监禁刑替代之；③当犯罪人应被判处较重的剥夺政治权利刑时，可用短期的剥夺政治权利刑替代之；④当犯罪人应被判处惩教性监禁刑时，可将其最低刑从特殊最低限度减至一般最低限度，或以流放刑或罚金刑替代；⑤当犯罪人应被判处除罚金刑、申诫刑以外的其他惩教性刑罚时，可用罚金刑替代之；⑥当犯罪人应被判处适用于公务人员的特别刑罚时，可用较轻的特别刑罚替代较重的特别刑罚，如以停职替代开除公职。参见朱华荣主编：《各国刑法比较研究》，武汉出版社 1995 年版，第 457 页。

案公正还是存而不用，都无法回复特别减轻制度对罪刑法定的理论上的解构作用。[①] 特别减轻制度是在量刑活动中运用的对犯罪人采用的，应当归于量刑制度。这一制度的存废尚待争议。我们认为，这一制度应当废止。因此，量刑制度分论中将不对其作研讨。

6. 刑罚易科

一般认为，刑罚易科为换刑处分，即判决宣告的刑罚因特殊事由不能执行或不宜执行，而选择其他刑罚为执行的代替。刑罚易科一般包括罚金刑易科和自由刑易科。[②] 国外刑法典如《西班牙刑法典》第100条规定，凡犯人经法院明确判决监牢、苦役及徒刑者，得以服劳役折换服刑。无独有偶，我国台湾地区《刑法》也规定有刑罚易科制度。即对原来判处的刑罚，因特殊原因不能执行，可以用执行其他刑罚的方法加以代替的制度。根据台湾地区《刑法》之规定，刑罚易科计有三种：易科罚金；易服劳役；易以训诫。[③] 由此可见，刑罚易科制度似应归属于行刑制度。饶有兴味的是一则资料：1986年，29岁的杰弗·海斯因盗窃被捕。在加利福尼亚州阿拉美达县地方法院法官面前，他供认不讳。根据国家法律，法庭可以处他罚金或判处短期徒刑。本案法官选择了让他"劳动赔偿"的方法，判决"60小时无偿社会劳动"。[④] 以劳动赔偿代替自由刑或罚金刑科处是否属于刑罚易科，一般认为刑罚易科是在刑罚种类和刑罚量确定以后，由于一定事由不能执行刑罚而变更原判刑罚的制度。它应当归于行刑制度。[⑤] 在量刑过程中出于不同考虑而改科其他刑罚只是刑罚的选择适用范围。

7. 缓刑制度

缓刑制度是量刑制度还是行刑制度，大陆法系刑罚理论多将其放在刑罚

---

① 当然，这种解构作用因"审判懒惰"的存在机制运行不畅，实际上司法实践中形成的是条文虚置的状况。关于特别减轻制度的相关理论分析，参见拙文：《论特别减轻制度》，载陈兴良主编：《刑事法判解》（第3卷），法律出版社2001年版，第90—100页。

② 陈兴良：《本体刑法学》，商务印书馆2001年版，第829—830页。

③ 朱华荣主编：《各国刑法比较研究》，武汉出版社1995年版，第408—409页。

④ ［美］大卫·哥丁戴克：《美国惩处罪犯的新方法——劳动赔偿》，载《外国刑法研究资料》（第3辑），北京政法学院1982年印，第206—209页。

⑤ 我国大陆地区《刑法》中不存在刑罚易科制度，主要原因是：夸大法官对刑罚运用的自由裁量权；立法者对量刑活动的理想设计；立法者对某些问题（自由刑易科有以钱赎刑之虞）的错误认识。

的执行中讨论,[①] 美国刑法理论将其既视为刑法方法又视为替代监禁的行刑制度。[②] 我国刑法学界对缓刑归属也存在争议。有学者认为,缓刑既是量刑制度之一,又属于行刑制度的范畴。理由是:对犯罪人是否适用缓刑是量刑阶段的事情,一旦对犯罪人判处缓刑,便进入行刑的疆域。缓刑制度虽纵跨量刑阶段和行刑阶段,但它首先是量刑阶段决定是否适用的一种刑罚制度。只有量刑时决定对犯罪人适用之后,才继而谈得上执行,故作为量刑制度研究合宜。[③] 也有学者认为,量刑与行刑是罪刑关系运动的两个阶段。从时间上看,缓刑发生在量刑阶段,将其归于量刑制度似乎并无不可,但缓刑是在刑罚量定的基础上,对其执行方法的确定,它不涉及刑罚之量定的问题而只与刑罚的执行有关,在逻辑上应当将其归之于行刑制度。[④] 我们认为,缓刑是对判处一定刑罚的犯罪分子在具备法定条件的情况下,一定期间内附条件地不执行原判刑罚的一种制度。从缓刑跨越两个阶段的特征出发,缓刑应当具有量刑制度和行刑制度两重属性。认为缓刑属于行刑制度的观点如果忽视缓刑作为量刑制度的特色,将不能得出正确的结论。

8. 量刑表

量刑表是美国量刑委员会根据犯罪等级和犯罪史档次设计的用以指导量刑的表格。[⑤] 犯罪等级（1—43）构成量刑表的垂直轴。犯罪史档次（I—VI）构成量刑表的水平轴,两轴的交叉点是以月计数的监禁期量刑幅度。在极少部分案件中,犯罪等级总数少于 1 或超过 43 的也可以适用本指南。少于 1 的作为犯罪等级 1 处理,超过 43 的作为犯罪等级 43 处理。量刑表作为美国量刑指南的重要组成部分,不应当视为一种量刑制度,它仅仅是一种量刑方法。这种方法可以为我国进一步精确量刑提供有益的借鉴。

---

① 缓刑,又称刑罚执行的犹豫主义,是指对一定的犯罪,在宣告应执行的刑罚同时,宣布在一定期限内附条件地不予执行的制度。参见赵秉志主编:《外国刑法原理（大陆法系）》,中国人民大学出版社 2000 年版,第 309—312 页;张明楷编:《外国刑法纲要》,清华大学出版社 1999 年版,第 426—430 页。

② 储槐植:《美国刑法》（第二版）,北京大学出版社 1996 年版,第 334 页。

③ 王作富主编:《中国刑法适用》,中国人民公安大学出版社 1987 年版,第 251 页。有类似观点者如:将缓刑划分为"缓刑的裁量"和"缓刑的执行"两部分论述,即将缓刑既视为量刑制度又视为行刑制度。参见马克昌主编:《刑罚通论》（修订版）,武汉大学出版社 1999 年版,第 448—454、578—601 页。

④ 陈兴良:《刑法哲学》,中国政法大学出版社 1992 年版,第 652 页。

⑤ 美国量刑委员会编撰:《美国量刑指南》,量刑指南北大翻译组译,北京大学出版社 1992 年版,第 356—359 页。

三、量刑制度的功能分析①

制度的功能是制度存在的生命。它为制度设计的目的制约并且可能超出设计的原意产生出乎设计者意料的功能和效应。这种实体制度的设计往往牵涉程序运作的方方面面，由此必然涉及实体制度对程序制度的影响。在我看来，量刑制度的功能包括：规范，针对量刑活动；限制，针对法官自由裁量权；整合，针对量刑情节；贯彻，针对量刑原则。由此四种功能在量刑活动中的运用，量刑活动才能基本上保证承接定罪和行刑，实现量刑公正与合理。量刑制度的功能旨在实现量刑目的，即追求合理公正的刑罚。功能需要制度运行呈现，在制度运行中存在多种因素的影响。

（一）量刑制度的功能

1. 规范

从宏观上看，制度的基本功能是规范。即规制行为主体的某一方面活动。量刑是国家审判机关对犯罪人决定刑罚的活动，理所当然地受量刑制度的约束。这种约束包括三个方面的内容：一是适用制度的主体和客体。量刑必为国家审判机关根据刑罚权对犯罪人采取的活动，其他国家机关无权对犯罪人实施刑罚。二是制度的适用范围。制度的规范功能是针对量刑活动的，定罪活动或行刑活动不应受量刑制度的影响。三是具体制度的规范。量刑制度包括累犯制度、自首制度、立功制度、数罪并罚制度、缓刑制度等，如果存在适用此中任一制度的情节，量刑活动中当然地应得到考虑。超越量刑制度的相关规定违法量刑的行为理应得到制止。

2. 限制

在戴维·沃克的《牛津法律大辞典》里，自由裁量权是指酌情作出决定的权利，并且这种决定在当时情况下应是正义、公正、正确、公平和合理的。这些情形有时是情势所需，有时则仅仅是在规定的限度内行使。② 我国学者认为自由裁量权是指在法律没有规定或者法律的规定不够明确、具体存在着缺陷时，由法官根据法律的授权在法律规定的有限范围内本着公平、合

---

① 参见黄京平、蒋熙辉：《量刑制度宏观问题研究》，载《政法论坛》2004 年第 3 期。

② ［英］戴维·M. 沃克编，邓正来等译：《牛津法律大辞典》，光明日报出版社 1988 年版，第 261 页。

理地适用法律的精神，对具体案件进行处理的权利。① 自由裁量权是伴随罪刑法定的发展而发展的：罪刑擅断与绝对自由裁量权；绝对罪刑法定与无自由裁量权；相对罪刑法定与相对自由裁量权。量刑自由裁量权过大的消极效应非常明显：一则导致立法权旁落、司法僭越立法；二则法官过度以自己的刑罚价值观影响量刑，结果会导致程度不同的量刑不当、司法不公甚至司法擅断、量刑畸轻畸重。② 如何限制自由裁量权的范围，在精神上似乎可以引用英国丹宁勋爵德戒条来确定："一个法官绝对不可以改变法律编织物的编织材料，但是他可以，也应该把皱折熨平"③，但具体的实施必须依靠量刑制度的保障。实质上，量刑制度的限制功能是针对法官自由裁量权而设计的。如果存在自首情节，法官却因种种原因不予考虑则应当成为上诉或抗诉的理由之一。在某人犯数罪的情形下，法官突破法律限制因一己之刑罚价值观对犯罪行为人处以轻重悬殊之刑罚，这也应当成为上诉或抗诉的理由之一。正是量刑制度的"僵化与保守"固守着法律的尊严，是法官在量刑时必得有所遵循，不得任意违反和突破。

3. 整合

法有限而情无穷。量刑情节的多样化是每位检察官、法官、律师在理清刑事案件时必须面对的一个问题。以自首为例，包括自动投案和如实供述自己罪行。④ "自动投案"在司法实践中包含三种情况：一是犯罪事实未被司法机关发现以前，犯罪人在自己意志支配下主动投案；二是犯罪事实已被司法机关发现，但尚未发现犯罪人是谁时，犯罪人在自己意志支配下主动到案；三是犯罪事实及其犯罪人已被司法机关发现，但尚未以强制措施实际控制犯罪人或尚未讯问犯罪人时，犯罪人在自己意志支配下主动到案。同时，自己投案意志可能是自己独立形成也可能在亲友劝说下形成。自首制度将种种相关情节综合起来，加以抽象和整合，形成量刑制度。可以说，自首制度包含的量刑情节在司法实践中存在多种样态，制度的功能正在于整合实践中

① 田宏杰博士学位论文：《中国刑法现代化研究》，中国人民大学 2000 年印，第 113 页。

② 屈学武：《量刑自由裁量权述论》，载《中国刑事法杂志》1999 年第 6 期。

③ ［英］丹宁著，杨百揆等译：《法律的训诫》，群众出版社 1985 年版，第 10 页。

④ 关于自首的构成条件，学界存在争论。1997 年《刑法》修订前，"接受国家的审查和裁判"是否作为自首的要件，存在是否需要和如何理解的争议。参见樊凤林主编：《刑罚通论》，中国政法大学出版社 1994 年版，第 440—441 页。1997 年《刑法》修订后，对于自首的"如实供述自己罪行"的理解也存在困惑。参见杨春洗、杨敦先主编：《中国刑法论》（第二版），北京大学出版社 1998 年版，245—247 页；马克昌主编：《刑罚通论》（修订版），武汉大学出版社 1999 年版，第 375—382 页。

千变万化的情节。同样，在数罪并罚制度中，各种并罚情形的归纳和相应规则的形成最后被整合为一个独立的并罚制度。这种抽象和整合可以说是立法者对司法实践的经验总结，反过来又通过量刑实践起到了指导作用。

4. 贯彻

所谓贯彻，是指运用具体操作层面的事物将抽象性的原则加以落实。相对量刑原则而言，量刑制度是具体性的操作层面的事物。例如，量刑目的性要求刑罚裁量符合刑罚目的的要求，既有助于一般预防目的又有助于个别预防目的；量刑个别性要求刑罚裁量应当是一种对法条规范（刑法条文）的涵摄过程，是对具体行为人就具体犯罪事实而作出的裁量。以累犯为例，累犯人身危险性较初犯为重，量定刑罚时必须考虑其人身危险性。这种出于个别预防针对具体行为人的特别考虑正是反映了量刑的目的性和个别性。同样，缓刑制度对刑罚目的性、个别性、法定性和统一性等原则的体现也较为彰显。量刑原则等量刑活动中的准则（或曰精神）正是通过具体案件和量刑制度的实践得到贯彻。

（二）量刑制度的运行

量刑制度的功能发挥，既依赖运行环境，也需要考虑相关影响因素。

1. 制度的运行环境

制度在不同环境下运行会产生不同效果，不同法系法治环境下量刑制度的运行存在不同问题。英美法系诉讼制度下，采取辩诉对抗式模式。在普通刑事程序中，一般采取的是陪审团在法官指导下执掌社会相当性标准，决定定罪与否。一旦证明有罪，案件进入量刑阶段。法官遵照量刑指南根据犯罪基本事实和行为人的基本情况，决定刑罚的轻重。量刑是法官的专务，得到了应有的重视。大陆法系诉讼制度采取纠问式庭审模式。在普通刑事程序中，法官始终掌握庭审的主动权，控制定罪和量刑两个环节。在庭审中，容易产生重定罪轻量刑的倾向。这是大陆法系刑事诉讼制度改革的一大方向。

2. 制度的影响因素

影响量刑制度的因素包括：权力介入、媒体舆论、法官好恶和治安形势等。

第一，权力介入。权力介入专指行政权强行介入司法权领域，干涉司法独立的现象。在我国，行政干预司法颇为严重。它是司法腐败的一个源头。领导批示：此人该杀！据从何来？但不得不听，因为人事权、财政权均握于他人之手。如何中断权力介入对量刑的干涉，司法改革研究的结论是司法独立，即赋予人民法院人事权和财政权，保证法官不受干涉地运用量刑制度。

第二，媒体舆论。媒体舆论对量刑制度运行存在影响，主要是媒体通过对法官个人好恶判断施加压力或通过影响行政权力干预对量刑结果施加影响。个案的可能情形：故意伤害案——媒体先报道犯罪行为"情节恶劣影响极坏"，并对犯罪人大加诋毁；后报道犯罪行为"情节可宥"，并为行为人的犯罪行为大加辩护，简直是"不得不"犯罪。舆论风向转移的原因可以不究，但媒体对量刑制度运行的影响力不得不加以阻止。西方国家在媒体舆论对审判的影响问题上保持着高度警惕，极力避免媒体舆论通过各种途径影响案件处理结果。这一点应当为我国正在建设中的刑事诉讼制度所注意。

第三，法官好恶。法官好恶是法官价值观在具体问题上的体现。犯罪与刑罚的阶梯如果存在，那在不同的法官心目中肯定存在着序列的差异。同样一起由未成年人实施的间接故意杀人案，法官可能因其自身年龄、家庭状况等因素对量刑制度的运用存在不同理解。在制度运用时存在"从轻"、"减轻"的选择时把握尺度不一。完全避免法官好恶对量刑制度的影响几乎是失败和徒劳的，但设计实现制度的细密规则以控制法官的自由裁量权则是可行的。

第四，治安形势。"刑罚世轻世重"是刑事政策，但治安形势如何影响量刑制度运行？在量刑制度运行过程中，从轻、减轻是一种"可以"情节时，是否选择或如何选择都是问题。在以"从重从快"为特征的严打斗争中，"可捕可不捕的捕之，可判可不判的判之，可死可不死的处死"几乎成为通例。制度被架空，法条在一定程度上成为具文。如何看待这个问题？实际上，长期性的治安形势应当限定在刑事政策层面，短期性的治安形势通过法官的好恶也会充分体现。

四、世界刑罚改革的两次运动①

如果量刑制度的沿革是制度的昨天，量刑制度的内涵和外延是制度的今天。探求量刑制度的明天当在展望量刑制度的走向。自人类制定刑罚以来，初民的刑罚可能并不具有系统的量刑制度。关于量刑，形成的是幼稚形态的规则或情节，零散而不成系统。前文叙述的量刑制度沿革概括了量刑制度发展的三大特征：从零散走向系统；从野蛮走向科学；从简单走向复杂。这种

---

① 参见黄京平、蒋熙辉：《量刑制度宏观问题研究》，载《政法论坛》2004 年第 3 期。

趋势在今后将得到进一步的发展。在走向中我们要讨论的是美国量刑改革中的两次大的运动（定期刑改革和不定期刑改革），从中获得对量刑改革走向的深入认识。

（一）不定期刑运动

不定期刑（indeterminate sentence）是指刑罚量定时不确定刑罚的具体期限，而是在执行过程中根据改造效果确定刑罚的余期。不定期刑包括绝对不定期刑（completely or wholly indeterminate sentence）和相对不定期刑（relatively or limited indeterminate sentence）。① 在不定期刑中，采用较多的是相对不定期刑。② 不定期刑运动是指 19 世纪后期针对以往定期刑的过度僵化和缺乏弹性以至不能达到刑罚预防犯罪目的的现象的一种量刑制度的改革运动。基本思想为教育刑理念。

1. 不定期刑的国际会议

不定期刑运动的展开与 19 世纪后期和 20 世纪初的系列著名刑事法大会的召开具有必然的联系。美国第一届监狱大会（1870·辛辛那提）决议认为：不定期刑应代替定期刑，判刑的期限应以证明改过为准，不应以刑期到达与否而定。这一决议的潜在根据促使罪犯通过自己的努力持续不断地改善自己的条件，从而将命运控制在自己手中。国际监狱会议的多次会议均涉及不定期刑问题。例如，第三次国际监狱会议（1900·布鲁塞尔）正式提出实行不定期刑并获得不定期刑作为少年犯和精神病犯人的一种处遇方式的基本承认；第八次国际监狱会议（1910·华盛顿）确定了不定期刑的正式刑罚制度的地位且适用范围超出特定的犯罪主体；第九次国际监狱会议（1925·伦敦）认为：不定期刑是刑罚个别化必然的结论，是社会防卫犯罪最有效方法之一，可以适用于任何犯人。会议要求各国立法确认不定期刑并

---

① 绝对不定期刑是指法定刑和宣告刑均不规定上下限，刑期绝对不确定而由行刑机关加以判定。相对不定期刑是指法定刑存在法定最高刑和法定最低刑，量定刑罚时对刑罚不确定刑期而待执行过程中根据改造情况确定。

② 相对不定期刑的判决在美国的主要表现形式为：①在法定刑内选择一个幅度，判决时同时宣告最高刑期和最低刑期，如法定刑为 1 年至 20 年，判决 3 年至 10 年。采用这种判决形式的有科罗拉多州、俄亥俄州等。②判决时依法只宣告最高刑期，而实际不少于法定刑下限的。如法定刑 1 年至 20 年，判决 10 年以下。采用这种形式的有艾奥瓦州、明尼苏达州。③判决时依法只宣告最低刑，而实际不超过法定刑上限的。如判决 5 年以上。采用这种形式的有康涅狄格州等。④在判决时不宣告刑期、完全依照法定刑上下限的。采用这种形式的有堪萨斯州、肯塔基州等。参见甘雨沛、杨春洗、张文主编：《犯罪与刑罚新论》，北京大学出版社 1991 年版，第 455 页。

在司法中大量适用。在国际刑事法会议上的讨论反映了各国学者对定期刑弊端的深刻认识和对不定期刑实行的迫切要求和共识。正是在这种理论背景下，产生了不定期刑运动。

2. 不定期刑的实行条件

关于不定期刑的实行条件，我国刑法学者总结为五个方面：[①] 一是立法专门规定，以防止司法滥用；即立法规定不定期刑适用的对象和范围，最低最高期限、司法和行刑程序等。二是科学分析罪犯。三是采用累进处遇制度，促使罪犯积极向上，培养其责任感。四是设立假释制度，保持不定期刑的弹性，便利罪犯回归社会。五是建立专门的罪犯考察决定机构。五个条件基本上都是出于西方分权学说和罪刑法定主义的考虑在一定程度上对司法自由裁量权的限制。在不定期刑已遭废除的今天，自由裁量权的相关限制措施如累进处遇制度、假释制度和罪犯考察决定机构仍由于其科学性得到沿用。

（二）定期刑运动

1. 定期刑运动的背景与进程

定期刑运动是在美国对"医疗模式"改造犯人失败的反思后开始的。当时的实证发现不定期刑推行的"医疗模式"并没能起到很好成效。相反，不定期刑的消极后果如司法人员自由裁量权的泛滥导致人权侵犯和法制破坏的恶果让人们无法忍受。《模范刑法典》将犯罪分为重罪、轻罪、微罪；又将重罪分为一级、二级、三级，并考虑被告人的经历、性格及有关犯罪情节，作为量刑的根据。各州刑法划定犯罪级别，确定刑罚标准参考被告人犯罪史等确定刑罚。需要注意的是，加利福尼亚州制定的《量刑法》，首开先河设置量刑委员会，制定量刑指导方针。随之而来的是各州定期刑法令的颁布。[②] 1984 年《量刑改革法》要求成立的美国量刑委员会（由 7 名选举的和 2 名非选举的当然成员组成）制定和不断修订《美国量刑指南》。其目的在于通过规定详细的、说明对触犯联邦刑法的罪犯如何恰当适用刑罚的指

---

① 甘雨沛、杨春洗、张文主编：《犯罪与刑罚新论》，北京大学出版社 1991 年版，第 456—457 页。

② 这一时期的定期刑改革似乎尚处在动摇中：1980 年美国律师协会《量刑修正标准》建议立法机关在量刑中的作用应受限制——立法机关只需要把犯罪按其轻重程度分为少量的几类，并规定相应的刑罚幅度，而不必对任何犯罪都确定一个强制性的刑罚度。参见储槐植著：《美国刑法》，北京大学出版社 1996 年第二版，第 325 页。

南，制定量刑政策和做法，以保证联邦刑事司法制度实现公平、正义的目标。①

2. 定期刑制度的改革内容

定期刑制度的基本含义是：①运用明确的标准来确定多大的罪应受多重的刑；②保证犯人应服刑期的长短在定罪时或者定罪后不久就确定下来。核心问题是削减审判和行刑过程中的过大的自由裁量权，限制假释委员的滥用职权，促使监禁刑趋向公正合理。② 纵观美国定期刑运动，改革主要包括：明确刑期刑、强制刑和假设刑。③ 明确刑期刑取消了假释和善时制度，法官可以选择监禁或缓刑，但他在决定监禁的长短方面的自主性很小。强制刑适用于某种特定种类的犯罪，规定上下额。假定刑要求法官选择既定的刑种，但同时允许法官在有加重或减轻处罚情节存在时背离之，只是假定刑判决必须送交上诉法院复查。定期刑的改革由于公众的广泛支持和立法界与司法界的通力合作，取得了较为圆满的成果。《美国量刑指南》基本上年年得到修订，以指导刑事司法中的量刑实践。同时，假释委员会的权力获得了有效的控制。自由裁量权在一定程度上受到限制，保障了量刑的基本公正合理。

五、中国量刑制度的反思与展望

（一）中国量刑制度的评价

分析我国刑事立法资料，我们会发现一个饶有兴趣的现象：中国人民大学刑法总则修改小组提交的刑法总则修改第1、2稿中均以第七章"刑罚的裁量"规定量刑原则和量刑制度。下辖节名为"量刑的原则"、"自首、坦白与立功"、"累犯与再犯"、"数罪并罚"、"缓刑"。第八章节名为"刑罚的执行与消灭"。总则修改第3、4稿则以"刑罚的具体运用"为章名涵盖所有的量刑制度、行刑制度和刑罚消灭制度。第3、4稿的框架基本上为立法机构采纳。④ 由此看来，最初学者将缓刑是作为量刑制度看待的，但在后

---

① 美国量刑委员会编撰：《美国量刑指南》，量刑指南北大翻译组译，北京大学出版社1992年版，第1页。

② 储槐植：《美国刑法》，北京大学出版社1996年第二版，第324页。

③ 胡学相：《量刑的基本理论研究》，武汉大学出版社1998年版，第234页。

④ 参见高铭暄、赵秉志主编：《新中国刑事立法文献总览》（下），中国人民公安大学出版社1997年版，第2877—2961页。

来发生了一定的争议。所以刑法的修改采取了"刑罚的具体运用"的方式，对缓刑制度是量刑制度还是行刑制度的争议置之不论。因此，我国刑法规定的量刑制度实际上包括累犯制度、自首制度、立功制度、数罪并罚制度、缓刑制度等。这一量刑制度体系基本上是科学合理的，符合现代世界刑罚发展趋势，反映了刑罚裁量的实际需要。探讨量刑制度改革却不因为这一体系而停止。量刑制度的改革正如下述，正在向综合与精确的方向努力。

（二）中国量刑制度改革的展望[①]

1. 总体目标的定位

分析各国量刑制度改革，我们不难发现存在两个基本走向：综合与精确。

综合的意义在于各种量刑制度旨在实现责任主义的目标。即以报应为基础兼顾功利设计制度和运用制度。不定期刑运动，是在教育刑理念下将刑罚执行视同医治病人，如同医生不能一开始治病即确定痊愈的时期一样，矫正行为同样不能在判决时确定刑期。自 19 世纪后期开始的历时一个世纪的不定期刑运动赋予司法人员极大的自由裁量权，一定程度上以量刑个别性破坏了量刑的统一性。正如不定期刑在日本受到批判一样，它因违反责任主义而成为问题。[②] 以牺牲刑罚统一性和刑罚的公正合理性获得个案公正最终会导致刑罚背离它的价值。一言以蔽之，不定期刑的根基在于过度强调刑罚的功利性。定期刑运动是在意识到不定期刑的弊端后的反思，它要求在责任主义指导下裁量刑罚。从现代世界各国刑法看来，采取不定期刑的国家仅为少数且严格限于几种特殊犯罪或特定犯罪主体。采取的不定期刑制度也是相对不定期刑制度。我国刑法没有规定不定期刑制度，审判机关必须根据犯罪分子的基本犯罪事实和犯罪情节考量刑罚。基于报应的基础又兼顾功利的考虑，综合报应与功利的定期刑制度是量刑制度改革的方向和趋势。

精确的意义在于对制度的运用规则进一步细化。在数罪并罚制度中，关于数个无期徒刑的吸收原则如何实施，升格以死刑论肯定不行，但简单

---

①　参见黄京平、蒋熙辉：《量刑制度宏观问题研究》，载《政法论坛》2004 年第 3 期。

②　在责任主义看来，刑罚确定应以宣告和责任相应的确定刑为原则。量刑基准，按刑法理论中有关责任及刑罚的见解的不同而异。但一般来说，应以道义责任论为量刑的基准。即刑的多少应依据责任或以责任为限度，是为量刑中的责任主义。根据责任主义考量，不定期刑论从改造犯人的角度没有疑义，但也应和责任相应或以责任为限度。因此，必须根据"范围理论"对行为人量定刑罚。参见〔日〕大谷实著，黎宏译：《刑事政策学》，法律出版社 2000 年版，第 127 页。

地只论以一个无期徒刑则嫌过轻。《意大利刑法典》第72条规定："数个无期徒刑之犯罪竞合时，处无期徒刑并加科6个月以上，3年以下日间单独监禁。无期徒刑之犯罪与一个或数个有期徒刑犯罪竞合，而其刑期在5年以上者，应处无期徒刑，并加科2个月以上，18个月以下日间单独监禁。受刑人处日间单独监禁时，仍应服劳役。"此类刑法规定对无期徒刑吸收原则的细化可谓处心积虑。又如累犯的加重处罚，各国刑法在只规定加重处罚的原则基础上多规定加重幅度，例如：《匈牙利刑法典》规定累犯包括一般累犯、特别累犯和多次累犯。对特别累犯和多次累犯，立法规定可以将法定刑提高一半但不能超过15年。我国台湾地区《刑法》规定累犯加重本刑至二分之一。在细化规则上，《日本刑法》对法定减轻方法的规定详尽之至：死刑减为无期或十年以上徒刑或禁锢；无期徒刑或禁锢减为七年以上有期徒刑或禁锢；有期徒刑或禁锢将最高刑期或最低刑期减少二分之一；罚金将最高或最低金额减少二分之一；拘留仅将最高刑期减少二分之一，最低刑期不减；罚款仅将最高金额减少二分之一，最低金额不减。如果同时存在几个法定减轻事由，只限减轻一次，其余作为酌量减轻。此种规定精确地衡量了罪与刑的对称，求解了合理公正的量刑结果。因此，其具有为各国立法借鉴之价值。

因此，量刑制度改革的总体目标应当是综合化与精确化。责任主义要求现代刑罚同时关注报应和功利两大价值，量刑制度存在报应与功利两大支柱。这是西方国家长达数百年刑罚制度改革运动的认识。综合化的量刑制度设计对具体制度均考虑报应与功利的因素。精确化要求是细化量刑制度的运行规则，限制法官自由裁量权。[1] 它是实现报应与功利的必要途径。

2. 完善具体制度

制度完善包括废、改、立。量刑制度的废、立是指增设新的制度与废除旧的制度。我以为当前迫切需要规定的是坦白制度和再犯制度等。坦白制度区别于自首制度的唯一一点是"自动投案"与否。量刑制度中坦白制度的应付阙如导致量刑实践的困惑，严重影响了执法的统一性。再犯制度与累犯制度和前科制度存在紧密联系，再犯制度的缺失同样给制度体系造成了漏洞，给司法实践造成了困惑。因此，坦白制度和再犯制度应当在《刑法》修订中得到补充。特别减轻制度因在实践中与罪刑法定原则相悖且运用中因

① 黄京平、蒋熙辉：《量刑制度宏观问题研究》，载《政法论坛》2004年第3期。

司法懒惰徒具形式，[①] 应当废除。

量刑制度的"改"当指量刑制度的细化。纸面上研究具体量刑制度时，尚不能完全了解量刑制度运行的细节。在实际运行中的量刑制度因缺乏细则基本上处于一种粗线条的状态而无法适用。因此，立法对量刑制度进一步细化是当务之急。

当前，迫切需要完善缓刑制度，扩大缓刑的适用范围。缓刑制度在现代刑事刑罚制度中占有极其重要的地位。短期自由刑因为弊端甚多而呼吁缓刑的出现，缓刑在一定程度上可以有效地克服短期自由刑的弊病。缓刑制度的适用可以减轻监押场所管理工作的负担，节约有限的人力、财力，降低刑罚成本，促进社会稳定发展。当代世界各国，对轻罪除采取非刑罚措施外，同时运用短期自由刑加上缓刑也是一种选择。我国的缓刑制度种类上只限于暂缓执行制度，缺乏暂缓起诉制度、暂缓宣判制度等。当前的重点不仅要完善缓刑制度，而且更重要的是要逐渐扩大缓刑的适用，以期达到缓刑的最大效益。

3. 与刑事诉讼改革配套进行

刑法不限于静态的法条，也非仅仅作为理论形态中的各构成条件存在。它是动态运行的机制，与刑事诉讼紧密联系在一起。量刑制度研究的不仅仅是静态制度的本身，更重要的是研究制度的运行。如果说关系刑法论还局限于在静态层面上探讨刑法，刑事法一体化乃至公法一体化则进一步拓宽了刑法研究的视野。只有在关系的层面、掌握动态的视角才能更为系统且准确地把准量刑制度发展的脉络并加以灵活运用。

刑法与刑事诉讼法处于互动关系之中。量刑制度的改革需要密切关注刑事诉讼的改革。在由职权主义模式向对抗式的转型中，量刑制度改革必须把握对抗制的精髓"两造对抗法官中立"，逐渐强化量刑的地位，将制度运行的不利影响因素如权力介入、媒体舆论、法官好恶和治安形势过滤出去。在刑事诉讼制度改革方兴未艾的当代中国，如何设计量刑制度并与诉讼制度协调，关系到刑事法治目标能否实现的问题。[②] 量刑制度忽略刑事诉讼改革将会导致实体与程序两相脱节，刑法失去动态性成为静止的死的法条，量刑成为枯燥乏味的机械工作。

---

① 关于特别减轻制度废除的详细论证，参见蒋熙辉：《论特别减轻制度》，载陈兴良主编：《刑事法判解》（第3卷），法律出版社2001年版，第90—100页。

② 有学者将刑事法治的目标概括为：人权保障、形式理性和程序正义，认为刑事司法制度改革的价值取向是公正与效率。这是相当精当的。参见陈兴良主编：《法治的使命》，法律出版社2001年版，第3—52页。

羁押的刑期折抵

石经海*

羁押的刑期折抵问题，在我国理论上，因被视为"一个没有研究价值的'技术问题'"，[①] 而没有引起广泛关注。[②] 然而，在我国实践中，自新中国成立至今，就已出台了至少77个关于刑期折抵的专门和相关司法解释。"区区"一个刑期折抵问题，竟出台如此众多司法解释，不仅在域外没有，[③] 而且在国内其他任何问题上也不曾出现。如此实践和解释现状，一方面宣告了我国刑期折抵立法存在严重漏洞，另一方面也意味着刑期折抵理论需要予以充分关注。

而且，刑期折抵问题在理论上也存在诸多疑虑。例如，为什么先行羁押要折抵刑期？理论上认为，这是基于把羁押"约束自由造成的痛苦与执行自由刑进行同等评价"。[④] 但若如此，则如何解释"在未决前羁押期间不能施行有利于改造更新的处置待遇"之事实？这是其一。其二，理论上认为，刑期折抵制度是一种刑罚执行制度。[⑤] 据此，刑期折抵已确是一个

---

* 西南政法大学法学院副教授，法学博士。

① 这是我国许多权威刑法学专家的观点。若可把"立法完善，理论先行"、"实践需要，理论跟进"等作为考量学术价值的有无或大小的基本标准的话，则从我国刑期折抵的实践适用来看，刑期折抵并非是"一个不具有研究价值的'技术问题'"。

② 目前我国关于刑期折抵的研究成果很是罕见。据考察，我国理论上对刑期折抵有价值的阐述，除了周红梅在其博士学位论文《刑罚执行论》中有专门阐述外，其他基本上都只是专业词典的名词性介绍和少数刑法学著作的"附带性"和"罗列性"陈述。

③ 笔者认为，域外之所以没有如此司法解释现象，是因为，一方面，它们的刑期折抵立法本身较为完善，另一方面，法官本就有对法律的解释权和相对更大的自由裁量权，无须最高司法机关特别出台统一的司法解释。

④ ［日］木村龟二主编，顾肖荣等译校：《刑法学词典》，上海翻译出版公司1991年版，第443—444页。

⑤ 参见［德］汉斯·海因里希·耶赛克、托马斯·魏根特著，徐久生译：《德国刑法教科书（总论）》，中国法制出版社2001年版，第1078页；［日］大塚仁著，冯军译：《刑法概说（总论）》，中国人民大学出版社2003年版，第489页；韩忠谟：《刑法原理》，中国政法大学出版社2002年第1版，第309—323页；高仰止：《刑法总则之理论与实用》，台北五南图书出版公司1986年版，第517—542页；林山田：《刑法通论》，台湾三民书局1986年版，第433—435页；张灏：《中国刑法理论及实用》，台湾三民书局1980年版，第381—391页；陈兴良：《本体刑法学》，商务印书馆2001年版，第828页；高铭暄主编：《刑法学原理》（第三卷），中国人民大学出版社1994年版，"说明"及第493—533页。

技术问题，其适用也只是在刑罚执行中先行羁押与刑罚间的技术性对等抵扣。显然，这种认识，不仅因把刑期折抵的适用与审判活动相分离而在理论上站不住脚，而且也无法为先行羁押折抵财产刑和资格刑找到必要理论根据。① 其三，包括我国在内的一些国家，在刑期折抵原则上，采取了法定必抵主义。② 对此，起码有两个问题需要回答：一是，划一性的刑期折抵会不会使判决意图实现的刑罚目的和功能无法实现？因为，司法实践中对判处自由刑特别是短期自由刑者适用刑期折抵，常会出现判决中确定的刑罚在折抵后所剩无几甚至透支现象；二是，强行性的刑期折抵适用会不会拉动自由刑的适用？因为，法院有时为了避免刑期折抵后的"倒欠账"现象，而对先行羁押者人为地判处与先行羁押时间相当甚至更长的刑期。③ 如此等等之问题与疑虑，已深深地表明，羁押的刑期折抵问题，必须加以专门深入研究。

一、羁押折抵刑期的法理根据

羁押，本来是一个刑事程序法上的范畴。其法律设置本来是为了在必要的情况下防止犯罪嫌疑人、被告人继续犯罪、毁灭罪证、串供和保证刑事诉讼活动的顺利进行的。④ 可又为什么在刑法（刑事实体法）中作出与以上目的不相关的羁押折抵刑罚的实体性规定？对此，我国少有学者探

---

① 这是域外刑期折抵立法和实践所不能接受的。

② 在刑期折抵的折抵原则上，有法定主义与裁定主义之分。按照我国台湾地区著名刑法学家高仰止先生的界定，所谓法定主义，又称强行必抵主义、义务主义，是指"由刑法明文规定以羁押日数算入刑期之内，或依一定之标准抵免罚金，而无待于裁判之宣告者也"；所谓裁定主义，又称职权主义，是指"刑法上仅规定羁押日数折抵刑期之标准，而折抵与否，则由裁判官裁量之，须待裁判中加以宣告始能折抵者也"（参见高仰止著：《刑法总则之理论与实用》，台北五南图书出版公司1986年版，第539页）。根据我国1979年《刑法》和1997年《刑法》，在本刑为管制、拘役和有期徒刑时，在折抵原则上采取的是法定必抵主义，即凡被判处管制、拘役或有期徒刑的，原先行羁押须抵折判决中确定的刑期，具体为，判决执行以前先行羁押的，羁押1日折抵管制刑期2日、折抵拘役和有期徒刑1日。

③ 即使是那些罪行并不严重的犯罪嫌疑人或被告人。

④ 这是当前理论上的一般认识。其实这只是问题的表面。正如没有刑法及其制度，统治者为了维护其统治利益同样可以对犯罪者定罪处刑一样，没有羁押立法及其制度，为了达到"保证刑事诉讼顺利进行"等目的，同样可以剥夺或限制犯罪者的人身自由。这一点，已为封建专制制度下恣意性刑事强制措施的实践所证明。因此，与其说羁押立法及其制度是为了达到"保证刑事诉讼顺利进行"等目的，倒不如说是为了限制羁押权的行使以保障犯罪者的人身自由权利。

究。日本学者认为："羁押虽不是刑罚，但在拘禁于一定设施中剥夺行动自由这一点上，同执行自由刑没有不同。若考虑到约束自由所造成的痛苦，便会产生可以按执行自由刑看待这样一种见解。算入本刑正是以这种见解为依据的。"① 据此观点，因"把约束自由造成的痛苦与执行自由刑进行同等评价"。② 而得以让羁押进入刑法视域进行刑期折抵。③ 笔者赞成这为羁押进入刑法视域进行刑期折抵的重要理由，但它解释不了"在未决前羁押期间不能施行有利于改造更新的处置待遇"而表现出与刑罚功能和目的的冲突问题。因此，在以上理由背后，应当还有深层次的、比实现以上刑罚目的更重要的法理根据。我们认为，这起码具有如下三个方面的理由：其一，从本质上讲，刑事程序实践中的未决羁押是出于特定功利目的而不得已为之的功利性强制措施。这种措施的设置和适用至多只具有正当的"合法性"根据，而不真正具有正当的"伦理性"根据。④ 因此，为了在一定程度上防止该措施的滥用和弥补其功利性正当的不足，体现现代刑法的时代精神。⑤ 需让羁押进入刑法视域进行刑期折抵，给予被羁押者刑法上的人权保障、人性关怀，并以牺牲部分刑罚功能和目的为代价。其二，将羁押纳入刑法中并进行刑期折抵，一方面，可弥补正当的伦理性根据的瑕疵，增加国民对刑法公正性的认同，使刑法的效力得以充分发挥；另一方面，也有利于羁押功利性的维护和羁押措施的继续和有效地施行。其三，将羁押纳入刑法中并进行刑期折抵，是近代社会进步和发展的产

---

① ［日］木村龟二主编：《刑法学词典》，顾肖荣等译校，上海翻译出版公司 1991 年版，第 443—444 页。

② 事实上，未决羁押的适用比执行自由刑造成的痛苦更大。例如，因"未决"而有更大的心理创伤；因"未决"而不能使生活有序进行，等等。

③ 所谓刑期折抵，又称为羁押折抵，是指把受刑人在未决羁押的期间折算成判决中确定的刑罚的一种刑法制度。这个制度存在和适用的法定事由就是"羁押"（具体称之为先行羁押或未决羁押）。

④ 未决羁押的设置和适用的正当性根据，从本质上讲，属于"目的证明手段正当"，是利用"强权"剥夺未经审判者的人身自由权利，其事实上的人身自由"损害性"不容回避。虽然以社会契约论的观点，让渡人身自由权利是为了公共安全的必要，但"让渡"也只能是"临时"和"预支"而不是"永远"和"终结"的，也就是，在事情处理完毕时，尚需"秋后算账"：有折抵内容的，予以刑期折抵，没有折抵内容的，需国家赔偿，等等。更何况，社会契约论的基点也值得质疑，因为契约论上的"让渡"应当建立在"自愿"基础上，但未决羁押者的"让渡"是被"强权"剥夺。

⑤ 参见石经海：《刑期折抵制度的刑法精神》，载《现代法学》2004 年第 6 期。

物。考察羁押折抵制度产生的背景和理论渊源，实际上，它也是资产阶级大革命和资产阶级的民主、自由、人权思想的产物。具体表现在建立在西方启蒙思想和资产阶级民主、自由、人权思想基础上的无罪推定原则上，即在被法院宣判前，犯罪嫌疑人和被告人是被假定为无罪的。既然"无罪"就不应被羁押，而为了不得已而为之的功利性目的实施了羁押，就应当给予诸如刑期折抵的刑事实体救济。因此，羁押折抵制度的法律设置，主要是基于羁押的人权损害事实，并由此趋向于对被羁押者人权的保障及其带来的社会效果。

　　羁押进入刑法视域后，从刑法关于刑期折抵立法来看，通常被称之为"先行羁押"。对于什么是这里的"先行羁押"，尚没有立法予以具体界定。我们认为，这里的所谓先行羁押，是指生效判决前对犯罪嫌疑人或被告人所实施的程序性"羁押"，即为保证刑事诉讼顺利进行和保卫社会而实施的剥夺或完全限制人身自由的刑事强制措施。从我国的程序性羁押立法来看，①"先行羁押"所对应的所谓的程序性羁押，实际上是不特定的、非法律形式上的、事实上的、实质意义上的剥夺或完全限制人身自由的结果或状态，②与西方作为独立刑事强制措施的特定化羁押立法根本不同。③ 所谓的羁押，虽然在刑事诉讼法视角上，也是相对于特定刑事拘留和逮捕等法定刑事强制措施而适用的结果和状态。但从我国整个法律体系来看，它实际上并非限于这些特定情形。如，以完全限制人身自由方式适用的取保候审、监视居住、保外就医、收容审查、隔离审查、海关扣留、管训、先行管制、新生公学、行政拘留、劳动教养、司法拘留等刑事、准刑事、行政甚至司法强制措施，在行为人被刑事追诉并被判处某些法定刑罚时，也就成为这里的羁押。这一

---

　　① 即 1954 年制定和 1979 年修改的《逮捕拘留条例》，以及 1979 年制定和 1996 年修改的《刑事诉讼法》中关于"羁押"的规定。

　　② 所谓的羁押，在程序上没有与法定刑事强制措施中的刑事拘留、逮捕发生分离，即刑事拘留、逮捕等刑事强制措施的适用在程序上一般自动带来"羁押"。虽然我国在立法上也有部分以"羁押"为名的提法，如 1996 年《刑事诉讼法》第 52 条、第 64 条、第 71 条、第 74 条、第 124 条、第 128 条和第 212 条中提到的"羁押"。但这个"羁押"，在实质上只不过是刑事拘留或逮捕等刑事强制措施及其适用结果和状态的概括而已，在本质上是由刑事拘留或逮捕适用所带来的持续剥夺人身自由的当然状态和必然结果。

　　③ 按照陈瑞华教授的理解，中国刑法中的刑事拘留大体相当于西方国家的无证逮捕（arrest without warrant）与羁押（detention）的总和；中国法系中的逮捕大体相当于英美法系中的有证逮捕（arrest with warrant）与羁押（detention）的总和。参见陈瑞华著：《问题与主义之间——刑事诉讼基本问题研究》，中国人民大学出版社 2003 年版，第 201—202 页。

点，早就为新中国关于"羁押的刑期折抵"的实践所证明。① 这样，作为与程序性羁押相对应的刑期折抵立法所要求的"先行羁押"措施，实际上也是不特定的。它不是从法律形式上确认的、相对特定化的羁押形式，而只是实质意义上的、不特定的事实状态；它并非仅是刑事诉讼法上明文规定的可带来"羁押"状态和后果的刑事拘留和逮捕，还可以是其他任何导致剥夺或完全限制人身自由后果而又转入刑事追诉和被判处可折抵法定刑罚的强制措施。以上状况表明，虽然因我国程序性羁押不特定而导致羁押滥施，但基于刑期折抵制度设置的以上法律取向，这些滥施的所谓羁押，因为需纳入刑期折抵立法的"先行羁押"之内，予以刑期折抵。

二、刑期折抵的基本界定

（一）刑期折抵的概念与特征

刑期折抵，简言之，就是把受刑人在未决羁押的期间换算判决后执行的刑期。具体来说，它是一种审判机关对受刑人在判决或新判决执行之前由于非医学观察等原因而被办案机关强制剥夺或限制人身自由的时间，在一定条件下可以折抵判决或新判决中确定的某些特定刑罚的刑法制度。具体包含如下几个特征：

第一，刑期折抵是一项重要的刑法制度。这是刑期折抵的基本属性所在。制度，按照《现代汉语词典》的解释，有两方面的含义：一是"要求大家共同遵守的办事规程或行动准则"；二是"在一定历史条件下形成的政治、经济、文化等方面的体系"。② 前者作为"办事规程或行动准则"，是微观、具体的，如工作制度、财政制度等，它既具有实体上的具体内容，又包括实体内容被实现的程序体现；后者作为长期形成的"体系"，是宏观、抽象的，如社会主义制度、宗法制度等。刑期折抵，作为刑事法律的一个具体内容，应为第一层次的"制度"，即刑期折抵实质上是关于什么是刑期折抵

---

① 据考证，新中国成立以来，我国司法机关先后作出了关于刑期折抵的 77 个司法解释。其中，关于作为刑期折抵事实前提的先行羁押的司法解释，就有 34 个，包括作为刑事强制措施或准刑事强制措施的刑事拘留、取保候审、监视居住、保外就医、收容审查、隔离审查、海关扣留、管训、先行管制、新生公学、群众监督劳动的，有 28 个；作为行政处罚或强制措施的行政拘留、劳动教养的，有 5 个；作为司法强制措施的司法拘留的，有 1 个。这些措施都因实践适用表现为剥夺或完全限制人身自由而被纳入了刑期折抵的"先行羁押"之列。

② 《现代汉语词典》，商务印书馆 1983 年版，第 1492 页。

以及如何进行刑期折抵的"办事规程或行动准则"，它为判决以前依法"先行羁押"的期间折抵判决后某些可折抵的刑期提供具体的操作标准和规格。因此，从应用和制度层面（微观层面）上看，刑期折抵在刑法中的地位应像缓刑、减刑、假释、时效、赦免等一样，是一项刑罚适用制度。① 然而，在价值层面上，刑期折抵在刑法中的地位不仅仅是表现在刑罚的具体适用上，还更表现在它所体现的刑法公正、刑法人权保障、刑法的人性关怀等当代刑法的时代特征上。因此，从价值层面（宏观层面）来看，刑期折抵更应是一项重要的刑法制度。

　　第二，刑期折抵可被折抵的"刑期"只能是宣告刑。自然，刑期折抵是"刑期"的折抵。但什么样的"刑期"可被折抵？是不是所有的"刑期"都可被折抵？刑期，从其字面意义上看，是指"服刑的期限"或"刑罚执行的期限"。但作为一个法律术语，从严格意义上说，它应有立法中的刑期和司法中的刑期之分。对于前者，是指"刑事法律规定具有时间因素的刑罚期限"，在理论上名为"法定刑期"。对于后者，根据其分别所处的不同的司法阶段或案件本身的特殊情况，理论上可分为宣告刑期、处断刑期和执行刑期三种情况。② 从刑期折抵的具体情况来看，法定刑期、处断刑期和执行刑期不可能用于折抵。用于折抵的刑期，必须是本案判决中所确定的刑期即宣告刑期。因为，在应用层面上，刑期折抵是一种刑罚适用制度，其适用必须发生在特定判决确定过程中的后期，而法定刑期自身的存在不受具体判决的影响、处断刑期又发生在判决形成过程中的前期、执行刑期则发生在刑罚执行过程中，都不符合刑期折抵适用的时间要求。

　　第三，从刑期与刑种的关系看，刑期折抵的被折抵的刑种可以是某些法

---

　　① 陈兴良教授在其《本体刑法学》等中把"刑期折抵"作为"行刑的变通"的一种情形。（参见陈兴良著：《本体刑法学》，商务印书馆2001年版，第828页；高铭暄主编：《刑法学原理》（第三卷），中国人民大学出版社1994年版，"说明"及第493、533页。）笔者认为这种观点值得商榷。因为虽然刑罚的适用在广义上可以包括刑罚的裁量即"量刑"和刑罚的执行即"行刑"，但"刑期折抵"因只发生在刑罚裁量过程中而不可能为行刑制度。虽然"刑期折抵"被适用而最终影响刑罚的实际执行时间，但并不能由此就认定它就是"行刑"的一种情形，就像自首、立功、刑事责任年龄、主犯等也会最终影响到刑罚的实际执行时间而不为"行刑"情形一样。稍后详述。

　　② 其中，宣告刑期是法院在刑事判决中宣告的犯罪人受刑罚的时限，它通常是以法定刑为基础，在法定刑的范围内判处。但若遇到案件本身的特殊情况，需要在法定刑以上或以下判处刑罚时，这时的宣告刑期就以加重或减轻后的法定刑为基础，在法定刑的以上或以下的一定范围内判处。这种对法定刑加重或减轻后的、作为宣告刑基础的刑度，在学理上称之为"处断刑"。至于执行刑期，是法院就特定的犯罪事实以判决的形式确定刑罚后移至行刑阶段执行的刑罚期限。通常，执行刑与宣告刑相一致，但若在执行期间获得减刑或假释，执行刑与宣告刑就不一致。

定刑罚或有数额的财产刑或有刑期的资格刑。刑期折抵之"刑期"应有广义和狭义之分。狭义之"刑期"仅指字面意义上的"服刑的期限"或"刑罚执行的期限"。采用这种立法模式的国家，目前仅我国。广义之"刑期"不限于字面意义，除了可以指自由刑的"服刑的期限"或"执行的期限"外，还可以指财产刑的数额或资格刑的期限。与这种意义相适应，刑期折抵的被折抵的刑种则可以是作为主刑的某些法定刑罚或有数额的财产刑或有刑期的资格刑，[①] 某些法定刑罚或有数额的财产刑或有刑期的资格刑，即在裁判中能够具体确定时间、金钱、财物、资格等数额的，原则上都可折抵。[②]但对于那些在裁判中不能够具体确定时间、金钱、财物、资格等数额的刑罚，即作为生命刑的死刑、作为自由刑的无期徒刑、作为财产刑的全部没收财产、作为资格刑的永久驱逐出境、永久吊销驾驶执照、剥夺政治权利终身等，则不能用于折抵。这种广义的立法模式，是我国以外的几乎其他所有国家和地区所采用的。例如，在德国，根据其现行《刑法典》第38条、第40条、第41条、第44条和第51条的规定，可被折抵的刑种包括：有期自由刑、金钱刑（包括作为主刑的金钱刑和作为附加刑的金钱刑，二者均为有数额的刑罚方法）等；在意大利，根据其现行《刑法典》第18条、第24条、第26条和第137条的规定，可被折抵的刑种包括：计时监禁刑（包括有期徒刑和拘役）和财产刑（包括罚金和罚款，均为有数额的刑罚方法）；在俄罗斯，根据其现行《刑法典》第72条的规定，可被折抵的刑种包括：剥夺自由、军纪营管束、拘役、劳动改造、限制军职和强制性工作（均为计时的刑罚方法）；在我国台湾，根据其现行《刑法》第46条的规定，可被折抵的刑种包括：有期徒刑、拘役和罚金等等。

第四，刑期折抵以"先行羁押"的客观存在为前提。这里的"先行羁押"也有狭义和广义之分。狭义的"先行羁押"仅指判决执行前的"羁押"，即判决前对人身自由的完全剥夺或完全限制。广义的"先行羁押"不仅指判决执行前的"羁押"，而且也包括某些已执行的刑罚，即某些被部分或全部执行的刑罚又被改判为新的可折抵刑期的刑罚，则原被执行刑罚的刑期可折抵新裁判中所确定的刑期。这是世界上绝大多数国家所采用的立法模

① 从世界各国的立法例来看，附加刑都是不允许折抵的。这样，对于财产刑和资格刑，在作为主刑的国家中允许折抵，而作为附加刑的国家都不允许折抵。从全球视角看，附加刑一般都只是附属适用而非单独适用的刑罚方法，与我国的附加刑并不一样。
② 这种情况下的刑期折抵，严格地讲，应当称之为"羁押的刑罚折抵"。但为了维护"术语"的约定俗成习惯，仍称之为"羁押的刑期折抵"。

式。例如，在德国，根据其现行《刑法典》第51条的规定，"先行羁押"既可以是判决执行前的"羁押"即"是或者曾经是程序的对象的行为受到审讯拘禁或者其他的自由剥夺"（包括在外国受到的非刑罚的剥夺自由），也可以是某些已执行的刑罚即在其后的程序中有其他刑罚所代替的"具有法律效力的所决定的刑罚"或"被判决人因为同一行为在外国已执行过的刑罚"；在意大利，根据其现行《刑法典》第137条和第138条的规定，"先行羁押"既可以是判决执行前的"预防性羁押"即"在判决变为不可撤销的之前受到的羁押"（包括在外国受到的"预先羁押"），也可以是在国外已执行的而在意大利领域内重新进行审判的刑罚；在俄罗斯，根据其现行《刑法典》第72条的规定，"先行羁押"既可以是判决生效前的"未决期羁押"（包括在外国受到的"羁押"），也可以是在国外已执行的而依《俄罗斯刑法典》第13条的规定引渡的犯罪人的"依照法院判决服的剥夺自由刑"，等等。在我国，"先行羁押"是否包括某些已执行的刑罚，即是否采用广义"先行羁押"的立法模式，在立法上没有明确规定。从司法实践来看，也应当是一种裁判主义的广义模式。例如，1989年5月24日最高人民法院研究室《关于对再审改判前因犯新罪被加刑的罪犯再审时如何确定执行的刑罚问题的电话答复》规定："对于再审改判前因犯新罪被加刑的罪犯，在对其前罪再审时，应当将罪犯犯新罪时的判决中关于前罪与新罪并罚的内容撤销，并把经再审改判后的前罪没有执行完的刑罚和新罪已判处的刑罚，按照《刑法》（1979年《刑法》）第66条的规定依法数罪并罚。关于原前罪与新罪并罚的判决由哪个法院撤销，应视具体情况确定：如果再审法院是对新罪作出判决的法院的上级法院，或者是对新罪作出判决的同一法院，可以由再审法院撤销；否则，应由对新罪作出判决的法院撤销。对于前罪经再审改判为无罪或者免予刑事处分的，其已执行的刑期可以折抵新罪的刑期。"据此规定，主要分两种情形处理：对于前罪经再审改判为无罪或者免予刑事处分的，其已执行的刑期可以折抵新罪的刑期；对于其他情形，把经再审改判后的前罪没有执行完的刑罚和新罪已判处的刑罚。对于这两种情形，"已经执行的刑期"实际上都以不同的方式得到了"抵扣"。① 因此，在我国，已经执行的刑罚，在某些情况下，在一定限度内，也可成为这里的"先行羁押"而折抵新判决中的刑罚。

----

① 对于后者，若不是"先减后并"，则在一些情况下因"总和刑"相对较高而导致并罚的刑期高。从这种意义上说，姑且把它理解为一种裁定意义上的"抵扣方式"。

（二）刑期折抵的构成

刑期折抵的适用要件，是指刑法规定的，决定某种情形是否成立刑期折抵或者是否应当具体适用刑期折抵，而所必需具备的一切实质因素和形式因素的有机整体，有实质要件与形式要件之分。其中的实质因素和形式因素是刑期折抵成立和适用所必需具备的条件。根据这些因素在刑期折抵成立和适用时的法律表现不同，可具体把刑期折抵的适用要件分为实质要件和形式要件两种。

刑期折抵的实质要件，是指刑法关于刑期折抵的精神实质和价值取向，是刑法规制刑期折抵的立法旨意。如前所述，刑期折抵的立法旨意，主要不是为了体现公平而进行"羁押与剥夺或限制人身自由的有期刑罚"间的对等抵扣，而是为了实践刑法的人权保障、人性关怀和公平公正等现代刑法的精神而进行的实体救济性补偿。① 既然是"补偿"，则就不一定是对等抵扣，也可以是其他的形式。而到底采用何种形式或是否需要补偿等，均需在审判的基础上裁量。因此，考察某一情形是否应当适用刑期折抵，在抽象或概括意义上，看某一被限制或剥夺的人身自由的时间，若不折抵刑期，将是否侵犯受刑人的合法权益。这个实质要件对刑期折抵的适用有着根本性的指导意义。正如日本刑法学家大塚仁教授所描述的那样，刑期折抵的适用应是，根据情形，从公平观念出发，由裁判所根据裁量，将未决羁押算入本刑。②

刑期折抵的形式要件，是指刑期折抵是否成立或能否被适用而在形式上所必须具备的基本要件。它是刑期折抵的实质要件的外在体现，也是刑期折抵的具体操作标准和规格。其具体表现在必须同时存在有机联系的三个方面：

（1）存在法定的判决执行前被强制剥夺或限制人身自由即先行羁押的事实。这是刑期折抵的前提条件。对此，前已详述。

（2）被强制剥夺或限制人身自由的事实理由又被刑事追诉和判处某些法定刑罚。这是适用刑期折抵的根本。虽然有被强制剥夺或限制人身自由的事实存在，但该事实没有再一次被刑事追诉，没有再一次成为刑事追诉的理

---

① 理论上认为未决羁押对于当事人来说"具有与刑罚相同的效果"，实际上并未认识到刑期折抵的如此价值取向。

② ［日］大塚仁著，冯军译：《刑法概说（总论）》，中国人民大学出版社 2003 年版，第484页。

由，则该事实，要么是被错误强制剥夺或限制的结果而适用国家赔偿，要么就仅仅是一种非刑事处理的措施，它们都不存在适用刑期折抵问题。而且，被强制剥夺或限制人身自由的事实虽然再一次成为刑事追诉的理由，但被判处的刑罚需是有折抵内容的法定刑罚。对于没有折抵内容的无期徒刑、死刑等不可折抵；不能单独适用的附加刑，无论是财产刑还是资格刑，往往是基于特定目的而设置，绝对不允许折抵，这是世界各国的立法通例。①

（3）被强制剥夺或限制人身自由的事实理由与刑事追诉间有密切的关联性。这是刑期折抵的关键。这个关联性体现在：被强制剥夺或限制人身自由的事实理由与被处罚的犯罪行为系同一行为；或虽不属同一行为，但与被处罚的犯罪行为有一定联系。"系同一行为"间的刑期折抵是刑期折抵中的典型情况，是刑期折抵中的"常客"。因为，在通常情况下，被强制剥夺或限制人身自由的事实往往就是由于被判处刑罚的犯罪行为而引起的；而"不属同一行为"间的刑期折抵是刑期折抵中的特例，为刑期折抵中的"稀客"。因为，在特殊情况下，也会出现一些特殊情况。例如，被强制剥夺或限制人身自由期间，通过侦查或其他方式，发现了与作为被强制剥夺或限制人身自由的事实理由的行为不一样的其他罪行，且该罪行被依法追诉并被判处某些法定刑罚，则此种情况下的被强制剥夺或限制人身自由的时间，同样应当折抵刑期，因为是"系同一行为"还是"不属同一行为"，不是侦查前能完全主观臆测的，而应是通过侦查等现实活动证明的，可"被强制剥夺或限制人身自由的时间"是不停息的，"被强制剥夺或限制人身自由的事实"已经发生了，那么它所经历的时间也就不可能等到侦查后再发生。经侦查等现实活动证明的行为，无论"系同一的"还是"不属同一的"，犯罪嫌疑人或被告人的人身自由就已经客观地被强制剥夺或限制，不能逆转。若不予以刑期折抵，则有违刑法的公正性和刑法关于刑期折抵的精神实质。

综上所述，虽然刑期折抵的实质要件和形式要件是有区别的，但它们也是密不可分的。仅有实质要件而缺乏形式要件，也就缺乏认定刑期折抵的具体标准和规格；反之，仅有形式要件而缺乏实质要件，也就缺乏认定刑期折抵的指导思想，不能从实质和根本上把握刑期折抵问题。因此，正确的做法应是把刑期折抵的实质要件和形式要件相互结合，使它们共同为正确、准确地认定刑期折抵服务。

---

① ［德］弗兰茨·冯·李斯特著，徐久生译：《德国刑法教科书》，法律出版社 2006 年版，第481 页。

（三）刑期折抵与刑罚易科

刑罚的易科是与刑期折抵最容易相混淆的一种刑罚适用制度。要深入广泛地研究刑期折抵问题，就不能不对它们进行理论上的区分，即刑期折抵与刑罚的易科的理论区分是深入广泛地研究刑期折抵问题的又一逻辑起点。

刑罚的易科，又称为"易刑"、"刑罚的转换"、"刑罚的折换"、"换刑处分"，是判决宣告的刑罚，有时因特殊事由不能执行，或以不执行为宜，而选择其他刑罚以为执行的代替，[①] 即从此刑罚种类换算成彼刑罚种类。它在本质上只不过是寻求一种刑罚执行的替代措施。这种措施一般具体可分为易科罚金、易服劳役和易以训诫等几种类型。其中，易科罚金是指以罚金代替短期自由刑的执行；易服劳役是指在犯罪人无力缴纳罚金时以服劳役代替罚金刑的执行；易以训诫是指以训诫代替拘役或罚金的执行。[②]

刑罚易科与刑期折抵，在理论上具有如下几个方面的主要区别：

第一，二者的适用对象不同。刑罚易科是判决宣告的刑罚种类间的转换和执行代替，[③] 而刑期折抵是"先行羁押"[④] 与判决宣告的某些刑罚之间的折抵。因此，若是发生在"未决羁押"与未执行的刑罚之间，只可能发生刑期折抵，[⑤] 而不可能发生刑罚易科；若是发生在已执行的刑罚与新宣告的刑罚之间，是否发生刑期折抵，关键看这两个刑罚间是否有特定的牵连关系，如已执行的刑罚是否为在其后的程序中的其他刑罚所代替。若被部分或全部代替则发生刑期折抵；若不被部分或全部代替则不发生刑期折抵。例如，对于已执行的管制期间若被折抵同一行为又被改判为拘役或有期徒刑的刑期，则也应是刑期折抵问题。从这个角度而言，犯"新罪"或被发现的"漏罪"在适用数罪并罚时对已执行刑罚刑期的"扣减"，在本质上是刑期折抵在数罪并罚中的应用。

第二，二者适用的前提条件不同。刑罚易科适用的前提条件是因特殊事由不能执行或不宜执行原判刑罚，而刑期折抵适用的前提条件是客观地存在

---

① 高铭暄主编：《刑法学原理》（第三卷），中国人民大学出版社 1994 年版，第 535—537 页。

② 陈弘毅著：《刑法总论》，台北汉林出版社 1983 年版，第 321—324 页。

③ 刑罚的易科只发生在判决宣告的刑罚种类之间，而不发生在"未决羁押"与"未决羁押"之间，也不发生在"未决羁押"与刑罚之间以及在数罪被判处同种刑罚的不同刑期之间。

④ 包括判决执行前的"羁押"和某些在其后的程序中有其他刑罚所代替的已执行的刑罚。下同。

⑤ 但并不都是刑期折抵，因为"未决羁押"折抵的刑期必须是有刑期的自由刑。

了判决或新判决执行前的"羁押"。易言之,适用刑期折抵首先是因为受刑人的被"先行羁押",而适用刑罚易科则不是。

第三,二者适用的强制性不同。刑罚的易科并不是必须予以适用,对其适用或不适用一般并没有法律的强制规定,在立法上往往采用法官自由裁量主义,而刑期折抵各国一般要么采用单一的法定强行必抵主义即在符合法定的条件下应是必须适用,要么采用以法定主义为原则裁定主义为补充的折抵原则,因而强制性相对较强。①

第四,二者的价值取向不同。刑罚易科的适用是为了使原判刑罚更好地执行,而刑期折抵的适用是为了体现刑法的公平、公正和刑法的人权保障功能等。正是这些不同的价值体现,刑法立法作出了自由裁量与法定强制裁量的不同价值选择。

第五,二者的观念处遇不同。因为二者存在的客观基础和价值彰显不同,决定了它们在一些国家的立法命运不同。刑期折抵因客观地存在"预支羁押"和彰显了刑法公正、刑法的人性关怀和人权保障等价值,因而几乎各国刑法都对它作了规制;而刑罚易科因其主要是主观抽象的价值取向的产物,特别是其中的一些适用方式如易科罚金颇有以钱赎刑之嫌,并且客观上也有利于富人,因此在刑法观念上常常引起偏见,并在刑法理论上受到非难。②

综合以上分析,刑罚易科与刑期折抵,无论是在适用对象、适用前提、适用强制性上还是在适用的价值取向上都是不同的。虽然刑罚易科的存在和适用受到众多的非难,但它像任何事物的存在都有其优点和不足一样,也应有其存在的合理性的一面。这个合理性突出表现在能够使裁量的刑罚得到更有效地执行。因此,刑罚易科也应像刑期折抵一样在其法定的适用条件下得以合法地存在和适用。

综观世界刑法立法,既规制刑期折抵又规制刑罚易科的居多,例如,现行《意大利刑法典》。③ 该法典第 135 条关于"财产刑与监禁刑之间的折抵"的规定和第 136 条关于"财产刑的转换方式"的规定就是关于刑罚易科的规定。根据这些规定:"当因任何法律效果而应在财产刑与监禁刑之间实行

---

① 当然,也有少数国家或地区仅采用裁定主义。
② 高铭暄主编:《刑法学原理》(第三卷),中国人民大学出版社 1994 年版,第 535—536 页。
③ 1930 年 10 月 19 日第 1398 号谕令批准 1931 年 7 月 1 日生效,2006 年全面修订。

折抵时，每 38 欧元财产刑换算为 1 日监禁刑"，① "因被判刑人无支付能力而未执行的罚金或者罚款，可依法实行转换"，法院对受刑人判决宣告的财产刑可以易科为监禁刑，而监禁刑也可易科为财产刑。而该法典第 137 条关于"预防性羁押"的规定和第 138 条关于"因在国外实施犯罪而受到的刑罚和预防性羁押"的规定以及第 139 条关于"附加刑的计算"的规定，就是关于刑期折抵的规定。② 其中，第 137 条关于"预防性羁押"第 1 款的规定即"在判决变为不可撤销之前受到的羁押从计时监禁刑的总合刑期中或者从财产刑的数额中扣除"中，前者是刑期折抵问题，后者是刑罚易科问题，而该条第 2 款的规定即"从扣除的意义上讲，预防性羁押被视为有期徒刑或者拘役"，以及第 138 条的规定即"当在国外进行的审判应在意大利领域内重新进行时，在国外已执行的刑罚一律予以计算，并且考虑刑法的种类；如果在国外实行过预先羁押，适用前一条的规定"，分别是对"预防性羁押"即"未决羁押"或"先行羁押"的立法解释和因在国外实施犯罪而受到的刑罚和预防性羁押的刑罚易科和刑期折抵的规定。另外该法典第 139 条关于"附加刑的计算"的规定即"在计算以时间计算的附加刑时，不考虑被判刑人服监禁刑或者接受保安处分的时间，也不考虑被判刑人有意逃避刑罚或者保安处分的执行的时间"，实际上是对预防性羁押或保安处分的执行时间不能折抵附加刑的刑期的规定。而中国刑法的做法是只规制刑期折抵而拒绝了刑罚易科。在新中国的法律体系中，规制刑期折抵的法律除了 1979 年和 1997 年《刑法》外，还有 1996 年的《中华人民共和国行政处罚法》。③ 可对于刑罚的易科，虽然在革命根据地时期在游击区和巩固区曾实行过该制度，④ 但新中国一成立就以司法文件予以废止。⑤

---

　　① 该换算标准曾于 1945 年、1947 年、1961 年、1981 年和 1993 年进行多次调整；现在的标准是由 1993 年 10 月 5 日第 402 号法律第 1 条重新确立的（参见《意大利刑法典》，黄风译，法律出版社 2007 年版，第 49 页）。

　　② 《意大利刑法典》，黄风译，法律出版社 2007 年版，第 49—50 页。

　　③ 该法明文规定了行政拘留在什么情况下可进行刑期折抵。

　　④ 为适应抗日根据地"扫荡"频繁的形势需要，晋察冀边区行政委员会决定，游击区判处的犯人可"易科罚金，并限定其住所，予以监外执行"；在苏中区，徒刑易科适用于判处有期徒刑两年以下的犯人，以抗币一元至两元折算徒刑一日，如果犯人无力缴纳，得以服役折算，服役一日折算抗币一元至两元（参见张希坡、韩延龙主编：《中国革命法制史》（上册），中国社会科学出版社 1987 年版，第 502 页）。

　　⑤ 例如，1950 年 11 月 10 日《最高人民法院对辽东、山西省人民法院关于处理烟毒犯应坚决废止专科与易科罚金办法的函复》，1951 年 1 月 8 日《最高人民法院华东分院对上海市人民法院关于财产刑罚使用问题的指示》。

三、刑期折抵的刑法定位

刑期折抵，在宏观上为一种刑事法律制度，应没有异议。[①] 但在微观上它到底是刑罚执行制度还是刑罚适用制度，在理论上有不同看法。德国刑法学家耶赛克和魏根特认为，"折抵表明了刑罚执行措施"；[②] 日本刑法学家野村稔认为，刑期折抵是"刑罚的执行"的一个内容；[③] 我国台湾刑法学家大多把它与生命刑之执行、自由刑之执行、财产刑之执行和名誉刑之执行等相并列，共同视为刑罚执行制度的情形；[④] 我国大陆刑法学家也持同样的看法，认为它是"行刑的变通"，即为刑罚执行活动，与刑罚的易科和监外执行相并列。[⑤]

笔者认为，把刑期折抵定位为刑罚执行制度的理论观点，既有悖法理，也不合立法实际。

从法理上看，刑期折抵在属性上不可能为刑罚执行制度。主要表现在：

其一，刑罚执行制度的运行机制无法完成刑期折抵的适用。从两制度的运行机制来看，刑罚执行制度，作为存在于刑罚执行（行刑）中的一种刑事法律制度，重心在"执行"，发生根据是刑事判决，法律依据是刑事法中关于行刑的规定，其适用一般无需裁判而直接付诸执行，更具操作

---

① 一般而言，"制度"有两方面的含义：一是"要求大家共同遵守的办事规程或行动准则"；二是"在一定历史条件下形成的政治、经济、文化等方面的体系"（参见《现代汉语词典》，商务印书馆1983年版，第1492页）。前者作为"办事规程或行动准则"，是微观、具体的，如工作制度、财政制度等，它既具有实体上的具体内容，又包括实体内容被实现的程序体现；后者作为长期形成的"体系"，是宏观、抽象的，如社会主义制度、宗法制度等。刑期折抵，作为刑事法律的一个具体内容，应为第一层次的"制度"，也即刑期折抵实质上是关于什么是刑期折抵以及如何进行刑期折抵的"办事规程或行动准则"，它为判决以前依法"先行羁押"的期间折抵判决后某些可折抵的刑期提供具体的操作标准和规格。

② ［德］汉斯·海因里希·耶赛克、托马斯·魏根特著，徐久生译：《德国刑法教科书（总论）》，中国法制出版社2001年版，第1078页。

③ ［日］大塚仁著，冯军译：《刑法概说（总论）》，中国人民大学出版社2003年版，第489页。

④ 参见韩忠谟：《刑法原理》，中国政法大学出版社2002年第1版，第309—323页；高仰止：《刑法总则之理论与实用》，台湾五南图书出版公司1986年版，第517—542页；林山田：《刑法通论》，台湾三民书局1986年版，第433—435页；张灏：《中国刑法理论及实用》，台湾三民书局1980年版，第381—391页，等等。

⑤ 参见陈兴良著：《本体刑法学》，商务印书馆2001年版，第828页；高铭暄主编：《刑法学原理》（第三卷），中国人民大学出版社1994年版，"说明"及第493、533页。

性特质；刑罚适用制度，作为存在于刑罚裁量（量刑）中的一种刑事法律制度，重心在"审判"，发生根据是与案件有关的未决事实，法律依据是刑事法关于刑罚及其量定的规定，其适用一般尚需审判和裁定，更具裁量性品性。显然，刑期折抵适用，不是简单技术化操作，而是裁量性过程的结果，表现在可折抵本刑的羁押是否属实、是否折抵或如何折抵等环节上，也就是说，刑期折抵的适用不是直接交付执行，而是必须经过审理和裁量的门槛才能实现。虽然是否或如何适用刑期折抵"不是根据犯情"，但是这必须"按照对事件的审理经过来决定"。① 虽然在本质上"折抵刑期，仅系折抵刑之执行，而非抵消刑之宣告"，② 但在刑期折抵适用中，大部分内容如先行羁押的认定、先行羁押日数的认可以及能否折抵或如何折抵等问题，都不是技术性的执行操作就能解决的，③ 需审理及裁判即刑罚适用制度的运行机制始能实现。虽然刑期折抵适用而最终影响刑罚实际执行时间，但并不能由此就认定它在属性上是刑罚执行制度，这正如自首、立功、相对负刑事责任年龄等也会最终影响到刑罚实际执行时间而不为刑罚执行制度一样。

其二，刑罚执行制度与刑期折抵立法的价值取向不相契合。从形式上来看，刑期折抵的法律设置，在本质上似乎是由于把羁押"约束自由造成的痛苦与执行自由刑进行同等评价"，而让羁押进入刑法视域进行刑期折抵。也就是，"羁押虽不是刑罚，但在拘禁于一定设施中剥夺行动自由这一点上，同执行自由刑没有不同。若考虑到约束自由所造成的痛苦，便会产生可以按执行自由刑看待这样一种见解。算入本刑正是以这种见解为依据的"。④ 但实际上，这样的认识忽视了"在未决前羁押期间不能施行有利于改造更新的处置待遇"的事实。显然，虽然未决羁押在客观上也能部分地实现刑罚目的和功能如法制教育，但二者的不同目的和不同处遇，⑤

---

① ［日］大塚仁著，冯军译：《刑法概说（总论）》，中国人民大学出版社 2003 年版，第 484—485 页。

② 高仰止：《刑法总则之理论与实用》，五南图书出版公司 1986 年版，第 541 页。

③ 其中的先行羁押日数计算及其从判决确定的刑期中扣除等，确实只需技术性处理就够了。

④ ［日］木村龟二主编，顾肖荣等译校：《刑法学词典》，上海翻译出版公司 1991 年版，第 443—444 页。德国、日本和我国台湾学者都持如此观点。

⑤ 一般而言，前者主要是为了保证刑事诉讼活动的顺利进行，且处于犯罪未定状态，不可能以刑罚的教育改造；后者就是特别为了惩罚和教育改造犯罪人。

意味着未决羁押与刑罚执行还是有着本质和事实之区别的。① 而且，对自由刑特别是短期自由刑者适用刑期折抵，还因常常出现判决中确定的刑罚被折抵后所剩无几甚至透支现象，致使判决所预期的刑罚目的和功能虚化，这不仅使整个刑事追诉活动变为徒劳，而且潜在地危及刑法的机能。同时，若把未决羁押"约束自由造成的痛苦与执行自由刑进行同等评价"，而作为立法设置刑期折抵的基本理由（价值取向），则势必得出刑期折抵为技术性对等抵扣的刑罚执行制度的结论，从而排除未决羁押可折抵财产刑和资格刑的可能。显然，这不为世界各国或地区刑法所接受。因此，把未决羁押"约束自由造成的痛苦与执行自由刑进行同等评价"，虽是立法设置刑期折抵的重要理由，但不是其基本价值取向。其基本价值取向应是隐藏在以上理由背后的、深层次的、比实现以上刑罚目的更重要的方面。考察羁押的刑期折抵制度产生的背景和理论渊源，实际上，刑期折抵也是资产阶级大革命和资产阶级启蒙思想的产物。易言之，刑期折抵制度的法律设置旨在保障被羁押者的正当权益。表现在，从本质上讲，刑事程序实践中的未决羁押是出于特定功利目的而不得已为之的功利性强制措施；这种措施的设置和适用至多只具有正当的"合法性"根据，而不真正具有正当的"伦理性"根据。为了在一定程度上防止该措施的滥用和弥补其功利性正当的不足，体现现代刑法的时代精神，② 需让羁押进入刑法视域进行刑期折抵，给予被羁押者刑法上的人权保障、人性关怀，并以牺牲部分刑罚功能和目的为代价。③ 因此，刑期折抵立法，在价值取向上，主要不是为了体现公平而进行"羁押与剥夺或限制人身自由的有期刑罚"间的对等抵扣，而是为了实践刑法的人权保障、人性关怀和公平公正等现代刑法的精神而进行的实体救济性补偿。④ 既然是"补偿"，就不一定是对等抵扣，也可以是其他的形式。而到底采用何种形式或是否需要补偿等，均需在审判的基础上裁量。这决定了只有刑罚适用制度才与刑期折抵立法的这个价值取向相契合。

---

① 虽然这个区别可能是由羁押体制问题所带来的弊端而应通过改革羁押体制去修补，但任何一个完善的羁押体制在实践中也可能出现如此特殊情况。

② 参见石经海：《刑期折抵制度的刑法精神》，载《现代法学》2004 年第 6 期。

③ 参见石经海：《刑法视域的羁押探究》，载《中国社会科学院研究生院学报》2006 年第 4 期。

④ 理论上认为未决羁押对于当事人来说"具有与刑罚相同的效果"，实际上并未认识到刑期折抵的如此价值取向。

再从立法上看，事实上，世界各国或地区刑事立法都是把刑期折抵定位为刑罚适用制度的。例如，德国《刑法》把它规定在"量刑"中，① 并在立法上明确地表现出"折抵由法官自由裁量之"，并且，"折抵应当在一定的条件下进行"。② 法国现行《刑法典》也是把它规定在"适用自然人之刑罚"中；③ 现行《意大利刑法典》把它规定在"刑罚的变更和适用"中；④ 日本现行《刑法典》是把它规定在"刑罚"章中，与刑罚的种类、没收、追征等同为该章的内容；⑤ 我国台湾《刑法》把它规定在"刑"章中，⑥ 与主刑轻重之标准、剥夺公权之宣告、易刑处分和刑期之计算等内容相并列，⑦ 属"刑罚之适用"的"刑期之计算"的内容。⑧ 以上规定意味着，在立法上，无论是德国、日本，还是我国台湾，实际上都是把刑期折抵定位为刑罚适用制度的。理论上认为刑期折抵是刑罚执行制度不仅不合法理，而且也与立法的明确规定不相一致。

我国现行《刑法》实际上也是把它定位为刑罚适用制度。根据我国1979年《刑法》和1997年《刑法》规定，刑期折抵被规定在"刑罚"章中，作为管制、拘役和有期徒刑等刑罚方法规范的一部分。⑨ 据此设置，我国刑期折抵制度到底是刑罚适用制度还是刑罚执行制度或其他，从形式上看，并不明确。但据此把它定位为"行刑的变通"即认为它是与刑罚易科和监外执行相并列刑罚执行活动，肯定是不准确的。因为，无论我国的法律

① 1871年《刑法》是把它规定在第4章"不罚或减轻刑罚的原因"下的第60条，自1953年公布的《刑法典》就规定在第3章（犯罪之法律效果）第2节（量刑）下的第51条。参见萧榕主编：《世界名法典选编》，中国民主法制出版社1998年版，第345、383页；《德国刑法典》（2002年修订），徐久生、庄敬华译，中国方正出版社2003年版，第18页。

② ［德］弗兰茨·冯·李斯特著，徐久生译：《德国刑法教科书》，法律出版社2006年版，第481页。

③ 第3编"刑罚"的第1章"刑罚之性质"的第1节第131—132条第2款。参见《法国新刑法典》，罗结珍译，中国法制出版社2003年版，第21页。

④ 第1编"总则"第5章"刑罚的变更、适用和执行"第1节第137条和第138条。并非第2节"刑罚的执行"。参见《意大利刑法典》，黄风译，法律出版社2007年版，第48—51页。

⑤ 第1编"总则"的第2章第21条。见《日本刑法典》，张明楷译，法律出版社2006年版，第13页。

⑥ 第1编"总则"第5章第46条。

⑦ 分别为第35条、第37条、第41—44条和第45条。参见"台湾刑法"、"台湾刑事诉讼法"，台湾元照出版公司2001年版，第21—27页。

⑧ 参见陈朴生：《刑法总论》，台湾正中书局印行1969年版，第233—260页。

⑨ 第二节"管制"、第三节"拘役"和第四节"有期徒刑、无期徒刑"。1997年《刑法》的第41条的后段、第44条的后段和第47条的后段。

制度与域外有多少不同，我国刑期折抵的发生根据也不是法院生效裁判，而同样是未决羁押；其法律根据也不是刑事程序法或刑事实体法中的程序性规范，而同样是以上刑事实体法关于"刑罚"的规定；其适用方法也不是简单的技术抵扣，而同样是需要法院在全案审理的基础上对未决羁押和确定可折抵的本刑的前提下，以司法裁量权在刑事判决书中予以裁定。综上，刑期折抵不仅与刑罚执行活动（制度）根本不同，而且也与监外执行彻底相异。刑罚易科，也是一种典型的刑罚适用制度，而非刑罚执行制度。而且，刑法也并未把它列入"刑罚的具体应用"章中与减刑、① 假释等刑罚执行制度相并列。虽然这个"并列"与否不是区分刑罚执行制度和刑罚适用制度的标准，但也在一定意义上表明，在立法上，刑期折抵与在刑罚执行中适用的减刑和假释还是有区别的。② 综上，笔者认为，我国的刑期折抵在立法上同其他所有国家或地区立法一样，实际上也是定位为刑罚适用制度的。

四、刑期折抵的原则

在刑期折抵的折抵原则上，有法定主义与裁定主义之分。按照我国台湾地区著名刑法学家高仰止先生的界定，所谓法定主义，又称强行必抵主义、义务主义，是指"由刑法明文规定以羁押日数算入刑期之内，或依一定之标准抵免罚金，而无待于裁判之宣告者也"；所谓裁定主义，又称职权主义，是指"刑法上仅规定羁押日数折抵刑期之标准，而折抵与否，则由裁判官裁量之，须待裁判中加以宣告始能折抵者也"。③

世界各国或地区对以上折抵原则的立法，大体有两种模式：一种是单一式，即仅采用法定主义或裁定主义；另一种是折中性的混合式，即兼采法定主义和裁定主义。目前，世界上仅采法定主义立法模式的，主要有法国现行《刑法》、意大利1968年及现行《刑法》、日本旧《刑法》、苏联《刑法》和我国台湾地区现行《刑法》；④ 仅采裁定主义立法模式的，主要有韩国现行《刑法》和我国台湾地区旧《刑法》；兼采法定主义和裁定主义立法模式

---

① "刑罚的具体应用"为第四章，而"刑罚"为第三章。
② 假释和减刑的适用实际上也需运用裁判权裁定。正因如此，理论上存在它们到底是刑罚适用制度还是刑罚执行适度的争论。但即使是这样，刑期折抵与它们也还存在"在案件处理时裁判"与"在刑罚执行过程中裁定"的差别。
③ 高仰止：《刑法总则之理论与实用》，台北五南图书出版公司1986年版，第539页。
④ 另外，奥地利现行刑法、越南现行刑法、美国模范刑法、西班牙旧刑法等也有类似规定。

的，主要有德国、日本、俄罗斯等现行《刑法》。① 其中，综观采用混合制的国家或地区的刑法立法，在法定主义与裁定主义的关系上，又基本上是以法定主义为原则，以裁定主义为补充。也就是，采用裁定主义的部分，往往是一些需要赋予法官或法院自由裁量权予以裁量的特殊情况。例如，在德国，在"根据被判决人行为后的态度，认为折抵不适当的"或"有关之外国剥夺自由的"情况下，"法院可命令部分或全部不折抵"；② 在日本，在"本刑是罚金、科料时的折抵"情形下，未决羁押也可以折抵本刑的实刑或犹豫刑；③ 在俄罗斯，在"主刑为罚金、剥夺担任一定职务或从事某种活动的权利"的情况下，"法院应考虑羁押期，减轻刑罚或完全免于服刑"。④

综上，在刑期折抵的原则上，兼采法定主义和裁定主义的立法模式，是世界各国或地区刑事立法的主流。其他两种立法模式虽然也有部分国家或地区采用，但其流弊确实很多。日本和我国台湾地区新旧刑法在如此立法模式上的互变，也即原来采用法定主义的单一模式而现在改为兼采法定主义和裁定主义的混合模式（日本）或原来采用裁定主义现在改为法定主义（我国台湾地区），实际上就是其"流弊"对立法诉求的表现。从理论上看，仅采裁定主义，可能存在自由裁量权的不当使用而损害被羁押者的正当权益；仅采法定主义，可能带来损害刑罚目的和功能实现的缺陷。据此，实践中"鉴于裁定主义之流弊颇多，乃改采法定主义"⑤ 的做法，是从一个极端走向另一个极端，并不可取。理想的立法模式，应是兼采法定主义和裁定主义的立法模式，并以法定主义为原则，以裁定主义为补充。具体而言，从前述羁押适用所客观存在的正当性瑕疵来看，羁押必须进入刑事实体领域进行刑期折抵。这决定了刑期折抵制度在一般情况下应当由法律明确规定强行全部折抵，也即采用法定主义。同时，因在某些情况下羁押期间全部折抵刑期（特别是短期自由刑的刑期），可能损害刑罚目的和功能的实现，因而，应当在特殊情况下赋予法官自由裁量权予以必要平衡，也即在特殊情况下辅之裁定主义。

---

① 另外，西班牙、芬兰、瑞典、丹麦、挪威、蒙古国、泰国、我国澳门地区等国家或地区的现行刑法和瑞士的新旧刑法等也有类似规定。

② 《德国刑法典》（2002 年修订），徐久生、庄敬华译，中国方正出版社 2003 年版，第 18 页。

③ ［日］大塚仁著，冯军译：《刑法概说（总论）》，中国人民大学出版社 2003 年版，第 484—485 页。

④ 《俄罗斯联邦刑法典》，黄道秀译，中国法制出版社 2004 年版，第 30 页。

⑤ 高仰止：《刑法总则之理论与实用》，台北五南图书出版公司 1986 年版，第 539 页。

从我国现行刑法立法来看，我国的刑期折抵方式的立法模式是仅采法定主义。即按法律规定，被判管制、拘役或有期徒刑的所有未决羁押，均一律折抵判决中确定的刑期。[①] 这不仅与世界上关于刑期折抵方式的主流立法模式不相协调，而且也确实带来很严重的现实问题。其中，最突出的是，一方面，我国的普遍羁押、长期羁押，特别是超期羁押、变相羁押等违法羁押，不仅较为普遍地存在而且久禁不止；另一方面，短期自由刑又被较为普遍地予以适用。如此现象，常常导致判决中确定的刑期因刑期折抵而所剩无几甚至"透支"。致使这些犯罪人不是以罪犯的身份（已决犯）在监狱或其他劳改场所接受教育和改造，而是以非罪犯的身份（犯罪嫌疑人或被告人，为未决犯）在看守所为配合刑事诉讼活动的顺利开展而由法律强制剥夺全部人身自由权利。从法理上看，以罪犯的身份在监狱或其他劳改场所接受教育和改造，是刑罚目的和功能的实现方式；以非罪犯的身份在看守所为配合刑事诉讼活动的顺利开展，仅是刑事诉讼的不得已而为之的功利性目的的实现方式。这就意味着，因未决羁押及其刑期折抵而消灭判决中确定的全部或大部分刑期，而无法或难以实现判决意图实现的刑罚目的和功能；因尚没有被确定为犯罪就被强行剥夺全部人身自由权利而与无罪推定原则确立的宗旨相冲突和与有罪推定所应唾弃的危害相契合。再从司法实践来看，也正是因为这些判决所意图实现的刑罚功能和目的没能实现，而在一定程度上导致再犯、累犯率居高不下甚至不断上升。因而，基于折抵原则的立法模式的优劣，在刑期折抵的折抵原则上，我国也应当像世界上绝大多数国家或地区的刑法规定一样，采用以法定主义为原则以裁定主义为补充的混合立法模式。

五、刑期折抵的折抵本刑

世界各国或地区关于刑期折抵本刑的立法，大体上也有两种立法模式。一种是所有刑罚立法模式。本刑，实际上仅指那些有折抵内容的刑罚方法，如有期自由刑、有折抵内容的财产刑和资格刑。[②] 死刑、无期徒刑、没收财产等刑罚方法无可折抵内容，不存在刑期折抵问题。附加刑因不能独立适用

---

① 对域外适用的未决羁押是否折抵国内判决中确定的刑期，我国立法没有规定。

② 这里的所谓刑期折抵，实际上是"刑期折抵"。仍称为"刑期折抵"，是一种术语上的习惯称谓。

而也不能折抵。① 这是目前世界上通行的本刑立法模式。例如，在德国，刑期折抵的本刑除了可以是自由刑外，还可以是罚金刑、禁止驾驶等财产刑或资格刑；② 在终身自由刑或死刑情况下，不得折抵，在附加刑（禁止驾驶）情况下绝对不允许折抵。③ 在意大利，本刑除了可以是自由刑外，还可以是罚金刑。④ 在俄罗斯，本刑除了可以是剥夺自由、军纪营管束和拘役、限制自由等自由刑外，还可以是劳动改造、限制军职、强制性社会公益劳动、罚金、剥夺担任一定职务或从事某种活动的权利等财产刑、资格刑或强制劳动刑。在日本，本刑除了可以是惩役、监禁和拘留等自由刑外，还可以是罚金或者科料等财产刑。⑤ 另一种是自由刑立法模式。这种本刑，实际上仅指有期自由刑，无刑期无以折抵。目前，采用这种立法模式的国家尚只有我国。根据我国《刑法》规定，在刑罚体系中，有刑期的刑罚有管制、拘役、有期徒刑3种主刑和剥夺政治权利1种附加刑（资格刑），而被规定为可折抵未决羁押的本刑的，只有管制、拘役、有期徒刑3种主刑，剥夺政治权利虽为有刑期的刑罚但因是附加刑而不能成为折抵的本刑。

以上关于刑期折抵本刑的两种立法模式，从总体上看，其主要差别在于有折抵内容的财产刑（如罚金刑）和资格刑（如剥夺政治权利）能否作为刑期折抵的本刑上。对于罚金刑，否定者认为它是一种不公平的刑罚。一方面，对于有产者来说，它实际上是一种免除刑罚的方法；另一方面，对于无

① 附加刑本是只能附加于主刑科处的刑罚（参见马克昌：《比较刑法原理》，武汉大学出版社2002年版，第839页）。若把这种附加刑作为本刑折抵未决羁押，则一方面没能实现附加刑适用的目的，另一方面也有损刑期折抵本身的价值。因此，只能附加适用的附加刑各国都不允许作为本刑折抵未决羁押。而我国的附加刑不同于以上一般意义上的，是一种既可附加适用，也可独立适用的刑罚方法（参见屈学武主编：《刑法总论》，社会科学文献出版社2004年版，第330页）。能够独立适用的附加刑不在不予折抵之列。在日本，以死刑、惩役、监禁、罚金、拘留与科料为主刑，以没收为附加刑（日本刑法第9条）。伴随刑罚的宣告可能加于犯人的种种资格的限制，在日本是行政处分而不是附加刑（［日］大塚仁著：《刑法概说（总论）》，冯军译，中国人民大学出版社2003年版，第442页）；在法国是附加刑而不是行政处分（参见马克昌著：《比较刑法原理》，武汉大学出版社2002年版，第839页）。

② 《德国刑法典》（2002年修订），徐久生、庄敬华译，中国方正出版社2003年版，第18—19页。

③ ［德］F. V. Liszt著，Dr. Eberhard Schmidt修订，徐久生译：《德国刑法教科书》，法律出版社2006年版，第481页。

④ 在奥地利、瑞士、芬兰、瑞典、丹麦、泰国、我国台湾地区和我国澳门地区的刑法也为类似规定。

⑤ ［日］大塚仁著，冯军译：《刑法概说（总论）》，中国人民大学出版社2003年版，第440、484—485页。

产者来说，却是一种沉重的刑罚。① 对于剥夺政治权利，否定者认为，无论是附加适用还是单独适用，在立法上都是为了实现主刑不可替代的特定目的；对受刑人政治权利这个资格的一定期限的剥夺，就是为了对受刑人的政治上的否定和维护公职机关的信誉、② 纯洁公职人员队伍，其适用是自由刑所不能替代的。

笔者认为，把未决羁押的刑期折抵本刑仅仅限制在自由刑上的立法模式是缺乏法理根据的。首先，这与刑期折抵制度的属性定位相悖。如前所述，刑期折抵制度只能是刑罚适用制度。这就决定了刑期折抵的本刑并非是剥夺或限制人身自由的技术性抵扣，而是可以包括自由刑、财产刑和资格刑在内的任何有折抵内容的刑罚方法。其次，鉴于刑期折抵无法实现刑罚目的和功能的特点，即刑期折抵只是为了体现刑法的公平正义、为了体现刑罚的人性关怀和人权保障，未决羁押的适用不能代替刑罚执行的教育改造等处遇，因此，对未决羁押的刑事实体救济并非也要采用折抵自由刑的方式。而相反，未决羁押折抵刑期的本刑应包括财产刑和资格刑在内的所有可对未决羁押进行刑事实体救济的刑罚方法。第三，虽然罚金刑或资格刑确实在很多情况下存在不公平的情况，但这只表明要慎用，而不是一概否定。在被羁押者只被判处罚金刑或资格刑的情况下而否认折抵，则反显不公平。这样，不仅在罚金刑和资格刑作为主刑时应当折抵未决羁押期，而且在它们作为附加刑独立适用时也应当折抵未决羁押期。第四，这是对"刑期折抵"进行表面化和机械化理解的结果。实际上，刑期折抵，作为一个约定俗成的术语，随着其立法和实践的发展，它的内涵远不限于其字面含义。从字面意义上理解，刑期折抵的"刑期"似乎只是指"服刑的期限"，即刑期折抵的本刑只能是有"刑期"的刑罚方法。与这种理解相一致，刑期折抵也就只能在刑罚执行制度的属性定位下进行"对等抵扣"，即羁押只能用同是剥夺或限制人身自由的某些法定刑罚抵扣。显然，这是与刑期折抵的价值取向和刑期折抵立法的刑罚适用制度的属性定位相违背。如前所述，在世界各国或地区立法上，刑期折抵都是在刑罚适用制度的属性定位下给予被羁押者实体救济性补偿。既然是"补偿"，则当然不限于"对等抵扣"，其本刑还可包括剥夺或限制人身自由以外的任何有折抵内容（实体救济性补偿）刑罚方法。

---

① 参见李光灿主编：《中华人民共和国刑法论》，吉林人民出版社1984年版，第473页。
② 参见高铭暄主编：《刑法学原理》（第三卷），中国人民大学出版社1994年版，第162页。

综上，采用本刑为有折抵内容的所有刑罚方法之立法模式更加合理。为了体现刑罚的人权保障、公平公正等刑法精神和实现对未决羁押的救济性补偿，我国的刑期折抵本刑也应扩大到某些情况下的可单独适用的、作为财产刑或资格刑的附加刑等刑罚方法上。

六、刑期折抵的折抵羁押

先行羁押是设置和适用刑期折抵制度的事实前提。所谓先行羁押，实际上是一个在刑法视域下使用的概念。① 从刑法关于刑期折抵立法来看，它是指生效判决前对犯罪嫌疑人或被告人所实施的程序性"羁押"，也就是先行羁押实际上是程序性羁押因刑期折抵而进入刑法视域的实体意义上的羁押。它虽然被称为实体性羁押，但其本体仍是程序性羁押。当然，在理论上区分这两种意义上的羁押还是有现实意义的。表现在它们的法律根据和适用目的、法律意义等的不同。在法律根据上，前者是刑事诉讼法等关于刑事强制措施的规定，后者是刑法和刑事诉讼法等关于"刑事羁押折抵"的规定；在适用目的和功能上，前者是为了保障刑事诉讼顺利进行、保护社会和保障犯罪嫌疑人、被告人的人身自由权利不受任意剥夺，而后者是为了在一定程度上弥补和救济程序功利性目的在正当性上的不足；在法律意义上，前者体现了法律的功利性和权利的保障性，后者彰显了法律的公正性。

对于什么是程序性羁押，我国立法并没有明确规定。司法上，最高人民法院曾专门出台司法解释予以规定，即"拘留是在未批准逮捕以前，在法定的条件下，对需要进行侦查的人犯采取的一种紧急措施，而且只有公安机关才能行使拘留"，而"羁押则是在人民法院决定逮捕或者人民检察院批准逮捕，并且实施逮捕以后，把人犯羁押起来；执行逮捕的机关，即人民法院、人民检察院和公安机关，都可以在逮捕人犯后实施羁押。"② 显然，这个意在把"刑事拘留"排除在"羁押"之外的解释，是缺乏合理理由与根据的，而且也没有真正揭示羁押的内在含义。在理论上，羁押一般被解释为，"法院、检察院和公安机关把尚未判决的罪犯关押在看守

---

① 在刑事程序法及其实践中，一般称之为"未决羁押"。因为，"先行羁押"一般是从实体上相对于"刑罚"，而"未决羁押"一般是从程序上相对于"判决"。

② 1963 年 2 月 25 日作出的《关于拘留和羁押问题的批复》（63 法研字第 12 号）。

所或其他规定场所，限制其人身自由的一种强制措施"；①"把依法逮捕或
拘留的现行犯或重大嫌疑分子关押在看守所或其他规定的场所以限制其人
身自由的一种强制措施。目的是防止其逃跑、自杀、毁灭罪证或继续进行
犯罪活动，使侦查或审判工作得以顺利进行"。② 这样，我国理论上对羁
押的理解，与实践中的解释是有分歧的。显然，理论上的理解相对科学
合理。

　　事实上，笔者认为，程序性羁押有形式意义和实质意义之分。形式意义
上的羁押，是指法律明文规定剥夺或完全限制人身自由的独立于其他刑事强
制措施的一种刑事强制措施。具体包括如下几个基本内涵：在性质上，它是
一种独立于其他刑事强制措施的法定强制措施；③ 在适用目的上，它是为了
保证刑事诉讼顺利进行和保卫社会（防止继续犯罪）的；在适用主体上，
为享有侦查或审判权的机关及其工作人员；在适用对象上，为未决罪犯
（现行犯或重大嫌疑分子）；在形式表征上，为将未决犯关押在特定场所以
与社会隔绝和完全限制其人身自由的一种持续状态（而不仅仅是一种行
为）。实质意义上的羁押，是指那些能够导致人身自由被剥夺或完全限制的
法律后果和必然状态的所有措施。那些法律明文规定的、以"羁押"为强
制措施名称的剥夺或完全限制人身自由的、独立的强制措施，自然是这个意
义上的羁押；那些虽然没有法律明文以独立羁押措施予以明文规定，但实质
上导致人身自由被剥夺或完全限制的法律后果和必然状态的措施，也是这种
意义上的羁押。

　　据不完全考证，任何一个成文法国家的法律体系中，既有关于羁押的程
序性规定，也有关于羁押的实体性规定。从德、俄、日、意等国的刑事法律
体系来看，一方面，它们都在实体法中规定了作为刑期折抵制度事由的羁
押。如德国 2002 年修订的《刑法》第 51 条第 1 款第 1 项规定的"羁押"：
"被判决人因作为诉讼标的行为或曾是诉讼标的行为而被待审拘留（即未决

　　① 见商务印书馆辞书研究中心编：《新华词典》，商务印书馆 1980 年版，第 388 页。这是最
早收录（1971 年始编纂）"羁押"一词的普通词典所作出的解释。据考证，汉语中"羁押"一词
并非自古就有，而是清末"西法东渐"的产物。我国最早规制有"羁押"一词的法律文献是
1907 年制定的《大清新刑律》（第 80 条）。

　　② 见《法学词典》编委会编：《法学词典》，上海辞书出版社 1980 年版，第 736—737 页。
这是最早收录"羁押"一词的专业词典所作出的解释。

　　③ 考察各国羁押立法体制，虽然在羁押与逮捕的关系上有"前置主义"和"一体主义"之
分，但在"羁押"本身是独立于其他强制措施的一种刑事强制措施这一点上，它们是相同的。

羁押，是翻译者的不同表述而已）或以其他方式被剥夺自由的，其被剥夺
自由的期间折抵为自由刑或罚金刑。"① 《俄罗斯联邦刑法典》第 72 条第
3—5 款也对这种意义上的"羁押"作了详尽的规定："未决期羁押的时间，
计入剥夺自由、军纪营管束和拘役的期限时，1 日折抵 1 日；计入限制自由
时，1 日折抵 2 日；计入劳动改造或限制军职时，1 日折抵 3 日，而在计入
强制性社会公益劳动的期限时，1 日羁押折抵强制性社会公益劳动 8 小时。"
"对于在俄罗斯联邦境外犯罪的人，在依照本法典第 13 条的规定引渡时，
在法院判决生效前羁押的时间和依照法院判决服剥夺自由的时间，按 1 日折
抵 1 日计算。""如果被判刑人在法庭审理前受到羁押，而主刑为罚金、剥
夺担任一定职务或从事某种活动的权利，法院应考虑羁押期，减轻刑罚或完
全免于服刑。"② 《日本刑法》、③《意大利刑法典》也对这种刑事实体意义上
的羁押作出了规定。④ 另一方面，它们又都规定了能够与以上"羁押"相对
接的、明确的、独立的"羁押"强制措施。如《德国刑事诉讼法》第 112
条规定的羁押，《俄罗斯联邦刑事诉讼法典》第 96 条规定的羁押，《日本刑
事诉讼法》第 60 条规定的羁押，《意大利刑事诉讼法典》第 284 条、第 285
条、第 286 条规定的羁押（包括住地逮捕和预防性羁押）。

综观以上域外立法，有两个基本特点：第一，程序意义上的羁押实际上
都是相对"特定"的，表现为这些国家的刑事程序法上的羁押都是作为一
种独立于其他措施的刑事强制措施；第二，实体意义上的"羁押"内容主
要取决于刑事程序意义上羁押形式，因程序性羁押的相对特定也是相对特定
的。如此两个特点，既是刑期折抵的需要，也是羁押体制是否完善的重要表
现。在本质上，实体意义上的羁押实际上就是程序意义上的羁押因刑期折抵
而进入刑事实体领域的表现，因而在刑期折抵制度立法没有明确规定可折抵
刑期的羁押的具体范围（实体法上的羁押特定）时，这个羁押的范围的科
学界定就取决于刑事程序意义上的羁押的立法完善程度（程序法上的羁押

---

① 《德国刑法典》（2002 年修订），徐久生、庄敬华译，中国方正出版社 2003 年版，第 18 页。
② 《俄罗斯联邦刑法典》，黄道秀译，中国法制出版社 2004 年版，第 30 页。
③ 《日本刑法典》第 21 条规定"未决前的羁押日数，可以全部或一部分算入本刑"。见《日
本刑法典》，张明楷译，法律出版社 2006 年版，第 13 页。
④ 《意大利刑法典》第 137 条第 1 款规定："在判决变为不可撤销的之前受到的羁押从计时监
禁刑的总合刑期中或者从财产刑的数额中扣除。"第 2 款规定："从扣除意义上讲，预防性羁押被视
为有期徒刑或者拘役。"第 138 条规定："当在国外进行的审判应在意大利领域内重新进行时，在国
外已执行的刑罚一律予以计算，并且考虑刑罚的种类；如果在国外实行过预先羁押，适用前一条的
规定。"见《意大利刑法典》，黄风译，中国政法大学出版社 1998 年版，第 43—44 页。

特定），以实现二者在一般情况下的良性对接。① 因而，只有特定了程序性羁押，实体意义上的羁押才能相对特定，才能在它们之间实现这个对接，才能使刑期折抵不发生"羁押"上的虚化和适用困难。从以上德、俄、日、意等国的立法情况来看，这两种意义上羁押都较好地实现了立法上的对接。

　　而在我国，根据 1954 年和 1979 年修订的《中华人民共和国逮捕拘留条例》、1979 年制定和 1996 年修订的《刑事诉讼法》的规定，我国并没有专门的程序意义上的即独立于刑事拘留和逮捕的羁押措施，只有能带来"羁押"必然状态和法律后果的刑事拘留和逮捕。而刑事实体意义上的羁押，即在我国 1979 年《刑法典》和 1997 年修订的《刑法典》中规定的可折抵刑期的"先行羁押"，② 除了包括程序意义上的羁押如刑事拘留、逮捕外，还可能包括非刑事的处置措施或已执行的刑罚，如行政拘留、司法拘留、民事实体拘留、海关扣押、留置盘问、"双规"、再审或回国审判判决前的已执行刑罚等，又因刑事追诉而转化为这里的"羁押"之情形。③ 因为，刑事程序意义上的羁押在立法上的不特定，不仅那些法定刑事强制措施如刑事拘留、逮捕必然带来羁押，而且那些非法定刑事强制措施如行政拘留、司法拘留、民事实体拘留、海关扣押、留置盘问、双规等，也都带来"羁押"，④甚至那些部分限制人身自由的刑事强制措施如监视居住、劳动教养、拘传等，也变相地执行为"羁押"。既然刑事程序意义上的羁押在法律上不特定，则必然导致作为刑期折抵前提的刑事实体意义上的羁押的虚化，进而导致作为刑期折抵前提的羁押在立法上无法确定的刑期折抵适用困难。这些必然带来"羁押"的羁押形式，在适用刑期折抵时，既无刑事程序法根据（明文规定），也无刑事实体法根据（明文规定），而不得不出台大量的司法解释。也就是，自新中国成立以来，我国的司法机关先后出台的至少 77 个关于刑期折抵的司法解释，实际上就是刑事程序意义上的羁押不特定而导致刑事实体意义上的羁押虚化的必然结果。

　　另外，对域外适用的未决羁押是不是折抵刑期或如何折抵刑期，在我

① "保障刑事诉讼顺利进行、保护社会"，是程序意义上的羁押的功利性目的所在。实际上，如此羁押的适用，客观地内含了实体性损害结果。为了弥补和救济如此程序功利性目的所带来的不良后果，这种意义上的羁押需进入实体法域，转化为实体意义上的羁押。

② 前者的第 36 条、第 39 条和第 42 条，后者的第 41 条、第 44 条和第 47 条。

③ 参见石经海：《刑法视域中的羁押探究》，《中国社会科学院研究生院学报》2006 年第 4 期。

④ 与其说这是一般意义上的"羁押"也即一种独立于其他刑事强制措施的特定化了的刑事强制措施，不如说它是一种非立法特定化的剥夺或完全限制人身自由的客观状态。

国刑事立法上也未作明确规定。从刑期折抵制度设置的刑法本质来看，这些羁押自然也应纳入折抵羁押的范围。世界大多数国家关于刑期折抵的刑事立法的实践也表明了这一点。① 特别是，在我国缔结或参加的有关国际公约或条约中已有明确规定。例如，《制止恐怖主义爆炸的国际公约》（于 2001 年 12 月 13 日对我国生效）、《联合国打击跨国有组织犯罪公约》（2003 年 9 月 27 日在我国生效）和《联合国反腐败公约》（2006 年 2 月 12 日起在中国生效）对"在被移送前往的国家的羁押时间应当折抵在移送缔约国执行的刑期"，作出了规定；我国与突尼斯和巴西的引渡条约，也对"被引渡人在被请求方因引渡请求被羁押的时间应折抵其被判处的刑期"，作出了规定；另外，我国和韩国、哥伦比亚、美国、菲律宾、爱沙尼亚、泰国、南非、拉脱维亚、西班牙、墨西哥和澳大利亚等国的刑事司法协助条约中，也都作出诸如"在请求（作证或者协助调查）方被羁押的期间，应当折抵在被请求方判处的刑期"的规定。以上规定，从国际法上看，就已对我国生效；但从作为国内法的刑事法来看，它们又不具有刑事法上的直接适用性，需要通过立法程序把它们转化为国内刑法规范或通过刑法解释直接纳入相应的刑法规范内，才能直接适用。这也是我国刑期折抵立法亟待完善的方面。

七、我国刑期折抵立法的历史沿革与展望

以上分析表明，我国的刑期折抵在立法上存在严重漏洞，亟须完善。其中，最为简捷的完善方式是借鉴域外的先进经验和做法并根据我国的具体情况本土化。事实上，从我国刑期折抵的法律文化渊源与其立法的历史流变来看，虽然我国与德、意、法、日等国存在法律制度上的差异，但这个借鉴及其本土化实现仍具有立法传统及其制度的基础。

从法律文化渊源来看，刑期折抵，作为体现刑法的公平公正、人性关怀、人权保障等现代刑法精神的一项重要刑法制度，也像其他近代资本主义法律制度一样，是近代资产阶级革命和资本主义启蒙思想的产物。实际上，如此制度，本与"藐视个体权利"、"否定个体平等"的中国传统律法文化并不相容，也就是，从中国传统法律文化来看，它不

---

① 如德国现行《刑事诉讼法》第450—a 条以 3 款内容对"引渡羁押的折抵"作了明确详尽的规定。参见《德国刑事诉讼法典》，李昌珂译，中国政法大学出版社 1995 年版，第 167 页。

可能产生乃至存在。然而，经考证，刑期折抵制度又首次客观地规定在清末的《大清新刑律》①中，规定："未决期内羁押之日，得以2日抵徒刑、拘役1日或抵罚金1元"（第80条）。自此以后的中国各部刑事法都作了如此规定。②

事实上，刑期折抵制度之所以能落户于中国法律之中，并得以发展变革，应源于清末"西力东渐"③所带来的法律文化革命。所谓"西力东渐"，又称"西风东渐"，是指西方由工业革命带来的巨大的生产力及与此相连的政治制度、价值观念、思想意识等汇成不可阻挡的潮流，随着鸦片战争的爆发而涌入东亚，冲击着东方农业民族的自然经济结构。纵观东亚历史，如此"西力东渐"，实际上是一种对传统东亚封建专制的政治制度、价值观念、思想意识等的"根本性"否定和对西方近代资产阶级的政治制度、价值观念、思想意识等的"全盘性"移植。虽然这个"根本性"和"全盘性"对同在东亚的日本和中国的实际的或最终的影响情况不同，但表现在法律方面，都出现了不同程度和方式的"西法东渐"。④先是日本在"西力东渐"和"西法东渐"中实现了法律近代化并一跃成为现代化强国。继而晚清"力求自跻于文明之域"而也始变法，于是，"一切法规的形式和内容，直接模仿日本，间接效法西欧"，并且，"中国旧律的原则和精神，在起草者心目中毫无存在余地"。⑤正如有学者考证的那样，"晚清西力东渐，中国屡受侵略，乃决心变法图强，两江总督刘坤一，湖广总督张之洞，曾奏

---

① 这是我国第一部近代刑法典，它完成于1907年（光绪三十三年）、公布于1911年1月25日（宣统二年十二月二十五日）。

② 共7部，即《大清新刑律》、《暂行新刑律》、《中华民国1928年刑法》、《赣东北特区苏维埃暂行刑律》、《中华民国1935年刑法》、《中华人民共和国1979年刑法》和《中华人民共和国1997年刑法》。

③ 所谓西力，是指西方的物质文明和制度文明。

④ 正如德国法科进士赫善心答清宣统时工部员外郎蒋楷时所言："日本无法律，向用中国律，继抄法国律，近则抄德国律。以其中无所主，故外来得而据之。若中国律自为系统，与罗马律之系统并峙，一旦尽弃所有，强百姓以必行，则窒碍甚多，决不如日本收效之捷"（《赫善心与蒋楷关于中国法律改革之问答》），日本实际上从来就没有自己的法律系统。可也正是这个原因，它在这场"西力东渐"中反而不受传统文化根基的束缚，较为彻底地移植和吸收了西方先进法律制度，并真正走上了法律近代化道路。而我国因有着几千年传统文化根基的中华法系束缚，在"西力东渐"中，"虽有渐变，而无突变"（虽然大清新刑律相对于旧律而言有突变的性质）（蔡枢衡著：《中国法理自觉的发展·西洋法律的输入》，清华大学出版社2005年版，第73页），最终没能像日本那样走上法律近代化道路。

⑤ 参见蔡枢衡：《中国法理自觉的发展·西洋法律的输入》，清华大学出版社2005年版，第73页。

请变法，仿行西法，清廷初命沈家本、武廷芳为修订法律大臣，设修订法律馆及法律学堂"。"此为我国法制史上划时代之图强变革，亦即中国法律脱离固有法之传统精神，全盘西化之始。"① 从现实来看，由于这个"西力东渐"：一方面，西方的个人价值本位观，即对人的尊重，对人的自由的向往和保护，对人作为一个独立个体予以最大限度的关怀，传入了中国，令国人耳目一新，演绎成了个人本位的国家主义法律观。这为清末法律改制提供了重要的思想基础。另一方面，将西方近代人性论之理性成分吸纳到中国传统人性论中来，强调人是平等自由的，享有不可剥夺的自然权利，从而赋予了中国近代人性论之文明内涵。② 这为清末法律改制提供了重要的制度基础。正是在这样的"思想"和"制度"的根本性变革的背景之下，刑期折抵制度，像其他诸多新型现代法律制度一样，能够冲破"根深蒂固"的中华法系传统法律文化的束缚，落户并成长于这个文明古国之中，并促使这个古老法系走向解体，致使"传承数千年的旧律（中华法系）随着成为历史上的名词"。③

清朝覆灭后，民国政府改《大清新刑律》为《暂行新刑律》。《暂行新刑律》删除了《大清新刑律》中与民国国体抵触各章、条及文字，但其中关于"羁押"及其刑期折抵制度等非与民国国体抵触的内容，都保留下来和予以适用。④ 虽然后来民国政府先后于1915年（民国四年）和1918年（民国七年）对该《暂行新刑律》进行两次"修正"，但也未对其中关于羁押的刑期折抵制度的规定进行变动，并大体上沿用到1928年国民党取得全国政权以后。1928年3月10日，国民政府以北京政府《暂行新刑律》、《第二次刑法修正案》为蓝本，制定的《中华民国刑法》。其中，1928年《刑法》对有关刑期折抵的标准进行了适当调整。1935年民国政府公布的新刑法沿用了这一规定。

随着国共分裂，革命根据地也开始制定自己的法律。1931年以方志敏为主席的赣东北特区政府，根据赣东北地区的实际情况并参照以上

① 参见展恒举：《中国近代法制史·导言》，台湾商务印书馆1973年版，第1页。
② 参见徐岱：《清末刑法改制与中国刑法近代化》，载高铭暄、赵秉志主编：《刑法论丛》（第6卷），法律出版社2002年版，第1—68页。
③ 参见蔡枢衡：《中国法理自觉的发展·西洋法律的输入》，清华大学出版社2005年版，第73页。
④ 参见《删除新刑律与国体抵触各章条》（民国元年四月三十日公布），《中国近代法制史资料选辑》（第三辑），西北政法学院法制史教研室1985年编印，第179—180页。

《暂行新刑律》，在体系和内容上加以增删后，颁行了《赣东北特区苏维埃暂行刑律》。本刑法典是在废除旧刑法的基础上，以革命原则为基础，独立自主地制定的新刑法典，但这并不排除从旧刑法典中吸取某些有用的条款。① 其中，其第 44 条关于刑期折抵的规定，② 就是其中的例证。

新中国成立后，虽然新中国彻底废除了国民政府时期的《六法全书》及其他所有法律，并在新中国成立后的长达 30 年的时间内没有刑法典，但新中国关于刑期折抵的做法一直延续下来。从新中国的立法和司法背景来看，虽然 1949 年到 1953 年新中国刑法学的创建时期，"是以否定旧中国的刑法学、照搬苏维埃的刑法学为主要特征的"，③ 但新中国关于刑期折抵的做法不是来源于苏联，而是源于以前司法实践中的做法。④ 从当时我国的司法实践状况来看，以前的旧法律仍对各级人民政府的司法审判有着不可割裂的影响；虽然华北人民政府发出训令，要求"各级人民政府，特别是司法工作者，要以蔑视与批判的态度对待国民党《六法全书》及欧美日本资本主义国家一切反人民的法律"。⑤ 但因抗日战争时期和解放战争时期，这些地区的司法工作援引以前的刑法等基本法律已成惯例。⑥ 这样，虽然自 1949 年 4 月到 1979 年 7 月 1 日间没有关于刑期折抵的刑法规定，但实践中的"刑期折抵"仍广泛地被适用着。⑦

新中国关于刑期折抵的立法，最早见于 1979 年 7 月 1 日通过 1980 年 1 月 1 日施行的新中国的第一部《刑法典》即《中华人民共和国刑法》中。从我国当时的法律教育和法学研究来看，在《五四宪法》公布后，我国照

---

① 参见张希坡编：《中华人民共和国刑法史》，中国人民公安大学出版社 1998 年版，第 72 页。

② 即"未决期内，羁押之日，得以 2 日抵徒刑、拘役 1 日"。

③ 参见高铭暄主编：《新中国刑法科学简史》，中国人民公安大学出版社 1993 年版，第 8—9 页。

④ 虽然这时的苏联刑法已有关于刑期折抵的规定。

⑤ 《华北人民政府法行字第 8 号训令》，《东北日报》1949 年 4 月 11 日第 3 版。

⑥ 董必武：《旧司法工作人员的改造问题》，载《中央政法公报》第 3 期（1950 年 2 月 15 日），第 45 页。

⑦ 据考证，从新中国 1949 年成立后至 1980 年 1 月 1 日第一部《刑法典》生效前，根据适用羁押的刑期折抵需要，先后出台了 45 个专门的或相关的司法解释（其中，专门为指导刑期折抵适用的司法解释就有 28 个）。这些司法解释，分别规定了管训、逮捕、刑事拘留、行政拘留、新生公学、保外就医、收容审查、隔离审查、禁闭审查、劳动教养、监视居住、管制、缓刑等是否要折抵刑期或如何折抵刑期的问题。

搬照抄苏联的做法就已趋结束。① 新中国刑法关于刑期折抵立法不是照抄苏联的做法，② 而仍是对以前做法的延续和发展。虽然随着社会的发展，我国刑法也随之发展并适时进行了诸多重大修订，而刑期折抵制度仍以相同的规范内容在新的立法中沿袭下来，并分别规定在 1997 年《刑法》中。

以上事实表明，从刑期折抵的法律文化渊源来看，虽然新中国刑法关于"重保护、轻保障"的特点很是突出，虽然我国与域外国家或地区的法律制度存在很大差异，但对于这个专门保障受刑者权利的刑期折抵制度，还是能够接纳的。这意味着，借鉴域外关于刑期折抵的先进经验和做法并实行本土化，在立法上是没有障碍的。

同时，刑期折抵制度所蕴涵的人权保障品质，也为域外先进刑期折抵立法在我国本土化提供了广阔发展空间和坚实理论基础。随着时代的发展，社会的进步，人类文明程度的提高，人们的权利意识在逐渐觉醒和不断增长。刑法，作为一柄最能侵害人权也最能保障人权的双刃剑，也逐渐从工具性向目的性、从惩罚性向教育性、从镇压性向建设性、从惩罚性向维护性、从义务性向权利性方面转变。刑期折抵制度就是实现其中人权保障功能的最主要和最基本方式之一。这是因为：其一，刑期折抵制度具有人权保障的专门性，即它的法律设置和适用是为了专门保障受刑人人权的。在现代刑法上，之所以强调对受刑人个人人权的保障，是因为刑法虽然主要是通过惩罚犯罪分子，限制或剥夺犯罪分子的部分人权来保护社会法益，但是，并非犯罪分子的所有人权都因犯罪和被判刑而丧失殆尽，它们所丧失的（包括被判处死刑立即执行的犯罪分子）只是全部人权中的一部分，而另一部分没有丧失的人权同样应得到国家法律的有力保障。从刑法的人权保障功能而言，刑期折抵制度的刑法设置就是为了专门保障受刑人个人正当权利的。其二，刑期折抵制度具有人权保障的制度性，即从制度上保障受刑人人权不受或少受侵害。既然人权保障是刑法的基本功能之一，而刑期折抵又是实现这个功能

---

① 在"五四宪法"公布后，我国的法律教育和法学研究就不再以学习苏联为主，而是开始逐步摸索以我国社会主义革命和社会主义建设的实践经验为主而进行教学和研究了。参见高铭暄主编：《新中国刑法科学简史》，中国人民公安大学出版社 1993 年版，第 8—9 页。

② 新中国第一部《刑法典》即 1979 年《刑法》关于刑期折抵的规定，与当时苏联的相关规定，虽然在折抵原则上都采用法定主义，但在折抵本刑上差别很大。前者仅为管制、拘役和有期徒刑等三种限制自由刑和剥夺自由刑；而后者除了可以是剥夺自由刑和军纪营管束外，还可以是劳动改造、流放和放逐。

的一种最主要和最基本的方式，则刑期折抵在刑法中存在的价值和意义除了它的规范性外，还在于其制度性，表现在为实践中的刑期折抵适用提供一个共同的、经常性的规程，从而，使刑期折抵制度所体现的刑法人权保障能够一贯地实现。其三，刑期折抵制度具有人权保障的事后正当救济性，即它可在一定程度上补救受刑人在人权上所受到的合法性侵害。从实质上讲，刑事司法实践中的未决羁押是出于特定功利目的而不得已为之的功利性强制措施；这种措施的设置和适用至多只具有正当的"合法性"根据，而不真正具有正当的"伦理性"根据。在本质上，它是对犯罪嫌疑人、被告人最神圣人身自由权利的合法性侵害。同时，同一事实在审前和审后均强制地剥夺或限制行为者人身自由，难免有"一事二罚"的嫌疑。因此，为了在一定程度上防止该措施的滥用和弥补其功利性正当的不足，体现现代刑法的时代精神，需让羁押进入刑法视域进行刑期折抵，以救济未决羁押的法律功利性不足。其四，刑期折抵制度具有人权保障功能的刑法性，即这是从刑法的高度去保障受刑人的人权。对于犯罪分子在刑罚执行以前的被强制剥夺或限制人身自由的时间予以折抵某些裁判中确定的刑罚，是对犯罪人合法权益的保障的体现。但这实现的不是刑罚的功能，而是刑法的功能。刑罚在功能上不具有人权保障性。从这个意义上说，在制度层面上，刑期折抵在微观上是刑罚适用制度，但在宏观上是专门保障受刑人人权的现代刑法制度。其五，刑期折抵制度具有人权保障的人性性，即它是刑法实践人性关怀的重要方式。刑期折抵，其存在和适用的合理性根据，在很大程度上也缘于其关注脆弱人性的基本诉求。它像其他诸多现代刑法制度一样在本质上是对在强大的国家法律规范面前喘息不已的国民的脆弱人性倾注刑法的同情之泪，是刑法人道主义追求的重要表征。毕竟，被刑期折抵的对象，虽然是被刑事惩罚者，但其在基本品性上还是人，应受到人之为人的基本待遇。否则，刑法关于刑罚规范就会因失去其社会公正性和合理性而失去其存在的社会基础；更何况，包括刑法发展在内的整个社会发展都需围绕人的全面发展而体现人本主义原则。其六，刑期折抵制度具有人权保障的国际性，即它的法律设置和适用应是国际上衡量一国人权状况的重要指标。刑法最能侵犯人权，也最能保障人权。刑法的人权保障状况，是国际上普遍关注的核心问题，也是衡量一国人权保障状况的重要指标。而刑期折抵，作为一项专门保障受刑人人权的重要刑法制度，其在一国刑法中是否设置及其完善程度，在一定程度上是该国人权保障状况展示的重要窗口。如此等等表明，在我国刑法中设置和完善刑期折抵制度，不仅是必要的，而且是重要的；不仅是刑法时代精神的重要体现，而且是刑法走向现代化的重要标志和必然要求。①

综上，借鉴并本土化域外刑期折抵先进立法以完善我国刑期折抵立法，不仅是可行的，而且是必要的。虽然我国与西方国家在整个法律制度乃至法律文化上存在较大差异，但我国刑期折抵制度的法律文化渊源及其在我国立法和司法中的一贯发展和广泛实践决定了我国仍有借鉴和本土化域外先进刑期折抵立法的现实基础。同时，刑期折抵制度本身的特质及其走向权利的时代特征也决定了，与域外先进刑期折抵立法靠齐势在必行。其中，借鉴和本土化域外关于刑期折抵的专门详尽的立法方式、混合的折抵原则、所有有折抵内容的折抵本刑和相对特定化的折抵事实前提（羁押范围的特定化），是其核心部分和当务之急。

---

① 参见石经海：《刑期折抵制度的刑法精神》，载《现代法学》2004 年第 6 期。

刑事实务研究

少年司法制度改革之探索

——"司法分流"及其与现行司法制度的冲突

冯　锐*

在人权受到高度重视的现代社会，刑罚的适用也被视为只是解决犯罪问题的一种方法，尽管这种方法是特殊的，却不再是唯一的。在这一前提下，国家对犯罪人适用刑罚，只能是在其他方法（行政的、民事的等）的确不能发挥作用的情况下所采取的万不得已的方法。因此，刑罚的适用只能是最后的手段。了解这一点对于我们研究刑事司法中如何处置少年①犯罪可能更具实际意义。众所周知，少年是处在成长过程中的，无论是他们的身体发育还是他们的智力发育，都处在发展变化过程之中，他们还没有形成成熟的人生观和价值观，因此也被称为未成年人。某些少年不仅分不清什么是违法、什么是犯罪，甚至也分不清什么是好、什么是坏，即缺乏对事物的认识能力和分析能力，缺乏对事物好坏的鉴别能力。正因为如此，少年的思想极易受社会环境的影响，少年的行为极易受外来因素的诱导。因此，当我们从犯罪学的角度审视少年犯罪时，很容易得出以下结论：不良的社会环境（社区生活环境）是导致少年犯罪的根本原因；家庭教育的失误以及家庭暴力的存在，是少年离家出走的主要原因；学校存在的对所谓差生的歧视是少年被迫辍学并流入社会的主要原因。以上结论也表明，少年犯罪与他们成长的环境有密切的关系，即与国家、社会、家庭和学校为他们提供的成长环境有密切的关系。既然如此，当少年不可能在良好的环境条件下生活而出现了这样和那样的问题，甚至去实施违法和犯罪行为时，我们又怎么能完全责怪他们呢？如果一个少年违法或者犯罪了，一味强调追究其刑事法律责任，强调对其的刑罚惩罚，是不公平的，也是不人道的，更是不合情理的、说不过去的。正是基于此，联合国《儿童权利公约》和《少年司法最低限度标准规则》（又称《北京规则》）都规定，将少年引进司法程序是万不得已的事情，对少年犯罪适用刑罚只能是在万不得已的情况下才实施。也正是基于此，现

代世界许多国家的刑法，对少年犯罪适用刑罚做了许多限制性的规定。如有的国家的刑法规定对少年犯罪不得适用死刑，有的国家的刑法规定对少年犯罪不得适用无期徒刑，还有的国家规定对少年犯罪适用刑罚最高不得超过10 年监禁等。而他们在司法实践中，对少年犯罪则更多的适用非刑罚的处理方法或非监禁的方法。这些做法表明当今世界各国对少年犯罪考虑的不是严厉惩罚，而是考虑对其适用何种处罚措施更为有利，更能保护其权利不再受到侵害。尽管也要承认，对犯罪性质严重的犯罪少年适用刑罚是必要的，这可以使其认识自己犯罪行为给社会或他人造成的危害后果，认识自己应当承担的法律责任，但是更为重要的是，对犯罪少年适用相应的刑罚，主要目的还是教育、感化和挽救他们。因此，惩罚在这里不仅不是主要的，更不应当成为对少年犯罪适用刑罚的目的。

在中国的法制建设和司法改革进程中，如何对待少年犯罪问题一直是法学、犯罪学、社会学研究和考虑的重要课题，也是司法实务工作者经常探讨的问题。近年来，中国许多地方正在进行有关少年司法制度改革的探索实践。例如，2002 年 5 月，中国云南省昆明市盘龙区政府与英国救助儿童会开始开展的以社区为基础、多部门合作实施的少年司法分流试点项目，[①] 就是很好的事例。少年司法制度改革探索实践的事例表明，中国的少年司法制度正在努力探索与世界各国少年司法理念及发展趋势逐渐接近的途径。本文将全面介绍云南省昆明市盘龙区少年"司法分流"项目的具体实施情况，该项目实施过程中存在的困境及其与现行司法制度的冲突。

一、项目实施的一般情况

2002 年 5 月，云南省昆明市盘龙区政府与英国救助儿童会开始了以社区为基础、多部门合作实施的少年司法分流试点项目。同年 12 月 9 日双方正式签署了为期 3 年（2002 年 5 月 1 日至 2005 年 5 月 31 日）的未成年人司法分流试点《合作备忘录》。荷兰政府驻华使馆为该项目提供资金。盘龙区人民政府成立了以区委常委、副区长为领导，包括区公安局、检察院、法院、宣传部、教育局、民政局、妇联、共青团以及政府办等部门正职领导为

---

① 盘龙区是昆明市主要城区之一，面积为 339.79 平方公里，辖 8 个街道办事处、2 个乡、47 个社区委员会和 16 个村民委员会；全区总人口 63.47 万，其中户籍人口 38.98 万，流动人口 24.25 万，12—17 岁未成年人 23563 人。

成员的项目领导小组，设置了专门的项目办公室，并为项目的实施提供办公
地点和部分年度办公经费。在合作中，双方对试点工作取得的实质效果比较
满意，对项目的前景充满信心。2004 年 5 月，在征得资金提供方的同意后，
双方将合同延期至 2006 年 8 月 31 日。目前，双方的合作继续得到荷兰驻华
使馆的经费支持，为期 3 年的第二期合作已经开始。

根据联合国《儿童权利公约》，尤其是该公约第 40 条的精神，昆明市
盘龙区少年司法试点项目确定的宗旨有两点：其一，旨在保护儿童权利，尤
其是对违法犯罪儿童权利的保护，对违法犯罪未成年人提前进行干预和帮
助；其二，建立社区支持体系，挽救违法犯罪未成年人以及预防未成年人违
法犯罪，将违法犯罪未成年人有条件地从正式的惩罚性司法体系中分流出
来，最大限度地争取非监禁性处罚，以避免其进入司法程序；发挥社区为基
础的帮教、矫正体系的作用，以利于违法犯罪未成年人的正常发展，同时达
到预防犯罪的目的。

该试点项目以维护未成年人权益为核心，以对违法犯罪未成年人"司
法分流"为主线，以"合适成年人"和志愿者参与为特点，以个别教育为
重点，建立社区工作平台，构建多部门合作的社区矫正体系，使违法犯罪未
成年人能及时得到社会的帮助和关爱。项目围绕能力建设、研究、倡导及网
络工作四方面展开活动，通过多部门的合作及以社区为基础的分流项目，力
争实现以下目标：第一，减少进入正式司法程序的未成年人的人数；第二，
实施以中外做法相结合的最佳模式；第三，发展未成年人司法管理模式；第
四，影响与触法未成年人相关的立法进程。

为保障司法分流项目的实施，盘龙区委成立了由区常委、副区长担任组
长的工作领导小组，成员包括公安局、检察院、法院、司法局、宣传部、教
育局、民政局、共青团、妇联以及政府办公室等部门和机构团体的正职领
导，并实行一把手负责制。

在英国救助儿童会的帮助下，盘龙区项目领导小组组织和安排参与项目
工作的单位参加形式多样的培训、研讨、考察活动，内容涉及儿童权利保
护、未成年人司法制度、司法分流、保释制度、合适成年人制度等。该领导
小组还组织区公安局办理少年案件的警官、区法院负责少年案件审理的法官
到上海参加华东政法学院组织的"保释"研讨会，组织区司法局带领部分
街道分管领导及社区工作人员到北京考察学习，派出项目办工作人员到上
海、北京、安徽等地学习和了解外地的未成年人保护情况。此外，该领导小
组还先后聘请过 3 个国际顾问帮助指导项目工作的开展。以上活动增进了项

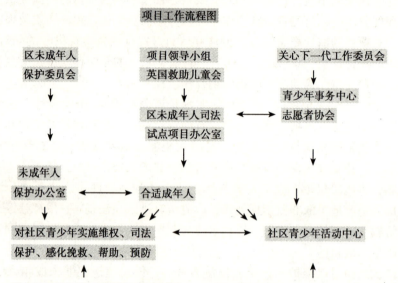

目参与及相关人员对未成年人司法问题的理解和对触法未成年人司法保护理念的理解，提高他们对维护未成年人合法权益意义的认识，增强了挽救触法未成年人的紧迫感与责任感，提高他们参与项目的积极性。

　　为确保项目的正常运行，项目领导小组聘请了国内法律顾问。从 2004年开始，项目领导小组在法律顾问和区人大法工委的指导、帮助下，制定了盘龙区《对触法未成年人"司法分流"办法》（试行）（以下简称"分流办法"），创建了"'合适成年人'参与"制度，并制定了《"合适成年人"参与制度工作指导手册》（以下简称"工作手册"）和《"合适成年人"工作程序规范》（以下简称"程序规范"）；区公安局制定了《办理未成年人案件操作规程》（以下简称"操作规程"）等，以确保"司法分流"的严肃性和规范性。此外，目前区人民法院、区人民检察院和区公安局、区司法局等部门已经初步建立了有关办理未成年人违法犯罪案件情况的通报制度。

二、项目实施中的"司法分流"

　　昆明市盘龙区未成年人司法试点项目办公室开展"司法分流"，严格地讲是指在少年刑事司法中运用替代措施，将违法犯罪的未成年人（也指触法未成年人）有条件地从刑事司法程序中分流出来，使其最大限度地避免监禁,并能在正常社会环境中接受教育和帮助。

盘龙区"分流办法"规定,对触法未成年人作出治安处罚或者刑事处罚时,尽量避免监禁处置或可能判处监禁的诉讼,坚持有条件地、最大限度地把未成年人从司法程序中"分流"出来,采取非监禁处置或非监禁强制措施,对违法犯罪未成年人实行司法保护。

"司法分流"的关键在于办案时最大限度地依法适用"取保候审"非监禁性强制措施,并将"取保候审"作为办理未成年人犯罪案件的首选处置方法。项目考虑到对触法未成年人采用"取保候审"实行分流时可能存在的风险,即触法未成年人再犯罪或者设置诉讼障碍。当风险一旦出现,触法未成年人将承担相应的法律责任;如果"取保候审"阶段无风险发生,将考虑对其适用非监禁处罚。根据个案的具体事实、性质和情节,风险可分为三类:即可能判处三年以下有期徒刑缓刑的无风险或低风险;可能判处三年以下实刑的中风险和可能判处三年以上七年以下有期徒刑的在校学生的高风险,因此,对"取保候审"风险进行评估是十分必要的。风险评估要素包括四方面的内容:第一,根据年龄、一贯表现、现实表现、主观恶性以及是否吸毒等,对触法未成年人之人身危害性的评估。第二,根据家庭结构、家庭教育、经济状况、周边环境、学校生活、朋友交往等,对家庭、社会环境的评估。第三,根据犯罪行为的性质、情节、量刑幅度、是否团伙犯罪、暴力程度以及犯罪动机、目的、犯意等,对触法未成年人犯罪行为社会严重性的评估。第四,根据社区、学校、家长、亲友对"取保候审"的意见;请求、保证、"取保候审"期间的监管措施及安全保障等,评估社会监管体系对"取保候审"适用的支持度。"取保候审"风险分类的适用范围可分为两种情况:其一,对基本无风险或者低风险的触法未成年人,公安机关在侦查阶段、检察院在审查批捕、起诉阶段一般可适用"取保候审";其二,对属于中、高风险的被监禁参与诉讼的未成年被告人,法院经过开庭审理后,从对未成年人最大利益的司法保护原则出发,有条件适用非监禁刑罚的,可依法判处非监禁刑罚。盘龙经验表明,在项目的起步阶段从低风险对象入手;在项目实施过程中,逐步创造条件向中高风险对象发展是可行的。

"司法分流"的核心是司法的人性化,即将违法犯罪未成年人从司法程序中分流出来,接受家庭、学校、社区的帮助、教育及挽救,积极预防和减少违法犯罪未成年人再犯罪,因此,"司法分流"必须通过多部门的合作来完成。自2003年6月开始,盘龙区的公、检、法各部门建立起了有关未成年人违法犯罪案件的情况月报统计制度。各派出所及刑侦大队、中队、治安大队都确定了专门办理未成年人案件的警官，注重人性化挽救、保护这些违法犯罪未成年人。"司法分流"项目不但为违法犯罪未成年人提供了在正常的社会环境中悔过自新的条件，而且解决违法犯罪未成年人难以回头的问题。

"司法分流"的范围包括：公安侦查阶段的分流、检察院受理阶段的分流和法院审判阶段的分流。

（一）公安机关侦查阶段的分流

在侦查阶段，公安机关对违法未成年人的分流以采用取保候审作为首选，以确保对违法未成年人尽量避免适用监禁性强制措施。在项目实施初期，公安机关在办理未成年人违法犯罪案件时，采取不报请逮捕即可取保候审方式，也就是在公安机关立案后即可取保候审。一段时间的司法实践表明，对违法犯罪的未成年人，如果不经过一定的羁押并接受相应的法制教育，对其直接取保候审很难收到好的效果。目前，盘龙区公安机关对未成年人违法犯罪案件一般还是采取先捕后再视情况决定是否可以取保候审。此外，非刑罚的处理方法也是公安机关处置违法未成年人的重要措施。公安机关在受理审查中认为未成年人违法情节轻微或者事实不清、证据不足，无需进一步采取相关强制措施的，以及行为严重但未达到刑事责任年龄而不负刑事责任的，可依法做出教育释放或视情节给予警告、罚款、责令父母或监护人严加管教等决定；如对触法未成年人做出治安处罚决定时，则尽量避免使用监禁性处罚措施。

（二）检察院受理阶段的分流

在这一阶段的分流主要是指暂缓起诉。暂缓起诉，也称缓诉，指人民检察院审查公安机关侦查终结移送起诉及检察机关自行侦查终结的未成年人犯罪案件，对罪该起诉但犯罪情节较轻（3年以下有期徒刑）、以暂不起诉更为适宜的被告人采用取保候审的方式，并设定一定的考察期（3个月以上12个月以下）进行考察帮教。考察期限届满，检察机关认为确有悔改表现并不致再危害社会，即对未成年犯罪嫌疑人作出不起诉处理；如在考察期限内不思悔改，又违法犯罪则撤销取保候审。重新犯罪的，则与前罪一并起诉。暂缓起诉是一种附条件的不起诉。暂缓起诉的适用条件主要包括：未成年人的行为已经构成犯罪并且应负刑事责任，但是这种犯罪行为较轻，可能判处三年以下有期徒刑；未成年人必须具有悔改表现；具备帮教条件，如具备家庭监护条件、社会帮教条件等。对暂缓起诉的未成年人实行考察帮教，是暂缓起诉制度的重要内容，而良好的考察帮教条件则是适用暂缓起诉的前提。暂缓起诉的跟踪考察包括建立考察档案、检察机关与家长或者家长、学校、社区三方共同制订考察计划和协议、检察机关定期或不定期回访考察和进行帮教、未成年犯罪嫌疑人定期提交书面思想活动材料、考察终结时办案人员提出考察报告等方面内容。

盘龙区检察院制定了《办理未成年人案件暂缓起诉工作制度》（以下简称"工作制度"）。该工作制度规定，对具有如下情形的未成年犯罪嫌疑人，办案检察官应到其所在学校、居委会、派出所了解情况，形成书面报告，报请检察长决定是否适用暂缓起诉：主观恶性小，易改造的；被诱骗、胁迫犯罪的，且系初犯，偶犯的；情节轻微、有悔罪表现，且家庭、学校具备对违法犯罪未成年人进行教育条件的。决定适用的，按照《刑事诉讼法》第51条、第58条之规定办理取保候审手续，并制定帮教措施，建立考察档案，对暂缓起诉对象进行为期3—6个月的全面考察。考察期限届满，确有悔改表现，学校及社会评价好的，报请检察长提请检察委员会作出不起诉决定；没有悔改表现，学校及社会评价不好的，报请检察长或检察委员会作出起诉决定；故意重新犯罪的，立即撤销暂缓起诉决定，依法向法院提起公诉。

（三）法院审判阶段的分流

这一阶段的分流主要是指适用缓刑。缓刑是指人民法院少年法庭在刑事诉讼活动中，经过开庭审理，对构成犯罪并符合一定条件的未成年被告人，先定罪名并判处刑罚而暂缓执行的一种刑罚制度。由于缓刑的适用不需要将犯罪人关押在固定的执行场所，这不仅可以避免犯罪人在监狱中交叉感染，给予犯罪人人身自由，促进其再社会化，还符合刑罚经济原则。缓刑最早出现在少年司法制度之中，也就是说缓刑是为处置犯罪少年而诞生的一种制度。缓刑制度成为各国刑法的一种重要的刑罚制度，是长期司法实践发展的结果。中国刑法的缓刑规定对未成年人犯罪而言没有特殊之处。

盘龙区法院在办理未成年人犯罪案件时，考虑分流主要是对未成年人犯罪尽量适用缓刑。对那些属于中高风险的被监禁的未成年被告人，法院开庭审理后，从赋予未成年人最大利益的司法保护原则出发，对有条件科以非监禁刑罚的，可依法判处非监禁刑罚，即判处相应的刑罚并缓期执行。

2005年1月至8月的"司法分流"情况：

公安机关审查违法未成年人215名，分流112名（警告、罚款、进行教育），占 52.09%；检察院受理批捕案件 94 件 133 人，分流 19 件 19 人；法院受理 51 件 63 人，分流 5 人。经过项目实施，跟进案件的 57 件 91 人。试点中，被免除监禁的未成年人没有重新犯罪的，他们的生活与其他年轻人没什么区别。4 年来，实施了司法分流的案件已占盘龙区同期未成年人犯罪案件的 30% 左右。

"司法分流"项目实施以来（2002 年 5 月至 2006 年 6 月），从公安阶段分流 650 人（治安违法 416 人，涉嫌刑事犯罪分流 234 人）；检察阶段分流 44 人；法院阶段分流 55 人。

分流对象的选定主要考虑两方面：其一，违法犯罪行为的性质不太严重，行为人主观恶性不大，认识罪错的态度较好，有悔改的决心；或者是初犯、偶犯。其二，是在校学生，且家庭及周围环境有条件对未成年人进行监管、控制，具有较好帮助条件。一般情况下，触法未成年人只要认真悔过，恶习不深且有社区监护条件的，就要尽量实行"司法分流"，避免其进入监禁场所被交叉感染，或者被贴上不良的标签，避免带来终身被歧视的恶果。

案例一：

2004 年 4 月中旬，在校学生刘某等三人结伙抢劫他人钱财价值 1280 元。审理中，刘某有自首情节，其他二人认罪态度较好，有悔改决心。项目办找到被害人进行工作，并进行双方的调解、赔偿。刘某等人及其家属向被害人赔礼道歉，被害人最终表示原谅。在此基础上，项目办向法院建议对 3 名未成年被告人实施"司法分流"，法院对 3 人判处了非监禁刑。基于刘某和另一被告人作案时是在校学生的实际情况，项目办与学校、教育局进行了沟通，使他们得以复学。通过学校、家庭、社区的帮助和教育，刘某有很大的进步，严格遵守学校纪律，不旷课、不迟到，学习成绩也从原来全班倒数第一而上升为真正的全班第一。

"司法分流"的理论和实践意义在于：探索触法未成年人的司法管理与社区帮教矫正的新模式；建立未成年人犯罪预防的社区支持机制，使预防未成年人重新犯罪的工作规范化、制度化；为健全和完善未成年人司法制度进行有益的探索和实践，影响相关的司法实践和立法。

昆明市盘龙区从 2004 年 7 月开始，在分流项目中引进"合适成年人"这一概念，推行"'合适成年人'参与制度"。合适成年人制度源自英国合适成年人制度。根据 1984 年制定的《警务与刑事证据法》之规定，警察在对未成年人进行聆讯时，必须有一名合适成年人在场。合适成年人在英国自动介入警察对未成年人的聆讯，并帮助必须进入司法程序的未成年人准备详细的法庭答辩报告，监督法庭判决的执行，并为他们提供必要的咨询和指导。合适成年人制度是英国未成年人权益保障的一种体现。盘龙区项目中的"合适成年人"必须具备的条件包括：年满 20 周岁，有完全责任能力；具有大专以上文化水平，思想品德优秀；身体健康适应紧急情况的调遣；热爱和关心未成年人工作；经过专业培训的有责任心的社会工作者和志愿者；有一定社会阅历、工作经历和组织能力，热心社会工作、具有相关教育学、心理学及法学知识的非公、检、法机关的人员。经过一定专业培训，能够依法维护未成年人合法权益，适合于做未成年人工作的成年人。"合适成年人"由区未成年人保护委员会聘任并由未成年人保护委员会办公室管理。

2004 年 10 月，项目办陆续组织培训了 32 名兼职"合适成年人"，逐步参与"司法分流"工作。2005 年起，为了适应工作的要求，经过考试和筛选，招聘了 10 名全职的"合适成年人"，并开展了滚动式的培训和学习。目前，公安机关一旦办理未成年人违法犯罪案件，都要求及时通知"合适成年人"到场。

"合适成年人"参与制度的目的是：首先，依法保护触法未成年人的合法权益，积极配合社会有关方面对未成年人进行教育、挽救、感化和帮助；其次，对触法未成年人的社会背景（包括家庭情况、接触人群、个人经历、邻里反映、犯罪原因、社会危害以及被害人的意见等）进行了解，为能否采取司法分流提供客观依据；再次，协助公安司法部门和社区、家庭、学校对司法分流的触法未成年人做好社区监管、帮教、矫正工作；最后，推动全社会关心未成年人的健康成长。

"合适成年人"的工作对象包括：①涉嫌违法犯罪被公安机关讯问并有可能采取限制人身自由强制措施的未成年人；②被治安处罚的未成年人或未成年犯罪嫌疑人、未达刑事责任年龄免予刑事处罚的未成年人。

"合适成年人"的权利有：在不干扰公安机关侦查工作的前提下，参与警方对触法未成年人的首次及其之后的询问活动；与触法未成年人会见交谈、沟通思想，了解其基本情况及违法犯罪的动机和目的；及时向触法未成年人告知其所享有的合法权利；采取适当方式及时制止警方有损于触法未成年人合法权益的言行；对触法未成年人的犯罪原因、家庭及社会情况、当事人的意见等进行了解；向办案部门提出对触法未成年人的处理建议。

"合适成年人"的义务：遵守法律、法规和公民道德规范。坚持原则、主持公道、忠于职守、仗义执言，切实维护好触法未成年人的合法权益。及时迅速地对触法未成年人的违法犯罪动机、目的、原因和家庭情况、当事人态度及相关社会背景进行了解记录并形成综合报告（帮助犯罪事实的调查核实），为办案部门作出处理决定提供可靠依据。如果触法未成年人在公安机关侦查阶段不能进行"司法分流"，则有义务按照其意愿帮助寻求法律援助；如果进行"司法分流"，则应配合公安机关和社区、学校落实社区帮教工作；如果"司法分流"采用非监禁强制措施，则应配合办案部门落实家庭监护管理措施，做好取保候审期间的考察记录，为办案部门作出处理决定提供参考材料。尊重和保护触法未成年人的隐私权，严格工作纪律。接受盘龙区未成年人保护委员会办公室的组织领导。

"合适成年人"在工作中要求遵循以下原则：非歧视原则；违法儿童的最大利益原则；忠于事实和法律原则；以人为本，教育为主，处罚为辅原则。

"合适成年人"在工作中必须遵守以下纪律：在接到警方通知后，"合适成年人"必须在指定的时间内到达讯问、诉讼地点；在讯问触法未成年人的过程中，应认真听取警方的讯问和未成年人的陈述、辩解，并认真做好现场工作记录；不得干预警方的正常讯问活动和侦查工作；遵守国家法律、法规和职业道德，恪尽职守；严守办案机密，若有违反，立即解聘，并视情节追究责任；不得利用"合适成年人"身份，与当事人和监护人建立除工作以外的其他关系，不得接受当事人以任何理由和形式赠与的钱物，不得要求当事人或者其亲友办理与案件无关的事项。如果"合适成年人"与当事人及监护人亲属存在某种利害关系，可能影响公正处理案件的，应主动提出回避。

对"合适成年人"的工作要求：接到未成年人保护办公室或办案部门电话通知后，要求立即到达工作地点，参加询问和维权工作。到场后认真做好各项工作记录，保证程序完备，资料齐全。"合适成年人"开展工作时不得少于两人，在同一案件中，只能参加一方或共犯中一人维权及背景调查。对女性当事人的维权诉讼活动必须有女性"合适成年人"参与。

"司法分流"工作开展以来，"合适成年人"共介入（维权）378人。重点个案跟进53人。据悉，在"合适成年人"重点跟进的53个触法未成年人的个案中，已有2人在读大学，20多人继续上中学。

案例二：

昆明某初中学生俞某辍学后，因交友不慎与他人合伙抢劫被抓。法院判其有期徒刑二年缓期二年。"合适成年人"通过法院找到她后，得知她已决心痛改前非，确有悔改表现，并十分渴望上学，只因为父母亲无业，全家人靠领低保金生活。项目办动员各界捐资 2000 元为其凑足了学费。如今的她已在某校就读，学习十分努力。

事实证明"合适成年人"的介入，不仅对"司法分流"提供客观公正的事实依据，还能充分体现办案中以人为本的精神，弥补了传统办案中的某些不足。

目前，盘龙区共有 50 多名社会各界人士参加了"合适成年人"专业培训。他们负责在不妨碍警方侦查破案的前提下，协助警方对触法未成年人的基本情况进行调查。而盘龙区未成年人"司法分流"项目办根据国家的法律规定，将这一做法本土化并赋予更多的内容。即公、检、法机关实施"分流"，专门机关在相关社会团体和民间组织以及志愿者的协助下，对目标人群实施矫正、监管和帮教；组织"合适成年人"参与，协助相关部门开展工作；志愿者进入社区、家庭，对目标人群进行"一对一"、"多对一"和"一对多"的帮助；定期见面、谈话并形成考察材料。

三、项目实施中的社区矫正

违法犯罪未成年人从司法中分流出来后，主要在社区接受帮助和矫正教育。少年司法试点项目建立了多部门合作的社会支持体系，并形成长效管理机制。项目工作被纳入盘龙区"一府两院"（即政府和法院、检察院）的工作报告中，成为司法部门、行政部门工作的一部分。社区在其中发挥了重要作用。社区对违法犯罪未成年人的帮助和矫正工作的范围包括：首先，整合并改善社会资源，使影响未成年人健康成长的重要因素能够发挥积极的作用，使违法犯罪未成年人在和谐环境中经历再社会化的过程；其次，社区与违法犯罪未成年人的家庭、学校共同对违法犯罪未成年人进行必要的干预，促使其顺利回归社会。司法试点项目从个案干预入手开始探索，现在已经走向社区矫正工作的规范化和制度化，从程序到形式、内容及监督机制都做到有章可循。

盘龙区公安局、检察院、法院和司法局共同研究制定了"司法分流"的试行办法，明确了办理未成年人案件的要求和确定了办理未成年人案件的专职警官，同时还建立了以街道办事处、乡镇为依托，以社区居（村）委会为基础的完善的社区监管体系。在这个体系中，教育局、共青团、妇联、民政局相互配合，以特殊学校、社区为重点，以公安派出所、司法所为牵头单位，协调各方做好"司法分流"目标人群的社区矫正和社区监护、帮教、管理工作。社区成立儿童活动中心，为触法少年和社区流动人口儿童提供活动场所，开展培训、辅导、游戏等多项活动。社区还成立了以分流少年为主体的"阳光篮球队"。在活动中这些少年学会了互相关爱、团体配合的精神，并认识了许多新朋友。他们的精神面貌有了较大的改变。

社区矫正工作的具体内容包括：

第一，社区帮教。社区帮教是将未成年人置于社区环境之中，使其在正常的社会环境中接受帮助和教育，在思想和行为上得到正确的引导，从而改变原来的不良思想和行为，接受正确的道德规范和行为准则。社区矫正的另一个任务是帮助，即从生活、学习、心理等方面给予未成年人关心和帮助。社区的帮助教育工作由项目工作人员、"合适成年人"以及社区工作志愿者共同来做。

第二，高校参与。试点项目与多所高校建立了合作关系。项目已经与云南两所高校建立了合作关系，其中一所高校的社工系在本科生的教材中增设了未成年人司法及儿童权利保护的相关内容，并将学生在社区参加志愿者工作作为学习内容。在另一所高校，老师带领学生做《盘龙区中小学校园不良行为和安全问题》的调查。良好的合作推动了项目的发展。目前项目对100名大学生进行登记管理，准备在不同的高校建立各自的学生志愿者联络站和筹备专业的志愿者小组，通过"培训者的培训"不断扩大高校志愿者队伍。

第三，建立社区儿童活动中心。为支持分流后的社区帮助矫正工作，项目于2004年7月建立了华东社区儿童活动中心。其后又在外来人口聚居区建立了另外三个儿童活动中心。项目在中心和依托中心开展了很多的友谊活动，这些活动服务于目标群体的孩子和他们的家庭，也服务于为孩子工作的成年人。加快友谊的活动可以使社区环境发挥更加积极的作用；同时，活动中心的建立促进了未成年人犯罪预防和矫正工作向持续化和规范化方向发展。

目前，有更多的部门和人员参与到了对触法未成年人的矫正和帮助中，许多教师、医生、法律工作人员也都加入"爱心"志愿者队伍，参与到项目工作中来，为特殊未成年人群重塑美好人生。"司法分流"出来的未成年人大多来自下岗职工、外来人口、个体营业者等经济收入不稳定的家庭和一些单亲家庭。他们的父母要么自身文化低、教育能力欠缺，要么忙于生意，无法顾及孩子的教育等。尽管这些被分流的未成年人曾一时糊涂犯过错，但他们依然渴望与外界的正常交流，有着强烈向上的愿望。而志愿者充当义工，能把社会各界的关爱与温情带给他们，这对矫治和培养他们健全的人格会起到很好的作用。

盘龙区在未成年人"司法分流"项目上探索出了一条司法、社区联动帮助触法少年的实践之路：即以"维权"为核心，以"司法分流"为主线，以"合适成年人"和志愿者参与为特色，以"个别化"社区教育为重点，让这些被分流的未成年人在正常的社会环境下得到关心和帮助，建立起家庭、学校、社区三位一体的监护管理和帮教机制。同时，公安局、检察院、法院、司法局之间的协调配合和相互监督，通过指导、帮助社区建立监护、管理和帮教制度，尽量避免触法未成年人进入监狱或看守所。因为有了"司法分流"，社区少年从警方第一次讯问时，"合适成年人"就必须到场，这样既可以维护未成年人的合法权益，了解未成年人触法简要情况，同时也成了触法少年的"权益保护人"，帮助他们重新树立成长信心。德国法学家李斯特曾说过，最好的刑事政策就是最好的社会政策。少年司法同样要坚持社会化原则，因为对犯罪未成年人的矫治是整个社会的责任，必须建立起以家庭教育为源头，学校教育为核心，社会教育为保障的综合教育矫治机制。通过"司法分流"将符合社区矫正条件的未成年罪犯置于社区内，由专门的机关在相关社会团体和民间组织以及社会志愿者的协助下，在判决、裁定或者决定的期限内，矫正其犯罪心理和行为恶习，并促进其顺利回归社会的非监禁刑罚执行活动，就是社区矫正。可见，社区矫正制度符合刑罚个别化、人性化的刑法原则，有助于预防犯罪功能的实现。实践证明，对未成年人轻重罪犯的分流，不仅可以降低改造成本、减少监狱负担，防止严重未成年犯罪分子与其他未成年罪犯之间的交叉感染，提高改造质量，而且对于促使未成年犯罪人的人格向社会人格回归等，都具有积极意义。社区矫正组织的成立使得权责分明，真正便于管理。同时，定期接受谈话、专家心理咨询、社会帮教、参与社区公益劳动等多种形式的活动，使报应与预防的刑罚目的有了有效的载体。

四、少年司法试点遇到的困难和问题

所谓试点，就是一种探索，是前人没有做过的或者在中国这个国度无人做过的事。因此，少年司法试点项目的操作应该是没有现成法律制度可以依据的，而且也不可能完全依据现行法律制度来操作，因此试点进行中突破现行的法律制度在所难免。众所周知，我国现行的司法制度是以成年人为主体而建立的。根据现行的刑事司法制度，成年人犯罪只要符合刑法规定的犯罪构成，一般都会适用监禁刑，即使可以适用非监禁刑，一般也要先监禁才能适用。而这种规定是否可以适用于未成年人犯罪，刑法没有作进一步的规定。例如，未成年人因实施抢劫行为而触犯刑法，而抢劫罪在《刑法》中是重罪，重罪是不能适用取保候审的，一般也不可能适用缓刑。如果未成年人犯抢劫罪，在适用刑罚时本应区别于成年人犯抢劫罪，因为未成年人犯罪社会要承担一部分责任。但是由于刑法对未成年人犯抢劫罪未作特别规定，只能依照现行规定判处刑罚，一般情况下也就难以取保候审或适用缓刑。然而无论是从保护违法犯罪未成年人权利的角度，还是根据刑法谦抑性原则，当今时代对少年司法提出了更高的要求，即对待少年犯不是追求刑罚，而是要保护和矫治，从而应尽量选择替代刑罚措施。

昆明市盘龙区的少年司法试点项目到目前为止还是在试点和探索阶段，还没有运转到一定的广度、深度和高度。几年的实践表明，尽管少年司法试点项目在实施过程中力求在现行法律框架内进行，由于现行法律对未成年人司法制度规定的不完善，少年司法试点工作主要还是依靠上级的文件和有关行政规章来进行。这种情况的存在使司法试点工作陷入无法可依的窘境，尤其在对违法犯罪未成年人实行"司法分流"时出现一些棘手的问题。

（一）关于取保候审的适用问题

取保候审的适用对犯罪者而言可以避免被监禁的痛苦，对犯罪少年而言取保候审的适用更加应当受到重视。正是基于此，项目在考虑对少年进行"司法分流"时将取保候审作为首选，这无疑具有重要意义。尽管如此，由于现行法律对取保候审条件的规定过于原则，司法实践中难以准确把握。因此，在项目将取保候审作为"司法分流"的首选的同时，取保候审的风险也成为项目考虑的首选。这种情况的存在客观上影响取保候审在"司法分流"中的适用，致使其适用范围受到限制。我们知道，取保候审是公安机关、人民检察院、人民法院责令犯罪嫌疑人、被告人提供担保，保证不逃避、不妨碍侦查、起诉、审判，并随传随到的一种强制措施。在我国，取保候审的适用与国外的保释制度有很大差距。在客观现实中，对犯罪嫌疑人或被告人实行审前羁押是常态，取保候审则是例外，这是司法中无法回避的问题。究其原因不外乎以下几点：其一，现行法律对取保候审的规定过于笼统。根据《刑事诉讼法》的规定，只有两种情况可以取保候审，即可能判处管制、拘役或者独立适用附加刑的；可能判处有期徒刑以上刑罚，采取取保候审不致发生社会危险性的。法律对什么是可能判处管制、拘役或者独立适用附加刑，什么是不致发生社会危险性的情况，均未作明确规定。法律规定过于笼统致使取保候审在实际操作中容易过宽或者过严，难以准确地把握。就我国司法的实践看，则主要表现为以羁押为常态、以取保候审为例外情形。因此，对犯罪嫌疑人采取取保候审的并不多，即便是对少年犯罪嫌疑人，采取取保候审也十分慎重。其二，取保候审实际操作存在不严肃情况。根据《刑事诉讼法》之规定，公安机关、检察机关、法院均可对犯罪嫌疑人、被告人采取取保候审。但在司法实践中，常常会出现各部门根据自己的理解各自为政、各行其是的情况。其三，犯罪嫌疑人被取保后逃跑或继续犯罪。一些犯罪嫌疑人认为，取保候审不被羁押就是没问题了。当他们在被取保候审之后就逃之夭夭，或者再犯罪。在这种情况下，司法机关为保证诉讼的顺利进行，也是为了减少麻烦，对某些犯罪嫌疑人采取够罪即捕，以羁押方式解决问题，而不愿适用取保候审。也正因为如此，盘龙区试点项目中采用取保候审并不多，尽管在"司法分流"中取保候审作为首选，但在适用上也多由公安机关采用，检察院和法院基本不采用这一措施。另外，基于有的违法未成年人案发后即被直接取保候审、没有受到应有的教育而继续违法或犯罪的事实等等因素，公安机关对违法未成年人大多采取先羁押，后视情况再决定是否取保候审。总之，由于种种因素的存在，项目中作为"司法分流"首选的取保候审的适用并不多，而且也不可能多。

（二）关于缓刑的适用问题

盘龙区法院通过对犯罪未成年人适用缓刑来实现"司法分流"。从立法上看，我国刑法并未对未成年人犯罪适用缓刑问题作特殊规定。对未成年人犯罪的，法院只能依照刑法的规定适用缓刑，与成年人犯罪适用缓刑的条件几乎没有区别；从司法实践看，法院在对犯罪未成年人实行"司法分流"时，既要严格依照刑法的规定适用，又要考虑在司法活动中和刑罚适用上如何最大限度地保护犯罪未成年人的合法权益。因此，对犯罪未成年人适用缓刑进行分流，在实际操作上存在一定困难，致使缓刑在未成年人犯罪中的适用受到限制。与成年人犯罪相比，未成年人犯罪具有其特殊性，这种特殊性要求法律在设置缓刑时予以考虑。

首先，刑法的缓刑规定未考虑未成年人犯罪的特殊性。中国《刑法》第72条规定："对于判处拘役、三年以下有期徒刑的犯罪分子，根据犯罪分子的犯罪情节和悔改表现，适用缓刑确实不致再危害社会的，可以宣告缓刑。"最高人民法院于 1995 年 5 月发布的《关于办理未成年人刑事案件适用法律的若干问题的解释》规定:"对于被判处拘役、3 年以下有期徒刑的未成年人罪犯,犯罪后有悔改表现,家庭有监护条件或者社会帮教措施能够落实,认为适用缓刑确实不致再危害社会的,应当适用缓刑。有下列情形之一的,一般不适用缓刑:惯犯、有前科或者劳动教养 2 次以上的;共同犯罪中情节严重的主犯;犯罪后拒不认罪的。"司法解释对未成年人适用缓刑的条件所作的规定与刑法的规定基本相同。在专门为办理未成年人刑事案件而发布的司法解释中,我们并未看到对未成年人犯罪适用缓刑的特殊之处,这难道不令人费解?司法解释不能超出刑法规定是对的,但在司法实践提出了对少年犯罪适用缓刑的具体条件时,将刑法的规定重复一遍(甚至比刑法的规定更严格)作为司法解释又有什么意义呢?对未成年人犯罪适用缓刑的条件应在法律规定上区别于成年人。例如,对未成年人犯罪是否可以不必要求将"犯罪后拒不认罪的"作为不适用缓刑的理由。因为拒不认罪是沉默的表现,其沉默权是应当受到尊重的。另外,最低考验期两个月也是难以观察到真正的结果的,考验期是否可以适当延长呢?凡此种在客观上限制了人民法院对少年犯罪适用缓刑的机会。值得肯定的是,尽管法律没有专门对未成年人犯罪适用缓刑作规定,但是在司法实践中,近些年法院对少年犯罪适用缓刑的比例有所增加。如 2000 年 5 月 30 日,最高人民法院的新闻发布会透露,从 1992 年至 2000 年 4 月,中国各级人民法院审结的未成年人刑事案件中,适用缓刑的占 20%。再如某地方法院 2003 年至 2006 年的统计表明,未成年人犯罪适用缓刑的已占 30%。这些比例同有的国家相比并不算高,但是和中国以往对未成年人刑事案件缓刑适用的比例相比高了许多。可见,司法实践在不违背法律规定的前提下,也在探索如何对未成年犯罪人更多地适用缓刑。

其次,刑法规定的缓刑考验期并未考虑未成年人的特殊性。《刑法》第 76 条规定:"被宣告缓刑的犯罪分子,在缓刑考验期内,由公安机关考察,所在单位或者基础组织予以配合。"很显然,这种规定太笼统,不但没有对未成年人犯罪缓刑考验期作明确规定,对缓刑的监督考察也未作明确规定。这种情况容易导致缓刑犯在缓刑考验期无人监督或无人过问的后果。缓刑考验期之所以被称为考验期,是因为要求有对缓刑执行的监督,需要有明确的考察主体,因为这将直接关系到缓刑目的能否实现、关系到考验期能否为未成年犯罪人和社会带来良好的效益。

当今世界许多国家都设有专职的缓刑监督官,而且在缓刑监督方面建立了较为完整的体系。在缓刑监督机构服务的缓刑监督官一般要求具有相当的学历，并具备社会学、犯罪学、心理学、人类学、精神病学以及社会工作等相关知识，以及丰富的社会经验和处理问题的能力。缓刑监督官的职责包括：为法院提供判决前报告，对案件是否适用缓刑的建议；领导社区工作组监督考察缓刑犯等。此外，缓刑监督官还负责为有困难的缓刑犯寻找和提供短期的食宿。对被判处缓刑的犯罪少年而言，由专门的缓刑监督人员不间断的和耐心细致的关心、帮助和监督显得十分必要。一方面，缓刑的监督是严格的刑罚暂缓执行制度的重要组成部分，是刑罚暂缓执行过程中具有规范性和操作性的监督程序；另一方面，被判缓刑的犯罪少年在严格的监督程序的监督管理下，在尽职的缓刑监督人员的帮助和监督下，比较注意约束自己的行为和改掉恶习。被判缓刑的犯罪少年在接受监督期间，还需要注意两方面问题：一是要保护犯罪少年的合法权利，不得歧视之。犯罪少年享有接受教育和接受培训的权利，享有接受生活帮助的权利，以及接受医疗保健的权利等。之所以如此，是因为犯罪人是未成年人，他们的权利需要特殊保护；同时，缓刑少年犯罪人的权利保障是促使其顺利回归社会的需要。二是要使缓刑犯罪少年认识自己应当承担的法律责任和缓刑考验期应当遵守的义务。首先，要教育犯罪少年认识其行为应当承担的法律责任。在可能的情况下承担补偿被害人的责任，或向被害人赔礼道歉。其次，应当遵守缓刑考验期的行为准则。如禁止犯罪少年与某类可能影响其接受监督教育的人员来往，禁止出入某类可能给犯罪少年带来不良影响的场所，禁止犯罪少年从事某种不利于其接受监督的活动以及按时向缓刑监督人员汇报自己的情况等。总之，只有保障缓刑犯罪少年的权利，才能保证缓刑对犯罪少年适用的目的的实现。应当肯定，严格的缓刑监督是实现缓刑对犯罪少年适用目的的重要保证。在缓刑适用范围扩大的情况下，由于公安机关主要负责刑事侦查和治安管理等工作，内部并没有专门的部门和人员执行缓刑的考察工作，往往是对判处缓刑的犯罪人放任不管，使其流于形式。尤其对未成年缓刑犯来说，若不及时对其加以正确地教育和引导，他自身可能并没有认识到违法犯罪的严重性，认为缓刑和没判刑没有区别，从而产生再次犯罪的心理。

（三）关于社区矫正制度方面的问题

在盘龙区少年司法试点项目中，区法院对未成年人犯罪适用缓刑受到一定的限制。其中一个重要原因是在盘龙区的违法犯罪少年中，外来打工人员子女即属于流动儿童的约占三分之二，而这些外来打工人员一般无固定居所，或者他们集中住在条件较差的城市边缘地区。这些犯罪少年如果被判处缓刑，没有社区来对其进行矫正教育，基本处在无人监管的状态。因此，法院一般也不会对其判处缓刑。这种情况致使缓刑对少年犯罪的适用受到了限制。而项目则强调社区广泛参与帮助教育违法犯罪未成年人，包括对未成年缓刑犯的教育帮助和矫正。但是社区的帮助教育和矫正工作又往往以在本地有固定居所的违法犯罪未成年人为对象，而不包括外来打工者的子女。这种情况致使某些可以适用缓刑的未成年犯罪人不得不接受被监禁的刑事处罚，使他们的人身自由权受到限制。社区能否接纳外来打工者子女和接纳外来的未成年人，这是对社区职能提出的一个新挑战。

社区是现代社会的基层组织。我国的《民法通则》规定，对担任未成年人监护人有争议的情况下，可由未成年人父母所在单位或者未成年人住所地的居民委员会、村民委员会在近亲属中指定监护人；在没有法定监护人的情况下，可由未成年人的父母所在单位或者未成年人住所地的居民委员会、村民委员会或者民政部门担任监护人。这些规定表明，我国法律赋予社区组织保护和监管未成年人的职责（包括权利和义务）。近年的司法实践也证明，将未成年犯罪人放在社区进行矫正，效果要远远好于将其关押在监禁场所。这是因为，一方面，未成年缓刑犯一般通过法庭的审查，认定其确实不致再危害社会。在完成义务教育的同时，还可以在社区组织的帮助下学习一定的劳动技能，使其与社会发展同步。另一方面，社区组织定期向司法机关汇报和交流未成年犯罪人的矫正情况并及时备案，也有利于社会治安综合治理工作的开展。因此，将对未成年犯罪人的矫治工作由单纯的司法矫治向开放型矫治模式发展，使社区发挥矫治功能，能够达到审判效果与社会效果的统一。将未成年犯罪人放置在社区进行矫正，在西方一些发达国家有许多的经验和好的做法，并且取得了良好的社会效果，最大限度地实现少年缓刑犯的再社会化。根据《北京规则》的精神，对少年犯的处理办法包括照管、监护和监督的裁决、缓刑；社区服务的裁决、罚款、补偿和赔偿；参加集体辅导和类似活动的裁决；有关寄养、生活区或其他教育设施的裁决等。英国、美国、德国、日本、北欧等国在贯彻该规则时都有着自己的独特做法。例如，在美国伊利诺伊州，其法律认为，少年犯一般不具备真正的犯罪动机，对犯罪行为所造成的后果不能让他们承担全责。而且，少年犯属于未定型阶段的犯罪人，仍可能从进一步犯罪行为中解脱出来，所以在对少年犯的处置上不能运用单一的刑事处罚，应因事制宜、因人制宜，对少年犯提供个别矫治与引导，而不仅仅是直接处罚。奥地利和德国对少年犯罪案件实行调解，其宗旨是使青少年远离法庭。英国则实行保护管束制度，即将少年犯释放在自由社会上，规定若干遵守事项，并有保护管束人员予以必要的指导与援助。让犯罪少年在远离法庭、监狱、劳教所的环境里得到充分的改造，使其在重新走入社会时，不但不会为社会造成负担，相反还会通过自己的劳动为社会带来一定的经济效益。

（四）有关非刑罚处理方法方面的问题

在项目实施过程中，公安机关可以对违法犯罪少年适用非刑罚的处理方法。对违法犯罪少年适用刑罚以外的处理方法进行处置，这种刑罚以外的方法被称为非刑罚处理方法。例如，在许多国家刑法中的保安处分、教育处分等，都属于非刑罚处理方法。试点项目将公安机关对违法少年适用非刑罚处理方法也称为"司法分流"。实际上这还不是真正意义上的"司法分流"，因为在这一阶段违法未成年人尚未进入严格意义上的少年刑事司法程序，还谈不上从司法程序中分流出来，尽管公安机关已经作出非刑罚的处理，那也只是一种行政的处理。正因为如此，公安机关在对违法未成年人适用非刑罚的处理方法时，除了依据《刑法》第 7 条第 4 款之规定外，更多的根据则是行政法规如《劳动教养条例》等，而公安机关对某一未成年人作出具体处理决定并没有经过严格的司法程序。

中国《刑法》第 17 条第 4 款规定："因不满 16 周岁不处罚的，责令他的家长或者监护人加以管教；在必要的时候，也可以由政府收容教养"，即属非刑罚处理方法的规定。仅从这一简单的规定可以看出，非刑罚处理方法与刑罚处理方法有本质的不同，主要表现在：其一，从适用的对象看，非刑罚处理方法主要适用于犯罪情节轻微危害不大，或者根据犯罪情节虽然可以判处刑罚，但是因犯罪人的人身危险性不大，从教育、挽救、感化的方针考虑，亦可以放弃刑罚的适用而采用非刑罚处理方法。其二，从非刑罚处理方法的特性看，非刑罚处理方法对少年犯罪适用更具积极意义。中国刑法规定的非刑罚处理方法主要包括以下几种：赔偿经济损失、训诫、具结悔过、赔礼道歉、赔偿损失，以及建议予以行政处分等。在这些方法中，除训诫、赔礼道歉和具结悔过外，其他几种方法对少年犯罪适用都会遇到不同程度的难度。例如，赔偿经济损失和赔偿损失，是需要一定的经济条件的，而犯罪少年是否具有这种条件和能力，这是需要研究和思考的，即使犯罪少年的家长可以代其履行赔偿责任，但这对于犯罪少年又有多少教育意义？因此，对犯罪少年适用非刑罚处理方法，需要考虑这种方法能够对犯罪少年发挥真正的教育作用。在建议予以行政处罚时，也存在一个值得研究的问题，即在行政处罚中，收容教养的期限问题。如果这种期限超过刑罚中有期徒刑的最短期限（6个月），尽管收容教养属于非刑罚处理方法，但其限制人身自由的严厉程度也超过了刑罚，也是难以让人接受的。对少年犯罪适应非刑罚处理方法，需要完善刑法中的非刑罚处理方法的规定，需要增设适合犯罪少年特性的，但同时又有利于教育和保护少年的方法。例如，增设社区服务以及为公益事业尽义务等措施和方法等，较为实际可行，同时也可以充分发挥社区对犯罪少年的帮助和教育监督作用。

五、结语

　　像任何试点工作一样，少年司法试点项目及对犯罪少年的"司法分流"工作在进行之中面临的挑战和问题是在所难免的。有探索才会有进步，经历了困难才会体会到经验取得的喜悦。云南昆明市盘龙区少年司法项目的进展情况充分说明了这一点。在进行"司法分流"试点的初期，分流对象及其家长不理解、不配合，有的家长认为孩子犯了错让别人管自己很没面子；有的家长不理解"司法分流"的性质，甚至认为是在搞某种经营活动；还有的家长因为孩子不听话，已经不再对教育孩子抱有任何希望，让其破罐子破摔，等等。通过项目组成员对违法犯罪未成年人的帮助教育和对其未成年人家长耐心细致的工作，尤其是通过"司法分流"挽救了一批违法犯罪未成年人的实际效果的出现，即被分流的违法犯罪未成年人在社区接受帮助和矫正后，都顺利地回归社会，没有出现重新违法或犯罪的情况，使违法犯罪对象及其家长对"司法分流"的意义有了较好的认识并能主动支持这一试点工作。现在，在昆明市盘龙区参与这一工作的志愿者越来越多，有普通的社区居民，也有大学的在校学生和老师；有机关工作人员，也有企业职工，大家对少年司法的试点项目的工作均给予了极大的热情和支持。

　　少年司法试点项目本身也有一些亟须明确和解决的问题，如关于"合适成年人"的法律地位问题。盘龙区试点项目中的"合适成年人"无疑比英国模式下的"合适成年人"有了更多、更复杂的职责，在警方处理未成年人违法犯罪案件中的"合适成年人"介入，从案件处理的第一个阶段就充分考虑对未成年人合法权利的及时、有效的保护，这是十分重要的。然而，关于"合适成年人"参与未成年人违法犯罪案件的参与程度的标准到底应当如何确定，仍然需要研究和探讨。因为"合适成年人"毕竟不是律师，不是通过国家认可的一种职业。如果试点项目今后要推广，国家有关部门就必须对"合适成年人"的法律地位作明确的规定，同时还必须对其具体的职责予以规范。盘龙区试点项目虽然对"合适成年人"的职责、权利、义务等作了规定，但这只是一个试点中的情况，而且"合适成年人"的地位离其实际工作性质的要求还相差太远。因此可以说，"合适成年人"的法律地位是否最终真正为有关部门所确认，是这个少年司法试点项目能否获得继续支持并被推广的关键问题之一。

此外，项目的持续性问题也是十分值得关注的，确立一个项目需要各方面的条件，充足的经费保障无疑是项目顺利进行的最基本的条件。盘龙区未成年人司法试点项目的开展得到了英国救助儿童基金会的支持和帮助，尤其是得到荷兰驻中国大使馆在经费上的支持，使得项目能够顺利进行。但是，这一项目如果持续开展（也需要持续开展），所需经费完全靠"外援"显然是不行的。因此，项目的持续开展，需要政府的大力支持，尤其是经费方面的支持。

主犯与从犯划分根据研究

吴光侠[*]

共同犯罪是各国刑事立法关注的重点之一，共同犯罪人分类是共同犯罪中的重要问题。主犯与从犯区分根据就是指刑法从共同犯罪人中划分出主犯与从犯的根源和依据，是指刑法为什么对有的共犯贴上主犯或从犯的标签，从而对同一共同犯罪中不同的犯罪人采取不同的处罚原则。就笔者掌握的研究文献来看，在国外刑法学研究中，对正犯与从犯划分根据没有专门涉及，只是有共犯处罚根据的学说；而在我国主犯与从犯区分根据只是近年略有提及，尚缺乏全面系统的论述。因此，有必要结合我国刑法有关规定，从哲学、伦理学、法学、刑事政策和立法历史角度，对主犯与从犯区分根据进行探讨，以更好地理解主犯和从犯规定精神和底蕴，深刻认识主犯与从犯区分的重要意义。

一、主犯与从犯划分的理论根据

（一）主犯与从犯区分的哲学根据

从哲学角度分析，辩证唯物主义关于矛盾特殊性和原因等级区分原理是主犯与从犯区分的哲学基础。

唯物辩证法矛盾特殊性原理认为，矛盾着的事物的性质、地位等各个方面，以及矛盾解决的具体形式各有其特点。在复杂的矛盾群体中，主要矛盾是处于支配地位、对事物的发展过程起决定作用的矛盾，非主要矛盾则是处于从属地位、对事物的发展过程不起决定作用的矛盾。不论是主要矛盾还是非主要矛盾，矛盾双方的力量是不平衡的。其中一方处于支配的地位，起着主导的作用，而另一方则处于被支配地位；前者为矛盾的主要方面，后者为矛盾的非主要方面。对立统一规律转化为方法论就是矛盾分析法，要求把握矛盾的不平衡性并把它贯彻于矛盾的分析之中，对矛盾的双方不是主次不

* 最高人民法院刑事法官，中国社会科学院法学研究所博士后研究人员。

分，轻重无别，而是采取区别主次、轻重，进行有重点的分析，具体问题具体分析。①

根据唯物辩证法矛盾规律和矛盾分析法，笔者认为在共犯中主犯与从犯是一对矛盾概念，二者既统一于共犯之中，又存有差异、相互排斥和否定。主犯与从犯在共同犯罪中的地位和作用是不相同的，主犯是矛盾的主要方面，处于支配地位，起着主导作用，而从犯是矛盾的次要方面，处于被支配地位，起着辅助作用。因此，在共同犯罪人中根据地位和作用的不同，区分主犯与从犯，是完全符合唯物辩证法矛盾特殊性原理要求的，是贯彻矛盾分析法精髓——具体问题具体分析的必然结论。

唯物辩证法因果性原理认为，因果联系既具有客观普遍性，又是复杂多样的，共同原因虽然是结果发生的总原因，但是这些原因的作用力程度是有大小之分的，在共同原因中存有主要原因与次要原因之分，这就是所谓的原因等级。

根据原因等级理论，在共同犯罪中共犯人的行为整体是导致犯罪发生的总原因，但是各共犯行为的原因力大小是不同的，在共同原因中存有主要原因与次要原因之分。对共同犯罪的危害结果来说，有的行为可能起了决定性作用，通过其行为的实施使法律保护的权益受到侵害，出现法律规定的犯罪结果，其原因力作用较大；有的行为则是原有危害社会发展方向基础上，施加一定积极影响，促使这种危害变化加速到来，或者通过一定行为阻止能够避免危害结果产生的有利因素发挥作用，从而使产生危害结果的可能性变成现实，或者给其他原因发挥作用提供时间、场所、方式、方法上的有利条件和保证，其原因力作用较小。在共同犯罪的原因行为中，其原因力是有主次之分的，有主要原因和次要原因。主犯是共同犯罪中起主要作用的共犯人，其行为对危害结果起着决定性作用，应当是危害结果的主要原因；从犯是在主犯行为的基础上促进或者便利共同犯罪危害结果的产生，给主犯的行为发挥作用提供一定的有利条件和保证，是危害结果的次要原因。因此，从共同犯罪中区分出主犯与从犯是符合原因等级原理的，是有其哲学根基的。

（二）主犯与从犯区分的伦理学根据

主犯与从犯区分的伦理根据，就是指在共同犯罪人中区分出主犯与从犯

---

① 参见李秀林等主编：《辩证唯物主义和历史唯物主义原理》，中国人民大学出版社1995年版，第186—191页。

在伦理道义上的合理性和正当性。刑法与伦理之间具有密切联系，刑法的存在和维持是以伦理为必要基础的。正如日本刑法学者所言："……在刑法与伦理之间是有密切的联系，不可能完全分离。刑法的存在和维持以伦理为根基。"① 美国伦理学者指出：正义是社会制度的首要价值，正像真理是思想体系的首要价值一样。不管法律和制度如何有效率和条理，只要它们不正义，就必须加以改造或废除。② 因此，刑法和伦理在基本价值上应当是一致的，刑法支持伦理并成为其后盾；伦理也维护刑法并为其道德基础，但是只有正当、适度的刑罚，才能与伦理保持和谐一致。那么，主犯与从犯的伦理根据是什么呢？笔者认为，主犯与从犯划分的伦理根据在于善有善报、恶有恶报的正义观念。

正义的辞源意义，具有正当、公正、平等、合理等含义。查士丁尼《民法大全》提出的并被认为是古罗马法学家乌尔比安首创的著名正义定义是，"正义乃是使每个人获得其应得的东西的永恒不变的意志"。亚里士多德认为："正义要求按照均衡平等原则将这个世界的万事万物公平地分配给社会的全体成员。相等的东西给予相同的人，不相等的东西给予不相同的人。"③ 美国伦理学学者表述为："所有社会价值——自由和机会、收入和财富、自尊的基础——都要平等地分配，除非对其中的一种价值或所有价值的一种不平等分配合乎每一个人的利益。"④ 尽管人们对正义有不同的理解，但是给予每个人以其应得的东西的意愿是正义概念的重要和普遍有效的组成部分。平等是正义的最主要内容，正义总是要求平等对待。另一方面，由于平等问题本身的复杂性，在某些情况下，不平等同样是符合正义的。合理的差别对待，虽然在形式上有别于平等对待而看似不平等，但实质上是为了达到更高层次的平等。因此，从这个意义上说，不平等恰恰是正义的一个必要的辅助原则。要想得到平等结果，就要受到不平等的对待。⑤ 这些观点的共同点是正义包含公正、公平和平等之义，都始终没有离开其辞源意义。正如

---

① 〔日〕大塚仁著，冯军译：《犯罪论的基本问题》，中国政法大学出版社 1993 年版，第 18 页。

② 〔美〕约翰·罗尔斯著，何怀宏等译：《正义论》，中国社会科学出版社 1988 年版，第 3 页。

③ 转引自〔美〕E. 博登海默著，邓正来等译：《法理学——法哲学及其方法》，中国政法大学出版社 2004 年修订版，第 263、277 页。

④ 〔美〕约翰·罗尔斯著，何怀宏等译：《正义论》，中国社会科学出版社 1988 年版，第 62 页。

⑤ 参见吕世伦等主编：《法哲学论》，中国人民大学出版社 1999 年版，第 468、478 页。

我国学者所言，正义与公平、平等属于同类范畴，主要是作为评价某一行为或者某一社会制度的道德标准而使用的。①

在刑法领域，这种正义观念的延伸就是要求对侵害社会和他人利益的人，给予其应得的惩罚。我国刑法根据所起作用的不同从共犯中划分出主犯与从犯，并予以不同的应得处罚，是符合伦理正义原则的。因为从伦理学上说，共同犯罪是违反正义观念的邪恶行为，是伦理上的恶行，而基于伦理道义要求，对于恶行应当作出否定评价，恶行大，所受否定性谴责程度也大。对共犯人划分主犯与从犯，也体现了正义的平等内容，因为实行合理的差别对待，虽然形式上看似不平等对待，但是实质上恰恰实现了平等结果，是符合伦理正义内容要求的。正如我国刑法学者所言，应得（desert）既是古希腊美德正义的核心内容，也是当代西方占支配地位的分配正义论的理论基石。应得就是依据各人的操行给予其相应的报偿，应得便是公平，也就是正义。国家对自己有利的行为给以鼓励和奖赏；对自己不利的行为给以贬斥和惩罚。这就是国家遵循"应得"的伦理原则对善恶作出的不同反应。② 把"应得"贯彻到共同犯罪人的处罚中去，就是要求国家对侵害法益比较严重、危害较大的共犯人即主犯，予以较重处罚，而对危害较小的从犯，予以较轻处罚。可见，从共同犯罪中划分出主犯与从犯，对主犯与从犯予以轻重不同的处罚，不仅是个法律评价问题，而且是一个伦理评价问题，甚至首先是一个伦理正义的评价问题。

二、主犯与从犯划分的实践根据

（一）主犯与从犯区分的政策根据

政策是法律的灵魂，对立法和司法具有指导作用，而法律则是具体化和条文化的政策，对政策具有促进和保障作用。因此，研究主犯与从犯划分根据问题，也应联系有关刑事政策。

我国刑法对共犯主要采用作用分类法区分主犯与从犯，体现了我国宽严相济（即惩办与宽大相结合）的一贯刑事政策。这一政策依据曾作为我国刑事立法的政策依据被写入 1979 年《刑法》第 1 条之中，尽管 1997 年

---

① 参见陈兴良：《走向哲学的刑法学》，法律出版社 1999 年版，第 442 页。

② 参见谢望原：《刑罚价值论》，中国检察出版社 1999 年版，第 210—211 页。

《刑法》第 1 条没有再明示，但是其中的"结合我国同犯罪作斗争的具体经验及实际情况"表明实践根据仍包含这一基本刑事政策。宽严相济作为我国的基本刑事政策，是指分别各种犯罪及犯罪人的不同情况，在处理上区别对待；既强调惩办打击犯罪，又重视给犯罪人以出路，教育挽救犯罪人。其基本精神有两层意义：一是把各种危害社会的行为，看作一种复杂的社会丑恶现象，对其既不能采取一律严惩，也不能放任不理、一律予以宽大，而是要根据不同情况，区别对待。二是对具体犯罪行为和犯罪人的处理，也要根据其危害大小、态度好坏，区别对待。集中到一点，惩办与宽大相结合政策的基本精神，就是分别不同情况，区别对待。① "首恶必办，胁从不问"是宽严相济政策在共同犯罪方面的重要内容，是我国在民主革命斗争实践中逐渐形成和完善起来的。

宽严相济刑事政策关于共同犯罪的基本精神或者核心思想就是区分不同情况和危害大小，予以区别对待。这是符合唯物辩证法具体问题具体分析方法论要求的，也贯彻了毛泽东同志"没有区别就没有政策"的思想，体现了重点打击少数、分化瓦解犯罪的策略思想，并且是同犯罪斗争丰富实践经验的科学总结。正是在这一长期坚持的刑事政策的指导下，我国刑法突出强调了共同犯罪人所起作用及其社会危害的不同，采用了作用分类法为主的分类法，从共同犯罪人中划分出主犯与从犯，予以不同处罚。可以说主犯与从犯区分虽然有我国刑事立法历史传统的渊源，但是我国人民民主革命过程中形成和坚持的宽严相济政策，无疑对主犯与从犯的划分产生了重大影响。

（二）主犯与从犯区分的历史根据

法是民族文化的一部分，因而也是"人民精神"的表示。一切法都是一个长期的、历史的进程的结果。② 我国刑法中的主犯与从犯区分也是中华法律文化历史发展的结果，是有其历史根据的。在我国刑法史中，主犯尽管形式上有的被称为首犯、首恶者、造意者、带头者、主谋者等，但是在实质内容上相当于或者包含于现在的主犯；从犯在形式上有的被称为随从犯、胁从犯。但是，主犯与从犯是作为相对应的概念来使用的，是随着人类认识水平的逐步提高和立法不断完善，对共同犯罪人进行分类和区别对待的结果。

---

① 参见：《北京大学法学百科全书》（刑法学、犯罪学、监狱法学），北京大学出版社 2003 年版，第 73 页。

② 参见［德］H. 科殷著：《法哲学》，林荣远译，华夏出版社 2002 年版，第 31 页。

在法律上注意区分首犯与其他共犯，进行区别对待萌芽于《汉律》。《汉律》注重追究首恶犯的责任。《后汉书·孙宝传》记载："孙宝谕告群盗，非本造意、渠率，皆得悔过自出。"造意指率先提出聚众为盗的首犯；渠率即巨魁，也是首犯。[1] 这虽然不是关于共犯的专门规定，但是从中反映出汉代已经注重对首恶（首犯）和造意犯的从严惩治，有了区别对待的思想。《晋律》在法律上第一次明确区分主犯与从犯（随从和胁从犯）具有重要理论奠基意义。西晋初期的张裴在《注律表》中指出："唱首先言谓之造意，二人对议谓之谋，制众建计谓之率，不和谓之强。"这就是说率先陈述所要实施的犯罪的人，称为造意犯；二人相互商议犯罪的，称为共谋；以威力强制他人犯罪或者制定犯罪计划的人，称为主帅（引申为主犯）；不随和主帅而犯罪的，称为受强制犯罪，即被胁迫参加犯罪的胁从犯。晋律在共同犯罪人分类方面，有造意犯、主犯、随从犯和胁从犯。[2]《唐律》关于共犯的规定堪称封建刑法的典范，并为其后的宋、明、清朝沿用。它最早统一详细规定了共犯分为首犯与从犯，不仅在类似现在刑法典总则的《名例》篇中有概况性规定，还在相当于分则的篇章中有某些具体犯罪的首犯与从犯的规定。《名例》第 42 条之一规定："诸共犯者，以造意为首，随从者减一等。"第 42 条之四规定："即共监临主守为犯，虽造意，仍以监主为首，凡人以常从论。"《贼盗》共盗并赃罪规定："若造意者不行，又不受分，即以行人专进止者为首，造意者为从。"

1910 年公布的《大清新刑律》和 1912 年《暂行新刑律》，由于受西方刑法思想和制度的影响，对共同犯罪人采用正犯、造意犯和从犯三分法。1928 年《中华民国刑法》基本承袭《大清新刑律》，但是将造意犯在形式上改称为教唆犯，将共犯人分为正犯、从犯和教唆犯。它们在共犯分类上摈弃我国传统的作用分类法而采用西方刑法的分工分类法。中国共产党领导的人民民主政权在革命根据地颁布的单行刑事条例中，对共犯人基本采用分工分类法，但是 1948 年《晋冀鲁豫边区的单行刑事条例》中已经有采用作用分类法的规定。如 1948 年《晋冀鲁豫边区破坏土地改革治罪条例》第 3 条和第 4 条规定，根据行为人在共同犯罪中的作用，将共同犯罪人分为带头者、次要分子、一般胁从分子等，分别予以不同处罚。中华人民共和国成立后至 1962 年 12 月《刑法草案》（第 27 次稿）之前，颁布的单行刑法和刑

① 转引自高绍先：《中国刑法史精要》，法律出版社 2001 年版，第 177 页。

② 参见宁汉林等：《中国刑法简史》，中国检察出版社 1997 年版，第 156—158 页。

法草案，对共犯人基本采用分工分类法，只是在 1954 年《刑法指导原则草案》第 7 条另一写法同时规定：组织、计划、指挥犯罪的人和实行犯罪的主要分子是主犯，对主犯应当比其他参加共同犯罪的罪犯从重处罚。帮助犯罪和其他实行犯罪的人是从犯，对从犯应当比主犯从轻或者减轻处罚。这说明当时对共犯人分类存有分歧，这是建国后第一次在刑法总则中规定主犯的概念和处罚原则。1962 年《刑法草案》（第 27 次稿）及其后的刑法草案、刑法典，尽管对共同犯罪存有一些表述上的差异，但是在共犯人分类上都是采用以作用为主、分工与作用相结合、寓分工于作用之中的新分类法。例如，1962 年《刑法草案》（第 27 次稿）第 22 条规定："组织、领导犯罪集团进行犯罪活动的或者在共同犯罪中起主要作用的是主犯。对于主犯，除本法分则已有规定的以外，应当从重处罚。"第 23 条规定："在共同犯罪中起次要或者辅助作用的，是从犯。对于从犯，应当比照主犯从轻或者减轻处罚。"第 25 条规定："教唆他人犯罪的，应当按照他在共同犯罪中所起的作用处罚。"这是第一次采用作用为主的新分类法划分共犯人。由于其规定比较科学合理，一直被其后的刑事立法所采纳，从而形成以作用分类为主、将分工统一于作用之中的分类法，并经司法实践证明是比较合理和富有创新的分类法。

从刑事立法史角度来看，我国刑法中的主犯与从犯是根据作用分类法划分而成的共犯人。这种以犯罪人在共同犯罪中的作用为标准的共犯分类法，萌芽于《汉律》，形成于《唐律》。自从《唐律》明确首犯与从犯分类后，一直到清朝末年相沿不改。只是清末《大清新刑律》才仿效德国、日本刑事立法例，将共犯分为正犯、从犯和教唆犯。我国封建刑法规定造意者为首，注重犯意发起，强调主观犯意在共同犯罪中的重要作用，反映了封建社会诛心的思想，是礼法合一、德主刑辅等封建文化对刑法的影响。此后的民主革命时期至 1962 年 12 月，对共犯人分类存有分工分类与作用分类的分歧。但是 1962 年 12 月《刑法草案》之后，一直对共犯人按作用大小区分主犯与从犯，进而实行区别对待。特别是宽严相济的政策一直是我国基本刑事政策，是刑事立法的依据和指导思想。这一政策的核心思想又强调分别不同情况，实行区别对待。以此为立法依据的单行法规和后来的刑法典，理所当然地对共犯以其在共同犯罪中所起作用为标准区分主犯与从犯。这在封建刑法的基础上，不但注意共犯人的主观犯意，而且注意共犯人的客观危害和作用，贯彻了主客观相统一的原则，更全面科学地从共犯中界定和区分出了主犯与从犯。可见，主犯与从犯的区分，不但有立法依据上的刑事政策渊源，而且有悠久的立法历史渊源，继承和发展了我国刑事立法的历史传统，是中华法律文化持续发展的自然结果。

三、主犯与从犯划分的刑法根据

（一）区分主犯与从犯是贯彻罪责刑相适应原则的自然结果

十七八世纪，资产阶级启蒙思想家和法学家极力倡导罪刑相适应观念。贝卡利亚较早系统提出和论述了罪刑相适应原则，他指出："犯罪对公共利益的危害越大，促使人们犯罪的力量越强，制止人们犯罪的手段就应该越强有力。这就需要刑罚与犯罪相对称。"[①] 资产阶级革命胜利后，罪刑相适应上升为法律原则。较早体现这一原则的立法文件是1789年法国的《人权宣言》，其中第8条指出："法律只应当制定严格的、明显地必须的刑罚。"此后，该原则被1793年法国《宪法》、1791年和1810年《法国刑法典》吸收，并在以后逐渐被大陆法系各国刑法典采纳。从19世纪末开始，行为人及其人身危险性开始受到人们重视，建立在行为中心主义基础上的罪刑相适应原则，开始由刑罚与已然之罪相当向同时注意刑罚与犯罪人的个人情况即主观恶性和人身危险性相适应转变，传统的罪刑相适应演化为罪责刑相适应。古典学派主张的罪刑相适应与新派主张的刑罚个别化相结合，这正是罪刑相适应原则发展为罪责刑相适应原则的历史趋势。

我国《刑法》第5条规定："刑罚的轻重，应当与犯罪分子所犯罪行和承担的刑事责任相适应。"根据罪责刑相适应原则的要求，"犯多大的罪，就应承担多大的刑事责任，法院也应判处其相应轻重的刑罚，做到重罪重罚，轻罪轻罚，罪刑相称，罚当其罪；在分析罪重罪轻和刑事责任大小时，不仅要看犯罪的客观社会危害性，而且要结合考虑行为人的主观恶性和人身危险性，把握罪行和罪犯各方面因素综合体现的社会危害性程度，从而确定其刑事责任程度，适用相应轻重的刑罚"。[②]

罪责刑相适应原则是我国《刑法》规定的三大基本原则之一。在共犯中区分主犯与从犯，予以不同处罚，正是罪责刑相适应原则在共犯制度

---

① ［意］贝卡利亚著，黄风译：《论犯罪与刑罚》，中国大百科全书出版社1993年版，第65页。

② 高铭暄、马克昌主编：《刑法学》，北京大学出版社、高等教育出版社2000年版，第30页。

中的贯彻和落实。因为在共同犯罪中，虽然从外部和整体上看，各共犯人相互协作、配合和补充，都参与共同犯罪，都与犯罪结果有因果联系。但是从内部和个体上看，各共犯人在共同故意形成和共同行为实施中所起作用是不相同的，有的起主要作用，是犯罪的组织者、发起者或者主要实行者，其参与共同犯罪的行为对危害结果有较大原因力，行为危害程度较大，应当承担的刑事责任较大，自身人身危险性也较大，尤其是犯罪集团的首要分子在共同犯罪中起组织、策划或者指挥作用，主观恶性较深，罪行特别重大；有的起次要作用，是犯罪的帮助者、次要实行犯或者受胁迫参与犯罪，其参与行为对危害结果仅有较小原因力，社会危害性和人身危险性程度较小，应当承担的刑事责任较小。因此，根据罪责刑相适应原则，不仅对不同犯罪性质的犯罪人予以不同刑罚，而且对同一犯罪性质但所负责任不同、所起作用不同的犯罪人，也应当予以不同刑罚。我国《刑法》据此在第 26 条至第 29 条规定，对共同犯罪的首要分子、主犯、从犯、胁从犯和教唆犯，予以区别对待的处罚。这是贯彻罪责刑相适应原则的必然要求，是承认各个共同犯罪人罪行和刑事责任程度具有量的不同得出的必然结论。

（二）区分主犯与从犯是实现刑罚目的的必然要求

主犯与从犯作为起不同作用、需要区别对待的共犯人，主犯与从犯制度的设计和存在，受到刑罚目的的制约和影响。对主从犯和刑罚目的的分析，可以为主犯与从犯制度的正当性和合理性提供根据和解释。"刑罚目的，是一个古老而又常新的论题。从古今中外的司法理论和实践来看，无论是刑罚体系的建立，还是刑罚方法的具体应用，以及刑事政策的制定，都有形无形地受着刑罚目的的制约。刑罚目的并不是一个僵化的、凝固的概念，在不同历史时期，从不同的角度来分析或以不同的理论为根据，会有若干含义迥异的刑罚目的。"[1] 围绕这一问题，在刑法理论中既有报应论（又称绝对论、正义论或报应刑论）和功利论（又称相对理论或目的刑论）的世代对垒，又有一体论（又称折衷论、二元论、混合论或综合论）的异军突起。

报应论用朴素的报应观念解释刑罚问题，认为刑罚是对犯罪和犯罪人的报应。在报应论中有神意报应、道义报应和法律报应的发展演变，但是其共同特点在于以因果报应为立论，认为犯罪是刑罚的先因，刑罚是犯罪的后

---

[1] 谢望原：《刑罚价值论》，中国检察出版社 1999 年版，第 85 页。

果，刑罚是对已然犯罪的报应和惩罚。恶有恶报是人之常情，是社会公平和正义观念的体现。从本质上看，犯罪是一种害恶，理应受到恶的报应，而刑罚就是这种恶的报应的具体体现。据此，报应论主张报应观念是刑罚存在的正当根据，刑罚就是为惩罚、报应、谴责犯罪和犯罪人而存在，刑罚只能以已经实施的犯罪为其唯一对象，刑罚的轻重取决于已然的犯罪的严重程度，刑罚不能考虑预防犯罪等刑事政策上的目的和因素，否则，就没有刑罚公正可言。

功利论则与报应论不同，认为刑罚并非是对犯罪的报应，而是防止犯罪发生，保卫社会利益，是国家为实现一定目的所采取的一种法律手段。它是一种以功利主义和预防思想为基础的刑罚理论，认为刑罚之所以存在，并不是因为它能满足人们抽象的报应观念，而是因为惩罚犯罪人可以维护社会秩序，从而为社会带来一定的实际利益和功利效果即预防犯罪。因此，功利论主张对犯罪人适用刑罚着眼的不是犯罪人过去的罪行，而是出于未来预防犯罪的功利需要，刑罚的分量取决于预防犯罪的实际需要。

笔者认为，报应和功利理论都部分揭示了刑罚的正当根据，具有一定的片面合理性，但都没有认识到刑罚的阶级本质，缺乏辩证性。对于报应论而言，根据行为人已经实施的犯罪决定刑罚，强调刑罚的根据是罪犯过去的恶行及其罪责，从而使刑罚的根据建立在犯罪事实的基础之上，考虑对已然犯罪的回顾，较好地坚持了罪刑法定和罪责刑相适应原则，体现了公正和正义理念；但是它过分强调刑罚是对害恶行为的公正报应，为单纯满足公正和正义感而确立刑罚，没有考虑刑罚应当追求的社会效果，贬低了刑罚的社会意义。对于功利论而言，根据预防犯罪的需要决定刑罚，强调刑罚的根据在于惩罚行为人能够取得更大的社会效果，从而重视追求刑罚的社会效益，顾及了预防未然之罪的需要；但是它片面追求功利目标，进而否定刑罚报应根据，显然有失公正。

鉴于报应论和功利论从某一方面正确阐明刑罚目的，但是由于立论的片面性，其自身都存在缺陷，难以单独对刑罚正当性根据作出全面完整论证，一体论应运而生。尽管一体论也有学派分野，但是其基本思想在于把报应论和功利论予以折中，即将二者都视为刑罚的根据。该说主张刑罚是由于犯罪而科处，将刑罚原因归于报应主义；同时承认刑罚目的是预防犯罪或者防卫社会，融正义理念与目的思想于一体。当代西方学者在刑罚根据问题上基本持折中态度，试图从对诸种刑罚根据论的扬弃、中和与整合中找到一种对刑罚的根据趋于完整的解释。由此形成了取代传统诸说而成为西方刑罚根据论之主流的所谓刑罚一体化理论。① 我国学者认为，报应论侧重于惩罚和报复，不符合人类理性要求；预防论侧重于威慑恐吓，有违反道义和人权要求之嫌；折中论博采众长，兼收并蓄，既考虑到了刑罚目的中对已然犯罪的报复惩罚，又考虑到了对未然犯罪的预防及对罪犯本人的教育改造，应该承认其具有较大科学性、合理性。②

笔者同意将报应和功利都视为刑罚正当根据的绝对折中主义观点，并认为我国刑法主犯与从犯划分和处罚原则，正是刑罚目的一体论的必然要求。这是因为：其一，主犯与从犯区分体现了报应论的正义观念和正义需求。报应论强调的是以行为人已经实施的犯罪和行为人的罪责大小为基础，主张罪刑相适应。如前所述，对于起主要作用、罪责较大的主犯处以较重刑罚，而对起次要作用、罪责较小的从犯，予以较轻处罚，正是贯彻了伦理学"罚其应得"的正义要求和罪责刑相适应原则，反映了刑罚的报应目的，蕴涵了刑罚正义的要求。其二，主犯与从犯区分也反映了功利论预防犯罪的需要。功利论强调通过行为人所实施的罪行轻重及人身危险性大小，来考虑对行为人科处刑罚的社会效果，注重用刑罚预防犯罪的目的和防卫社会的效益。一方面，对罪行极其严重的主犯适用死刑，淘汰这种犯罪分子，或者教育改造主犯成为新人，可以达到预防主犯本人重新犯罪的特殊预防目的；另一方面，对主犯予以较重处罚，可以威慑社会上的不稳定分子，防止被害人对主犯进行私人报复，从而达到一般预防的目的。而对罪行较轻和人身危险性较小的从犯予以较轻处罚，也同样体现了功利论预防犯罪的需要。其三，从方法论上看，主犯与从犯区分的正当根据在于报应和功利的辩证统一。既然报应和功利各有侧重，都有片面合理性，那么我们可以将二者统一起来，以扬长避短，实现优势互补。对此，德国学者指出：存在将报应与预防加以联系的可能性。这是指刑罚通过对过去有责地实施的违法行为进行公正的报应，有助于预防将来可能发生的犯罪行为。正是在这个意义上，报应和预防不是不可调和的矛盾体。③ 我国学者认为，报应与预防存在统一的基础，报应目的可以兼容预防的思想，预防目的同样可以兼容报应的思想。没有脱离预防思想的绝对报应，也没有脱离报应思想的绝对预防。从更深层次上说，

① 参见邱兴隆著：《关于刑罚的哲学——刑罚根据论》，法律出版社 2000 年版，第 257 页。

② 参见谢望原著：《刑罚价值论》，中国检察出版社 1999 年版，第 96 页。

③ 参见［德］汉斯·海因里希·耶赛克、托马斯·魏根特著，徐久生译：《德国刑法教科书》（总论），中国法制出版社 2001 年版，第 83、87 页。

报应与预防的关系是正义与功利的关系。我们追求的，应当是公正的功利。报应与预防在刑罚目的体系中并非并列关系，应当以报应为主、预防为辅，即以报应限制预防，在报应限度内的预防才不仅是功利的而且是正义的。或者说公平的刑罚分配应当是在报应所限定的范围内，依据威慑或矫正的需要来予以分配，即以按劳分配为主、按需分配为辅。① 对于报应和功利在主犯与从犯区分根据上的关系来说，也应当作如此理解，即一方面主犯是在共同犯罪中起主要作用的共犯人，是危害较大、罪责较大的共犯人，通过对主犯适用与其罪责相当的刑罚，均衡其犯罪造成的恶害，满足社会大众的正义需求，可以说对主犯的处罚主要体现了报应观念；另一方面主犯往往是累犯或者惯犯等人身危险性较大的共犯人，对主犯的处罚也兼顾了功利观念和预防犯罪的思想。同理，从犯是罪行和责任较轻的共犯人，往往是初犯、偶犯或者胁从犯，对从犯予以较轻处罚，也体现了报应与功利的辩证统一。

（三）区分主犯与从犯是刑罚谦抑性的重要体现

刑法的谦抑性是指立法者应当力求以最小的支出——少用甚至不用刑罚，获取最大的社会效益——有效地预防和控制犯罪。刑法的谦抑性必然要求刑罚节俭，即应当尽量使刑罚节俭，以最小的刑罚成本支出，最大限度地遏制犯罪，尤其是防止刑罚过剩与过度。② 刑罚的进化历史就是刑罚逐渐谦抑的过程。由对共犯不分主犯与从犯同样对待，到区分主从犯区别对待的过程也是刑罚谦抑性在共同犯罪中的体现。

从我国刑法史有关共同犯罪的规定可以看出，我国刑法对共犯人进行分类和区别对待主犯与从犯，是刑罚谦抑、人道和文明发展的结果。在奴隶社会和封建社会，由于实行罪刑擅断主义，对共犯处以同等惩罚，甚至实行族诛和株连，追究共犯以外的人，刑罚往往被滥用。直到汉代，我国才开始在某些具体犯罪中注重追究首恶和造意犯的刑事责任，开始萌发区别对待的思想。唐代《唐律》最早详细规定了共犯分为首犯和从犯，对从犯减一等处罚，并为其后的宋、明、清朝沿用。但是《唐律》中仍然有某些犯罪不分首从的规定，"若本条言'皆'者，罪无首从"，"即强盗及奸，略人为奴婢，犯阑入；若逃亡及私度、越度关栈垣篱者，亦无首从"。明律、清律都有对谋反、谋大逆、谋叛罪不分首从和株连灭族的规定，并都处以重刑。这

---

① 参见陈兴良：《本体刑法学》，商务印书馆 2001 年版，第 650—652、73 页。

② 参见陈兴良：《刑法的价值构造》，中国人民大学出版社 1998 年版，第 353、408 页。

说明我国封建刑法对严重危害其统治利益的犯罪，一律严厉惩罚，刑罚的谦
抑性仅仅体现在对一般共同犯罪区分首从。建国前后，我们党依据宽严相济
刑事政策和一些单行法规，在共同犯罪中注意区分主犯与从犯，对从犯、胁
从犯予以从宽处罚。1979 年《刑法》在借鉴以往立法经验的基础上，明确
规定了主犯与从犯及其不同的处罚原则，即对于主犯应当从重处罚，对于从
犯应当从轻、减轻或者免除处罚，对于胁从犯减轻或者免除处罚。尽管
1997 年《刑法》取消主犯从重处罚的规定，但是对主犯与从犯区别对待、
予以不同处罚的精神是一致的。这样对全部共犯区分不同情况，予以不同处
罚，打击锋芒指向主犯尤其是首要分子，而对从犯从轻、减轻或者免除处
罚，从刑罚总量上进一步缩减了。可见，我国刑法按共犯人在共同犯罪中所
起作用区分主犯与从犯，是刑罚谦抑性原则在共同犯罪中的必然延伸和
贯彻。

夺取罪之犯罪对象研究

——对不动产能否成为夺取罪对象的学理反思

林俊辉*

引　言

我国刑法学界通说观点认为，"不动产"可以成为诈骗罪和敲诈勒索罪的犯罪对象，而不能成为抢劫罪、抢夺罪、聚众哄抢罪、携带凶器抢夺型抢劫罪和转化型抢劫罪的犯罪对象。所持理由大致是：不动产具有不可移动性，一旦移动即会损害其价值，不动产的取得必须经过变更登记，行为人仅仅取得被害人的不动产而没有变更登记的，不会发生所有权的转移，因此抢劫罪、抢夺罪等其他夺取罪的犯罪对象只能是动产。在此种观点的支配下，我国主流学说均不承认夺取类犯罪之犯罪对象可包括不动产。然而，这种见解正日益遭受司法实践的质疑和挑战。近几年来，新型的财产犯罪形态层出不穷，冒名顶替窃居他人房屋或者窃占他人房屋后并将其盗卖等行为严重地侵犯了房屋所有权人的合法权益，而按照上述传统观点，此种行为充其量只能按照民事侵权处理，因为盗窃罪的犯罪对象只能是动产。此外，使用暴力或者其他强制性手段强占他人房屋等不动产的，按照传统学说也不能以抢劫罪论处，其结果要么按照故意伤害罪或故意杀人罪论处，要么按照非法侵入住宅罪论处，要么按照民事侵权论处，等等不一而足。总之，使用和平或者非和平手段改变不动产占有关系的行为，根据主流学说都不能以盗窃罪、抢劫罪或抢夺罪等论处。然而，相对于国家刑法对所有合法财产的有效保护而言，这种处理结果在对法益之"一体保护"上前后不周延。再者，为何"不动产"只能作为诈骗罪和敲诈勒索罪的犯罪对象，却与盗窃罪、抢劫罪和抢夺罪等财产犯罪的犯罪对象无缘呢？其理由何在？有鉴于此，本文拟在中国刑法的语境中重新审视学说在不动产夺取罪问题上的立论根基，并且分别考察中国刑法中每个具体夺取罪能否以不动产作为犯罪对象。

---

* 林俊辉，中国社会科学院研究生院法学系 2006 级刑法学博士研究生。

一、夺取罪概述

在我国,"夺取罪"或"夺取型犯罪"并不是刑法典中的术语,而是学理上对某一类财产犯罪的归类。因此,夺取罪的界定实际上是和财产犯罪的分类紧密关联的。在界定夺取罪之前,有必要先介绍财产犯罪的分类。目前学术界根据不同的标准将财产犯罪划分为不同的种类。比较有代表性的分类有:

(一)财产犯罪的分类

1. 三分法

学者赵秉志等人将财产犯罪分为:取得罪、挪用罪与毁坏罪。所谓取得罪即一般所说的以非法占有为目的攫取公私财物的犯罪。这类犯罪包括抢劫、盗窃、诈骗、侵占、抢夺等多数传统侵犯财产犯罪,行为人实施这类犯罪的意图是使自己或他人完全丧失占有并支配所攫取的财产。所谓的挪用罪即意图改变款物用途挪作他用而实施的犯罪。这类犯罪虽未使财产所有权人完全丧失对财产的支配,但因其侵犯了财产所有权权能之一的使用权,所以同样造成对财产所有权的侵犯。所谓毁坏罪是指意图毁弃、破坏他人财产而实施的犯罪,包括故意毁坏财物罪和破坏生产经营罪。[①]

屈学武教授等认为侵犯财产罪可分为三类:[②]

(1)占有型财产犯罪。包括抢劫罪、盗窃罪、诈骗罪、抢夺罪、聚众哄抢罪、侵占罪、职务侵占罪、敲诈勒索罪8个罪名。

(2)挪用型财产犯罪。包括挪用资金罪和挪用特定款物罪2个罪名。

(3)毁坏型财产犯罪。包括故意毁坏财物罪和破坏生产经营罪2个罪名。

2. 四分法

学者张明楷将侵犯财产犯罪分为如下四类:[③]

(1)暴力、胁迫型财产犯罪:抢劫罪、抢夺罪、聚众哄抢罪、敲诈勒索罪。

---

① 赵秉志主编:《侵犯财产罪研究》,中国法制出版社1998年版,第17页。
② 屈学武主编:《刑法各论》,社会科学文献出版社2005年版,第307页。
③ 张明楷:《刑法学》,法律出版社2003年版,第752页。

（2）窃取、骗取型财产犯罪：盗窃罪、诈骗罪。

（3）侵占、挪用型财产犯罪：侵占罪、职务侵占罪、挪用资金罪、挪用特定款物罪。

（4）毁坏、破坏型财产犯罪：故意毁坏财物罪、破坏生产经营罪。

3. 五分法

学者陈兴良等人认为：财产犯罪可以分为夺取型犯罪、交付型犯罪、侵占型犯罪、挪用型犯罪和毁损型犯罪。夺取型犯罪包括抢劫罪、盗窃罪、抢夺罪、聚众哄抢罪。交付型犯罪包括诈骗罪、敲诈勒索罪。侵占型犯罪包括侵占罪和职务侵占罪。挪用型犯罪包括挪用资金罪和挪用特定款物罪。毁损型犯罪包括故意毁坏财物罪和破坏生产经营罪。[①]

基于上述介绍，我们可以看出，学者们站在不同角度对财产犯罪的分类不尽相同。这些不同视角下的财产犯罪分类可以为我们深化对财产犯罪的认识提供良好的素材。总体而言，本文更加倾向于赞同三分法。三分法中的取得罪和占有型财产犯罪在内涵和外延上是相同的，都涵盖了抢劫罪、盗窃罪、诈骗罪、抢夺罪、聚众哄抢罪、侵占罪、职务侵占罪、敲诈勒索罪8个罪名。不过，对占有型财产犯罪还可以稍作细分，使之更为清晰。我们可以将占有型财产犯罪划分为两类：夺取型犯罪和侵占型犯罪。理由是：盗窃罪、抢劫罪、诈骗罪、敲诈勒索罪、抢夺罪和聚众哄抢罪与侵占罪、职务侵占罪，在具体的行为形态上，还是存在一定的区别的。简单地说，在前者中，行为人将其本没有占有的财物转移为自己占有；在后者中，行为人原先就占有了他人的财产，因此不存在所谓的转移占有。当然了，在冠名问题上，学者们并未完全取得一致的看法，有的学者使用了"不转移占有"，有的直接使用了"侵占"，不一而足。当然在称谓上，我们可以将抢劫罪、盗窃罪、诈骗罪、敲诈勒索罪、抢夺罪、聚众哄抢罪6个罪名统称为夺取罪或者夺取型犯罪。

（二）夺取罪的概念

通过我国刑法对上述六种夺取罪罪状的描述，我们可以对夺取罪作如下界定：夺取罪是指行为人以非法占有为目的，使用和平手段或者非和平手段改变他人对财物的占有关系，排除他人对财物的实际控制和支配，确立起其对该财物实际控制和支配关系的财产犯罪。简言之，夺取罪是一种改变、转

---

① 陈兴良主编：《刑法学》，复旦大学出版社2003年版，第404—449页。

移财物的占有关系的财产犯罪。

首先，行为人主观上必须具有非法占有他人财物的目的。夺取罪是取得罪的一种表现形态。而取得罪在本质上也是一种占有他人财物的财产犯罪。取得罪的成立必须以行为人主观上具有持续性地实际支配和控制他人财物为必要。换言之，如果行为人主观上仅仅具有短暂性地占有他人财物的目的，充其量只能说其是一种临时占用行为。若以夺取罪处断，则与立法者严惩取得罪的本旨不符。当然，学说上历来有非法占有目的是否为取得罪成立所必要的观点之争。本质而言，这是行为无价值论和结果无价值论之争，客观违法论与主观违法论之争。在刑法理论中，非法占有目的被认为是"一种主观的超过要素，是一种不需要有客观方面与其相对应的主观要素"。① 从目前国内外主流学说的观点来看，即使刑法典没有明文规定该目的，非法占有目的依然被解释、强调，并被实务界广泛接受。例如：在我国《刑法》中，盗窃罪、诈骗罪、抢劫罪、抢夺罪、聚众哄抢罪、侵占罪等取得型财产犯罪，其罪状描述中并没有"非法占有目的"术语，但是，毫无疑问，我国刑法学界的通说均主张非法占有目的是这类型财产犯罪的必备要素。② 所以，夺取罪的成立必须以行为人主观上具有持续性（用英美刑法的术语讲是"永久性"）地占有他人财物的目的为必备要素。

其次，如何理解夺取罪中的转移占有呢？按照刑法学界的通说，刑法上的占有是指行为人对财物的实际支配和控制。刑法上的占有与民法上的占有是有区别的。具体区别如下：

1. 刑法上的占有比民法上的占有更为现实，也就是说刑法上的占有必须是事实上占有，而不能是观念上占有。根据我国和其他一些国家民法的规定，财物可以由代理人占有，并且占有还可以由被继承人当然转移给继承人。但是，这种民事法律意义上的占有，不能视为刑法上的占有。另外，民法上的占有必须是基于"为自己的意思"，而刑法上的占有则不以此为限，还包括为他人占有的情形。正因为如此，许多学者为了避免概念上的混乱，而用持有或者管理等词语来代替刑法中的占有。刑法上的占有虽然必须是事实、现实的占有，但并不以实际上掌握财物为必要。此外，刑法上的占有具

---

① 张明楷：《刑法分则的解释原理》，中国人民大学出版社 2004 年版，第 184 页。

② 高铭暄等主编：《刑法学》，北京大学出版社、高等教育出版社 2005 年版，第 551 页；张明楷：《刑法学》，法律出版社 2003 年版，第 752—783 页；屈学武主编：《刑法各论》，社会科学文献出版社 2005 年版，第 306 页；陈立等主编：《刑法分论》（修订版），厦门大学出版社 2002 年版，第 379 页。

有排他性。占有者对财物事实上的支配、管理，就意味着其他人不能支配控制财物，也就是排除了他人对财物的支配或控制。①

2. 刑法上的占有与民法上的占有的主观方面的区别，在于刑法上的占有只能是直接占有，而民法上的占有还包括间接占有。直接对于该物有事实上的管领力的，称为直接占有；自己不对物直接占有，而对于直接占有物的人有返还请求权，而因间接地对该物有事实上的管领力的，称为间接占有。通常，质权人、承租人、保管人等，为直接占有人；出质人、出租人、寄托人等，为间接占有人。②

3. 在主观上，刑法上的占有，必须是事实地支配财物的意思，而民法上的占有，可以是观念地支配财物的意思。比如，出租人将财物交给他人，在民法上他仍然是占有人，但是他对财物支配的意思只是观念性的支配，即基于所有权人的观念对财物支配的意思。刑法上的占有，不能是观念性的支配，行为人必须有现实控制的意思。③

夺取罪中的占有其实完全可以与刑法中的占有相互置换，应当理解为行为人对财物的实际管理和支配。

首先，夺取罪中的占有并不等于握有。行为人对财物的实际支配并不要求行为人实际握有财物。这是显而易见的。例如，在诈骗罪中，行为人骗取被害人当场放弃财物，并丢弃于地上，行为人让自己的儿子跑过去把财物捡回来。很显然，行为人并没有实际握有财物，但这并不能否认其实际上能够支配并控制财物。

其次，夺取罪中的转移占有是指排除他人对财物的占有关系，确立起自己对财物的占有关系。

第一，排除他人占有与确立自己的占有，两者是前因与后果的关系。反之，只有排除他人占有，而没有确立起自己的占有，则不是转移占有。例如：在夺取电磁记录问题上，电磁记录是一种可以为多种主体同时控制的无形物。因此夺取电磁记录不能认为是一种夺取罪。因为行为人确立了自己对电磁记录的支配关系之后，并没有排除被害人的支配关系，行为人与被害人有时候还有第三方（例如网络运营商或者银行等），同时占有电磁记录。所

---

① 刘明祥：《财产罪比较研究》，中国政法大学出版社 2001 年版，第 40—41 页。

② 姚瑞光：《民法物权论》，台湾海宇文化事业有限公司 1995 年版，第 388 页。

③ 童伟华：《论财产罪中的占有》，载刘明祥主编：《武大刑事法论坛》（第 2 卷），中国人民公安大学出版社 2005 年版，第 201 页。

以，认为电磁记录可以被夺取是不妥当的。[①] 当然，行为人没有排除被害人占有，仅仅是自己占有的情况下，虽然不构成夺取罪，但是不等于行为人无罪。行为人可以构成利益罪。理由是：如果行为人占有他人财物之后对财物进行处分而获利的，可以构成利益罪。表面上看，在我国刑法的视野中，利益罪似乎并没有明文规定。其实也不尽然。《刑法》第 265 条规定："以牟利为目的，盗接他人通信线路、复制他人电信号码或者明知是盗接、复制的电信设备、设施而使用的，依照本法第 264 条的规定定罪处罚。"这里的通信线路、电信号码等均不属于狭义的财物范畴，而是一种财产性利益。[②]《刑法》第 224 条规定的合同诈骗罪的表现形式之一是，"收受对方当事人给付的货物、货款、预付款或者担保财产后逃匿"。货物、货款、预付款都是财物，但担保财产则不限于狭义财物，而是包括了债权等财产性利益。可见，合同诈骗罪的对象可以是财产性利益。《刑法》第 210 条第 2 款规定："使用欺骗手段骗取增值税专用发票或者可以用于骗取出口退税、抵扣税款的其他发票的，依照本法第 266 条的规定定罪处罚。"增值税等发票本身虽然是有形的，但上述规定并不是旨在保护这种有形的发票本身，而是保护有形发票所体现的财产性利益（抵扣税款、出口退税）。可见，利益罪在我国刑法上也并非毫无规定。

第二，行为人没有确立起自己的占有，与行为人没有得到财物是两个不同的概念，不能混为一谈。例如：行为人深夜潜入被害人院子将被害人家的钢筋从院里扔到院外，不巧的是有一些工人下班回家，刚好碰上了，以为是人家丢失在路上的，就捡走了。在本案中，我们不能说行为人虽然排除了被害人的占有但没有确立起自己的占有。因为行为人不仅具有占有的意思，且

---

   ① 需要指出的是：我国最高审判机关在郝氏兄弟非法侵入银行计算机系统取款案中认为，郝氏兄弟非法虚增资金并取款的行为构成盗窃罪。本文不同意此见解。所谓的电子资金是一种电磁记录，本身被多种主体所控制，行为人确立了对电子资金的控制之后，并没有排除银行对电子资金的控制。因此不能以盗窃罪处断。行为人之行为，符合金融凭证诈骗罪的构成要件，应当以金融凭证诈骗罪处断。详细地参见屈学武：《从个案辩护到废弃经济犯罪死刑的法律思考》，载陈兴良编：《公法》（第 5 卷），法律出版社 2004 年版，第 313—319 页。

   ② 需要指出的是：我国《刑法》这种规定是否妥当，在学理上并非毫无争议。如果按照传统刑法学的观点来看，盗窃罪的犯罪对象是不能包括财产性利益的。因为传统刑法学的观点认为，盗窃罪的对象必须是动产，而这里的电信号码等均不属于动产的范畴；即使根据我的观点排除支配·确立新支配说，这种情形也不能成立夺取罪，只能成立利益罪。因为行为人并不能完全排除他人对这种电信号码的排他性支配。这一点我们从刑法的规定即可看出。立法者在《刑法》第 265 条中使用了"盗接"、"复制"等术语，很显然此种情形属于行为人与被害人双方均可支配和控制的情形，明显不符合夺取罪的特征。

知道财物在院外，行为人想先放着然后出去将它搬走；再者，行为人也有占有的事实。如前所述，占有不需要实际握有。行为人将钢筋扔到院外的行为就是占有钢筋的事实。可以说，行为人已经排除了他人占有而建立起新的占有，只是没有得到财物而已。

第三，转移占有意味着被害人原本就对财物存在占有关系，否则就谈不上占有被转移了。这也是夺取罪与侵占罪之间的界限之一。在侵占罪中，被害人原本就没有占有财物。固然，从民法的角度看，被害人的确是占有着财物，是间接占有着财物。但是，刑法并不承认这种间接占有，刑法只承认直接占有。因此，侵占罪中的被害人对财物的"间接占有"并非刑法意义上的占有。换言之，只有行为人占有着财物。在这种情况下，行为人本着将财物占为己有的目的，拒不返还，成立侵占罪。因此，在侵占罪中，行为人并没有所谓的转移占有，只有所谓的"为他占有"向"为己占有"转移。

最后，转移占有并不以财物的空间存在位置发生改变为必要。应当承认的是，在一般的夺取罪中，财物发生空间存在位置的改变是夺取罪的常态。因为司法实践中行为人夺取的大多是可以立即改变空间存在位置的财物。然而，这并非夺取罪的全部存在形态。占有是否转移与财物的物理空间位置是否发生转移没有必然联系。夺取罪中的占有，只要行为人能够从实际上实现对财物的支配和控制，即可满足，而不问财物的空间状态是否发生了改变。试举一例加以说明。被害人有一辆小轿车，行为人采用欺骗手段使被害人放弃了小轿车。等被害人走远后，行为人将车开走。在本案中，行为人将汽车开走之前，汽车并没有发生空间位置的改变。而行为人采用欺骗手段让被害人放弃汽车之时就是行为人改变财物占有关系之时。而事后的开走汽车的行为属于事后不可罚行为，不能单独评价为刑法意义上的行为。从本案出发，行为人改变财物的占有关系并不必然地要求财物发生空间位置的改变。

总之，用台湾地区学者吴正顺的一句话加以概括夺取罪的特征，就是："盗窃罪、抢夺罪、强盗罪、诈欺罪、恐吓取财罪等夺取罪，在其犯罪行为态样上，均以就他人持有之物，排除其事实上之支配，移入自己支配之内为其特征，即有他人持有之侵害。"①

---

① 吴正顺：《财产犯罪之本质、保护法益》，载蔡墩铭主编：《刑法分则论文选辑》，五南图书出版公司1984年版，第671页。

（三）有关不动产夺取问题的立法例和学说概述

各国（地区）立法例和学说对不动产能否成为夺取罪的犯罪对象，并没有一致看法。就立法而言，各国对不动产能否被夺取，规定甚不一致。从掌握的资料来看，多数国家立法例认为盗窃罪、抢劫罪、抢夺罪的犯罪对象不包括不动产，而诈骗罪和敲诈勒索罪的犯罪对象可以包含不动产。多数国家的主流学说所持见解与多数国家的立法例所持见解大致相同。下面分别阐述之。

1. 有关立法例概述①

比较有代表性的立法例罗列如下：

（1）肯定说

持该说的立法例一般不区分动产与不动产，而使用财物或者物品等涵摄性较强的术语。持该说的代表性立法例有：②

①《俄罗斯联邦刑法典》之规定③

《俄罗斯刑法典》第 158 条规定："偷窃，即秘密侵占他人财产的，处……"第 158 条的附注规定："本法典各条所说的侵占财产，是指以贪利为目的非法无偿获取和（或）为犯罪人或其他人的利益而非法无偿利用他人财产，使该财产的所有权人或者其他占有人遭受损失的行为。"第 159 条规定："诈骗，即以欺骗或者滥用信任的方法侵占他人财产或者获得他人财产权利的，处……"第 161 条规定："抢夺，即公开夺取他人财产的，处……"第 162 条规定："强盗，即以侵占他人财产为目的，使用危及生命或健康的暴力，或以使用这种暴力相威胁而进行侵袭行为的，处……"

②《挪威刑法典》之规定④

《挪威刑法典》第 257 条规定："为使自己或者他人获取不正当利益，使用窃取的方法取走全部或者部分属于他人的物品（object）的，是盗窃

---

① 囿于文章篇幅，本文仅列举几个有代表性的立法例，其余的立法例仅列出法条所在位置。

② 持类似见解的立法例还有：《丹麦刑法典》第 276 条、第 288 条、第 279 条等之规定。具体参见《丹麦刑法典与丹麦刑事执行法》，谢望原译，北京大学出版社 2005 年版，第 70—72 页。《泰国刑法典》第 334 条、第 337 条、第 341 条等之规定，具体参见吴光侠译：《泰国刑法典》，中国人民公安大学出版社 2004 年版，第 73—77 页。

③ ［俄］斯库拉托夫等主编，黄道秀译：《俄罗斯联邦刑法典释义》，中国政法大学出版社 2000 年版，第 397—427 页。

④ 马松建译：《挪威一般公民刑法典》，北京大学出版社 2005 年版，第 51—53 页。

罪。"第267条规定:"为使自己或者他人获取非法利益,对他人使用暴力或者致使其丧失自卫能力,或者实施威胁造成他人对人身暴力的严重恐惧,占有全部或者部分属于他人的物品的,是抢劫罪。"第270条规定:"为使自己或者他人获取非法利益,实施下列行为的,是欺诈罪:1.非法引起、强化或者利用错误致使他人为一定行为,造成他人损失或者有损失危险的;……"

③中国《刑法典》之规定[①]

我国《刑法》第263条规定:"以暴力、胁迫或者其他方法抢劫公私财物的,处三年以上十年以下有期徒刑,并处罚金。"第264条规定:"盗窃公私财物,数额较大或者多次盗窃的,处……"第266条规定:"诈骗公私财物,数额较大的,处……"

(2)折中说[②]

持该说的立法例一般认为,不动产可以成为诈骗罪的对象,但不能成为抢劫罪和盗窃罪的犯罪对象。持该说的代表性立法例有:[③]

①《德国刑法典》之规定[④]

《德国刑法典》第242规定:"意图盗窃他人动产,非法占为己有或使第三人占有的,处5年以下自由刑或罚金刑。"第249条规定:"意图使自己或第三人不法占有他人财物,用暴力或以身体或生命受到现实危险相威胁抢劫他人动产的,处……"第263条规定:"意图为自己或第三人获得不法财产利益,以欺诈、歪曲或隐瞒事实的方法,使他人限于错误之中,因而损害其财产的,处……"

---

① 本文出现的"中国刑法典"、"中国刑法"或"我国刑法"等,特指中国内地地区刑法典,特此注明。

② 就我掌握的外国刑法典资料来看,我尚未发现有某个国家完全将不动产排除在任何夺取罪之外。故,不存在完全否定不动产成为夺取罪对象的否定说,因此只有肯定说和折中说。特此注明。

③ 由于这些大陆法系国家一般没有类似于我国刑法中的抢夺罪,故本文没有罗列这类罪名。持该说的立法例还有:① 2002年修订后的《奥地利联邦共和国刑法典》第127条、第142条、第146条等之规定,具体参见《奥地利联邦共和国刑法典》(2002年修订),徐久生译,中国方正出版社2004年版,第55—60页。② 2003年修订后的《瑞士联邦刑法典》第139条、第140条、第146条等之规定,具体参见《瑞士联邦刑法典》(2003年修订),徐久生,庄敬华译,中国方正出版社2004年版,第47—50页。③《芬兰刑法典》第28章第1条、第31章第1条、第36章第1条等之规定。具体参见《芬兰刑法典》,肖怡译,北京大学出版社2005年版,第80—103页。④我国台湾地区《刑法典》第320、325、328、339等条之规定,http://www.6law.idv.tw/law/刑法.doc,2005-1-13。

④ 徐久生、庄敬华译:《德国刑法典》,中国方正出版社2004年版,第119—128页。

②《西班牙刑法典》之规定①

《西班牙刑法典》第 234 条规定："为获取利益，未经主人同意取得他人价值超过 50000 比塞塔财物，构成盗窃罪的，处……"第 237 条规定："为获取利益意图使某动产从原所在位置转移，对他人实施强力，使用暴力或者胁迫的，构成抢劫罪。"第 245 条（侵占不动产罪）规定："对他人使用暴力或者胁迫，占据他人不动产或者不动产所有权，尚未构成其他人身伤害和物品损害的，除其暴力行为应予刑罚外，视其犯罪手段和造成危害的，处……未经授权亦违背所有人意志占据他人不作为住所的不动产、住房、建筑或在以上建筑内居住的，处……"第 248 条规定："使用欺骗手段，诱使他人做出错误决定而获取利益的，构成诈骗罪。有下列行为处……1. 诈骗社会公认的基本生活用品、不动产或其他财产……"

③《日本刑法典》之规定②

《日本刑法典》第 235 条规定："窃取他人的财物的，是盗窃罪，处十年以下惩役。"第 235 条之二规定："侵夺他人的不动产的，处十年以下惩役。"第 236 条规定："以暴行或者胁迫方法强取他人的财物的，是强盗罪，处五年以上有期徒刑。以前项方法，取得财产上的不法利益，或者使他人取得的，与前项同。"第 246 条规定："欺骗他人使之交付财物的，处十年以下惩役。以前项方法，取得财产上的不法利益，或者使他人取得的，与前项同。"

2. 有关学说概述

有关不动产夺取罪的学说，比较有代表性的有如下几个：

（1）日本学者的看法

①学者大谷实认为："不动产不是盗窃罪、抢劫罪的对象。这些犯罪的本质是'侵害之后拿走'，其犯罪对象在性质上必须是可以移动的，同时，即便侵害不动产的占有，也不会改变其位置，在恢复侵害状态方面，也明显与动产不同。在学说上，过去有人认为，盗窃不动产的占有和侵害动产的占有具有同等的可罚性，因此，盗窃不动产的行为应当成立犯罪。但是，1960 年在部分修改刑法的时候，增设了侵夺不动产罪，上述问题就被以立法的形式解决了。"③

---

① 潘灯译：《西班牙刑法典》，中国政法大学出版社 2004 年版，第 87—95 页。
② 张明楷译：《日本刑法典》（第二版），法律出版社 2006 年版，第 89—91 页。
③ ［日］大谷实著，黎宏译：《刑法各论》，法律出版社 2003 年版，第 134 页。

②学者大塚仁认为："不动产可以成为诈欺罪、恐吓罪、横领罪的客体，对此没有异议。学说上的通说从来是认为不动产不成为盗罪的客体，这是因为，不动产的占有即使受到侵害，也不改变其位置，在被害人对其的恢复尚与动产大异其趣。关于强盗罪，对以暴力暴行、胁迫取得他人不动产的行为是否符合第236条第1项的问题，虽然形式上仍能加以讨论，但是，应该认为采取这种方法利用他人的不动产构成两项强盗罪，因此，关于这一点，实质上不成问题。"①

（2）俄罗斯学者的见解

从我掌握的资料来看，俄罗斯学者认为不动产可以成为夺取罪的犯罪对象。

俄罗斯学者在解释《俄罗斯联邦刑法典》关于夺取罪的规定时认为："侵占的标的物可以是动产和不动产。前者在侵占罪案件中更常见得多。《俄罗斯联邦民法典》第130条规定不动产包括土地、地下矿床和所有牢固地吸附在土地上的物，即一经移动便使其用途受到损害的物体，其中包括植物、建筑物、构筑物。民法还规定航空器、海洋船舶、内河航运船舶和其他类似财产为不动产。别墅、独院住宅、城市的单元房、畜牧场的经营用房等也是不动产。应该承认，在市场经济条件下财产犯罪（例如诈骗罪）的对象在某些情况下也可能是作为财产综合体用于进行经营活动的私有企业，因为他们也是民事权利的客体并且也属于不动产。"

（3）我国大陆地区学者的看法

就我掌握的资料来看，目前我国大陆地区学者普遍主张不动产只能成为诈骗罪、敲诈勒索罪这类夺取罪的犯罪对象。少数学者如张明楷认为除此之外不动产还可以成为抢劫罪的犯罪对象；少数学者如高铭暄等人认为不动产可以成为诈骗罪、盗窃罪、敲诈勒索罪这类夺取罪的犯罪对象，其他的夺取罪则不适用；少数学者如陈立认为不动产还可以是盗窃罪、抢劫罪的犯罪对象。下面具体罗列之。

①学者高铭暄等人认为："由于盗窃罪的本质是占有的转移或者说支配的转移，而不是场所的转移，所以不动产可以成为盗窃罪的对象。我国刑法没有规定窃占不动产的犯罪，也没有明文规定盗窃的财物仅限于动产，对于盗窃不动产的，可以认定为盗窃罪。例如，对于未经房主同意，以伪造证件

---

① ［日］大塚仁著，冯军译：《刑法概说》（各论），中国人民大学出版社2003年版，第178—179页。

等手段倒卖他人或者单位不动产的，应以盗窃罪论处。"①

②学者张明楷认为："诈骗罪、敲诈勒索罪的对象既可以是动产，也可以是不动产。而盗窃罪、抢夺罪、聚众哄抢罪的对象只能是动产。本书认为抢劫罪的对象既可以是动产，也可以是不动产。"②

③学者周光权认为："不动产可以成为诈骗罪、敲诈勒索罪、侵占罪、故意毁坏财物罪的犯罪对象，但由于其不能移动，难以成为盗窃罪、抢夺罪、聚众哄抢罪、挪用资金罪的犯罪对象。抢夺罪的行为对象必须是动产，虽为自己所有，或者由自己与他人共有的动产，处于他人的监督、支配之下时，也可以成为抢夺对象。强行占用他人不动产以获取财产上的利益，抢劫财产性利益和抢劫不动产毕竟有很多的区别。"③

④学者陈立认为："在审判实践中，也遇有以暴力手段赶走房主强行霸占房屋（不动产）的情况。对此有人认为亦应按抢劫罪论处，这就把作为抢劫罪对象之一的'财物'从动产扩大到不动产。尽管这类案件的发生率很低，但似也值得探讨。如果不能按抢劫罪认定，则除了行为人使用的暴力本身构成伤害或者杀人可单独定罪外，只能作民事纠纷令其退还房屋，未免轻纵罪犯。……不动产也可能被用另一种方法秘密窃占。在我国刑法尚无窃占不动产罪的专条规定前，对这种行为按盗窃罪论处是恰当的。当然这种窃占不动产的犯罪在我国司法实践中是比较少见的，但也不能完全排除。"④

二、不动产可以成为盗窃罪的犯罪对象

在我国，多数学者否定盗窃罪的犯罪对象包含不动产，其所持理由归纳起来有：⑤

第一，不动产成为盗窃罪的犯罪对象缺乏法律依据。虽然《刑法典》

① ［俄］斯库拉托夫等主编，黄道秀译：《俄罗斯联邦刑法典释义》，中国政法大学出版社2000年版，第397—427页。需要注意的是，在俄罗斯联邦刑法典中，立法者使用了"侵占"术语来表达诸如盗窃、抢劫、诈骗等等以夺取、占有他人财物的犯罪。其在广义上类似于大陆法系国家刑法理论中的"取得"或者"领得"等术语，而且与我国刑法上的侵占罪中所指的侵占在内涵和外延上不同。特此注明。

② 高铭暄主编：《新编中国刑法学》（下），中国人民大学出版社1998年版，第772页。

③ 张明楷：《刑法学》，法律出版社2003年版，第749页。

④ 陈立等主编：《刑法分论》（修订版），厦门大学出版社2004年版，第380、397页。

⑤ 吴大华：《阿根廷、哥伦比亚和芬兰三国刑法典上盗窃罪及其与中国刑法的比较》，载于志刚主编：《刑法问题与争鸣》（第12卷），中国方正出版社2006年版，第287页。

将盗窃罪的犯罪对象仅仅限定为"公私财物",未明确将不动产排除在犯罪对象的范畴之外,但是,《刑法典》也未明确将不动产列入犯罪对象的范畴之内,将不动产视为盗窃罪的犯罪对象缺乏法律依据。

第二,窃占不动产的行为虽然对不动产的合法所有人的所有权造成了侵犯,但是,行为人对不动产即使已经行使事实上的控制,但并不能排除物权人的有效控制,因而难以完成对不动产的真正意义上的非法占为己有,与通过盗窃行为所实现的剥夺他人对财物控制权的行为存在本质区别。

第三,盗窃犯罪行为的本质特征决定其行为指向的对象只能是动产。根据我国刑法的规定,盗窃罪的客观方面表现为"秘密窃取",这一特征使盗窃对象的范围只限于是动产。动产因其可移动性,可用"窃取"手段非法占有;不动产因其不可移动性,不能用"窃取"的手段占有,只能"窃占"。

第四,不动产不能通过犯罪人的简单盗窃行为而加以占有,并因此排斥原所有人的占有。不动产所有权关系的转移或变更,必须通过严格的法律程序才能完成。由于这一点,窃占不动产的行为往往是通过欺骗手段而非秘密手段来进行的。在没有骗取到"合法"的法律手续之前,行为人对不动产即使已经行使事实上的控制,但并不能排除物权人在法律上对不动产的有效控制,也不能将不动产转移而造成所有人实际无法控制。其行为的本质,只是趁所有人不知晓之际而偷用不动产,因而对所有人针对该不动产而存在的控制意思与控制能力均无实质影响,所有人仍然可以随时实现对不动产的控制而重新行使所有权。因此,从严格意义上讲,窃占不动产的行为与盗窃行为是有区别的,它实际上是一种侵占行为。

第五,社会观念很难将窃占不动产的行为全部定为盗窃性质,与社会一般价值观念所认同的"盗窃"很难归同,同时使得民法与刑法的衔接问题也很难解决。尽管近年来侵占国家、集体和私人所有的不动产的情况越来越严重,只有民事手段调整显然不够,应该把不动产纳入刑法的保护范围,对侵占不动产情节严重的行为予以刑事制裁。但是,这个问题还是通过立法增设新的罪名解决为妥,任意扩大解释现有盗窃罪的对象范围,只能造成司法实践和刑法理论上的混乱。

上述见解是笔者所见到的最为全面地阐述不动产为何不能成为盗窃罪犯罪对象的观点。然而,本文认为该观点在立论方面存在值得商榷的问题。具体如下:

（一）不能以"法无明文规定"否定（不动产）盗窃罪的成立

诚然，从形式上看，立法者在创设盗窃罪时并没有"明文"规定不动产可以被盗窃。但是，这不是我们否定盗窃罪的犯罪对象可以包含不动产的理由。"立法者没有'明写'也没有明文排除，因此我们不能说某种事物可以被某种犯罪所侵犯。"这种见解是许多学者在解释法条时经常说的一句话。然而，解释者的使命并非创设罪名和罪状，解释者不能代替立法者立法。解释者的重大使命在于解释法条，一味地说立法者没有明文规定也没有明文排除，显然是在推卸解释的责任。刑法条文只有在解释中才能具有实践的品格，否则就是一堆拼凑而成的文字而已。不动产是否能够成为我国刑法中"财物"的外延，这是一个解释论上的问题。当然，解释的结论是否正确，则是另外一回事。我们不能以法无"写明"为由一味地压缩刑法用语的涵摄范围。倘若任何术语都要"白纸黑字"一字不差地写明，那么这种刑法是不存在的。立法万能主义、理性主义只是存在于人类思维中的一种幻想。立法者也并非全知全能的圣贤。因此，只要刑法用语没有明确排除，均存在解释的余地。解释结论妥当与否与法条能否被解释是两个层面的问题。下面详细阐述之。

1. 通说观点对盗窃罪罪状之解释缺乏周延性

我国《刑法》在规定盗窃罪时仅仅使用了"盗窃"字样对盗窃罪的行为形态加以描述，而我国的通说将"盗窃"解释为"秘密窃取"，其实是欠妥当的。在日本和我国台湾地区，学界之所以认为传统盗窃罪的对象只能是动产，是因为《日本刑法典》和台湾地区《刑法典》的明确规定。此其一。其二，《日本刑法典》和台湾地区《刑法典》均使用了"窃取"来描述盗窃罪的行为形态。从文义解释的角度看，"窃取"可以理解为"窃走"、"取走"等等表明空间位置改变的意思。因此，不动产不能成为"窃取"对象应该说是"情理之中"的事情。但是，我国立法者使用的措辞与日本和台湾地区均不同。我国使用了"盗窃"。在我看来，在解释论上，我们可以将盗窃作更为宽泛的理解。例如：可以解释为"窃取"和"盗得"两个术语。

颇有意思的是，《日本刑法典》和我国台湾地区《刑法典》虽然分别规定窃取动产罪和窃占（或侵夺）不动产罪，但是其分别在《刑法》第36章和第29章的标题上以"窃盗罪（或者盗窃罪）"这一术语予以评价。而且窃取动产罪和窃占（侵夺）不动产罪的法定刑是一致的。换言之，其也认为不管是用窃占（侵夺）不动产还是窃取动产，两者的本质均为用和平手段改变财物占有关系。所以，从理论上将我国刑法上的"盗窃"解释为"窃取"和"窃得"在解释论上并非是异想天开。也许学者张明楷的见解可以用来佐证本文的论点："在现代社会，侵害不动产，而且使所有人难以恢复对该不动产的占有的案件并不少，显然必须积极保护所有人的不动产。因此，从第二次世界大战前开始，主张处罚盗窃不动产行为的观点就相当有力，而且得到越来越多的人的赞同。第二次世界大战以后的日本，非法占据他人土地，在他人土地上建房居住或开店铺经商的案件连续出现，完全靠民法来处理，已经不能充分保护被害人的权益。为了解决这个问题，日本于1960年增加了侵夺不动产罪。即在规定盗窃罪的第235条之后，增设第235条之二，它规定：'侵夺他人的不动产的，处10年以下惩役。'在我看来，这实际上是一种折中规定，它一方面在盗窃罪的条文后增设该规定，似乎告诉人们，盗窃不动产也构成犯罪。另一方面，它又没有使用盗窃一词，而是使用侵夺一词。事实上，凡是没有使用暴力、胁迫而侵犯他人的不动产的行为，都构成该罪。在此意义上说，事实上承认了盗窃罪的对象可以是不动产。意大利刑法也规定了窃占不动产罪，该法第631条规定：'意图占有他人不动产之全部或一部，而移动或变造境界者，处3年以下徒刑，并科40万里耳以下罚金。'这一条所规定的行为，似乎更明确地肯定了盗窃罪的对象可以是不动产。"①

由此可知，盗窃可以包容盗得不动产的情形。

2. 对刑法术语的解释离不开体系解释

古罗马的法律格言告诉我们："不通观法律整体，仅根据其提示的一部分所做出的判断或解释，是不正当的。所以，对刑法应当进行体系解释。使法律之间相协调是最好的解释方法。遇到不明确的规定时，应当通过明确的规定来阐释不明确的规定，不应当由于某种不明确的规定而否定明确的规定。"②

在我国刑法的语境中，通过体系解释也可以将不动产解释为这里的"财物"的外延。诚然，我国《刑法》第264条使用了"财物"来描述盗窃罪的犯罪对象。从法条出发，我们无法直观地理解这里的"财物"的外延。但是，立足于对刑法的整体理解，我们可以将总则与分则的规定结合起来理解。此时用体系解释的方法解释"财物"使得"不动产"被"揭示和挖

---

① 张明楷：《外国刑法纲要》，清华大学出版社1999年版，第577—578页。

② 张明楷：《刑法格言的展开》，法律出版社2003年版，第13页。

掘"出来。我国《刑法》第2条规定："中华人民共和国刑法的任务，是用刑罚同一切犯罪行为作斗争，以保卫国家安全，保卫人民民主专政的政权和社会主义制度，保护国有财产和劳动群众集体所有的财产，保护公民私人所有的财产，保护公民的人身权利、民主权利和其他权利，维护社会秩序、经济秩序，保障社会主义建设事业的顺利进行。"第91条规定："本法所称公共财产，是指下列财产：①国有财产；②劳动群众集体所有的财产；③用于扶贫和其他公益事业的社会捐助或者专向基金的财产。在国家机关、国有公司、企业、集体企业和人民团体管理、使用或者运输的私人财产，以公共财产论。"第92条规定："本法所称公民私人的财产，是指下列财产：①公民的合法收入、储蓄、房屋和其他生活数据；②依法归个人、家庭所有的生产数据；③个体户和私营企业的合法财产；④依法归个人所有的股份、股票、债券和其他财产。"由此，我们知道，立法者在《刑法》总则中使用"财产"来说明其所要保护的法益。而分则第5章的标题是"侵犯财产罪"。很显然，这里的"财产"应当和总则中所使用的"财产"在内涵上和外延上取得一致，否则总则的指导作用就会落空。同时，分则在具体条款上均不使用"财产"，而使用"公私财物"，那么这两者是否有别呢？从应然的角度看，《刑法》总则中的"公私财产"和分则中的"公私财物"应当是一致的，除非分则中具体犯罪的犯罪形态决定了其所侵犯的公私财物外延小于公私财产的外延。从总则的规定来看，财产包括动产和不动产。因此，分则中的财物应当可以包括不动产。否则，总则和分则之间根本没有办法衔接。这是从法理合理性角度得出的结论。如果从实践合理性的角度看，不动产被盗窃也是可以成立的。现实生活中窃占他人不动产并且处分他人不动产的案件并不少见。例如：1998年10月27日，被告人刘某化名吴某，称房屋产权已归自己，要许某将坐落在江苏省吴江市松陵镇原松陵化工厂（现属中国农业银行吴江市支行）旧厂房拆除。至11月4日，许某已拆除房屋480多平方米及部分围墙。被告人刘某将其中一幢90多平方米的办公楼拆除后卖给松陵镇人张某，得款1800元，又把铁大梁卖给松陵镇收废品的曹某，得款2000元。经对拆除后的房屋建筑材料进行估价，价值3.9万余元。本案最后以盗窃罪（工厂而非建筑材料）定罪。① 再如：2005年租房者伪造了房东郭晓彬的身份证、房产证，把房子卖给了刘志昌。刘志昌通过政府部门

---

　　① 《盗卖他人房屋如何定罪》，from http：//law. shaanxi. gov. cn/shownews. asp？id = 18558.
2007-9-10。

办理了房产过户后拿到了新的房产证。① 第一个案件是行为人在事实上占有他人不动产之后，处分整体不动产的行为。第二案件是行为人从法律上处分他人不动产的行为。这两种处分他人不动产的行为均可认定为本罪的犯罪形态。换言之，行为人既可以在事实上窃占他人不动产，也可以在法律上窃占他人不动产。

（二）不动产变更登记与否与不动产能否被盗窃没有必然联系

不动产需要进行登记才能取得所有权，不动产的转移需要变更登记才能取得所有权。这种见解从民法的角度来看是妥当的。但是，刑法与民法所要考虑的重点不同。在财产犯罪中，行为人通过犯罪手段取得他人财物的，无论如何是不能取得财产所有权的。因此，在不动产盗窃中，我们完全没有必要强调所谓的不动产登记和变更登记对行为人是否成立盗窃罪的影响。从本质意义上讲，不动产是否变更登记与不动产是否可以成为盗窃罪的犯罪对象毫无关系。但是，有学者指出："在没有骗取到'合法'的法律手续之前，行为人对不动产即使已经行使事实上的控制，但并不能排除物权人在法律上对不动产的有效控制，也不能将不动产转移而造成所有人实际无法控制。其行为的本质，只是趁所有人不知晓之际而偷用不动产，因而对所有人针对该不动产而存在的控制意思与控制能力均无实质影响，所有人仍然可以随时实现对不动产的控制而重新行使所有权。"②

诚然，行为人尚未取得法律上的所有权之前，所有人仍然可以随时实现对不动产的控制而重新行使所有权。但是，这种所谓的"重新控制"仅在民法上具有意义，在刑法上毫无意义可言。如前所述，行为人不管是侵犯动产还是不动产，只要是财产犯罪乃至是犯罪，均不可能取得财产所有权。如果认为凡是行为人没有取得财产所有权的，被害人均可以对财产重新行使所有权，那么所有的盗窃罪乃至夺取罪均不能认定。刑法所要考虑的是行为人是否排除了被害人对财物的实际支配控制从而确立起自己对财物的实际支配和控制，而不问行为人是否取得了财产所有权。在行为人根本、永远不可能取得不动产所有权的情况下，要求行为人必须取得不动产所有权，才能认定

---

① 《北京建委未尽审查义务致业主房屋被盗卖》，from http：//news. 9ask. cn/zt/ShowArticle. asp？ ArticleID=32788，2007-9-10。

② 吴大华：《阿根廷、哥伦比亚和芬兰三国刑法典上盗窃罪及其与中国刑法的比较》，载于志刚主编：《刑法问题与争鸣》（第12卷），中国方正出版社2006年版，第287页。

行为人实际支配和控制了不动产从而排除了被害人对该不动产的实际支配和控制，实在强"行为人"所难。

（三）传统的不动产目前也具有可移动性

传统观点认为不动产具有不可移动性，故不能成为盗窃罪的犯罪对象。即使抛开我本文主张的"排除占有·确立新占有"说，传统刑法学的观点在今天看来是值得商榷的。理由是：不动产具有不可移动性，这种见解虽具有较大合理性，但也未必全面而周延。目前，不动产整体被移动已经在技术上成为可行了。因此不动产具有不可移动性的见解似乎已经丧失了实践的合理性。以房屋和树木为例，举例如下：

1. 2003 年 2 月 25 日，孟州近百名施工人员喊着号子操纵滚动装置移动一栋 5 层高的居民楼，正在"行走"的楼内居民生活如常。①

2. 2003 年 11 月 21 日上午 7 时 30 分，随着现场总指挥张天宇轻轻一按千斤顶的推进开关，楼高 8 层、总建筑面积 2400 平方米的泉州食品大楼，缓缓地向后移动。7 个多小时后的下午 2 时 44 分，大楼向后整体平移 10 米成功完成。此举创造了福建省整体平移的最高度。②

3. 2004 年 5 月 25 日下午，随着现场指挥人员一声令下，广西梧州市人事局综合大楼开始缓缓向北移动，迄今国内最大的楼房平移工程正式启动。③

4. 新华网上海频道 2003 年 3 月 25 日消息：日前，静安区一株巨型古树被整体迁移数十米，为一栋新建筑让了路。④

既然不动产也具有可移动性而且其移动并不会损害其价值，那么为什么不能将其作为盗窃罪之犯罪对象呢？⑤ 实际上，"动产与不动产是民法领域的两个概念。传统民法观念认为，可移动的是动产，不能移动或者移动后损失经济价值的是不动产，但这种简单的区分标准并不具有实践上的可操作

---

① 陈海峰：《大楼正在整体移动楼内居民生活如常》，from http：//www. yilou. com/doc/list. asp？id＝1，2006-4-14。

② 《泉州食品大楼七小时向后走十米》，from http：//www. xmfdc. com/show_ article. asp？ArticleID＝59508，2006-4-14。

③ 《国内最大楼房整体平移工程启动万吨大厦平移 30 米安新家》，from http：//news. xinhuanet. com/house/2004-05/27/content_ 1493329. htm，2006-4-14。

④ 龚星：《60 万元为古树搬家》，form http：//www. sh. xinhuanet. com/2003-03/26/content_ 337616. htm，2006-4-14。

⑤ 倘若这个结论成立的话，那么刑法、民法理论是否有必要区别动产和不动产，颇值得研究。

性，而实际上动产与不动产的划分在观念上已发生了变化，绝对界限不复存在，典型者如汽车、船舶、飞行器，在事实上确系动产，但在法律上却视为不动产，其物权变动须经登记始能成立，这些对象不仅在实践中存在被盗窃的可能性，在理论上更具有被盗窃的必然性，学界为何又煞费苦心将其排除在盗窃罪的犯罪对象之外呢？"①

（四）不动产盗窃符合夺取罪的本质特征

盗窃罪是一种夺取罪，是一种改变、转移财物占有关系之犯罪。只要行为人能够通过秘密或者公然②之方式改变财物占有关系，那么构成盗窃罪应当不会有疑义。如前所述，夺取罪的转移占有并不以财物的空间位置转移为必要。因此，盗窃罪中的秘密窃取也必然以财物空间位置的改变为必要。这个论点不仅适用于动产，还适用于不动产。下面试举例加以说明。"甲发现乙的皮包内有巨额现金，便起了盗窃之意，当乙休息时把皮包放在一边，甲趁乙不注意，便用自己的衣服把皮包盖住，并坐在其上。乙找不到自己的皮

---

① 袁坚：《论不动产能够成为盗窃罪犯罪对象》，from http：//xingfa. lawtime. cn/toudaozui/ 20070426/33226. html，2007-9-10。

② 我国刑法学界的通说均认为，盗窃罪的客观方面是行为人秘密窃取他人财物的行为。具体参见高铭暄等主编：《刑法学》，北京大学出版社、高等教育出版社 2005 年版，第 557 页。但是此见解也存在问题。

首先，我国刑法并没有规定盗窃罪的客观方面必须是秘密窃取。我国刑法仅仅规定盗窃公私财物，数额较大或者多次盗窃的，处……立法者并没有说明盗窃罪必须是秘密窃取，那么我国刑法学界对刑法条文的学理解释很显然缩小了立法者确定的犯罪圈。

其次，盗窃罪其实是一种夺取型财产犯罪。而夺取型财产犯罪的本质特征在于改变财物的占有关系，但是这种夺取型财产犯罪又区别于抢劫罪和抢夺罪。抢劫罪和抢夺罪等均是行为人通过强力即非和平手段作用于被害人或者财物而改变财物占有关系，但是盗窃罪是一种以和平手段作用于财物的行为。盗窃罪和抢劫罪、抢夺罪等暴力性财产犯罪的最大区别在于盗窃罪中的行为人使用了和平的手段改变财物占有关系。而行为人是否采取了秘密的方式改变财物占有关系已经不是刑法所关心的事情了。

故，对盗窃罪客观方面的表述应当是：以和平的手段改变财物占有关系。我国刑法学界对盗窃罪客观方面的界定并不符合立法精神。例如，甲到乙的商店购物，进入商店之后甲拿起乙的财物转身就跑，而此时乙也亲眼目睹了这一幕。很显然，甲取得乙的财物并非使用秘密窃取的方式，而是一种公然取得的方式；甲也没有使用暴力、威胁或者其他足以使被害人不敢反抗、不能反抗或者不知反抗的手段，也没有趁被害人不备突然夺取其财物。因此，在本案中，我们不能以抢劫罪和抢夺罪对甲定罪处罚，只能以盗窃罪处断。因此，区分行为人是否构成盗窃罪的标准不在于行为人是否使用了秘密窃取的方式改变财物的占有关系。而应当以行为人是否使用和平手段改变财物的占有关系。

包便去报案。"① 可见，盗窃动产的成立也没有必要以财物发生空间位置的转移为必要。

如前所述，不动产是否变更登记与不动产是否可以成为盗窃罪的犯罪对象并无必然联系。因此，只要行为人能够在事实上实现其排除被害人对不动产的支配和控制并确立起自己对该不动产的新的支配、控制关系，即可表明行为人盗窃了被害人的不动产。试举例加以说明。甲村的水田与乙村的水田毗邻。甲村村长让村民采用秘密移动田埂的方式扩张了本村的水田面积，致使乙村的水田大面积萎缩。在本案中，乙村的水田并没有发生空间位置上的改变。但是，甲村实际上实现了对乙村水田的支配和控制，乙村实际上也失去了对水田的支配和控制。因此，本案成立盗窃罪是没有疑问的。② 退一步说，即使认为不动产登记与否与不动产盗窃是否可能具有必然联系，上述结论也是可以成立的。例如：被害人在国外工作，其在国内有一处房产。其身份证、房产证连同办理过户登记所需要的印章等均已经丢失，但没有及时到登记机关挂失。凑巧的是，身为房产登记机关工作人员的行为人捡到了这些物品。同时，行为人又利用工作便利篡改了被害人的房产证，造成行为人在"法律上"占有了被害人的不动产。此种犯罪形态在司法实践中是完全可能发生的，既然如此，那么毫无疑义地，不动产应成为盗窃罪的犯罪对象。一个结论要具有逻辑上的周延性就必须能够涵盖任何可能发生的情形。

也许有人会认为，该登记机关工作人员捡到了被害人的证件后，变更了房屋的产权，使自己成为房屋法律上的所有人。这是一种虚构事实、隐瞒真相的欺骗行为。的确，在本例中，存在欺骗的成分。但是，这不足以将其评价为诈骗罪。因为在诈骗罪中，被害人必须基于错误认识而"自愿"处分财产。而在本例中，被害人并无认识错误可言，自然也就无"自愿处分"可言了。因此，本例不能以诈骗罪加以评价。实际上，盗窃罪是一种夺取罪，但是盗窃罪之成立并不一定要求行为人直接对不动产实施夺取，通过对表明占有关系的证书予以秘密夺取并对证书加以变更的，也可以构成对不动产的夺取。这种犯罪形态即使在社会一般人看来其发生概率几乎为零。但是，在我们没有理由绝对排除这种可能性发生之前，我们必须承认这种可能性的存在。刑法学理之任务不仅在于解释、阐明刑法，更负有预见难以想象的犯罪形态并提出解决方案的任务。而且，社会生活中也并非所有的不动产

---

① 董玉庭：《盗窃罪研究》，中国检察出版社 2002 年版，第 27 页。

② 当然，本案有个假设前提：单位可以作为盗窃罪的主体。

均有登记，针对那些没有登记而"漏网"的不动产实施的秘密窃占，或者在秘密窃占后加以变更产权关系的，也应该认为是一种改变财物占有关系的不法行为，同样可以盗窃罪处断。

也许有的学者会认为，此种秘密占有他人不动产的行为可以通过扩张侵占罪的适用范围予以包容。我们知道，"单纯侵占罪则是领得自己基于委托而占有的属于他人的财物"。① 因此，狭义上的侵占罪或者单纯侵占罪是一种不转移财物占有关系的行为。行为人原本就已经占有了被害人的财物，那么后来行为人拒不返还财物而将其占为己有的行为也就无所谓"转移占有"了。因此此种狭义上的侵占罪并无法涵盖秘密窃占不动产的行为。

（五）不能以社会观念难以接受为由否认不动产盗窃

社会观念很难接受盗窃不动产这种犯罪形态，确实有一定道理。但是，社会在剧烈变迁，生活在不断变动，人们的观念当然也会随着时代和社会的变迁而与时俱进。很多囿于当时社会情状人们不敢想象的事情，在今天都成为理所当然、天经地义之事了。因此，我们不能以社会观念难以接受为由否认不动产可以成为盗窃罪的犯罪对象。民众对新事物的观念有一个逐渐接受的过程，但这并不意味着立法者、司法者和执法者没有义务教化民众，引导民众接受新事物、新观念。倘若一味地以社会观念难以接受为由否认盗窃不动产，则是在推卸教化民众之责任。再者，刑事立法和刑事司法也未必完全以民意和社会舆论为转移，决策者的意志、魄力和抉择也是不可忽略的。刑法和刑事政策的制定固然要以民意和社会舆论为基础，这是任何刑法和刑事政策获得公众认同的前提，但是这不是充分条件，而是必要条件。决策者的魄力也是影响刑事政策制定的重要因素。民众的认识有时可能具有非理性、盲目冲动的一面，因此需要精英群体的引导，这就为决策者发挥魄力提供了重要条件。类似的情况在死刑存废问题上显得更为明显。② 因此，在解释法条问题上，不能一味地以社会观念难以接受为由拒绝对法条做出全新的诠释。当然，解释法条不能脱离罪刑法定原则随意解释，不能不考虑民众的预测可能性。"只要不违反罪刑法定原则，就应当尽可能地对刑法进行合理解释，使之适应不断变化的社会生活事实；只有当解释方法与结论违反罪刑法

---

① ［日］西田典之著，刘明祥、王昭武译：《日本刑法各论》，武汉大学出版社 2005 年版，第157 页。

② 具体参见梁根林：《公众认同、政治抉择与死刑控制》，载《法学研究》2004 年第 4 期。

定原则时，才宜通过增加刑法条文增设新的犯罪类型。"① 简言之，在刑法没有修改之前，对窃占不动产的行为，以盗窃罪处罚，不会放纵犯罪，也不会损害国民的预测可能性，除非将不动产作为盗窃罪犯罪对象会得出荒唐的结论。

三、不动产可以成为抢劫罪的犯罪对象

在我国，目前刑法学界和刑法实务界的主流观点均否认不动产可以成为抢劫罪的犯罪对象，提出的理由也颇为单一。比较有代表性的观点列举如下：

（一）学术界之见解

从学术界的观点来看，学者们反对不动产作为抢劫罪犯罪对象的理由主要有如下两个：

1. 罪行轻微说

学者王作富通过对域外法的考察，提出了如下见解："抢占他人不动产的危害程度一般比抢劫动产要轻。我国台湾地区《刑法》第 328 条第 1 项规定了普通强盗罪，第 2 项规定：'以前项方法，得财产上不法之利益，或使第三人得之者亦同。'意即也按照强盗罪的刑罚处罚，但罪名是'强得财产上不法利益'或'强得利益罪'。按台湾学者解释，用强暴、胁迫手段，使人不能抗拒，驱逐他人出屋，而占用房屋者，系在他人不动产上取得不法利益，应按照上述第二项规定论处。这样处理，虽不定强盗，却适用强盗罪的刑罚，说明上述行为与强盗罪在本质上有着同等的危害性。这种规定既有利于对公民人身权利和财产权的全面保护，又区别强盗罪和非强盗罪的界限，值得我国立法机关借鉴。当然，我国《刑法》无此种规定，如果说霸占他人不动产的不定抢劫罪，就只能按民事纠纷处理也不妥当。对于这类案件应当根据案件具体情况，分别进行处理：其一，用暴力、胁迫等方法强行进住并霸占他人住宅的，可定非法侵入住宅罪。其二，为霸占他人不动产而使用暴力，致人伤害的，定故意伤害罪；故意杀人的，定故意杀人罪。其三，为霸占他人房屋、土地而毁坏其房屋、地上农作物的，分别定故意毁坏财物罪或破坏生产经营罪。其四，意图霸占他人不动产，综合评价其手段行

---

① 张明楷：《日本刑法的发展及其启示》，载《当代法学》2006 年第 1 期。

为与结果，尚不构成何罪的，只能做一般违法行为处理，必要时可给予治安管理处罚，或者责令其承担一定的侵权责任。"①

学者刘明祥提出了如下见解："从实践中遇到的强占住房等不动产的案件来看，要么是由民事纠纷引起，要么是流氓寻衅滋事，前者属于民事侵权行为，不宜当犯罪处理；后者是《刑法》第 293 条列举的'强拿硬要或者任意毁损、占用公私财物'所包含的内容，应该按寻衅滋事罪定罪处罚。"②

两位学者的观点均认为使用暴力等强制性手段强占他人不动产的，其社会危害性没有抢劫罪的社会危害性大，不宜以抢劫罪论处，可以通过其他途径和罪名解决该问题。

2. 撤销登记说

学者赵星等人提出："行为人若以暴力、胁迫或以其他方法强令被害人签订不动产买卖、赠与合同等书面文书并办理登记过户手续，这种情况下，不动产并不能认为已被移离，因为这些合同的签订违背了民法与合同法的诚实信用原则和契约自由原则，缺乏合法要件，受胁迫的一方亦可行使撤销权，使上述合同行为归于无效，由此进行的登记手续当然无法实现所有权的转移。"③

（二）实务界之见解

在不动产抢劫问题上，我国最高审判机关的倾向性意见认为："在司法实践中，财产犯罪中的抢劫罪、抢夺罪因以当场为要件而不能以不动产作为犯罪对象。"④ 由此，实务界以该立论为前提排除了抢劫不动产的抢劫罪适用。

（三）本文的基本观点——不动产可以被抢劫

抢劫罪，作为一种夺取罪，本质而言也是一种转移、改变财物占有关系的财产犯罪。因此，只要行为人能够在客观上改变不动产的占有关系，而不

---

① 王作富：《认定抢劫罪的若干问题》，载姜伟主编：《刑事司法指南》（2000 年第 1 辑），法律出版社 2000 年版，第 7—8 页。

② 刘明祥：《财产罪比较研究》，中国政法大学出版社 2001 年版，第 114—115 页。

③ 赵星、陈清浦：《抢劫罪行为对象若干问题研究》，载《政法论坛》2002 年第 4 期。

④ 最高人民法院刑事审判第一庭、第二庭编：《刑事审判参考》（2002 年第 6 辑），法律出版社 2003 年版，第 47 页。

论其采取何种在社会一般人看来很难实施的暴力、胁迫等强制性手段来改变财物的占有关系，均应当承认不动产可以被抢劫。下面本文将具体地对学界和实务界的观点做出回应。

1. 针对学界见解的回应

（1）针对罪行轻微说的回应

王先生的观点是我见到的关于不动产不能成为抢劫罪犯罪对象的最为全面的论述，并反复被学者们引用以至于成为通说。不过，对刑法学界的这种通说，本文认为存在值得商榷之处。

第一，论者的理由与结论前后矛盾。论者认为，抢劫不动产的危害程度比抢劫动产要轻。而强盗罪与强盗得利罪适用相同的刑罚。这与罪刑相适应原则是相违背的。

第二，抢劫不动产的危害程度果真比抢劫动产轻吗？论者的依据何在呢？

其实，从被害人的角度来看，两者的危害是一致的。因为被害人的财物均被他人使用强力所实际支配、控制，被害人实际上丧失了对该财物的实际支配和控制。因此，从法益侵害的角度来看，两者对被害人的法益的侵害是一致的，并无轻重之分。针对该问题，该论者又指出："即使行为人用暴力将他人赶出家门，并且当场强行进住，也不可能像抢劫一般动产那样，当场实现对不动产的完全控制和随意处置，而被害人却可以较容易地依靠政府有关机关收回自己的房产，恢复行使自己的财产权利。因此，抢占他人不动产的危害程度一般比抢劫动产要轻。"① 对此，应当如此看待：

首先，被害法益是否容易恢复与被害法益是否遭受侵害没有必然联系。套用我国刑法学界的主流话语来说是：被害法益是否容易恢复不决定行为人的社会危害性有无，而是影响社会危害性的程度。再说，不动产被强占后就真的容易被恢复原状了吗？将他人土地强行霸占后，在他人土地上盖起楼房；将他人房屋霸占后，拆除后重新建造符合自己口味的房屋，或者将房屋出租或者出卖等等不胜枚举。由此，刑法理论应当以超前的眼光看待刑法问题，哪怕这类案件在实务中发生几率很小，我们也不能回避。

_____

① 王作富：《认定抢劫罪的若干问题》，载姜伟主编：《刑事司法指南》（2000年第1辑），法律出版社2000年版，第7页。

　　其次，抢劫罪是一种结果犯。根据通说，取得他人的财物就是结果的实现。[①] 但是，取得他人财物并不要求改变财物的空间位置，只要能够排除他人对财物的实际支配和占有，从而使自己确立对财物的实际支配和占有，就可以认定为取得财物。例如，行为人使用暴力逼迫被害人当场丢弃其所持有的财物于地上，同时将被害人赶走。此时，被害人已经被排除了对该财物的占有关系了，而根据社会通念我们可以推定行为人取得了对财物的占有。因此，抢劫罪已经达到既遂形态。之后行为人从地上捡起财物，应当认为是一种转移赃物的行为，没有必要单独评价。即使被害人事后通过有关机关强制行为人恢复原状，那也只能认为是既遂之后的恢复原状。这如同行为人抢劫他人动产之后，被害人依靠自力救助或者公权力之救助夺回被抢劫的动产一样。因此，这与行为是否成立抢劫罪并无关系。

　　第三，使用暴力、胁迫等强制性手段侵占他人住宅，以非法侵入住宅罪论处，是否合适呢？在多数国家刑法中，非法侵入住宅罪是一种轻微犯罪，而非重罪，其法定刑一般较低。[②] 此种情形适用非法侵入住宅罪，无法体现罪刑均衡原则。而且，非法侵入住宅罪的保护法益是单一法益——住宅安宁。在本案中，行为人不仅对他人住宅安宁产生侵害，还对他人的财产权产生了侵害，显然用非法侵入住宅罪予以评价，不足以周全地保护法益。

　　第四，倘若行为人不是侵入他人住宅，而是霸占了被害人的土地等其他不动产，那么该如何适用刑法呢？依据中国《刑法》之规定，在不构成故意杀害罪或者故意杀人罪的情况下，结论是无罪。那么，此种结论是否符合

---

① 高铭暄、马克昌主编：《刑法学》，北京大学出版社、高等教育出版社2005年版，第555页。

② 我国《刑法》第245条规定："非法侵入他人住宅的，处3年以下有期徒刑或者拘役。"我国台湾地区《刑法典》规定："无故侵入他人住宅、建筑物或附连围绕之土地或船舰者，处1年以下有期徒刑、拘役或300元以下罚金。无故隐匿其内，或受退去之要求而仍留滞者，亦同。"From http：//www.6law.idv.tw/law/刑法.doc，2005-1-13。《日本刑法典》第130条规定："无正当理由侵入他人的住宅或者他人看守的宅邸、建筑物或者船舰，或者经要求退出但仍不从上述场所退出的，处3年以下惩役或者10万元以下罚金。"具体参见《日本刑法典》，张明楷译，法律出版社2006年版，第50页。《奥地利联邦共和国刑法典》第109条规定："以暴力、暴力威胁强行进入他人住所的，处1年以下自由刑。"具体参见《奥地利联邦共和国刑法典》（2002年修订），徐久生译，中国方正出版社2004年版，第45页。《瑞士联邦刑法典》第186条规定："违背权利人意志，闯入他人住房、住宅、住房的被封锁的空间、直接属于一住房的以栅栏等围住的场所、院落或花园，或者非法闯入他人工作场所，或者虽经权利人要求离开但仍在此处停留的，处监禁刑或罚金刑。此罪告诉乃论。"第36条规定："最低之监禁刑为3天。法律未作其他特别规定的，最高之监禁刑为3年。"具体参见徐久生、庄敬华译：《瑞士联邦刑法典》（2003年修订），中国方正出版社2004年版，第63、11页。

国民的一般法感情呢？由于中国刑法并没有类似于大陆法系许多国家所创设的暴行罪、胁迫罪或强制罪①，因此使用暴力长期霸占他人土地的行为，只能作无罪处理。当然，纯粹从恢复被害人损失的角度来看，通过民事诉讼程序责令行为人停止侵害，恢复原状，赔偿被害人损失，似乎也足以弥补被害人的损失，当事人之间的利益是衡平的。然而，"如果我们认为这样的情形，以民事制度来处理为已足时，无疑是表明一个经济力上之强者，可以去利用其财产上之优势地位，任意去侵害他人，甚至影响到他人的基本尊严。因此，对于某些财产的侵害行为，必须另外以刑罚手段加以预防，在做法上是可以理解的。"② 试举例加以说明。甲有一栋别墅，价值 1000 万元。乙有一栋古屋，市价 1 万元。甲有复古倾向，喜欢一些老玩意例如古董、古屋、古书等等。甲看中了乙的古屋，想用别墅跟乙交换古屋。但是，乙死都不同意交换，因为他在古屋里住习惯了，不想换地方。甲见状大怒，命令其手下将乙强行拖出了古屋，并住进了古屋。乙见状不得已只能去住别墅了。从民法的角度来看，甲乙之间的利益是衡平的，甚至可以说乙还占了很大的便宜。但是，刑法不仅要保护民法，保障民事权益的衡平，还要保障人性尊严的维护。③ 本例以民事案件处理未免有"重物轻人"之虞。

---

① 暴行罪是指对他人施加暴力而未致人伤害的犯罪。胁迫罪是指以加害于他人或与其密切关系的人的生命、身体、自由、名誉或财产相通告，威胁他人的行为。强迫罪是指以暴力、胁迫方法，强迫他人为一定之作为，容忍或不作为的行为。分别参见张明楷编：《外国刑法纲要》，清华大学出版社 1999 年版，第 487、506、509 页。

② 张天一：《论刑法上"财产概念"之内涵》，载（台湾）《刑事法杂志》2003 年第 1 期。

③ 也许有学者会认为，本案可以强迫交易罪处断。然而，强迫交易罪被我国立法者规定在刑法分则第 3 章——破坏社会主义市场经济秩序罪中。很显然，立法者要保护的是公平的市场交易秩序，打击那些强买强卖的不法行为。在这里，所谓公平、等价有偿交易市场中的财物应当是指在交易场所中具有客观价值的财物，而不包括那些对持有人所具有主观价值的财物，即使某些财物在所有人眼里价值连城。在本案中，从财物的客观价值来看，甲的别墅在交易场所中值 1000 万，乙的古屋在交易场所只值 1 万元。两者相差悬殊。甲以千万元的别墅换来了价值 1 万元的古屋居住，从形式上看似乎可以成立强迫交易罪，但是，从实质上看不能成立此罪。因为被害人的客观经济利益没有受损，相反还大大增值了。所以这不违背市场交易的等价有偿原则。再者，"本罪是破坏市场秩序的犯罪，故只有在经营或者交易活动中才可能发生本罪。换言之，主体是否经常进行商业活动，或者以商业盈利为生，影响着强迫交易罪成立与否的判断。"具体参见张明楷：《刑法学》，法律出版社 2003 年版，第 668 页。而本案中行为人的主体不适格，故不能以本罪处断。但是，这并不等于甲无罪。甲的行为虽然不能以经济犯罪处断，但是应当归到财产犯罪中。因为财产犯罪不仅要保护财产的归属，还要保护人性尊严。对此，我们从抢劫罪、敲诈勒索罪等罪名的规定来看就知道立法者在财产犯罪问题上不单保护财产，还保护人性尊严。换言之，不能属于经济犯罪调整对象的行为可以被财产犯罪所调整。

最后，仅仅从财物的形态不同出发，将两种对被害人造成相同损害的行为以不同罪名分别评价，是否妥当？我国台湾地区《刑法典》在强盗罪问题上将抢劫动产评价为抢劫财物，而将抢劫不动产评价为抢劫财产性利益，这种立法例是否妥当值得斟酌。抢劫财产性利益在日本和台湾地区属于利得罪或者利益罪的范畴。顾名思义，利益罪是一种以财产利益为侵犯物件的财产犯罪。利益是一种无形物，而狭义上的财物是一种有形物。① "由于强行无偿占用可以取得财产上的利益，因而在刑法规定有抢劫利益罪的国家，可以把这种行为当此罪处罚。但即使在这些国家，也并不认为行为人取得了不动产本身，而只是认为其取得了利用不动产所带来的财产性利益。我国《刑法》没有规定抢劫利益罪，根据罪刑法定的原则，不能把外国刑法所包含的抢劫利益的情形，解释为构成抢劫罪。"② 如果认为抢劫不动产的行为是通过对不动产的强占而获取不动产上的利益，进而构成抢劫利益罪。那么，抢劫动产难道不是如此吗？在抢劫动产中，行为人也要先占有动产，占有动产后可以获取动产给他带来的利益。如果是如此，那么抢劫动产岂不是也可以成立抢劫利益罪，那么为何还需要增设普通抢劫罪加以规制呢？从刑法解释论的角度看，抢劫利益罪应当是适用于那些诸如强迫他人提供有偿服务、强迫他人免除自己的债务、强迫他人为自己的财产提供担保、强迫他人为自己设定债权等等强行获得无形的财产权利的情形。这些财产利益不仅无形，还是无法通过人的感官加以感知的，本质而言是要求被害人从事某种作为或者不作为——行为。因此传统的抢劫罪当然没有办法直接夺取这种行为。故刑法有必要增设抢劫利益罪。而不动产与这些无形利益完全不同，不动产是有形物，可以通过感官感知，可以被行为人以有形力直接加以控制和支配。因此，将强占不动产的行为评价为抢劫利益罪，是有失妥当的。

第二位学者主张对此种行为以寻衅滋事罪论处，是否妥当呢？本文认为，此种处理也不妥当。《刑法》第 293 条规定了"占用公私财物，情节严重"的行为以寻衅滋事罪论处。那么，这里的"占用公私财物，情节严重"的行为是否可以涵盖强占他人不动产的行为呢？其实，两者既有联系，又有本质区别。

---

① 狭义上的财物也可以包括电力、热能、风能等物理管理可能性的能源。以往的学说认为，有体物是指有物理行状的物品。但是，目前有体物的含义可以被界定为能够通过人的感官加以感知的物质。

② 刘明祥：《财产罪比较研究》，中国政法大学出版社 2001 年版，第 114—115 页。

第一，两者的本质区别。

首先，情节严重的占用公私财物行为属于破坏社会秩序的行为。寻衅滋事罪被立法者规定在《刑法》分则第6章（妨害社会管理秩序罪）中。从立法的安排来看，立法者认为寻衅滋事罪属于破坏社会秩序的不法行为。而强占不动产的行为属于侵犯财产权的行为。

其次，占用公私财物的行为一般不涉及暴力、胁迫等的使用，即使有涉及但也不能与强占不动产过程中使用的暴力、胁迫等相提并论。理由是：不管是以传统的抢劫罪还是以抢劫利益罪来规制强占不动产行为，抢占不动产时使用的暴力、胁迫等均必须足以抑制被害人反抗。而占用公私财物行为时所使用的暴力、胁迫等不能足以抑制被害人的反抗，否则构成抢劫罪。因此，从刑法解释论的立场出发，占用公私财物时，即使有暴力、胁迫等强制手段的运用，在程度上也应当被解释为"不足以抑制被害人反抗"。

再次，在强占不动产的行为中，行为人主观上具有非法占有该不动产的目的。具体而言，行为人主观上有将不动产占为己有的目的，排除被害人对不动产的支配和控制，从而确立起自己对该不动产的支配和控制。而在占用公私财物的行为中，行为人主观上并没有排除被害人对不动产的占有关系而确立起自己对不动产的支配和占有关系的目的，仅仅具有一种短暂性的占有目的。倘若行为人主观上具有非法持续性占有该不动产的目的，则不成立寻衅滋事罪，而是抢劫罪。

第二，两者的联系。

占用公私财物的行为可以向强占公私财物行为转化。先前的不以永久性占有为目的的占用行为可以向以永久性占有为目的的强占行为转化。试举一例加以说明。乙有一处房产，但乙做生意太忙，常年不在国内的该房屋内居住。甲是乙的邻居，看见乙常年不住，最近甲的房屋正在装修（需要装修3个月）中。甲没有地方居住，就暂时住进了乙的房屋。过了1个月，乙从国外回来。见到甲未经其同意而暂住其房屋，乙颇为恼火，遂责令甲搬出房屋。甲觉得乙的房子比自己的好，他在乙的房子也住得很习惯。遂萌生了长期居住的念头。乙想将其赶出去。甲见状怒火中烧，将乙暴打一顿，赶出了房屋，并长期占用乙的房屋居住而拒不搬出。在本案中，甲的行为已经从暂时性的占用转化为永久性占有了，因此应当以抢劫罪论处，而不以寻衅滋事罪处断。

（2）针对撤销登记说的回应

第二种见解即撤销登记说的立论基础其实是有问题的。论者的逻辑是：

行为人使用强迫手段变更不动产的登记——合同违背了民法上的诚实信用原则和契约自由原则——契约无效——不动产所有权不发生转移。显然，论者将民法和刑法混为一谈。理由如下：

首先，在财产犯罪中，财产的所有权并没有发生转移，原所有人依然享有所有权。根据民法的一般原理，行为人夺取赃物并不发生所有权的转移。例如：在普通诈骗动产的犯罪中，行为人也并没有取得动产的所有权。在诈骗不动产中，行为人同样不能取得所有权。但是，不能取得所有权并不意味着行为人不构成诈骗罪。这个结论可以说是通说。既然如此，行为人通过强迫手段改变不动产的占有关系，为何不能成立犯罪呢？如果认为行为人通过强迫手段变更登记违背诚实信用原则和契约自由原则而不能成立抢劫罪，那么，行为人通过诈骗手段变更登记也违背了诚实信用原则和契约自由原则，为何就可以成立诈骗罪呢？同样都是违背诚实信用原则和契约自由原则，为何诈骗不动产可行而抢劫不动产不可行呢？很显然，这种逻辑是没有根据的。实际上，不动产是否登记、是否变更登记，与不动产是否可以成为抢劫罪的犯罪对象毫无关系。理由前面已经在不动产盗窃部分讲过，在此不再赘述。

其次，"受胁迫的一方亦可行使撤销权，使上述合同行为归于无效"的论据也是站不住脚的。被害人受到胁迫可以行使撤销权使合同归于无效，被害人受到欺骗也可以行使撤销权使合同归于无效，那么为何后者可以成立诈骗罪，而前者不能成立抢劫罪呢？论者语焉不详。

2. 针对实务界见解的回应

实务界所主张的"当场夺取"要件不能作为否定不动产作为抢劫罪犯罪对象的理由。学术界和实务界目前基本上主张抢劫罪的成立需要具备两个当场。即当场使用暴力与当场夺取财物。对此，本文表示认同。在不动产抢劫的场合中，当场夺取不动产是具有现实可能性的。如前所述，夺取罪的成立，只要求行为人对财物能够确立支配和控制，排除被害人的支配和控制即可，而不要求财物一定要发生空间位置的转移。因此，如果行为人使用暴力或者其他强制性手段作用于被害人使其当场交出不动产，从而确立对该不动产的支配和控制，如何能认为这种支配和控制不是当场夺取不动产的行为呢？只要暴力等强制性手段一直持续着，那么，这种支配和控制力就不会减弱。事实上，使用暴力等强制性手段使被害人不能反抗、不敢反抗或不知反抗从而支配和控制他人不动产的行为，完全符合抢劫罪的构成要件。

3. 不动产抢劫符合抢劫罪的构成要件

首先，如前所述，从体系解释角度看，原则上讲总则中使用的财产和分则中的财物在内涵和外延上不应当发生冲突。如果不动产可以成为盗窃罪的犯罪对象，不动产也完全可以成为抢劫罪的犯罪对象。抢劫罪与盗窃罪之间最大的区别在于行为人改变财物占有关系的手段不同。抢劫罪就是一种强盗罪。因此，抢劫罪与盗窃罪在转移和改变财物占有关系的方式和形态上并不会存在区别。所以，不动产作为抢劫罪的犯罪对象，并不会存在问题。

其次，如果行为人通过欺骗的手段改变被害人所占有不动产的产权关系，从而占有该不动产的，构成诈骗罪，则势必要承认不动产也可以成为抢劫罪的犯罪对象。理由很简单。既然诈骗不动产不仅在中外刑法学界获得普遍之认同，在各国实务界亦占据主流之地位。而我们又知道，同为夺取罪，抢劫罪与诈骗罪在客观方面的一致之处在于转移占有，即改变、转移了原来的财物占有关系，使得原占有人对财物的占有向行为人占有转移。为此，判断不动产是否被抢劫，应当以行为人是否能够改变不动产的占有关系为主要标准。例如：行为人使用暴力将被害人赶出家门，强行占据房屋，拒不搬出。显然，我们可以说，行为人此时已经排除了被害人对房屋的支配和控制，并确立起自己对该房屋的支配和控制；行为人本身具有支配、控制房屋的意思而且具有支配和控制房屋的事实。退一步说，即使承认不动产变更登记对不动产占有具有重大意义，本文的结论同样可以成立。例如：行为人使用暴力逼迫被害人到不动产登记管理机构进行变更过户，行为人从而取得了对该不动产的占有，致使不动产的原持有人在"法律上"丧失了对该不动产的占有。在现代社会，登记意味着权利。变更登记就意味着变更权利，改变占有。因此，登记的变更表明权利的转移和占有的转移。在对待不动产抢劫问题上，不能仅仅从不动产的空间位置不改变来着眼。因此，在本案中，我们难道可以否认此种行为构成抢劫罪吗？有鉴于此，不动产可以成为抢劫罪的犯罪对象，这一结论是可以成立的。

四、不动产也可以成为转化型抢劫罪的犯罪对象

如前所述，本文论证了不动产完全可以成为普通抢劫罪的犯罪对象。那么，该结论是否可以推而广之地适用于转化型抢劫罪呢？本文认为，不动产也可以成为此类型抢劫罪的犯罪对象。理由如下：根据我国《刑法》第269条之规定，犯盗窃、诈骗、抢夺罪，为窝藏赃物、抗拒抓捕或者毁灭罪证而

当场使用暴力或者以暴力相威胁的，依照本法第263条的规定定罪处罚。在盗窃、诈骗、抢夺过程中使用暴力或以暴力相威胁的，以抢劫罪论处。此种规定，属于法律拟制。即立法者把两个不同但是类似的行为进行相同的处理。刑法之所以设置法律拟制，主要是基于两个方面的理由：形式上的理由是基于法律经济性的考虑，避免重复；实质上的理由是基于两种行为对法益侵害的相同性或相似性。① 由于法益侵害的相同性或相似性，对转化型抢劫罪的罪状的解释，就必须以对抢劫罪罪状的解释为标准。因此，本罪中的"暴力、胁迫程度应当严格掌握，必须和抢劫罪的暴力、胁迫程度相当，即都应当达到足以压制被害人反抗的程度。单纯为逃离现场而对阻拦的被害人实行'本能'的挣脱行为的，不是这里的暴力。"② 可见，转化型抢劫罪与抢劫罪的区别之一在于：一般地看，抢劫罪中的暴力等强制性手段实施在前，取财在后；转化型抢劫罪的暴力、胁迫行为在盗窃、抢夺、诈骗等取财行为之后。转化型抢劫罪本质而言也是一种夺取罪，一种改变、转移财物占有关系的财产犯罪。因此，只要行为人能够在事实上控制和支配他人的财物，即可成立转化型抢劫罪。在不动产作为犯罪对象的场合中，行为人在实施窃占、抢夺和诈骗过程中，为了抗拒抓捕或毁灭罪状而对被害人施加足以抑制被害人反抗的暴力或胁迫时，可以成立转化型抢劫罪。在实施这些犯罪过程中，只要实施的暴力和胁迫足以抑制被害人反抗，即可认定能够控制和支配不动产，从而改变该不动产的占有关系。

　　试举两例加以说明。例1：行为人窃占了被害人的房屋长达2年，后来被害人发现了要求行为人搬出，行为人不同意。被害人使用强制力意图将行为人强行赶出房屋。行为人大怒之下将被害人暴打一顿，赶出了房屋。并且继续占据房屋。例2：行为人采用欺骗手段骗取被害人到房屋登记机关变更登记，使其成为实际上的占有人。但是，被害人变更登记后，将产权证交付行为人之际，突然醒悟，知道自己被骗了，就想将其擒获，但行为人使用暴力将被害人打倒在地后逃离现场。从行为形态上看，转化型抢劫罪不过是盗窃罪、抢夺罪和诈骗罪外加使用暴力或者威胁。因此，转化型抢劫罪与被转化罪之间在行为形态上其实是有重叠之处的。因此，如果被转化罪的犯罪对象可以包括不动产，那么转化型抢劫罪的犯罪对象也可以包含不动产。不动产是否可以成为转化型抢劫罪的犯罪对象，不会因为行为人在盗窃、诈骗、

----

① 张明楷：《刑法分则的解释原理》，中国人民大学出版社2004年版，第255页。
② 屈学武主编：《刑法各论》，社会科学文献出版社2005年版，第310页。

抢夺中使用了暴力或者胁迫而发生改变。

五、不动产可以成为其他夺取罪的犯罪对象

（一）不动产可以被抢夺

关于不动产能否被抢夺，学界一般持否定之态度。而且，学者们并没有更为深入地说明为何不动产不能被抢夺。既然抢劫罪、盗窃罪和诈骗罪的犯罪对象可以包容不动产，那么抢夺不动产是否也可能呢？抢夺罪也是一种夺取罪，也是一种改变财物占有关系的犯罪。其与抢劫罪、盗窃罪、诈骗罪在行为形态上最大之区别在于：在抢夺罪中，行为人采用了"抢夺"手段，而非"抢劫"、"盗窃"与"欺骗"，而在财物转移占有问题上，四者并无二致。学者林山田指出："所谓抢夺系指趁人不备，出其不意，猝然以不法腕力，使人不及抗拒，但以尚未致使人不能抗拒之程度为限。否则，若行为人之施暴行为已使被害人身体上或精神上处于不能抗拒之状态。易言之，即被害人之抵抗能力已由于行为人之暴行而丧失，则为强盗，而非抢夺。又行为人必须有使用腕力而攫取，方为抢夺；否则行为人系趁店员转身取货不备之时，取去放置柜台之照相机，则为和平窃取，而非抢夺。"① 在抢夺罪的界定中，多数学者主张使用如下定义："以当场直接侵害财产占有人意思的手段夺取财物，尚未达到抑制占有人意思的行为。"② 对抢夺罪的成立强调"当场夺取"的特征，应当说是符合司法实践的通常做法和犯罪的实际发生情况的。但是，强制力的实施与取得财物之间在时空上果真不能分离吗？其实，这种分离的可能性是存在的。试举一例加以说明。身为房屋登记机关工作人员的行为人与被害人系一对邻居。某日，两人在被害人家中（当时只有该二人在场）聊天论及房屋产权变更的相关问题。被害人此时拿出了全部关于房屋产权变更所要求的相关证件，行为人趁被害人注意力不集中，突然发起"攻击"，一把夺过被害人手中的全部证件，立即赶回其单位。恰巧此时被害人因为身在国外的家人出现交通事故而不得不立即赶往国外。行为人到单位后，立即实施了变更产权关系的行为，从"法律上"排除了被害人对该房屋的实际支配、占有关系，使自己实际支配和占有了该房屋。我们

---

① 林山田著：《刑法特论》，台北：三民书局1998年版，第250—251页。
② 周光权著：《刑法各论讲义》，清华大学出版社2003年版，第118页。

知道，在我国，不动产以登记作为生效原则，不动产的交易和转移也以登记作为生效原则，登记就意味着权利的取得，没有登记就意味着权利的丧失。变更登记就意味着权利在主体之间发生转移。如果本案不以抢夺罪论处，那么又该如何适用法律呢？以盗窃罪论处，显然不合适。盗窃罪的成立强调行为人使用和平的手段，而本案中并无和平手段。以抢劫罪论处，也不合适。抢劫罪的成立强调使用足以抑制被害人占有意思的手段夺取财物，而本案也不存在此种有形力或无形力；以诈骗罪论处，显然也不合适。诈骗罪的成立强调被害人基于瑕疵的意思而处分财产，而本案也不存在这种情形；以无罪论处，显然更不合适；这种处理结果明显与社会一般人的朴素法感情相违背。那么，行为人当场施暴的同时当场夺取财物与行为人当场施暴没有当场夺取财物有何分别呢？从被害人的角度看，财物遭到侵害的状态和程度在两种类型的抢夺中是一致的，并无分别。当场施暴、当场夺取财物构成抢夺罪，而当场施暴、没有当场夺取财物不构成犯罪，这有利于保护被害人的利益吗？再者，我国《刑法》也没有强调"当场夺取"，而仅仅使用了"抢夺"字样加以描述。一味地将抢夺限定于"当场夺取"并不合适，其实质是将我们熟悉的事实强加给法律规范，而没有揭示规范的全部内容，没有在事实与规范之间"往返顾盼"①。这正如学者张明楷所指出的："作为解释者，心中当永远充满正义，目光不断往返于规范与事实之间，唯此，才能实现刑法的正义性、安定性和合目的性。"②"任何一个解释者，在面对所谓的立法缺陷时，都要反复地扪心自问：是立法者的立法缺陷还是解释者的解释缺陷？甚至一旦发现所谓的立法缺陷时，要首先并持续地怀疑自己的解释缺陷。"③

　　尽管本文所列举的案例都比较极端一点，但是如果在现实生活中这种案件的发生具有极大的可能性，就不能排除它的存在，就必须在其发生之前预想到解决问题的对策。因此，结论是：抢夺罪的成立没有必要强调"当场夺取"，有形力的实施与财物的夺取可以在时空上适度分离。不动产可以成为抢夺罪的犯罪对象。

---

　　① ［德］卡尔·吉恩施：《法律思维导论》，法律出版社 2004 年版，第 54 页注释 17。

　　② 张明楷：《刑法分则的解释原理》，中国人民大学出版社 2004 年版，序说第 1 页。

　　③ 张明楷：《刑法中的普通用语与规范用语》，载陈泽宪：《刑事法前沿》（第一卷），中国人民公安大学出版社 2004 年版，第 85 页。

（二）不动产也可以被聚众哄抢

根据我国《刑法》的规定，聚众哄抢罪在客观方面表现为"聚众哄抢公私财物"。学者们一般是如此来描述本罪的客观方面的："本罪客观方面表现为组织、策划、指挥众人公然夺取公私财物或者积极参与聚众公然抢夺公私财物，数额较大或者有其他严重情节的行为。聚众哄抢罪的特点是，聚集多人夺取公私财物，参与哄抢的人员处于随时可能增加或者减少的状态；哄抢人不使用暴力、胁迫，依靠人多势众取得财物。"① 很显然，不管是从立法者的规定，还是从学者的解释来看，我们都无法直接看出不动产能否被本罪所包容。来自最高审判机关的倾向性意见认为："聚众哄抢罪因一般需以对象物的物理移动方可完成而不可能以不动产作为犯罪对象。"② 对此见解，本文回应如下：

首先，从法理合理性的角度看，聚众哄抢罪，本质而言也是一种夺取罪，是一种改变、转移财物占有关系的财产犯罪。因此，只要财物（不动产）可以被行为人通过聚众哄抢的手段实际支配和控制，被害人丧失了对不动产的实际支配和控制，我们即可认为此时成立聚众哄抢罪，即使有时候我们很难想象居然有如此之事。我们又知道，其实，聚众哄抢罪是一种特殊的抢夺罪，只不过其在行为方式上与普通抢夺罪的行为方式有点区别。如前所述，我论证了抢夺罪的犯罪对象可以是不动产，既然如此，从逻辑的角度看，聚众哄抢罪的犯罪对象也完全可以囊括不动产。可见，聚众哄抢罪的犯罪对象也完全可能涵盖不动产。

其次，从实践合理性的角度看，不动产也可以被聚众哄抢罪所侵犯。试举例加以说明。甲的家族系当地一霸，依靠兄弟子侄众多而强取豪夺是家常便饭的事情。某日，甲看上了乙的房子。某日，乙在家中的院子里休息。甲率领其本家兄弟和子侄等二十几人杀气腾腾地冲了过来，要求乙将房子让给他。乙不从。甲就让儿子过去推了乙两下，试图把他推到房外，其他的人都没有动手也没有其他举动。乙虽怒火中烧，但敢怒不敢言，眼睁睁地让行为人住进自己的房子。过后，甲一家都经常住在被害人的房子中，被害人没有房子后，只得到远方的亲戚家借住。过几天，甲拿着乙的房契把房子卖给了

---

① 张明楷：《刑法学》，法律出版社2003年版，第763页。
② 最高人民法院刑事审判第一庭、第二庭编：《刑事审判参考》（2002年第6辑），法律出版社2003年版，第47页。

外乡人丙。在本案中，其实以抢夺罪处断也是可以的。但是，着眼于聚众哄抢罪和抢夺罪之间的协调，应当将抢夺罪理解为我国立法者为了限制处罚范围而从刑事政策上做出的一个无奈之举，将那些在共同抢夺中发挥作用不大的人排除在本罪之外。由此可见，这二十几人在共同抢夺中发挥作用不大的人不成立本罪，而仅追究甲的刑事责任。从本案出发可知，不动产也可以成为聚众哄抢罪的犯罪对象。

（三）不动产可以成为（携带凶器抢夺型）抢劫罪的犯罪对象

我国《刑法》第267条第2款规定，携带凶器抢夺的，依照本法第263条规定定罪处罚。由此，我们知道，携带凶器抢夺的，应当根据抢劫罪定罪处罚。显然，立法者是用法律拟制的方式规定特殊形态的抢劫罪，而非以注意规定的方式提示司法者携带凶器抢夺的应当以抢劫罪处断。简言之，立法者将携带凶器抢夺的行为拟制为抢劫罪。这是因为：携带凶器抢夺的行为，从形态上看根本不符合抢劫罪的行为形态。在普通抢劫罪中，行为人必须使用暴力、胁迫或者其他足以抑制被害人反抗的手段，夺取财物。而在携带凶器抢夺中，行为人仅仅有携带凶器外加抢夺的行为，这并不符合抢劫罪的要求。因此，从形态上看，携带凶器抢夺与抢劫行为是有区别的。从贯彻罪刑法定原则的角度看，原本携带凶器抢夺的行为不能以抢劫罪处断。但是，立法者从实质理性的角度出发认为即使携带凶器的行为人并未使用凶器实施暴力，其携带凶器抢夺行为本身具有与普通抢劫罪同样的社会危害性。因此，从实质上讲，携带凶器抢夺的可以普通抢劫罪论处。但是，贯彻罪刑法定原则的明确性原则，立法者必须以明文方式加以规定，所以才会出现《刑法》第267条第2款这样的法律拟制规定。

如前所述，抢夺罪和抢劫罪均可以不动产为犯罪对象。那么携带凶器抢夺的当然不能例外。因为携带凶器抢夺也是一种改变、转移财物占有关系的犯罪，只要在形态上可以实现财物占有关系的转移，就可以说该携带凶器抢夺的犯罪对象包含不动产。从行为形态上看，携带凶器抢夺与普通抢夺的重大区别之一在于行为人实施抢夺时身上携带着凶器。如果抢夺罪的犯罪对象可以涵盖不动产，那么携带凶器抢夺罪当然也可以不动产为犯罪对象了。试举一例加以说明。身为房屋登记机关工作人员的行为人与被害人系一对邻居。某日，两人在被害人家中（当时只有该二人在场）聊天论及房屋产权变更的相关问题。被害人此时拿出了全部关于房屋产权变更所要求的相关证件，行为人（携带凶器）趁被害人注意力不集中，突然发起"攻击"，一把夺过被害人手中的全部证件，立即赶回其单位。恰巧此时被害人因为身在国外的家人出现交通事故而不得不立即赶往国外。行为人到单位后，立即将实施了变更产权关系的行为，从"法律上"排除了被害人对该房屋的实际支配、占有关系，使自己实际支配和占有了该房屋。如前所述，权利的变更并不必然以财物的空间位置变化为转移。在现代社会，不动产物权变动以登记为生效要件，登记变更也可以认为是权利变更的一种方式。很显然，本案可以（携带凶器抢夺型）抢劫罪处断。

六、一个初步结论及两点肤浅反思

（一）一个初步结论

本文认为，夺取罪是指以非法占有为目的，使用和平或者非和平的手段改变、转移财物占有关系的财产犯罪。通过对我国《刑法》相关条文的体系解释，《刑法》分则第 5 章中的"公私财物"应当理解为包括动产和不动产在内的所有公私财物。否则，《刑法》总则的相关规定就会被架空，刑法保护财产法益的立法目的就无法实现。基于这种结论，《刑法》分则中的所有以改变、转移财物占有关系为本质特征的夺取罪的犯罪对象均可以涵盖不动产。即只要行为人能够在事实上或法律上对他人的不动产进行控制和支配，即可认为不动产占有关系发生了改变。具体而言，我国《刑法》分则规定的盗窃罪、抢劫罪、抢夺罪、聚众哄抢罪、转化型抢劫罪、携带凶器抢夺型抢劫罪、敲诈勒索罪、诈骗罪等夺取罪的犯罪对象均可以涵盖不动产。在夺取罪的犯罪对象问题上将财物刻意区分为动产和不动产而区别对待，有失妥当。诚然，本文所举的一些案例确实比较极端一点，有时候似乎很难想象居然会发生此种案件。不过，只要该案具有发生的现实可能性，就不能排除其存在，就不能将其排除在刑法中夺取罪的保护对象之外，否则我们界定的概念就有失周延。

（二）两点肤浅反思

既然不管是从法理合理性角度还是从实践合理性角度看，动产和不动产均可以成为夺取罪的犯罪对象，那么为何我国刑法学界的通说会认为抢劫罪、抢夺罪、聚众哄抢罪和盗窃罪的犯罪对象只能是动产而不能是不动产呢？本文认为，原因或许有如下两个：

1. 习惯使然

正如学者张明楷所指出的："人们在解释具体犯罪的构成要件时，习惯于将自己熟悉的事实视为应当的事实，进而认为刑法规范所描述的事实就是自己熟悉的事实。现实生活中不断出现新的犯罪，即使是传统犯罪，也不乏新的手段与方式。所以人们所熟悉的只是部分有限的事实。而构成要件所描述的是犯罪类型，只要属于某犯罪类型，就被描述类型的构成要件所涵摄。所以，将规范的涵摄范围设定为解释者所知的有限事实，并不合适。"① 在上述问题中，我们知道，传统的抢劫罪、抢夺罪和盗窃罪均以动产为犯罪对象。因为在以前的社会生活中，社会生活相对简单，犯罪形态相对单纯，司法实践中极少出现过抢劫和盗窃不动产的现象。所以，人们观念中的抢劫罪和盗窃罪的犯罪对象只能是动产，而不包括不动产。然而，社会生活是变动不居的，犯罪形态是纷繁复杂的，司法实践中极少出现过的犯罪形态并不表明其不能大量地存在于社会生活中。

2. 对法条的僵化理解

我国刑法学界对《刑法》第 263 条、第 264 条之规定的学理解释过于僵化。《刑法》第 263 条规定："以暴力、胁迫或者其他方法抢劫公私财物的，处 3 年以上 10 年以下有期徒刑，并处罚金。"《刑法》第 264 条规定："盗窃公私财物，数额较大或者多次盗窃的，处 3 年以下有期徒刑、拘役或者管制，并处或者单处罚金。"从法条之规定来看，我们知道，立法者使用了"抢劫"和"盗窃"两个动词来描述抢劫罪和盗窃罪的行为形态。我国学界的主流观点将抢劫界定为用强制力劫取或者夺走，将盗窃理解为秘密窃取。② 由此出发，学者们均认为，遭到抢劫和盗窃的财物只能是具有可移动性、会发生空间位置改变的财物，除此之外任何财物不能成为抢劫罪和盗窃罪这类夺取罪之犯罪对象。实际上，并非抢劫罪和盗窃罪的法条没有涵盖此类犯罪对象，而是我们没有"发现、挖掘"此类犯罪对象。"刑法典是正义的文字表述。"③ 因此，对法条之理解，应当使法条合乎正义，虽然我们不知道正义是什么，但是我们知道什么是正义的。我们知道，犯罪构成（或者称构成要件）是一种犯罪类型，是一种类型化了的犯罪形态。立法者借

---

① 张明楷：《刑法分则的解释原理》，中国人民大学出版社 2004 年版，序说第 9—10 页。

② 高铭暄主编：《刑法专论》（下编），高等教育出版社 2002 年版，第 712 页；陈立主编：《财产、经济犯罪专论》，厦门大学出版社 2004 年版，第 413、484 页；张明楷著：《刑法学》，法律出版社 2003 年版，第 753、765 页。

③ 张明楷著：《刑法的基本立场》，中国法制出版社 2002 年版，序说第 3 页。

助犯罪构成从观念上、宏观上描述犯罪类型，而不是且不可能——列举该犯罪构成所能够涵盖的犯罪形态。在解释的立场上，本文认为，解释者首先应当客观地解释刑法用语。只要对刑法用语的解释不会超越文义的最大射程并且不会出现荒唐的不可思议的背离国民预测可能性的结论，那么我们应当承认该解释结论属于文义的有效射程，即可认为符合罪刑法定原则。

面对新的犯罪形态，学理不能恪守传统视野下之偏见以对待新的犯罪形态，而应当应时代变化发展之需要，始终保持与时俱进之品格，对法条做出全新之诠释。在抢劫罪、抢夺罪和盗窃罪等夺取罪的犯罪对象问题上，墨守成规地将其犯罪对象限定于动产，于司法实践并无益处，在学理上也未见得有何合理性可言。

犯罪学与国际刑法学

犯罪的边界及其对待

张绍彦*

题记：犯罪是什么，原本是刑事科学和刑事法学的认识基础，然实际的刑事学基本从先验的犯罪存在导入学科殿堂，并由此展开思想、理论和学术，知识的建构也是如此。然而，在本原上犯罪究竟是什么，似乎成为一个"1＋1＝2？"的问题，既失去了其市场和意义，通常也被学习数学的人所忘却甚或不屑。本文有意从问题角度潜入犯罪本原的探讨，自然，这也便是作者以为的犯罪边界。基于此，专伺犯罪的刑罚又为何物？它应当是怎么样的问题，亦由此展开。

一、犯罪的本原

我以为刑罚和犯罪的关联始于二者的本原。犯罪与刑罚本原的研究能够说明，如果刑罚是犯罪的结果物，即犯罪招致了刑罚，而假论犯罪是一种社会病态，那么，刑罚之于犯罪的使命何在，它是致力于犯罪病因的消除，还是仅仅寻求消除其病症。如果是前者，那么刑罚机制的过程将致力于犯罪的预防，追求"以刑去罪"，刑罚的使命便在于强化社会"免罪系统"的机能，以此控制和减少未然的犯罪的发生，即着重体现刑罚的一般预防的功能；如果是后者，那么刑罚将致力于已然犯罪的矫治，刑罚的使命将是加强犯罪"改造系统"或"矫治系统"的机能，避免犯罪的再次发生，着重体现的是刑罚的一般预防的功能。虽然说人们惯常认为刑罚应当、事实上也是兼顾了上述两个方面，并因此把刑罚的目的确立为一般预防和特殊预防。但是，实际上在二者之间刑罚必有所侧重，即必定在二者之中选择其一作为本体性或者根本性目标，而把另一个方面作为非本体性的目标。因为，在一般预防和特殊预防之间不仅存在着一般的对立统一意义上的矛盾，而且还存在着某种冲突。这种冲突不仅影响和反映刑罚的制定和适用，而且也制约和影响着刑罚的实施和实现，以及刑罚使命的确认。

---

* 中国社会科学院法学研究所研究员，博士研究生导师。

无论如何，犯罪与刑罚的关系，即罪刑机理的决定因素应当是犯罪而不是刑罚。在犯罪面前，刑罚是第二性的，它是犯罪的附属物应当没有疑问。但是，由于人们能够左右和努力地更多地体现在药物改进即药理上，而不是疾病本身即病理上，因为病理的结果最终还是必须通过药理反映出来，所以它不如前者来得直接、便利和显现。人们不能摆脱功利的法则，那么，对刑罚的关注更甚过对犯罪的关怀也就是自然而然的事情了。然而，如果完全地抛开了犯罪本体，刑罚则会迷失方向，最为突出的是由于人们对刑罚的过度关注会寄予它过高的期待，进而导致刑罚资源使用过度的危险，这样反而会使其难以实现和发挥自己应有的效能。因此，我们认为，刑罚实现的机制和程度首先取决于犯罪的本原性因素，以及附属于此的刑罚的本原性因素。

所谓犯罪的本原性因素，主要是指关于犯罪的实质和起因等根本性的问题。所谓本原是一个与原因关联十分紧密的概念。布鲁诺在其《论原因、本原与太一》中讲道，"当谈到自然界的事物时，原因跟本原有什么不同？""虽说一个用语有时可用来代替另一个用语，可是，就其本来的意义说，凡为本原者，未必都是原因，因为，点是线的本原，但并不是它的原因；瞬间是行动的本原，开头的静止是运动的本原，但不是运动的原因；前提是证明的本原，但不是它的原因。由此可见，本原是比原因更为一般的概念。"① 布鲁诺上述对本原和原因用语的使用是从亚里士多德的关于四种原因（质料因、形式因、作用因和目的因）学说那里借来的，并进行了如下改造：他把万物的内在原因称作本原，而原因本身，在他的思想中，是从外部起作用的。亚里士多德的四个原因中，起主导作用的，在布鲁诺那里，是作用因和质料因。统一的实体或自然，按照他的思想，是由质料或物质和力量组成的。"您所谓本原，是指这样的东西，它以内在方式促进事物的构成，并存留于结果中，例如存留于成分之中的质料或形式，或事物所由组成并能分解成为的元素等皆然。您所谓原因，是指这样的东西，它以外在的方式促进事物的产生，并存在于成分之外，如作用因以及生产事物时所追求的目的就是这样的。"②

我们所谓犯罪本原的概念，主要在犯罪实质的意义上使用，它是指犯罪从最根本上原本是什么、本来是什么的问题。对犯罪本原问题的认识是整个

---

① ［意］乔尔丹诺·布鲁诺著，汤侠声译：《论原因、本原与太一》，商务印书馆1984年版，第42—43页。

② 同上书，第43页。

有关犯罪问题研究的刑事科学的逻辑起点。① 因此，它们不仅是犯罪学，而且是刑法学、刑罚学、监狱学及刑事程序法学和犯罪侦查学等科学，即包括犯罪学在内的整个刑事法学，都必然涉及并需要从各自的角度作出回答和说明的问题。所以，在对"犯罪是什么"、"犯罪是怎样产生的"以及"如何对待犯罪"等基本问题的解释上见仁见智，从中人们可以得到不同角度审视犯罪的丰富认识，但是，如果企图获取人们在犯罪哲学意义上的即"一般的"认识却是十分困难的，而这又是十分必要的。这无疑是人们认识犯罪以及对犯罪的刑罚时，必然遇到并需要给予克服、解决的屏障和问题。② 而问题是科学理论发展的动力。"科学和知识的增长永远始于问题终于问题——愈来愈深化的问题，愈来愈能启发新问题的问题。"③ "所谓问题，是'应有现象'和'实际现象'的偏差"，"就是理想与现实的矛盾"。④

（一）关于"犯罪的产生"

人们一般地认为，原始社会没有犯罪，⑤ 这当然不能归因于马克思主义创始人之一恩格斯对原始社会曾经有过十分"美妙"的描述。⑥ 因为，事实上，人类进入文明社会之前所处的时代里，在蒙昧、野蛮状态下，那种侵

---

① 在对犯罪问题实行一体化研究的基础上，本人认为用"刑事科学"比"刑事法学"可能更妥帖些。因为，在"有关犯罪的"（从"刑事"的辞源意义上看）刑事学中，对犯罪的研究和揭示是多方面、多角度和多层次的，法学和法律自然是其中的一个重要的方面。但是，显而易见这种研究绝不是犯罪理论的全部，归根结蒂它们还是属于对犯罪的规范意义上的研究，是持有某种规范及这些规范中所蕴涵的价值标准去认定、评判犯罪。那么，除此之外，对犯罪问题的认识还有更多的和更为广阔的领域。

② "问题意识"的确应当成为科学研究的基本精神之一。科学发达的历史也就是人类在这种意识的导引下不断探求新知的历史。对一门相对稚嫩的科学，比如像中国的犯罪学这样的科学而言，问题意识应当成为主体意识。否则，没有自己的理论基础、基本观点和体系的犯罪科学是难以建立起来的。我国著名法学家陈兴良先生曾就问题意识有过精辟论述。参见陈兴良：《学术功底·问题意识·研究方法》，《刑事法学研究丛书》（代总序），中国政法大学出版社1998年版。

③ 刘大椿主编：《科学哲学通论》，中国人民大学出版社1998年版，第127页。

④ 刘则渊：《发展战略学》，浙江教育出版社1988年版，第54页。

⑤ 事实上，这一在政治学、法学等学科领域被广泛采纳的逻辑前提或者理论基础是基于马克思列宁主义关于国家与法的理论的观点。这一理论在我国及其他社会主义国家都居于绝对的主导地位。但是，离开了这一理论前提，人们就会形成有关于此的多元化的认识。比如，我国20世纪30年代的著名社会学家、犯罪学家严景耀先生就有"原始社会中的犯罪与刑罚"研究。其中的论述启示我们，犯罪与人们或社会的认定密切相关。请参见严景耀：《原始社会中的犯罪与刑罚》，载《青少年犯罪研究》1998年第5—6期。

⑥ ［德］汉斯·约阿希姆·施奈德著，吴鑫涛等译：《犯罪学》，中国人民公安大学出版社1990年版，第2页。

害、杀戮的行为，在危害的程度、范围、后果、方式等各个方面都远远地超过了文明时代的一般犯罪行为。但是，那时没有阶级、国家及其意志的表现——法律，因而也就没有谁或什么东西把它们规定为犯罪，杀人就是杀人，放火就是放火，仅此而已。在这里我们意图表明的是，其中至少存在着这样几个问题：

第一，犯罪的产生是客体（人的行为本身）自身发展的结果，还是主体（认识者或规定者）觉悟或认识水平提高的产物？如果说主体觉悟程度、认识水平提高的本身也是事物发展的结果（比如物种的进化和社会的自然历史发展等等），那么，犯罪的产生究竟是一种客观的结果，还是一种主观的认识，抑或是某种主、客观的统一？在这种犯罪产生的客观现象与犯罪认识的主观过程之间，各种因素的作用及其相互关系怎样？对犯罪实质的认识，无论是法益侵害说、危害说、权益侵害说，还是关系侵犯说，又如何解释犯罪定义产生前的相关行为？

第二，被确认的犯罪的存在同其产生的情形或者存在的实际状况是否一致？这是指，如果存在着的犯罪仍然是某种认定的结果，那么，又应当如何定义什么样的行为构成犯罪以及产生这种定义的原因是什么，还有这种定义与犯罪的发生之间有无关系，关系怎样？

第三，无论前面两个问题得到的答案如何，犯罪与阶级、国家和法律等现象之间的密切联系是十分明显的。而这种联系的性状究竟如何？是否是由它们决定了犯罪的存在及其性状，或者是相反？还是另外一种什么样的关系？等等。

自然，对上述问题的回答反映了人们不同的犯罪观和犯罪原因观。同时，它也必然决定着人们的刑罚观。在一定程度上可以讲，有什么样的犯罪观就有什么样的犯罪原因观和刑罚观。同样，有什么样的罪因观和刑罚观，也就有会反映出什么样的犯罪观。比如，我国有的犯罪学者把犯罪本源和犯罪原因与人性联系在一起进行研究，得出了犯罪的本原在于人性与社会理性之间的冲突；而有的学者则从人性与社会的相互关系分析中得出了犯罪根源在于社会生产方式的结论。[①] 应当说在这种犯罪原因观里面已经包含了对犯

---

① 前者观点是皮艺军先生提出并加以论述的。参见皮艺军：《本能异化论》，载《青少年犯罪研究》1989 年第 2 期；后者的观点，储槐植先生作出了充分的说明。参见储槐植著：《刑事一体化与关系刑法论》，北京大学出版社 1997 年版，第 31—39 页；储槐植等著：《犯罪学》，法律出版社 1997 年版，第 162—165 页。

罪实质认识的若干规定性。就总体而言，在犯罪的本原或实质问题上，除了一些具体的分歧之外，人们关注的是，在基本的方面，犯罪学与刑法学之间的分野甚至是某种程度的对立。因为，在刑法学里哪怕是专门的犯罪本质的研究，也总是离不开法律的、规范的根据，或者使其成为法律和规范的依据。①"在论及关于刑罚之正当根据的任何问题前，必须明确一个基本的问题"，"这一问题便是：为什么某些类型的行为被法律所禁止，并因而被当作犯罪或违法？答案是，为了向社会宣告，不得实施这些行为并确保少发生一些这样的行为。这便是把任何行为当作刑事违法行为的一般直接目的。只有当我们有了按照这些基本目的制定的法律时，我们才有'犯罪'及'罪犯'的概念。不借助这样一种简单的理念即刑法在其规定中确立了行为的标准，以鼓励某些类型的行为遏制其他行为，我们便不能把罚金式的刑罚与对某一行为的征税区分开来。"② 刑法学对犯罪的研究大致如此。即使在上述较具经典意义的刑法学犯罪本质论述中，也难以对刑法规范中确定的犯罪成立的标准的根据及其正当性作出有力的证明，或者说刑法的规定本身当然地不能成为刑罚的正当性依据的理由。由此而言，此类关于犯罪本质的认识恰恰并未触及事物的实质——犯罪的本质。但是，从刑事法的角度，从规范的制定和实施的角度，上述认识却并不失为一种真实。只是这种真实还仅限于形式上的意义，它只在犯罪的形式方面——法定的犯罪及法律对犯罪的刑罚方面，回答了犯罪的形式定义或法律定义的原因，以及加于犯罪之刑罚的法律解释。当然，在对法律的规范性研究那里，这已经属于一种对事物本质的探究。事实上，它也已经揭示了犯罪的法律规范的实质——向社会传达国家对某类行为的禁令，但是，它却不曾触及被禁止的犯罪行为本身的本质。

（二）几点启示

犯罪已经与人类文明同存了几千年，这种共存还将长期地延续下去。人类关于犯罪问题思想的发展表明：古今中外，人们对犯罪问题的认识与犯罪本身的产生、变化和发展是同步进行的，并且这种认识的重视程度及其水平

① 在这两种情形中，显而易见后者比前者更具理性和深度，它试图回答为什么法律要对某些行为施以刑罚，加以禁止。但是，在刑法学中却几乎无一例外地没有对刑法规范及刑罚标准的正当根据作出令人信服的说明。比如，刑法学几乎不回答为什么有的行为被规定为犯罪，而另外的行为没有被规定为犯罪之类的问题。犯罪概念的原因问题在刑法学中似乎也不成其为一个问题。当然，这也说明了犯罪学和刑法学各自的任务及其独特的价值和存在的必要性。

② ［英］H. C. A. 哈特著，张志铭等译：《惩罚与责任》，华夏出版社1989年版，第6—8页。

的提高甚至超过了犯罪现象本身的变化和发展。既然如此，摆在人们面前的事实只有一个：犯罪几乎是随着时间的推移而不是国家形态、社会制度、发展水平的变化而不断增长。这在某种程度上反证了这样一种论点：倘若把人类社会的文明发展作为一个有机体的"生命"或运动过程来考察的话，那么，犯罪就是发生在这一有机体的生命过程或运动过程中的一种自然现象，即社会学意义上的社会自然历史现象。犯罪是存在于社会有机体中的一种社会病态。从这里，人们至少可以得到四点有益的启示：

第一，犯罪是人类社会发展过程中特定阶段——按照马克思列宁主义的观点是进入国家文明以后，直到共产主义实现之前的阶级社会，不可避免的社会自然历史现象。在这个时期里，犯罪是可以控制的，但其必然发生是不可预防的。也就是说，犯罪发生的性质、状况、程度和规模等，是能够通过积极的预防措施有效控制在一定的限度或者范围之内，并减少其发生的数量和规模，但无法制止其发生。若果然，那么，刑罚及其他的犯罪对策共同构成的刑事政策应当是怎样的？犯罪的控制主要立足于犯罪的事后制裁，还是致力于事先的预防；这种立足点的确立和不同，对刑罚的制定和实施，特别是刑罚的原则意味着什么。刑罚适用中的罪刑法定、罪刑相当等项基本原则，事实上又在什么意义上反映或者体现了其价值理性的存在？这些都是问题。

第二，犯罪现象产生、存在和继续发生的原因，从根本上讲就存在于其所存附的有机体——现实的社会本身。就此而言，说犯罪是由社会造成的似乎并不为过，这与"时势造英雄"是一个意义完全相同的哲学命题。人们只能从现实社会的内在因素本身去认识犯罪，探求犯罪发生的特点和规律，研究犯罪产生的原因，寻求治理犯罪的对策，并确立刑罚的指导原则。具体地讲，我们不能到中国的古代，到封建社会，到"四人帮"的破坏，到资产阶级和帝国主义等那里，去寻找我国现时社会犯罪产生的原因，并制定治理犯罪的对策。我们只能主要地和根本上立足我们的现实社会本身去研究和解决这些问题。当然，这并不是说社会的发展是一个孤立的自然过程，它更是一个连贯的和联系的历史发展过程。因此，上述所谓现实社会的内在因素也必然是这种发展的一种结果和反映，但不能由此而把这些因素归咎于现实社会的内在因素之外。换言之，这些由于历史发展的连续性和继承性而存在于现实社会之中的导致犯罪发生的因素，已经成为现实社会有机体的一个有机组成部分。之所以会这样，是因为现实的社会存在着使其成为自己组成部分的"基因"，而没有抵御这些犯罪因素的"抗体"。比如，在封建社会主义中存在着的大量的封建社会的遗风，我们便不能再说它们属于封建社会的，因为它们已经实际地成为这种封建社会主义的一个部分。由此而产生的危害也不能再被认定为封建的而应当是封建社会主义的，已经属于这种封建社会主义的内在的东西。在民主、法治与专制、人治，文明与落后、进步与反动之间，都是一样的。

第三，是故，确立一种对犯罪处罚的"社会责任"的思想是十分必要的。用一句"笼而统之"的话讲——犯罪是由社会造成的，或者说犯罪产生于现实社会本身；从客观上讲，只要产生犯罪的这些社会因素存在，犯罪的发生就成为必然，只是由什么人和在什么时间、以什么方式、实施何种具体的犯罪以及产生怎样的具体危害后果不同而已。因此，从根本上讲，就犯罪的必然发生而言，社会是有责任的。虽然，这种责任或许并不能使犯罪的制刑、用刑和行刑发生多少实质性的改变。但是，由此而明确这种责任的性状并由责任者——社会的代表者加以"承担"，对于社会的进步与发展都是义不容辞的。当然，这种责任的承担也绝不是某种客观归罪的存在，而是指正是基于这种责任，社会才应当负有积极地采取措施预防和减少犯罪的义务。基于责任而施加于犯罪者的刑罚惩罚也因此成为相对的，刑罚的功能和作用也只能是有限的。这表明了一个事实，一方面，即正是原因于这样的社会才有了犯罪，所以社会应当对犯罪的发生负责；另一方面，在前述认识的基础上，我们所主张的社会责任也不是纯原因——事实、客观意义上的，也就是说这与社会发展中的不完善甚至更糟糕的东西是关联在一起的。[①]

第四，由犯罪产生的上述原理可见，生来就注定犯罪的人是不存在的。这也反证了如果我们不承认犯罪发生的上述原理，就等于说存在着天生就必然犯罪的人。这一结论当然是普遍不能为人们所接受的错误判断。犯罪的发生，是产生犯罪的社会因素综合作用于具体的行为人个体的结果。如上所述，由于社会犯罪因素或者原因的存在决定了犯罪的发生是必然的，而由哪个具体的个体实施现实的犯罪行为则是偶然的。同时，在这种偶然中，犯罪行为人个体并不是毫无选择的，或者说并非没有行为人主体的主观过错，其

---

① ［英］H. C. A. 哈特著，张志铭等译：《惩罚与责任》，华夏出版社1989年版，第200—219页。作者在论证责任时专门分析了"原因归责任"，并认为这不能成为惩罚或者实际地承担此种责任的依据，或者说这种原因责任在惩罚与责任的链条中，只能在陈述某个"不褒不贬"的事实上具有意义。"社会责任"具有某些共同的属性，但本人对这种纯事实上的认证并不完全苟同。虽然掌握立法权的社会难以让自己为此承担什么法律义务之类的什么责任，可是，这也难于使其失去进行褒贬评价的意义。

实这正是犯罪处罚或者说行为主体承担责任的客观基础。同时，由于社会对犯罪发生所具有的决定作用，因此，行为人对其犯罪行为所应当承担的责任也就是相对的、有限的，而不是绝对的和无限的。那么，由此而言，历史上曾出现过的所谓"行为主义"和"行为人主义"也都应当是有严格的前提和限制的。这一认识是我们正确理解国家对犯罪人的刑罚关系，由绝对的"命令—服从"关系，发展演变成为相对的"权利—义务"关系的一个重要的认识论基础。① 当然，刑罚关系的这种变化还取决于其他诸如国家性质、社会的法治观念、人权观念和价值理念以及法律关系特别是刑事法律关系的建构等众多的因素。

二、犯罪生成②

犯罪的原因和责任是紧密关联的，只有将二者结合起来考察，才能真正把握罪刑关系的科学机制，才能正确地认定刑罚的正当性根据。刑罚的依据或者正当性根据是刑罚理论的一个悠久而"未决"的根本问题。在某种程度上，对这一问题的解释决定着刑罚理论的兴衰成败。黑格尔把法与正义同义，认为刑罚之于犯罪的根据并不在于犯罪的祸害或者肤浅的善、恶，"而肯定地在于不法和正义。……这正是在考察犯罪时首要和实体性的观点"。"唯一有关重要的是：首先犯罪应予扬弃，不是因为犯罪制造了一种祸害，而是因为它侵害作为法的法；其次一个问题是犯罪所具有而应予扬弃的是怎样一种实存；这种实存才是真实的祸害而应予铲除的，它究竟在哪里，这一点很重要。"③ 我们认为，"这种实存"应当从犯罪、从刑罚之于犯罪所具有的真实意义中探寻，应当从犯罪这种实存的原因中寻找。

---

① 甘雨沛、何鹏：《外国刑法学》（上册），北京大学出版社 1984 年版，第 64—66 页。作者认为这种变化是由行刑学的发展开始的，说明了犯罪后的行刑对犯罪、犯罪人及其刑罚的逆向的促动作用，也说明了犯罪发生、认定、处遇等过程的一体相互影响。这种演变使犯罪人取得了法律关系主体的地位，在刑事法律关系中成为与国家相对应的权利义务的主体的双方。本人认为，这当然不只是刑事关系、犯罪关系和刑罚关系的变化，它实际上透射出在国家刑法中由以刑罚中心向以人、犯罪人为中心转化的开始。

② 犯罪生成与前述一、（一）关于犯罪的产生意义截然不同。"产生"意为有无意义的存在、出现等；而"生成"则是发生学意义上，解释犯罪是怎么出现或发生、成为一种存在的事实。相对而言，前者为盖然、静态之结果，后者则为具体、动态之过程。

③ ［德］黑格尔著，范扬、张企泰译：《法哲学原理》，商务印书馆 1961 年版，第 101—102 页。

犯罪发生的罪因理论一向是犯罪学理论的核心和灵魂，也正因此通常狭义的犯罪学即指犯罪原因学。不仅仅在犯罪学理论中犯罪原因是联结犯罪现象和犯罪预防的中间和枢纽，而且在整个刑事科学特别是刑事法学中，它也是人们认识犯罪与刑罚、犯罪的责任与处罚的重要客观基础。所以，在对犯罪的研究中最为丰富的莫过于犯罪原因理论。人们对犯罪原因的认识、研究和论争一致是贯穿犯罪理论研究的主线之一。在各种各样的犯罪原因理论中，一般都必不可少地要涉及犯罪与行为主体之间的关系，也就是进行犯罪原因的主体方面的分析。同时，这种分析必须建立在对犯罪原因普遍理解的基础之上。

在认识犯罪时人们对犯罪成因情有独钟，但要对犯罪原因下一个一般的定义实非易事。这一困难不仅来自于犯罪产生的作用系统的复杂性，自然界、人类社会、个人因素等几乎都与犯罪有着密切的联系，同时还由于人们对犯罪的理解和定义的差异使犯罪的原因与责任问题变得更加错综复杂。在犯罪的专业化研究中是如此，在犯罪的一般性社会理解中也是如此。鲁迅先生《而已集》中的"可恶罪"一文，对犯罪原因特别是犯罪定义原因的揭示很有见地，精辟而脍炙人口，颇值引述：

这是一种新的"世故"。

我以为法律上的许多罪名，都是花言巧语，只消以一语包括之，曰：可恶罪。

譬如，有人觉得一个人可恶，要给他吃点苦罢，就有这样的法子。倘在广州而又是"清党"之前，可以暗暗地宣传他是无政府主义者。那么，共产青年自然会说他"反革命"，有罪。若在"清党"之后呢，要说他是 CP 或 CY，没有证据则可以指为"亲共派"。那么，清党委员会自然会说他"反革命"，有罪。再不得已，则只好寻找些别的事由，诉诸法律了。但这比较地麻烦。

我先前总以为人是有罪，所以枪毙或坐监的。现在才知道其中的许多，是先因为被人认为"可恶"，这才终于犯了罪。

许多罪人，应该称为"可恶的人"。①

由于犯罪特别是犯罪的法律定义的明显缺陷而招致了人们的抨击，博登海默引用伦德斯特（Lundstedt）对一系列传统的基本法律概念，诸如权利、

---

① 《鲁迅全集》，甘肃民族出版社 1998 年版，第 653 页。引文中的"CP"和"CY"是共产党和共青团的英文缩写；着重号系引者所加。——引者注

义务、违法、犯罪等的批判时，指出："这些概念只能在'主观良心'中起作用，而且不可能具有客观的意义。例如，说被告的行为违法只不过是可能判决他赔偿损失这一事实的语义的遁词而已。① 宣布被告违反某种义务只是一种价值判断，因而也只是一种情感的表示。② 能够归于这些术语的唯一现实意义就是它同国家强制的法律机器具有联系，这种机器的开动乃是为了强制执行合同或惩罚罪犯。"③ 不管怎么说，如果认为犯罪的原因在于，有人需要以犯罪的名义或标签施以惩罚，并非无稽之谈。那么，犯罪以及由此招致的刑罚又具有怎样意义呢？

　　可见，对犯罪原因的理解直接地受制于对犯罪本体的认识。在这种关联中出现了犯罪原因和犯罪定义原因的问题。所谓犯罪原因是指犯罪事实的或者犯罪本体的原因，即宏观的和总体的犯罪现象产生和微观的、具体的犯罪行为发生的原因，通常人们就是在这种意义上定义犯罪原因的。"犯罪原因研究的基本问题是人为什么会实施被社会定义为犯罪的那些行为。"④ 在犯罪的事实原因研究中并不涉及社会为什么把某些行为定义为犯罪，即犯罪定义的原因问题。在犯罪理论的最新发展中，人们也开始致力于犯罪定义原因的研究。因为事实上，犯罪的定义不仅仅是社会对某些行为的主观映象，在犯罪行为的认定上，这种定义甚至直接决定着事物的有与无、是与非的根本。只有通过对犯罪定义原因的研究才能更好地揭示为什么面对基本相同或者大体一致的社会现象，而世界各国刑法典关于罪名和罪状的规定却存在着巨大的差异。这种差异除了行为本身具有的本质上的不同之处外，更突出的则在于社会对行为的认定即犯罪的定义方面。犯罪定义原因的提出无疑使人们对犯罪的认识更趋深刻和客观，它有助于人们对犯罪本质认识的进一步提高和深化。同时它也对传统的犯罪原因提出了严峻的挑战。比如，如果被社

---

① A. Vilhelm Lundstedt, Legal Thinking Revised: My Views on Law, Stockholm: Almqvist & Wiksell, 1956, pp. 34—38.

② A. Vilhelm Lundstedt, Legal Thinking Revised: My Views on Law, Stockholm: Almqvist & Wiksell, 1956, p. 48. "义务只是人应该以一定的方式行为的情感或感觉，因此是一种相当主观的东西。法学家则被迫将这种主观因素转向反面，变成极大的矛盾：客观的义务！"参见同上书，第62页。——在这里作者把对概念进行某种定义的原因归结于情感或感觉，这与我们前引的鲁迅先生"可恶罪"的见解如出一辙。但是，本人以为这还只是一种形式化的解释。因为，显而易见，情感或感觉肯定是由某种东西决定的。——中文引者

③ ［美］E·博登海默，邓正来译：《法理学——法哲学及其方法》，华夏出版社1987年版，第156—157页。

④ 白建军：《犯罪学原理》，现代出版社1992年版，第108页。

会——主要是通过法律定义为犯罪的行为不能成立，那么，人们实施这些行为的原因还能成其为犯罪原因吗？如果犯罪的存在是被定义的结果，那么，是主体的行为决定了定义，还是相反？犯罪究竟由何而来，它是某种行为的结果，还是某种行为和对该行为的定义的综合产物？等等。

　　犯罪定义原因的理论观点及其意义在犯罪学有关政治犯罪的研究中得到了比较完整和典型的体现。"政治犯罪是与现存的政府、现存的国家的法律有矛盾而谋求另一个政府或国家的利益的。""犯政治罪的原因多是为了集体利益着想，而普通犯罪多是为自己的利益着想。但他们同是环境的产物，他们都必须与社会环境谋求重新考验和重新适应。""一般说来凡是反对现政府的思想或社会秩序的都是犯罪行为，凡是犯有这类罪行的人就是政治犯人。但是如果这种行为越来越为群众所接受，它就成为社会的正常行为，不再是犯罪。它成为新社会的新思想新秩序时，如果有人保留旧思想维护旧秩序时，他就成为新社会的反常行为，成为反对政府的罪犯。犯罪概念的变化正合于中国的一句俗语，'彼窃钩者诛，窃国者为诸侯。诸侯之门，而仁义存焉'。"① 当然，政治犯罪的定义与其他普通的刑事犯罪有着若干不同的情形，但我们所关心的只是犯罪的定义在政治犯罪产生和存在中的作用机制。显而易见，政治犯罪与其他犯罪的区别主要是政治犯人在犯罪的定义者和被定义者之间的转化，在犯罪定义的作用这一点上它们却是共同的，只是政治犯罪走得更远、更彻底。这就如同菲利所描述的那样，当政治犯罪成为胜利的统治者时，他们"一方面为过去的政治犯（为自己夺取政权做出了牺牲的）树碑立传，借以宣扬的胜利，另一方面又残酷地镇压当代的政治犯（反对自己统治的），把新人类理想主义的先锋投入监牢"。②

　　无论如何，犯罪定义原因的研究为罪因理论提供了新的视角，也为罪刑关系提供了新的视野。它使人们对犯罪原因、犯罪行为的认识更为丰满和完善，同时也提出了犯罪的事实原因和定义原因的"二元罪因"的新的理论课题。总括而言，我们认为，就一般意义上讲，能够引起犯罪发生的各种因素及其作用过程、结构和作用机制都属于犯罪原因研究的范畴。③

---

　　① 严景耀著，吴桢译：《中国的犯罪问题与社会变迁的关系》，北京大学出版社1986年版，第116、141、140页。

　　② 《菲利及其〈犯罪社会学〉》，载［意］恩里科·菲利著，郭建安译：《犯罪社会学》，中国人民公安大学出版社1990年版，第9页。

　　③ 张绍彦主编：《犯罪学》，四川大学出版社1995年版，第225—227页。

三、犯罪成因的主体分析

犯罪原因的理论观点十分丰富，有一元论、多元论、终极原因论和系统原因论等等。[①]我们对于犯罪原因的认识基本上采取三分法，依其在犯罪发生中所具有的地位和作用，依次为犯罪的社会原因、主体原因或个体原因，以及犯罪的自然地理因素。在三者中也可以根据犯罪行为与主体间的关系，分析为犯罪的客观原因和主观原因，其中犯罪的社会原因和自然地理因素基本上属于客观原因，犯罪的主体原因属于主观原因。但是，需要注意的是，在此，犯罪的主观原因和客观原因不同于犯罪的内因和外因。内因和外因属于哲学本体论（与认识论相对应）的范畴，是一对辩证法的范畴，是指决定和影响事物发展的因素与事物发展之间的对立统一关系。其中，与事物的发展具有内在联系的决定因素属于内部矛盾、内因，是事物发展变化的依据；而影响事物发展的非本质的联系叫做外因，是外部矛盾，是事物发展变化的条件。所以，从内因与外因的角度上讲，犯罪的客观原因和主观原因都是内因，都与犯罪的发生具有内在的联系。从宏观上讲，犯罪的社会原因和自然地理因素是犯罪现象的存在和发生的内因，好比只有鸡蛋才能生出小鸡；而犯罪的主观原因和主体原因，则是犯罪行为发生的外因，好比鸡蛋孵出小鸡的一定温度和条件。在这里意思是指，社会的和自然地理的因素已经决定了犯罪发生的必然性，而主体原因的作用则只是形成了具体情形的犯罪。其中犯罪原因中的自然地理因素和条件还具有一定的综合性，即虽然它与犯罪社会原因结合作用形成了犯罪发生的必然性，但它对具体的犯罪的作用具有偶然和个别的特点。同时，主体的被决定的是能动的和积极的，而不是完全被动的和消极的。这一认识符合辩证唯物主义的哲学原理。

一般地讲，所谓犯罪原因是对犯罪产生的宏观的和总体的原因研究，即犯罪现象的原因而不是具体和个别犯罪行为发生的原因。犯罪现象则是若干犯罪行为的集合和抽象。

社会发展运动的基本矛盾决定了犯罪现象产生和存在的必然性。可以说，这是犯罪的根本原因，或者说是犯罪产生的根源。这种说法意味着，社会的基本矛盾从宏观上、根本上决定了犯罪现象的产生和存在，但是它本身并不直接导致具体的犯罪行为的发生，与具体的犯罪行为的发生之间不构成

---

① 王牧：《犯罪学》，吉林大学出版社 1992 年版，第 271—334 页。

直接的因果关系。但是，它却是具体的犯罪产生原因的基础。从这个意义上可以说，它是具体的犯罪原因的原因。就人类社会犯罪的产生和存在而言，也可以说社会的基本矛盾是犯罪的终极原因。正是社会基本矛盾的存在及其运动的结果，才形成了若干具体的社会问题、矛盾和冲突。这些矛盾、问题和冲突，在一定的时空条件下作用于具体的行为主体，促成了具体的犯罪行为的发生。所以，我们说，由社会基本矛盾决定的现实社会的问题、矛盾和冲突，及其在行为人主体身上的作用机制是具体的和现实的社会犯罪产生的终极原因。用一句话来概括可以这样说：

所谓终极意义上的一元的犯罪原因，是指社会生产力和生产关系、经济基础和上层建筑的矛盾，在一定的时空条件下，作用于特定的行为人主体的反映。

由于人类社会的整个过程中都存在着决定犯罪产生犯罪的上述矛盾，也就是说犯罪的终极原因是不可消灭的，因此，犯罪也就是不可消灭和预防的。它只能通过改变这些矛盾、时空条件和个体的具体情况来控制和影响犯罪发生的具体情形，包括犯罪的性质、规模、种类、表现形式，等等。归根结蒂是人类社会的生产方式决定了犯罪的产生。但是，生产方式并不直接决定和影响人们的行为，也并不直接产生犯罪行为，它的矛盾存在决定了犯罪产生的必然性。它对具体犯罪的决定作用，是通过由它所决定的经济基础和上层建筑间的矛盾与冲突、特别是现实社会的经济、政治和法律制度的矛盾与冲突等犯罪的一般原因直接发生作用的。换言之，在生产力水平低下、生产关系不相适应的基础上，是社会利益的矛盾和社会经济、政治和法律等制度的弊端直接导致了犯罪的发生；同时，这些弊端是可以改进和完善的，但同样是不可避免的。人们可以改变它们的具体情形，包括形式、性质、内容、范围和程度等，但是人们决定不了它们的有无，不可能消除它们。由此而言，即从现实的社会一般原因来讲，犯罪也是不可避免的。因为，一个完满的、没有矛盾和冲突的社会是根本不存在的。有矛盾冲突就会危害，就必然会有犯罪。从这个意义上讲，原始社会如此，即使所谓的共产主义社会也是如此。

犯罪人是犯罪行为的实施者，是犯罪构成要件中的能动力要素之一。没有犯罪人就没有犯罪行为，从而也就没有犯罪现象。犯罪行为人个体在犯罪产生过程中的作用和影响的状况是犯罪原因的一个重要方面。以犯罪行为的发生为中介，对犯罪产生的原因可以从社会和行为人个体或行为主体两个方面进行研究。犯罪社会原因研究揭示的是社会应否产生犯罪、为什么会产生犯罪、犯罪产生的一般社会原因和条件是什么，等等。这种研究说明了社会产生和存在犯罪现象的必然性，但是这种必然性如何在部分个体身上转化为现实性，而在另一部分个体身上却没有出现，也就是在社会原因等因素的作用下，犯罪存在的必然性如何发展、成为具体的、现实的、个体的犯罪行为，其内部机制是什么，等等。这些问题只有通过犯罪原因的主体解释才能得到答案。因为，犯罪的最终发生毕竟是通过具有意识和一定意志力的主体实施某种行为才得以实现的。尽管这一行为在不特定主体身上发生的必然性是由犯罪的社会原因和其他条件决定的，也就是说只要具备了这些原因和条件犯罪的产生就成为必然。但是，具体的犯罪行为在特定的主体身上的发生也并不完全是机械地被决定的结果。虽然，我们也不赞同在是否犯罪的问题上，行为人完全可以做出自己的选择的"自由意志论"，也就是说，我们认为是主体最终地选择了犯罪的论断的真实性是值得怀疑的。然而，有一点却是肯定的，这就是，无论如何，犯罪产生的社会原因及其他条件，只有通过主体方面的因素，通过对犯罪主体的作用以及与行为主体因素之间的相互作用，才能最终导致具体的犯罪的发生。促成主体实施犯罪的诸种因素都将对刑罚的适用和实施产生某种影响作用。

我们对犯罪原因的主体分析，总的观点是：除了行为主体的精神和心理疾病及其他遗传、生物因素，在犯罪发生过程中与其他因素共同作用，促成犯罪发生的情形之外，犯罪的主体或者个体原因可以表述为：

犯罪的主体原因，是犯罪的社会原因在一定的时空条件下，作用于具有特定的生理、心理特点、成长环境、经历和意识的个体，这一作用和结合的结果导致主体实施了具有一定危害并被称之为犯罪的行为。主体所具有的这些与犯罪产生的社会原因在一定时空条件下相互作用和结合产生了犯罪行为的特定因素，就被称作犯罪的主体原因。

（一）主体因素对犯罪的发生并不具有决定意义

尽管它是来自行为人主体内在的和内部的、在犯罪的发生中它的作用也是必不可少的，或者说犯罪的主体原因与犯罪现象的存在和犯罪行为的发生之间的联系不是必然的。我们这样说必然和偶然是指：

1. 犯罪的社会原因是无处不在，无时不有的，它与犯罪的产生和存在之间的联系是普遍的和必然的；它对行为人主体的或者社会成员个体的作用也是广泛的和必然的。对于犯罪在某些或者某部分不特定的人身上产生来讲，它也是必然的。在这个意义上应当说，不特定的主体犯罪是必然的，没有犯罪才是偶然的。

2. 犯罪行为主体（原因）对社会原因的选择，也就是所谓的主体原因与社会原因之间的相互作用是偶然的和个别的。这里指两种意义：

一是：主体的各种原因、因素和情况，都是偶然的、个别的，随时处在变化中。我们可以讲也只能讲任何社会必定存在犯罪，但我们不能说存在一个、一种或者是一部分注定是犯罪的人。因为这无异于龙氏的天生犯罪人论。之所以如此道理就在于，在任何个体身上发生犯罪就其偏偏发生在某个特定的行为主体或者行为人身上而言，都是偶然的。也正因此，我们应当说犯罪人同没有犯罪的人一样，也都是正常人。是否犯罪之间只有一步之遥而没有天壤之别。罪犯和自由人之间没有本质的区别。他们之所以犯罪不是由于他们要犯罪，也不只是由于他们需要被认为、被定义、被规定成犯罪，更重要、更根本和更普遍的还在于，他们遇到了以他们自身的情况，在当时条件下必然要去实施犯罪的那种条件——用一句话来概括，那就是：并非是他们要犯罪，而是要他们、使他们犯了罪。"犯罪人犯罪并非出于自愿；一个人要成为罪犯，就必须使自己永久地或暂时地置身于这样一种人的物质和精神状态，并非生活在从内部和外部促使他走向犯罪的那种因果关系链条的环境中。"① 而犯罪者自身的那些情况，却是偶然的和不具有决定意义的。具有支配作用的犯罪意识因素也是社会原因在主体身上作用的结果。因为，我们认为，严格地讲，没有对两个或者更多的主体来讲是完全相同的社会环境和条件，哪怕是一母同胞的兄弟姊妹，他们所处的环境特别是社会赋予他们的机会、条件、角色和要求，也都是根本不同的，几乎是完全没有可比性的，何况是其他的社会成员之间。当然，外界环境的各种因素并非与主体自身的情况，比如性格、智力、心理、生理特点甚至包括品行等没有关联，事实上恰恰相反，它们正是相互作用的。但是我们要说明的是，不仅在这种作用中，社会环境对犯罪的必然发生和存在具有决定意义；同时，主体因素特别是对犯罪的实际发生具有主观支配作用的犯罪意识因素也是由其受到教育和影响的主导作用、社会环境的决定作用共同主宰的。所以，当我们说"同样的环境和条件"时，其真实性是极其有限的，局限性是十分明显的。

二是：犯罪行为主体与犯罪发生的社会原因之间相互作用的条件是偶然的，也就是说犯罪行为实施的时空条件是随机的、非主观的和非必然性的，

---

① ［意］恩里科·菲利著，郭建安译：《实证派犯罪学》，中国政法大学出版社1987年版，第9—10页。

是社会和主体双方都难以影响和左右的，而这种随机和变化对社会与主体双方作用的结果，也就是犯罪的发生与否或者说成败与否及实施的具体情况具有实际性的意义和影响，这种情形是人们日常经常都会遇到的。所谓的"谋事在人，成事在天"，原本就含有此意。这一点对犯罪来讲也是一样。也正因此它才成为犯罪原因结构中的一个方面，即自然地理等客观原因。当然，在自然地理因素的犯罪原因理论中，那种认为特定的自然地理条件与民族的心理、性格和传统等有内在联系的观点，则属于另外一个问题，属于自然地理原因理论的本体论的范围。在此不详述。

（二）一定主体犯罪的必然性

由于犯罪的社会原因的普遍性、广泛性、因果性、必然性等特点决定了，一定社会中肯定会有不特定的个体实施某种犯罪是必然的，而另外的不特定的个体没有实施一种（连一种都没有实施）犯罪则是偶然的。这里有四层含义：

1. 一定的犯罪的产生和存在是必然的

犯罪的社会原因及其与犯罪发生之间的因果关系的存在，决定了一定数量、质量的犯罪的存在。这些犯罪当然总是通过主体或者个体实施某种被认为具有一定危害的被定义为犯罪的行为表现出来的。产生犯罪的这些社会原因因素广泛地对每一个社会成员产生作用和影响，在主体的"个体差异"及自然地理因素等综合作用下，部分不特定的主体被选择实施了犯罪。所谓被选择的意义在于，恰恰是某些特定的社会原因的现实因素、恰恰在这种特定的情境之下、恰恰又是对此特定的主体产生这种特定的作用和影响，其结果就是主体实施了某种犯罪行为。但是，对特定主体的选择只是表明具体的个体，而不是专指一定的主体。就被选择这一点来讲，对每个个体都有可能性，都有被选择而不是选择的可能性。犯罪具体地选择了谁（即具体的个体是谁——与犯罪的主体原因和自然地理原因等有关）是偶然的，但必定有主体被选择去犯罪则是必然的。

2. 部分主体实施犯罪或者说犯罪发生在部分主体身上是必然的

既然犯罪必然发生，社会必然现实地存在一定的犯罪，那么，当然必定存在部分犯罪主体，实施犯罪。这部分主体通过实施一定的行为，使犯罪在自己身上由可能变成为现实。这里需要再次强调的是，所谓部分主体必然实施犯罪是针对犯罪的发生和存在来讲的，而不是针对特定的部分主体。恰恰相反，如上所述，针对特定的主体而言，其犯罪的发生则是偶然的。

3. 可能犯罪联系是必然的和普遍的

在现实的社会中，每个社会成员都具有犯罪的可能性，这也是必然的和普遍的。绝对不可能犯罪的人是不存在的，这与不存在天生就注定要犯罪的人一样。

一方面，这一点不仅可以从遗传、环境、教育三要素在人的发展中所起的作用找到科学依据。因为，遗传作为基础，我们已经证实其中的生物、生理因素与犯罪之间没有内在的必然性因果联系；而环境对人的发展具有决定意义；教育则居于主导地位，具有主导作用。环境和教育都属于犯罪的社会原因的组成部分，并且二者实际上包含了主体遗传因素以外的犯罪原因中非主体因素的丰富内容，甚至其中还包括了某些自然地理方面的因素。不论二者的具体范围如何，犯罪产生的必然性存在其中并对主体发挥作用却是毫无疑问的。

另一方面，就犯罪原因而言，犯罪的发生与否，主体本身并没有掌握自由意志的决定的力量。犯罪的社会原因因素和自然地理因素的非主体选择性是不言而喻的，特别是其中的社会原因对犯罪的发生具有决定性的意义。它对每个主体都是发挥影响和作用的，主体是无法拒绝的。虽然，主体无法拒绝也并不等于无法接受，而是要做出"能动的反映"，完全可以不选择犯罪，使现实的犯罪不发生在自己的行为当中，正如绝大多数人所作的那样。但是，这种非犯罪选择的偶然性证明了具体的特定主体犯罪选择的可能性。我们说这种"非罪"的选择是偶然的而不是必然的，因为这种选择结果的确定取决于若干不利于实施犯罪的偶然的因素。反过来说，如果这些不利因素发生了改变，甚至代之以有利实施犯罪的因素。比如不可能告发或者被人发现，因而完全消除了对遭受法律惩罚和社会道德谴责的顾虑等等，而这种有利犯罪的情况在现实的犯罪发生时常常是被犯罪行为主体内心确信或者侥幸期望的。那么，另外一种相反的可能性是完全存在的，这就是主体实施犯罪的可能性。

4. 个体的不犯罪是偶然的

主体所普遍和必然具有的犯罪可能性，使其具备了在适宜或者必要条件下，实施犯罪的内在基础。这里所谓适宜或者必要的条件是指相对于主体而言的外在条件，不仅指自然地理方面的因素，更指其所面临的社会环境，即其社会境遇如何。主体可能实施犯罪的普遍性和必然性正是由这种条件决定的。所以，我们说，是社会（包含了所有这些条件的客观和主观）制造了主体的犯罪，而不是主体制造了社会的犯罪！我们这么说等于是承认，犯了罪的主体既是害人者，同时他们又是"被害者"和不幸的人，他们的人生好比不幸的羔羊，担受了社会本来就必然存在的不幸的犯罪者的苦难。否则，这种苦难同样也会降临到其他不幸的人头上，那不也是同样的不幸吗?!与真主耶稣所不同的是，主以至高的德善炼狱，带给人们幸福，避免人们的苦难；而犯罪者则仅仅是以自身的恶行、以给人们或者社会的某种苦难和危害，"代受"了其他人可能的成为犯罪者的苦难。所以，当议论到犯罪的责任和惩罚时，我们认为，结论包括两点：第一，犯罪者——主体应当因为他们的恶行和罪过而遭受惩罚，这种惩罚现在被确认为相应的和法定的；第二，同时对他们的惩罚也不能成为绝对。因为，他们施行的恶行并非完全取决于他们自己；何况对他们的惩罚免去了没有犯罪的人中本来必然会存在的那部分人因犯罪而招致惩罚的苦难。这些都可归因于，社会有罪和有罪之人是必然的。故而，主体的罪过、责任及其惩罚都是相对的，这种相对的罪责构成了犯罪人刑事责任的基础。但是另一方面，社会对犯罪的产生所负有的责任及对犯罪人的救助则是绝对的。通常社会是以自己的代表或者以社会代表自居者的面貌出现的。

上述认识不仅符合辩证唯物主义的决定论，且也不是机械的决定论。因为在这种犯罪发生的因果定律链条中，主体并不是完全消极被动、被决定的，并不是完全"无辜的"。事实上，不论主体是否实施、实施怎样的和怎样实施具体的犯罪，整个过程都必然有主体因素参与作用，并且这种作用的结果，也不是简单的机械决定和被决定关系。应当说，这不是对主体犯罪必然性的说明，它恰恰解释了为什么主体没有犯罪是偶然的。也就是说，在犯罪与非犯罪之间的选择往往都是主体"一念之差"的结果和表现。当然，这"一念之差"的选择不论是偏失倾向了犯罪，还是相反，同样都是由众多因素共同使然的，归根结蒂是主体被决定、被选择的结果。

（三）主体罪因的分析路向

从犯罪的社会原因和个体原因的研究中，我们都可以得出同样的结论或者启示：这就是我们与其研究人们为什么犯罪这种带有必然性的正常的社会现象，倒不如研究人们为什么没有犯罪这一偶然的"不正常"的社会现象，特别是我们不应当把犯罪现象简单地作为社会的异物加以排斥和谴责，至少我们应当对人们犯罪和没有犯罪的原因同样地进行研究，以便我们能够从正反两个方面把握犯罪的原因和没有犯罪的原因。

之一：人为什么会犯罪——致罪系统

研究人们为什么犯罪，寻找其中的原因，可以帮助我们寻找减少和控制犯罪的措施，以期把犯罪控制在人们所希望或者能够接受的适宜限度。这种限度在于，这些犯罪的存在能够使社会保持必要的张力而不致产生多余的损失；① 同时，对于犯罪必然性的认识能够帮助我们比较冷静地善待犯罪和犯罪者，能够正确地包容犯罪，不是错误地一味地致力于枉然的预防和消灭犯罪，而是更好地科学分析、预测和有效地控制犯罪。既然社会的犯罪是不可避免的，并且就具体的犯罪主体而言，对其行为又都抱有不同程度的内心确信的理由，尽管这种理由可能仅仅出于人的自我一贯和维护的自然心理，那么，固然消除能够使主体形成这种理由的情形重要而理想——事实上这些理由往往正是来自于我们所谓的社会原因，但是，如果这一点根本就不是可能的，那么，我们又为什么不改弦更张转向对犯罪其他方面的注意，比如对人们为什么没有犯罪的情形的研究等，何乐而不为呢！因此，显而易见，无处不在的社会"致罪系统"的存在，作用于不特定的个体，必然导致部分人犯罪。

之二：人为什么没有犯罪——免罪系统

研究人们为什么没有犯罪，可以了解这绝大多数的没有犯罪的人，为什么在具有必然性的犯罪可能中主体却偏偏没有犯罪而是"选择"了不犯罪。换句话说，必然有某种因素或者力量作用于主体阻却了犯罪可能性向现实性的转化，而这种力量如同导致犯罪发生的力量一样，同样也是来自社会、自然地理因素和主体自身三者之中，其中社会方面的因素是基本的和决定性的。也就是说，社会内部在存在着一个"致罪系统"的同时，还存在着一个"免罪系统"，这个系统应当属于社会的免疫和防御系统，它的基本功能的方向是抵制罪因系统的作用，控制和减少犯罪的发生，它与罪因系统相互牵制、相互作用，二者相互关系的结果决定了现实社会的犯罪包括犯罪的数

---

① 犯罪的社会张力理论与犯罪饱和理论共同认为，一定的社会必然存在一定质和量的犯罪。前者进一步认为，对一定的社会来讲，这一定质和量的犯罪的存在是社会有机体保持平衡和稳定的需要，它使得由社会的矛盾和冲突产生的紧张和压力得以缓释，以保持必要的张力，犯罪好比社会有机体的排泄物，是保持社会正常健康运行所必需的，这就如同人体对感冒的需要一样。同时，从消极的角度来看，犯罪的发生缓解了社会必然存在的并反映和作用于具体的主体身上而又不可能都完全得到解决的矛盾和困难。我国学者高铭暄、陈兴良在《挑战与机遇：面向市场经济的刑法学研究》（《中国法学》1993 年第 6 期）一文中，储槐植在《犯罪在关系中存在和变化》（《社会公共安全研究》1996 年第 3 期）一文中，都论述了犯罪存在的一定的合理性或必要性，犯罪使社会保持必要的张力，从"反面"推促了社会的发展。

量、规模、性质、危害程度，等等。所以，对人们没有犯罪的原因的了解，对犯罪的预防和减少也具有重要的作用，具有更为积极的意义。它的特点在于，不是从社会的阴暗面、从导致犯罪发生的消极因素中，而是从正面、从积极的方面，发现犯罪的制衡力量。这种力量的根本仍然来自社会的基本矛盾的作用和这种作用的结果给社会带来的不断发展和进步。综上，主体在犯罪发生中的意义，我们得出如下几点重要结论，供人们思考。

1. 犯罪的成立是客观行为和主观定义相结合、相统一的结果。

2. 在认识犯罪以及对犯罪的刑罚时，犯罪事实的原因是基本的和本体性的，犯罪定义的原因也是十分重要的。

3. 主体的犯罪并非简单地出于行为人的自由选择，至少是不完全地取决于其自由的选择；从普遍的意义上讲，主体的犯罪不是他要犯罪，而是要他犯罪；不是他选择和决定了犯罪，而是他被犯罪选择、驱使和决定的结果。同时，这种被选择和被决定不是机械的。

4. 不特定的主体实施某种犯罪必然的，而没有实施一种——连一种犯罪也没有实施却是偶然的。因此，犯罪者和没有犯罪的人都是同样的正常的人。

5. 既然犯罪的发生是必然的、正常的，那么，与其研究人为什么实施犯罪，还不如研究人为什么没有实施犯罪；或者至少应当二者并重。

6. 犯罪原因的主体分析的价值和意义在于，了解主体的哪些情形被选择、决定去实施了犯罪；而又是哪些情形相反。各种情形下刑罚应当是怎样的，以及在各种情形下刑罚都能有些什么作为。

如果主体的犯罪与没有科以刑罚无关，那么，犯罪之后又何以刑罚相见——不论是出于惩罚、预防，还是基于报应、威慑？如果犯罪并非完全出自主体的自由选择，也就并非必然性地从中获得快乐和利益，那么，刑罚惩罚（以剥夺）和报应（以痛苦）的对应物、反题又是什么呢？我们想说的是，对主体的刑罚需要建立在这样一种理念的基础之上，这就是，对主体的刑罚如同主体的犯罪一样，在某种意义上讲都是被选择和被决定的结果，并非理想而是迫不得已。这应当成为刑罚或刑法谦抑价值或原则的事实基础。接受上述理念，放弃对刑罚正当性根据的绝对确信，把刑罚建立在与主体互动、互悯的关系之上，那么，对刑罚的制定、适用和实现都将是不无裨益的。这也是对包括刑罚实现在内的刑罚机制的主体规定。

及此，我以为引用威廉·葛德文有关刑罚评判的一段论述是非常合适的：

　　首先，一个明显的结论是，惩罚是同人类天性禀赋不相容的一种不得已的痛苦行为，它的实施是由人类中占据统治地位的腐败和无知所暂时强加给我们的。最荒谬的莫过于把惩罚看成是进步的源泉。它对于培养优良品质的贡献正同赛马场看守人对竞赛速度的贡献一样。除非在千钧一发的关头，再也没有什么事情比乞灵于惩罚更为非正义的了。真正的政治家将会竭力把强制限制在最小的范围之内并且不断寻求减少使用它的机会，而不是增加强制的机会并且把它当作挽救一切道德败坏的药方。在一切情况下，可以得到认可的为之辩解理由只有一个，那就是放过罪犯会对公共安宁成为十分明显的危害。①

　　可见，刑罚的实际状态与主体的关联，广泛而深入。

四、刑罚的本原：作为生活事实的刑罚

　　在探讨了本原的犯罪之后，现在文章企图按照刑罚是什么、刑罚应当做些什么、刑罚能够做些什么和刑罚怎么做的路向，理清一些作为刑事科学基础的刑罚基本问题。②

（一）从生活事实出发感受到的刑罚

　　生活是真实的。

　　在此笔者倡导一种真实刑罚的观念，这种刑罚既不是什么形而上、形而下，也不是制度的和规范的，这些都不是分析的分野，那是一种作为生活事实的刑罚——"生活刑罚"，即生活着的健康、健全的正常人，凭自己的心智便能感受到的那种被称作刑罚的东西。

　　什么是刑罚，这是一个本科生考试的刑法学简答题，是永远不解的。在此，我不想也无力给刑罚概念一个什么定义，但近些年来我一直深为此题诱惑和困扰。每当此时，我都会想起四年多前，即 1999 年春夏之交，我亲历的一次平常的家庭午餐上，一位家长和他的子女间的对话，这一"思想的

---

　　① ［英］威廉·葛德文著，何慕李译：《政治正义论》（全两册），商务印书馆 1980 年版，第 560 页。

　　② 在理论刑罚是什么之前，作为另一事实基础，原本需要先行理论犯罪是什么的。但是由于我的研究规划等所限，此题只待以后发表。

经历"便深深影响着我对刑罚和犯罪等许多问题的思考。

　　一个平常的周末。父母和两个孩子，14 岁的姐姐读初二，10 岁的弟弟读小学，一家四口围坐一起，一边午餐，一边没有主题地说着什么。父亲的思想突然进入到一个特别的领域，家人全然没有觉察。片刻，他随意而认真地问女儿：

　　"孩子，假如只有我们相互深爱着的一家人生活在一个世界上，没有其他人可以相关，你和弟弟也都已经成年。一天，你残忍地杀害了弟弟，按照咱们自己的规矩或者现在我们知道的'国法'，你当然只能接受死刑的惩罚。爸爸拥有惩罚的权利（和权力），你觉得爸爸会怎么处罚你，会判处你的死刑，还是会'徇私枉法'判处你终身监禁？"

　　女儿几乎不假思索地回答："爸爸既不会判处我死刑，也不会判我终身监禁。"

　　父亲不解地问："为什么？"

　　"因为爸爸爱我！"女儿同样还是几乎不假思索地答道。

　　父亲接着问道："爸爸既不杀你，也不关你，那爸爸怎么办？"

　　女儿答："爸爸会狠狠地批评我，甚至骂我打我，但不会杀死我，也不会把我关一辈子。"

　　父亲赞允而"无奈"地说道："你说得对，孩子，爸爸不会关你，更不会杀你，因为爸爸爱你！爸爸也明白了，这就是我们的刑罚……"

　　一个 14 岁女孩的对白……

　　这似乎印证了一直以来人们对刑罚普遍的专业化认识，即刑罚是一种恶害，是用来以恶制恶对付犯罪的。但是，当人们讲起这句话的时候，却会显示出并非万般沉重的无奈。看来刑罚之恶似乎是一个不争的命题。可是，问题在于我们为什么会、并且一定要选择这种恶来制恶呢？这是一个自古以来无数思想学、学问家都提出和回答过的问题。但是，人们做出这种选择的，来自生活的真实理由或根据在哪里呢？再进一步地说，刑罚之恶既然不可避免，那么，人们在选择这种恶的时候，是否是怀着善良的动机或良好的愿望，不得已而为之呢？如果失却了对受刑者的善意和爱心，还有善良可言吗？或者对受刑者以外的人的爱意和善良，能够成为使施行刑罚之恶，变成为善的理由吗？不然，我们又何以理直气壮、心安理得地使用刑罚，以达到那些近乎崇高的目标和理想？如果基于某种善意而"迫不得已"、不得不施行刑罚之恶，还可以让人"不得不"接受的话，那么，怀着另一种恶或为着另一种恶而施行刑罚之恶，也让你接受，请给一个理由！这是唯心的刑罚虚无主义，别用那些什么主义和流派，还是看着真实的生活，摸着真实的感受吧。

（二）刑罚之源非刑罚本身之善与恶

古往今来几乎每一位刑法学者甚至法律学者，大都有过刑罚之善恶的思考。

刑罚的存在和发展，使人们进行着旷日持久的报应与功利、惩罚与预防以及折中与统一等，多种理论及相应实践模式的探索与论争。当然，从这种论争中，你既得不到什么是刑罚的答案，也不知道可以和应该怎么办，你只能面对现实的刑罚发些或听些类似的无休止的议论。还不止于此，在这些议论中，你总是能够在刑罚为以恶制恶之恶的前提下，听到关于刑罚的正当性根据或理由的声音。如果你简单地说，既然刑罚是恶的，为什么还要它呢？你便会得到"因为除了以刑罚之恶制犯罪之恶，没有更好的办法"的回答，或者被反问"除此以外还有什么更好的办法吗"。对于这个问题更专业、更深刻的思想和理论多得数不胜数，层出不穷。你如果爱好引经据典，乐此不疲的话，仅只有关于此的学问，就足够一代又一代的人毕生传习。古今中外的先哲和思想大师们，给后人留下了无穷的宝贵遗产。而在我看来，其中更具意义或许是，他们的理论和思想留给了我们更多的问题。这些问题如果从种种理论、学说和流派出发，自然都能得到自圆其说，或者折中混合的"多圆其说"的解答。

然而，我们却是存在于真实生活而非理论中、规范上的个人。你可以用刑罚乃犯罪之恶，对法律之正义秩序否定之否定之恶，是对正义的恢复等等，来解释刑罚存在的理由。但是，一个最为肤浅和必然的问题是，用一个后恶加到另一个先恶上去否定它，就会恶恶相抵，还是恶上加恶、成为双重之恶？通过刑罚施行之恶恢复的正义、实现的公平又是什么？难道它能挽回犯罪之先恶造成的恶害？果然的话，那它就完全不是今日之刑罚了。或者它施行刑罚之恶，满足了人们或社会对于正义、公平范畴的意愿和要求？不能够恢复犯罪之恶害的刑罚诉求，是怎样的一种公正、正义的善良情感，又是实现着怎样的一种公平、正义?!

不过，无论如何人们都不愿说，刑罚是强盗。

五、刑罚怎样存在着

（一）奖赏与惩罚来自制刑者、受刑者还是旁观者

惩罚被视为刑罚与生俱来及其为恶之基本品性。问题在于，刑罚惩罚之使受痛苦，取决于施刑者的主观意图，还是受刑者的主体感受？或者还有什么客观的"一般性"标准？每每思考这个问题，我都会想自己并不丰富的阅历中经验过的那些生活事实。记得小的时候，在"文革"期间，虽然并没有人标榜越穷越光荣、越苦越崇高，但整洁的"破衣烂衫"相当体面。直到"四人帮"粉碎以后上高中时，我的化学老师出身"资本家"。她儿子和我同班，他偷偷拿出她藏有的一块女式坤表给我看时，完全是出于对最好的朋友不避"家丑"，满是怯意和不光彩。那时的"老板"、"资本家"、"富翁"和地主恶霸、压迫剥削，表达的是同一个意思。更可怕的是，如果哪个农民胆敢卖自己生产的东西，更不用说是贩卖，一旦被抓到，那就是最丢人不过的"投机倒把"，就要挂上"投机倒把分子×××"的牌子游街，然后关起来办你的学习班……这类和现在评价完全相反的事例，生活中比比皆是。但发生这种变化，不过才经历了20世纪80年代后十几年的时间。

和刑罚变迁几千年的悠久历史相比，同样的东西似乎一夜之间变得完全相反了。那么，发生变化的是这些东西本身，还是人们赋予它们的含义，或者是主体的认同和体味。如果说这同种东西产生了截然不同的奖罚效果，那么，它们本身究竟算是奖赏还是惩罚？而如果说这完全取决于时代的变化，是"与时俱进"的结果，那么刑罚的定义又是什么？有一点是可以肯定的，至少可以说能够给人带来痛苦的，被用来对付犯罪的那些惩罚就是刑罚。这正是我的问题所在。如果我们把那些演变至今的刑罚惩罚，赋予其相反的评价价值，那么它们是否会变成为奖赏？或者把今天的奖杯、荣誉等手段，如果用作对付犯罪的刑罚，它们是否也会由奖赏变为惩罚，就像前面富翁名声的演变？这个问题的答案，最容易从人性之求生存、安全、自由、财产、趋利避害等方面给予解释，而这些是无法也无需证实的，具有科学和真理的意义。如果是这样，通过刑罚施行这些剥夺岂不有悖人性？因为刑罚之剥夺是法律赋予、"依法"施行，或者取得了"公意"的认同，就会变得正义起来？

对于这样的刑罚，我们还能指望什么！

但刑罚在谩骂和称颂的交响乐中，一直背负着繁重的使命。惩罚体现公正，预防显示效用，还有二者统一、折衷等等。它在为立法者提供维护秩序的首选工具的同时，也为司法者和学者们提供了无尽的广阔舞台。它不断被赋予可以甚或加乎其上并不妥帖的种种目的、作用和功能，使在实践中实践着这些使命。

或许刑罚可以正视自己的恶，更为困难的是施刑者，比较难以找寻自己的施刑之善和回避那用刑之恶。这样，制刑的立法者、施刑司法者便难以理直气壮，傲然法庭的刽子手手起刀落的时候就会发抖。还有那些追求学术的学者们，是否也会感到刑罚的光环或许并非其原本具有，实属后来者为之寻找，加冕其上的。但是，如果我们抛弃了对刑罚的那些差强人意的解释而另辟蹊径，是否可以赋予它一些更理性、更客观的东西。自然这是异乎寻常的挑战，作为问题却并非不负责任。其实，刑罚的命运正是按照这一轨迹运行的。

惩罚与奖赏、剥夺与赋予，刑罚之惩罚究竟是什么？

（二）不堪负重的刑罚缘何低头

刑罚之恶、施刑之恶的昭然若揭，规制着它的存在和使命，决定着它的变迁和命运。我们不用再陷于极力称道刑罚、大力施行刑罚的同时，又来限制它、反思它的矛盾。大家都已经知道，刑罚明明白白的就是这么个东西。当代刑法原则的确立，正是刑罚之恶和施刑之恶的自白，它的法定性、相当性、谦抑性等等，无不反映着其中的必然。虽然，刑法为刑罚之劣马带上了法治之羁缰，进而极大地降低了刑罚的恶害，但它同时为刑罚之恶提供了"合法性"根据，赋予了施刑者"依法行恶"的正当理由。或许这是不得已的，或许这是更根本的。若然，就难怪刑法为什么被用作"刀把子"了。

原来法治之刑法，所谓、所欲限制刑罚之恶，乃世人的想象和期待。我曾经也如此理想过，并为此激昂着。可是，倘若没有了刑法的规矩，刑罚之恶、施刑之恶必将变得更加不可想象，这一切都来自世人普遍信奉而不需证明和无法证明的人性之恶的前提。那么，在恶劣人性的面前，理性就止步于"法治"吗？中国目前还没有到达法治，但会到达，并且还要往前走的。就如同现代化之后的后现代、"非典"之后的"后非典"必然到来一样。在后法治的时代里，刑罚该是什么样子、会是什么样子呢？当然，刑罚的规矩，即刑法典写着的刑法原则想必依然是施行着的，因而刑罚是司法着的、公正着的。但刑罚也逐步会成为生活着的，法治会越来越成为一种精神的指导，成为一种死板的僵化，被越来越远地落在后面。

刑罚就这样发展着、变化着、存在着。

（三）刑罚的想象

刑罚是什么，更多地存在于人们基于先验的观念而产生的刑罚想象中，这种想象也构成了作为生活事实的刑罚——我姑且把它叫做"生活刑罚"的基本存活方式。随着司法和刑罚的变化，人们证实自己的这种"刑罚想象"的机会越来越少，因为类似于中国一直以来时兴、"文革"时期特别风行的"游街"、"示众"一类的措施，越来越多地被禁止为不文明的有辱人格的做法，刑场也不再是公众的娱乐场所。那么，刑罚的实在又何以体现？本著作侧重表达的监狱施行之自由刑，担负起传达形象的使命。在一个自由刑主导刑罚的时代，监狱行刑也成为体现刑罚实在，完成刑罚使命的基本生活样态。这正是我选择刑罚践行视角认识刑罚的着眼点，通常人们对刑罚象征物监狱的认识也是想象中的，提供这个人们借助鉴别刑罚的视角，应当是不无裨益的。

在刑罚的演进过程中，人们的推动固然是刑罚发展不可缺少和必然存在的力量，但即使少了这种推动，刑罚发展的自然历史过程，也必然是它走向死亡。从法治和制度的角度上讲，多年前我曾设想，刑罚只是创制和宣告，而无须也不许施行之日，便是刑罚的丧钟敲响之时。这成为我寄托于刑罚之上的理想，但愿这真的能够成为刑罚的宿命。

现在，请刑罚褪去人们强加给它的面具，或许制刑者会低下高昂的头，还有手起刀落的施刑者、刽子手，也不再那么趾高气扬、天经地义……

六、刑罚的禁忌和效应

刑罚诞生至今，不可避免的变迁一直没有中止过。这种变迁是否就是一种进化或进步，其今后的发展趋势是否也必然趋于进步，并是否意味着其使命的相应变化等等，都是一些尚待研究的刑罚命题。但是，刑罚变迁着并给了人们不少的启示却是肯定的。

（一）刑罚越严厉背离人们的生活越远

刑罚的严厉程度与一个国家的文明程度成反比，似乎是一种普遍的经验事实。这既是主观的选择，也是客观的必然。刑罚从生命刑、身体刑、流放刑，到自由刑、财产刑、资格刑的演变历程，明白地告诉人们，刑罚的变迁必然趋向日益平缓。古代甚至近代的许多刑罚，事实上已经不复存在。随着时光流逝，原本的刑罚方法还会不断地进入坟墓，成为历史。与既往的严刑峻法相比，我们直观地就能发现刑罚变得轻了。如果刑罚的轻缓具有影响其进化、进步的意义，那么，我们不妨考察一下，如何看待刑罚的轻重。

与车裂、凌迟相比，现在种种死刑，从感受到的有限的肉体痛苦而言，简直很难叫做刑罚。但是，我想说的是：

第一，进行这种比较是没有意义的，由此得出刑罚变轻、趋缓的结论，应当慎重。道理是浅显的。对当时社会历史条件下，在自然和社会两个方面，都不享有"生命权"和"人身权"的人来讲，今天这些严厉的刑罚惩罚，不过是每每自然发生还是他人施加而已。因为更多的东西还没有被人们拥有为权利，也就无从成为被剥夺的刑罚资源。在这种状态下，人们对刑罚的感受度是非常有限的，也就是心理的刑罚感受力极低，适应性很强。我们用今天的眼光和标准，把现在的和当时的刑罚进行这种轻重的比较，这种立场和方法值得注意。我们只能对同一时期同质的事物，才能进行这种量和度的比较。

第二，在同一时期，人们享有的权利越少，非但不会使主体感受到这些权利越加珍贵和重要，反而会因为主体权利意识的缺乏，而使得剥夺这些权利的刑罚惩罚反倒显得越轻，主体和公众对这些权利剥夺的感受力越强。可以设想，在生命本来就没有保障的情况下，被刑罚处死又怎么算是受到了严厉的惩罚？由此可见，要想使刑罚变得严酷起来，并让人们感受到这种严酷，就要先行培育"刑罚市场"——尽可能让人们享有更多的权利。

第三，在人们权利多寡不变的情况下，刑罚越严酷，离人们的生活就越远。这主要不是指，刑罚将被实际适用的多少，而是说，严厉的刑罚并不能为受其"保护"的公众提供安全、依赖和信任。恰恰相反，这样的刑罚会背离它标榜服务的对象，就像刑场、法场一样，人们看到施行侵害的受刑人得到严酷的刑罚惩罚时，除了会发生那种目睹同类相残的快意，还会感受到自己及与之相关的人面临这种惩罚威胁的可能，给公众树立起对刑罚的深层敌意。如果这种刑罚严厉到了极点，那它就会成为公众的敌人、成为社会的公敌，背离人们的生活。

（二）权利越发达刑罚越轻缓、越广泛

与上述情况形成对比的是，随着人们权利不断增多，刑罚的资源也越来

越丰富。不仅生命、安全、健康、自由、财产等成为人们的权利，而且那些看起来无足轻重的东西，也都纷纷被装入权利的行囊。在权利膨胀的时代，人们对权利贪得无厌起来，好像迷失了自己，不再为生活而是为权利而活着，为权利而斗争最为人们乐道。

这里权利越发达刑罚越轻缓与上题 5 中所述，只有权利越多刑罚才会严厉起来，似乎形成一种悖论。显然，前者是就期待、可能及受众的心理感受而言，此处则指刑罚的实际存在。

在被权利主宰着的社会里，人们有更多的权利可资剥夺而成为刑罚资源。但是，另一方面，人们拥有的权利越多，权利意识越强，对刑罚的适应力就越差，感受力就越强。人们逐步不再接受将生命、安全、身体等作为对象的刑罚，对这些权利的剥夺越来越被拒斥在刑罚之外。刑罚被规制在越来越"亲善"、越来越经济的轨道上，与人们权利的联系也越来越广泛，以至于它与行政处罚、民事措施的界限愈益模糊。①

上述情形最典型地发生在经历了现代化时代的后现代，或经历了法治的法治后或后法治时代。虽然这与中国社会一定阶段的发展去向是相反的，但刑罚的这一必然历程却同样适用于中国。当然，从学理上讲，刑事、民事划分的根据本身就十分含混不清。

（三）刑罚的扩展、传达与公众认同

刑罚向行政和民事领域的扩展，直接表现为刑罚范围的"延伸"，先前的一些行政处罚和民事措施逐步被"刑罚化"。如果从轻重角度看，当然不是这些原本属于行政和民事的东西被加重了，而是原本没有这些东西的刑罚变轻了。刑罚承担起了某些介于既往意义的行政、民事和刑罚间之类问题的使命。这在以中国劳动教养制度轻罪处罚化为范例的分析中表现得较为典型，也昭示着刑罚变迁的主旨所在——刑罚不再是用以报应不可饶恕之严重犯罪的严刑峻法，它是变迁着、延伸着的。

自然，这里扩展与"延伸"的表述是颇具学术风险的。

刑罚实现的状况、刑罚使命完成的程度，除了客观上与犯罪原因、主体罪因关联外，还与刑罚的公众认同密切相关，这是它的社会心理基础。

---

① 从法律主义或法治主义的角度看，这种情况的发生，是与其处理的行为相对应的，并且行为的相应情形是发生这种变化原因。作为刑罚、行政处罚和民事措施，惩罚、处罚和处理的对象行为，它们之间刑罚犯罪、行政违法和民事侵害的界限，变得越来越模糊。

前文中我已经提出，刑罚剥夺惩罚"使受痛苦"的成立，以施刑者的用意为标准，还是受刑者的感受为依据的问题。如果施刑者施加的刑罚"痛苦"并没有为受刑者主体所体认，尽管这在实际生活中可能只是极少见的例外，那么，这种刑罚是否还具有惩罚的意义，或者说，刑罚实施和刑罚实现是否总是统一的；对于刑罚使命的完成而言，刑罚的实施和实现何者更具意义。这些问题的回答都有赖于受刑者对所受刑罚的主体体认。没有受刑者主体感受痛苦的心理体味，要实现设计为通过惩罚使受痛苦的刑罚的使命，是不可想象的。这只是刑罚存在的受刑人主体个别的社会心理基础。

刑罚存在的更广泛的社会心理基础来自于对刑罚的公众认同，这种认同对于实现刑罚，完成刑罚的使命至关重要。在此，我们不需要对刑罚社会心理进行系统、深入的分析，"生活刑罚"能够带给我们足够多的思考。

（四）刑罚传达给公众什么

一般认为，刑罚与人类的国家文明同步，经历了数千年的演变和发展。时至今日，人们已经不需要借助任何专业知识，便可以准确地知晓刑罚为何物。因此，这种存在于公众中的"生活刑罚"向人们传达了什么，直接影响和决定着公众的刑罚心理。对这种传达做出反应而形成的公众认同，实际上是刑罚效应的公众心理存在，也是一个国家或民族刑罚文化的公众基础和实核。除了刑罚能够自然带给人们的普遍的恐惧之外，我认为承受刑罚的"荣辱观"意义重大。

不论一个国家处于何种状态，遭受刑罚的只能是公众中的少数人。因此，这种刑罚荣辱观的形成，并不完全取决于受刑者的遭受刑罚的客观状态和他对刑罚的主体感受。"法不治众"的谚语道明了刑罚过严、过滥，对人们刑罚荣辱观产生的迟钝、麻木影响。更普遍和严重的情况，则发生在人们对刑罚之苦和刑罚之辱的感受力和适应性上。不论或轻或重的刑罚，如果让公众感到习以为常，见惯不惊，不仅使公众对刑罚的感受力降低，适应性增强，动摇了对刑罚之苦的恐惧，甚至失却了对刑罚之辱的拒斥，将是十分可悲的。最糟糕的是，公众中相当程度地存在着这样一种情况，不仅不以遭受刑罚为辱，甚至还以此为骄傲，或者作为某种"资本"，这种颠倒的刑罚心理，必然使刑罚背离自己的使命，走向反面。刑罚存在的全部设定将受到根本性的威胁。虽然这与刑罚制定和适用的微观状况有关，但更根本地则取决于刑罚的整体存在。躲在这种整体存在背后，比刑罚更具力量的是社会的刑事政策。社会刑事政策决定着刑罚本身的良莠和"体面程度"，与公众的刑罚荣辱观成反向关系。刑罚得不到更高程度的公众认同，遭受刑罚便并不是一件很不体面的事情，是自然而然的。因此，当我们要检讨刑罚的实际效果距离其使命有多遥远时，测量一下公众对遭受刑罚的荣辱感受程度是非常重要的。尽管我们明显感受到的这类典型，只是在某些"亚文化"群体中，蹲过监狱、坐过大牢的经历，是其称雄和为人称道的资本，但是更多的"非典型"的情况，却不能从实际生活中排除。这当然不是说受刑的经历应当影响受刑者其后的生存状态，恰恰相反，正是基于对刑罚之辱的认同，才欢迎和接纳受刑人遭受刑罚后"脱胎换骨"，重回社会。

当然，在社会的刑事政策的主导下，公众的刑罚荣辱观更直接、更经常地受到适用刑罚的刑事司法制度、体制和实践状况的影响。但是，那些道德教化和"政治宣传"在其中发挥的作用却很值得怀疑。

（五）刑罚不可授公众以敌意

实际接受刑罚的始终是少数特定的人，但它指向的又总是每一个不特定的多数人。刑罚用之不当，不仅不会失去其保护公众的意义，反而会树立公众的内心敌意，成为公众的敌人——公敌。这是十分值得警惕的。福柯的一段话清楚地揭示了这种危险：

"最重要的是，也是这些不利之处为何具有政治危险性的原因是，民众在展示罪恶的恐惧和无敌的权力仪式中感到自己比任何时候都更接近那些受到刑罚的人，而且与那些人一样，民众感到自己比任何时候都更严重地受到不受限制的合法暴力的威胁。"①

有一种情形，好像人们得到了刑罚有力的保护：每每当人们心生、心存不轨之念，便想到刑罚的严厉；每每论及不能为恶，便会说"使不得，那样要被判刑的"、"要枪毙的"；甚至父母教育不谙世事的孩子，也要吓唬说，你再这样"就让警察把你抓起来"、"警察要来了"；你经常能听到人们的街谈巷议，哪里有人被处死，又有谁被判刑，又有谁被抓、被关。凡此种种，都似一些刑罚极得"人心"的场景，为什么不呢？刑罚成为好人生活的保护神！难道不是吗？也许是，也许不是。在此，我关注的不是刑罚的"保护"，或者说当刑罚如此保护着你的时候，它还是你的朋友吗？人人惧怕、或因他（坏）人害怕，因而自己不怕的刑罚，事实上它已经成为公众的敌人。我们当然知道良民不吃官司、好人与法律无关的道理，可是正义的

---

① ［法］米歇尔·福柯著，刘北成、杨远婴译：《规训与惩罚》，三联书店1999年版，第68页。

刑罚之剑满天飞舞的时候，良民、刁民又怎么分得清楚。在这样的刑罚面前，良民、刁民之良莠的界限已经消失，他们都被归为一类，人或民。

这时公众对刑罚的敌意不是来自遭受具体的刑罚之苦难，如同刑罚之威，也不是来自对具体的犯罪之惩戒，恰恰同样因为它是悬着的。

如何取舍？要刑罚于犯罪之威，而不要刑罚于民众之惧，而当刑罚作为生活事实已经存在时，其实你已经很少有选择的机会。

（六）刑罚也不可授公众以鼓励和诱惑

刑罚之苦变得罚不制众的时候，往往容易出现虹吸的倒流现象，即刑罚成为一种对公众的鼓励。如果说公众敌意是失败刑罚之可怕，这便是失败刑罚之可怜。

刑罚付出了高昂的代价，以使受刑人遭受剥夺之苦，并告诫他人，使他们也无幸遭受想象刑罚之苦。可是，你时常也会遇到这样的情形，或听到这样的议论，遭遇刑罚之苦、牢狱之灾，不再单纯是不幸、"汗颜"的事情。当然，我们认为不应当，更不希望从刑罚中得到什么耻辱，人们给予什么歧视。但是，遭遇刑罚成为一种资本、荣耀甚至时尚，不只是在所谓不正经的"亚文化"圈里，又会是怎样一番景象！

如果说刑罚之恶、用刑之恶都确乎无疑，那么，这能够免除受刑言行之恶吗，就能说受刑光荣吗？但生活中有时就是这样。而这不仅与刑罚的失当、失准有关，也多与刑罚的严苛、泛滥相关。既然刑罚常常失当，我又遭受了这么严酷的刑罚，何尝不是一种资本、一个本事！

记得刚刚进入刑事法研究领域时，我常常向一位自己敬重的长者讨教做人之道、做事之理。[①] 他很郑重地用道德规范的广泛，给我讲过自我约束、自我完善的道理。他说：

> 人是自由的，你的身体是自主的。但是，你的嘴巴不能乱说话，否则你可能就要吃官司；你的耳朵也不能乱听，听了不该听的机密就会成为负担，就会有麻烦；你的眼睛看了不该看的比如别人的隐私，你的腿走错了地方，闯进了"女厕所"，你的手放错了位置，进了别人的腰包……都是要惹麻烦的。
>
> 总之，规矩无处不在，无处不有。

---

① 此公为西南政法学院前教务长、法学教育家朱守真先生。

现在看来这似有泛道德主义的意蕴，因为在一个道德泛滥的国度里生活，并不见得比苛政严刑好许多，甚至可能更为糟糕！① 而我联想到的却是另一幅画面，是生活中的另一个场景，是我设想可以进行的"刑罚实验"或"越轨实验"：

> 宽敞、明亮的教学楼里，你随意走在过廊上，教室空无一人，万般宁静。虽然你并未闭上眼睛，却什么也没有看见，因为你完全处在不注意、无注意的状态。这时，一个异样的教室门窗引起了你的注意，紧锁着的玻璃门上贴着："严禁偷窥，违者罚款 5 元"的告示。分明空无一人，你便走上前去，看了个清楚，原来只是空屋一个，没有任何人、物。这是一张"过期"的告示。

如果没有这告示的"禁止偷窥"，或许你便不会"偷窥"。

我们不能简单地说，刑罚就是这样一张"禁止犯罪，违者重罚"的告示，但完全不是吗？

刑罚的可怕固然来自其自身的严酷，更可怕的情形则是有许多无异刑罚，却在刑罚之外徘徊在你身边那些东西，并不知道什么时候会因为什么降临。试想，如果我们用以对付实际上当作违法甚至轻罪的那些众多的"收容"办法，都如同收容遣送一般，② 改名换姓、姹紫嫣红后，再回到行政措施，由政府甚至警察决定并施行的娘家去，那会是怎样一番景象。

那个时候刑罚将变成人们的优位选择，因为它毕竟是程序的、可预知的。

---

① 我在思考人的生命品质、生活质量时，曾想过人性与道德边界一题。我以为是否可以这样命题：道德本身应当是道德的，并不是没有边界和无所不管的。这个边界是什么，则必定是另一见仁见智的道德哲学命题。依盖然论，也许首先应以合于人性为界。可人性之界又在哪里，则更是一个难得糊涂的命题。

② "收容"或许偏爱华夏文化，收容一词不知从哪个序列进入了"五笔型"的词组输入法，或许是中国的政治哲学？但让我十分沮丧和汗颜的是，我致力的"刑罚"一直到 2005 年后的新版五笔字型才将其列入词组可以连敲出来。收容想标榜什么？宽大为怀，广收而包容，还是收得下、容得了、不准跑。我们取消了一个收容审查！可它的一母同胞大都健在，2003 年收容遣送因孙志刚惨遭不幸，另谋高就，我关心的是免遭收容遣送之苦的人们，他们的"权利生存状态"是不是会好一些呢？"收审"取消了，劳动教养不是历史地承担起了"以教代审"的光荣使命吗！关键在于这是不是必然的、自然的？！

刑罚不由法律规定的，刑罚在生活中，是一种生活事实。

七、小结

作为生活事实的犯罪和刑罚都是不由法律规定的，^① 犯罪乃社会自然生有之物，或许其生性并无更多善恶可考，而刑罚始于犯罪为恶，为以恶制恶之物。故犯罪之恶是相对的，而刑罚之恶是绝对的。对于犯罪，刑罚所具有的除了无能、无奈，还有无理和无道。

那么，何以对待犯罪？文章的探讨路向决定了不可能得出答案，或许对于本就不幸，那不得不有的刑罚所能选择的方向，只要可能，便是越少越好、越轻越好。用尽量少而轻的刑罚善待（看待尔后对待）犯罪，善待本已不幸的犯罪人！仅此而已。

---

① 较为准确地说应当是惩罚，刑罚是被法制化的惩罚方式，也是人们习惯了的与犯罪对应的惩罚方式。

前南国际刑事法庭评析

黄 芳* 杨 柳**

为了惩治严重侵犯人权的种种暴行，国际社会曾先后建立了数个国际刑事审判机构，包括纽伦堡国际军事法庭、远东国际军事法庭、前南斯拉夫国际刑事法庭、卢旺达国际刑事法庭、塞拉利昂特别法庭和国际刑事法院。这些机构的建立，在一定程度上维护了国际和平与安全，并促进了国际刑法的发展。

前南斯拉夫国际刑事法庭（以下简称前南国际刑事法庭）的建立及其运作，既传承了纽伦堡国际军事法庭和远东国际军事法庭的做法，又为其后国际刑事审判机构的建立和正常运作积累了宝贵的经验。在前南国际刑事法庭审判工作取得巨大成就的同时，也存在着一些令人遗憾的地方，本文拟对前南国际刑事法庭进行综合评析。

一、前南国际刑事法庭概述

（一）前南国际刑事法庭创建的历史背景

南斯拉夫成立于 1919 年，由一战期间瓦解的奥匈帝国组成。民族关系紧张问题在新成立的国家内部从未消除过，而在第二次世界大战期间尤为尖锐。1989 年前南铁托总统逝世，新一代国家领导人开始支持国家分裂。1991 年，斯洛文尼亚和克罗地亚两个共和国因为南斯拉夫的塞尔维亚人的集权统治先后宣布独立。在波斯尼亚和黑塞哥维那，各方都以恐吓、迫害和非人道等方式来驱逐平民。国际社会竭力想平息这一冲突。1992 年初，法国宪法法院法官罗伯特·巴蒂特提出其与洛德·欧文和赛勒其·万斯讨论的建立南斯拉夫国际刑事法庭想法。① 1992 年 8 月 5 日，在数个欧盟成员国及美国的支持下，英国向欧洲安全与合作会议的莫斯科人权机构提出请求，该

---

　　* 中国社会科学院法学研究所研究员，法学博士。

　** 中国社会科学院研究生院博士研究生。

　　① See For Badinter's personal account, *The Path to The Hague*, pp. 86—87.

会议的民主机构和人权办公室指定瑞典外交官汉斯·克莱尔、奥地利外交官司赫尔穆·特克和挪威外交官格劳·西勒斯塔德·图恩三人负责"调查克罗地亚和波斯尼亚对非武装平民的暴行以及就此追究责任提出可行性建议"。① 美国积极支持建立国际刑事法庭，并最终起了决定性的作用，其国务卿沃伦·克里斯托弗于1992年底公开提出建立一个类似纽伦堡军事法庭的国际法庭，审判在前南实施暴行的人。1993年2月22日，联合国安理会审议并通过了第808号决议，决定设立一个国际刑事法庭审判在前南斯拉夫境内严重违反国际人道主义法的有关罪犯，并请求联合国秘书长尽早提出有关成立法庭的报告，供安理会审议。1993年5月3日，联合国秘书长向安理会提交了报告，对设立法庭的法律根据、法庭职权范围、法庭组成、法庭调查、审判程序等提出了意见并起草了《国际刑事法庭规约》。同年5月25日，安理会一致通过第827号决议，决定正式成立前南国际刑事法庭。② 1993年11月，联合国大会选举法庭法官，联合国秘书长委任委内瑞拉的总检察长拉蒙·埃斯科弗·萨洛姆担任前南法庭检察长。1994年底，前南国际刑事法庭开始了第一起案件的审理工作。

（二）前南国际刑事法庭成立的合法性

建立前南国际刑事法庭对联合国安理会来说是一次重大的创新。安理会1993年2月22日通过的第808号决议，授权秘书长起草建立前南国际刑事法庭的有关计划，但并未说明该如何操作及其法律依据。当认定最好由安理会依据《联合国宪章》以决议方式成立前南国际刑事法庭时，秘书长在其提交联合国有关报告中表示：在这种特殊的情况下，安理会可以依据《宪章》第7章规定采取措施，成立《宪章》第29条范围内具有司法性质的附属机构。③ 安理会以决议的形式设立一个附属性的司法机构，《联合国宪章》对此并未明确规定，那么安理会究竟是否拥有设立前南国际刑事法庭的权力？其以决议形式设立又是否恰当？

依照《联合国宪章》第24条之规定，"为保证联合国行动迅速有效"，"各成员国授予安理会以维护国际和平及安全的主要责任，并同意其为承担

---

① See William A. Schabas: *The UN International Criminal Tribunals*, Cambridge University Press, 2006, p. 15.

② 参见凌岩：《跨世纪的海牙审判——记前南斯拉夫国际法庭》，法律出版社2002年版，第23页。

③ See UN Doc. A/RES/47/121, p. 10.

此职责而行使职权时代表全体成员国。"可见，安理会行使其职权时，具有作出决定和执行决定两项权力，其设立前南国际刑事法庭的决定权与授予前南国际刑事法庭独立行使司法权这一执行决定权并非等同，正如秘书长在报告中表示：这一机构（前南国际刑事法庭）当然应独立履行其职责而不受政治因素的影响，在行使其司法职权时不受制于联合国安理会。① 同时，《宪章》第 7 章第 39 条规定：安理会应断定是否存在任何威胁和平、破坏和平或侵略行为，并应作出建议或决定按第 41 条和第 42 条规定采取的措施，以维持或恢复国际和平与安全。由此可见，安理会一旦决定某一情势对和平存在威胁、破坏和侵略时，其享有相当广泛的自由裁量权，能决定是否采取第 41 条和第 42 条中规定的强制性措施。虽然规定非武力措施的第 41 条和规定武力措施的第 42 条中，均未明确提及设立一个国际刑事法庭或建立一个司法机构，但是第 41 条中规定：联合国安理会为维护或恢复世界和平与安全，可以决定采用不涉及使用武力的措施来实施其决定。显然，该条内容并不否定设立国际刑事法庭这一非武力措施。换言之，《宪章》第 41 条为安理会设立前南国际刑事法庭提供了法律依据。

此外，虽然一般情形下，建立国际法庭的习惯做法是以条约的形式来完成，但是条约的磋商过程耗费大量时日，并且"不能保证若条约真正生效时，能够获得应当成为缔约方国家的批准"。② 因此，面对前南境内已经发生和正在发生的种种暴行，以决议的形式来决定成立国际刑事法庭有助于提高工作效率。

（三）前南国际刑事法庭的刑事管辖权及其管辖的具体罪行

1. 刑事管辖权

（1）属地管辖权。《前南国际刑事法庭规约》（以下简称《法庭规约》）第 1 条规定法庭"对发生在前南斯拉夫境内的"犯罪行使管辖权。当法庭 1993 年 5 月成立时，曾一度庞大的南斯拉夫社会主义联邦共和国已完全解体，分为斯洛文尼亚、克罗地亚、波斯尼亚—黑塞哥维那、马其顿和塞尔维亚—黑山五国，但规约适用的是 1991 年 1 月 1 日尚存在的前南斯拉夫社会主义联邦共和国领域，也就是包括上述五国的领域。《法庭规约》第 8 条规定前南斯拉夫境内"包括领陆、领空、领水"。

---

① See UN Doc. A/RES/47/121, p. 10.

② Ibid. , p. 20.

（2）属时管辖权。《法庭规约》第 1 条规定法庭对"自 1991 年以来"犯下的罪行进行追诉。第 8 条进一步规定：前南国际刑事法庭的属时管辖权"应当涵盖从 1991 年 1 月 1 日开始的期间"。因此，《法庭规约》并没有限定法庭的属时管辖范围，但根据安理会第 827 号决议之规定，法庭应起诉 1991 年 1 月 1 日到安理会最后确定已恢复和平与安全之日期间内发生的罪行。2000 年 11 月，安理会要求联合国秘书长尽快向其提交包括前南国际刑事法庭属时管辖权的评估和建议报告。数月后，秘书长回应表示其无法确定该法庭属时管辖权结束的日期。① 2003 年 8 月 28 日，联合国安理会向法庭提出了"完工战略"，并在第 1503 号决议中第一次描述了该战略的三步蓝图：2004 年底完成全部调查工作，2008 年底完成所有案件审理，2010 年底结束全部工作。

（3）属人管辖权。安理会决议中指出，成立前南国际刑事法庭的宗旨在于起诉、追究严重违反国际人道法的个人责任。《法庭规约》第 6 条规定："根据本《规约》的规定，法庭对自然人享有管辖权。"限定的"自然人"身份便排除了对法人团体或组织的起诉，而后者在许多国内刑事审判体制中是被允许的。此外，规约未规定法庭起诉的最低年龄限制，而国际刑事法院设定了 18 岁为承担刑事责任的分水岭，② 塞拉里昂特别法庭规定最低刑事责任年龄为 15 岁。③

（4）优先管辖权。根据《法庭规约》第 9 条的规定，当前南国际刑事法庭和国内法院都对起诉自 1991 年 1 月 1 日以来在前南斯拉夫境内犯有严重违反国际人道主义法行为的人有管辖权时，前南国际刑事法庭享有优先管辖权。

2. 前南国际刑事法庭管辖的具体罪名

根据《法庭规约》的规定，前南国际刑事法庭对下列犯罪行使管辖权：

（1）严重违反 1949 年《日内瓦公约》的行为。在前南斯拉夫境内的武装冲突中，发生了大量严重违反《日内瓦公约》的罪行。联合国安理会在决议中呼吁各方必须遵守国际人道主义法的规定，因此《法庭规约》第 2 条规定：前南国际刑事法庭有权对犯有或命令他人犯有严重违反1949年8

---

① See UN Doc. S/2001/154, p. 16.

② 参见《国际刑事法院罗马规约》第 26 条。

③ 参见《塞拉里昂特别法庭规约》第 7 条。

月 12 日《日内瓦公约》罪行的个人提起诉讼，包括以下违反《日内瓦公约》有关保护人身或财产规定的行为：①故意杀害；②酷刑或非人道待遇，包括生物实验；③故意导致身体或健康遭受重大痛苦或严重伤害；④无军事上必要的理由、非法肆意地大规模破坏和占用财产；⑤强迫战俘或平民在敌方军队服务；⑥故意剥夺战俘或平民享有公平、正规审判的权利；⑦非法驱逐、移送或监禁平民；⑧劫持平民为人质。

（2）违反战争法或战争习惯法的行为。《法庭规约》第 3 条规定违反战争法或战争习惯法的行为包括：①故意使用有毒武器或其他武器以造成不必要的痛苦；②无军事上必要、肆意破坏或摧毁城市、乡镇和村庄；③使用任何方式攻击或轰炸未设防的城市、乡镇、住宅或建筑物；④占领、摧毁或故意破坏用于宗教、慈善、教育、艺术和科学机构、历史文物及艺术和科学作品；⑤劫掠公私财物。按联合国秘书长解释，与依据《日内瓦公约》制定的规约第 2 条不同的是，第 3 条主要是依据 1907 年《海牙公约》中的一些规定，而后者最早在纽伦堡判决中得到了说明和适用。①

（3）灭绝种族罪。早在 1992 年 8 月，人权委员会就呼吁国际社会要"考虑在波斯尼亚—黑塞哥维那和克罗地亚发生种族灭绝罪行的严重程度"②。1992 年 12 月关于波斯尼亚—黑塞哥维那情势决议中，联合国秘书长将"种族清洗"视为灭绝种族罪的一种形式。《法庭规约》第 4 条完全照抄了《防止及惩治灭绝种族公约》第 2 条、第 3 条的规定，将前南国际刑事法庭对灭绝种族罪的管辖权规定为：前南国际刑事法庭有权对犯有本条第 2 款定义的灭绝种族罪或犯有本条第 3 款列举的其他罪行的个人提起起诉；而第 2 款规定的灭绝种族罪的行为包括：①杀害团体成员；②致使团体成员遭受身体或精神严重伤害；③故意使团体生活在可导致其全部或部分死亡的环境之中；④强行采取措施以阻止团体内的生育；⑤强行将团体中儿童转移至另一团体。第 3 款规定可处罚的行为包括：①灭绝种族；②共谋灭绝种族；③直接、公然煽动灭绝种族；④意图灭绝种族；⑤共犯灭绝种族。事实上，在前南国际刑事法庭早期审理的案件中极少包括灭绝种族罪的控诉，令法官们沮丧的是其中第一起此类案件以宣判无罪而告

① See Daphna Shraga and Ralph Zacklin: *The International Criminal Tribunal for the Former Yugoslavia*, (1994) 5 European Journal of International Law 1, pp. 6—7.

② See *Situation of Human Rights in the Territory of the Former Yugoslavia*, UN Doc. A/RES/47/147.

终：在2001年8月审理的1995年斯雷布列尼察（Srebrenica）大屠杀案件中，法庭判处三名指挥官中的一名犯有种族灭绝罪，而该案上诉后，三人均被判无罪。

（4）违反人道罪。违反人道罪是前南国际刑事法庭管辖的核心罪名，实际上该罪也是所有控诉内容的重点。《纽伦堡国际军事法庭宪章》首次将反人道罪成文化。《法庭规约》第5条规定，前南国际刑事法庭有权起诉和审判在国际或国内武装冲突中犯有或命令他人犯有下列针对平民罪行的个人：①谋杀；②灭绝；③奴役；④驱逐出境；⑤监禁；⑥酷刑；⑦强奸；⑧政治、种族和宗教迫害；⑨其他非人道行为。值得一提的是，在《纽伦堡国际军事法庭宪章》并没有列举监禁或强奸为可处罚行为。将强奸规定在《法庭规约》之中，确实是国际刑法的进步和发展。

（四）前南国际刑事法庭的审判程序

前南国际刑事法庭审判的基本程序包括：调查和初审程序、审判与审后程序。调查和初审程序主要包括犯罪嫌疑人和被告人的确定、调查行为、犯罪嫌疑人的权利、起诉书的内容和提交、罪行合并、被告人的合并、逮捕和临时拘留等；审判程序主要包括法庭审理、判决和宣判等；审后程序主要包括上诉和复核诉讼。

对于证据，前南国际刑事法庭要求采用有关联的、有证明力的证据。如果一项证据收集方法使该证据可信度受到质疑或接受该项证据会完全违背并严重损害诉讼的完整性时，该证据不应被采信。在缺少规定的情况下，法庭可以根据规约精神和法律总则适用最有利于公平解决问题的证据规则。检察官必须证实每个具体犯罪的构成要素排除合理怀疑后才能定罪。

在刑罚适用方面，前南国际刑事法庭排除死刑适用，其可判最高刑罚为终身监禁。被告人的官员身份并不能减轻其刑罚。行为人根据上级命令实施犯罪时，在国际刑事法庭认可时，可以作为考虑减轻刑罚的情节。

二、前南国际刑事法庭的积极作用

（一）证明国际刑事审判的可能性，显示国际社会严惩犯罪的力量

对1991年以后前南境内发生的种种罪行提起诉讼这一艰巨的历史任务，安理会于1993年将之交付给前南国际刑事法庭，实际上当时法庭的起步非

常艰难，面临着诸多的障碍，如国家对该法庭是维护国际正义的质疑、逮捕缺乏配合、调查取证困难、几乎无先例可循、财政预算紧张等。① 然而，正是这个自第二次世界大战后第一个追究个人包括国家领导人刑事责任的特设国际刑事法庭，克服了重重困难，在众多怀疑目光的注视下，迅速投入筹建和运作，顺利地完成了安理会交办的大部分任务，从此也拉开了真正意义上的国际刑事审判的序幕，向世人证明了国际刑事审判不再是一个实验，而具有现实可能性。

纽伦堡军事法庭和东京军事法庭确立的一个重要先例就是战争犯罪可被作为严重的国际犯罪而接受国际法庭的审判。这两个管辖国际犯罪的法庭，主要是由有关战胜国设立的。与之不同的是，前南国际刑事法庭针对的是在巴尔干地区国家内部武装冲突中犯有严重违反国际人道法的罪行，由与战争没有直接关系的国际社会设立。作为安理会附属机构的前南国际刑事法庭，通过一系列调查、起诉、审判活动将罪犯绳之以法，显示出国际社会严惩国际犯罪的力量和决心。

（二）坚持个人刑事责任原则，维护刑事司法独立

根据传统国际法的规定，当个人的行为归于国家时，应由国家承担该责任。第二次世界大战之后，个人应为其违反国际人道法行为承担刑事责任、接受刑罚的概念在纽伦堡和东京审判中得到了进一步确认。1946 年，纽伦堡国际军事法庭认为："危害国际法的犯罪是由个人而非抽象的实体实施，并且，只有通过处罚实施这类犯罪的个人，国际法的规定才能得以执行。"②联合国秘书长对《法庭规约》第 7 条的解释是：前南国际刑事法庭关于属人管辖权规定的一个重要因素就是个人刑事责任原则。坚持这一原则，"使得国家领导人犯下暴行、逃避刑事处罚而被赦免这一文化已经被历史不可扭转性地改写"③。

前南国际刑事法庭承受着各种干涉其运作和司法独立性的压力。检察官们可能被鼓励按某种方向进行调查，预算也可能被裁减以限制法庭的活动，

① See Gabrielle Kirk McDonald, *Problems, Obstacles and Achievements of the ICTY*, Journal of International Criminal Justice 2 (2004), pp. 558—571.

② ［英］威廉·A. 夏巴斯著，黄芳译：《国际刑事法院导论》，中国人民公安大学出版社 2006 年版，第 124 页。

③ See Gabrielle Kirk McDonald, *Problems, Obstacles and Achievements of the ICTY*, Journal of International Criminal Justice 2 (2004), pp. 558—571.

甚至检察官或法官被要求参与或被阻止参与某些活动等。然而前南国际刑事法庭顶着各种外界压力，并在 1995 年塔蒂奇（Tadic）案中向其上级机构明确表示要求其支持，安理会只就该案曾向法庭提出过一些正当合理的要求，如加速案件的审理等，并未施加过任何其他压力。① 也正因如此，国际刑事审判的独立性在前南国际刑事法庭的实践中得到了维护和坚持。

（三）有力保证案件审理的公正性，伸张正义

前南国际刑事法庭所审理的案件，基本上都是按照公正原则进行的。初审分庭充分尊重被告人的权利。只要被告人主张审判违背公正性原则，上诉分庭就会审核可能存在的问题。虽然来自不同法律传统、法律背景及职业培训的法官之间相互协调、共同审案存在一定的难度，但是他们努力寻找一些共同客观因素作为判案标准，以保证案件审理的公正性。②

法庭通过对 1991 年以后在前南境内实施的种种暴行进行追究和严惩，为数千名被害人提供了一个叙述其不幸遭遇的平台，使得这些暴行被公之于众、记入史册。③ 也正是通过对犯罪个人的严惩，为被害人伸张了正义，平抚了其仇视情绪，促进地区和平的恢复并威慑未来的犯罪。

（四）促进了国际刑法的新发展

前南国际刑事法庭在过去十余年间通过审判实践，对国际刑法、国际人道法、人权法的丰富和发展，远多于自纽伦堡和东京审判以来半个多世纪里取得的进步。④ 此外，法庭创设了许多先例和原则，为其后国际刑事法庭的实践提供了有益素材。

前南国际刑事法庭在司法审判过程中，通过实践不断促进国际刑法的发展和完善，⑤ 主要体现在实体法和程序法两个方面：

1. 在实体法方面的发展

关于灭绝种族罪，在斯塔奇（Stakic）案中，上诉分庭认为被告人灭绝

① See Antonio Cassese, *The ICTY: A Living and Vital Reality*, Journal of International Criminal Justice 2 (2004), pp. 585—597.

② Ibid.

③ See Gabrielle Kirk McDonald, Problems, Obstacles and Achievements of the ICTY, Journal of International Criminal Justice 2 (2004), pp. 558—571.

④ Ibid.

⑤ See Fergal Gaynor and Barbara Goy, Ad Hoc International Criminal Tribunals, Journal of International Criminal Justice 5 (2007), pp. 544—580.

目标团体的意图应以积极而非消极的方式表达出来，如是否针对波斯尼亚穆斯林和波斯尼亚克罗地亚人而非笼统地针对非塞尔维亚人。① 在灭绝种族罪定义中，法庭认为："灭绝种族罪最初被认为是对种族、部落、民族或具有特定明确身份团体的灭绝而非对缺少明显身份各种人群的灭绝。"② 关于确定灭绝种族意图的方法，在斯塔奇案中，上诉分庭认为确定种族灭绝意图，并不是细化分析被告人是否实施规约中灭绝种族罪定义列出的单个行为，而是应当考虑所有证据能否证明存在灭绝种族的心理状态。③ 在克拉伊斯尼奇（Krajisnik）案中，初审分庭表示赞成"灭绝意图"应当不仅仅包括肉体或生理上的灭绝，还应包括团体成员间的联系、文化和信仰的灭绝。④

关于战争罪（包括严重违反《日内瓦公约》的行为），在加利奇（Galic）案件中，对于前南国际刑事法庭是否能基于条约享有非习惯国际法认可的司法管辖权，上诉分庭认为，法庭对违反法律或战争习惯的司法管辖的依据不仅包括习惯国际法，还包括由被控犯罪发生当事方签订的条约中规定但非习惯法认可的犯罪。⑤ 此类犯罪主要目的，不限于直接攻击或威胁以暴力、威胁在平民中制造恐怖的，还包括不加选择地或不成比例地攻击或威胁。至于犯罪心理并不要求只有行为或威胁的目的，还可以以制造恐怖为主要目的，包括其他目的，这一心理可从攻击或威胁的性质、方式、时间和时长来推断。上诉分庭还认为当被使用为与其人道主义用途无关的敌对或有害目的时，医院可为合法的攻击目标，但相对方必须在攻击之前进行警告。

关于反人道罪，上诉分庭认为灭绝行为是"大规模的屠杀行为"和"使大量人口处于或有系统地被处于必将导致其死亡的生活环境中"。⑥ 灭绝的心理状态是被告人意图通过其作为或不作为或是大规模地屠杀，或是使大量人口处于或有系统地被处于必将导致其死亡的生活环境中。对于灭绝行为既没有最低数字要求，也没有意图屠杀多少被害人数字要求。⑦ 对于缺少同意证据的强奸，在加库毕茨（Gacumbitsi）案件中，上诉分庭认为检察官能通过在强制环境里不可能作出真实承诺来证实并不存在被害人同意的情况，

---

① See Stakic Appeal Judgement, supra note 1, §28.

② Ibid., §21.

③ Ibid., §55.

④ See Krajisnik Trial Judgement, supra note 12, footnote 1701.

⑤ See Judgement, Galic, Appeals Chamber, 30 Nov. 2006.

⑥ Ibid., 259 Nov. 2006.

⑦ Ibid., 260、261 Nov. 2006.

因此也没有必要提供被害人相关言词、行为、被害人与犯罪人关系或暴力证据。更准确地说是可以从当时的背景环境中推出其不同意，如正在进行灭绝种族活动或被害人被监禁等情形。如果检察官排除合理怀疑地证明被告人明知或有理由明知强制环境具有削弱被害人真实承诺的可能性时，便能证实对不同意的明知。① 关于其他非人道行为是否定义充分的问题，在斯塔奇案件中，初审分庭提出其他非人道行为并未充分定义，因此违背了罪刑法定原则。② 对此上诉分庭主动予以否决，指出许多国际法律机构都认为其他非人道行为犯罪是习惯国际法的部分。③

2. 在程序法方面的发展

关于被告人是否适合受审的问题，在弗拉迪米尔·科瓦切维奇（Vladimir Kovacevic）案件中，被告人因精神病而缺乏辩护能力和适合受审的能力，所以被临时释放送回塞尔维亚进行治疗。④ 基于辩方和法庭推荐医学专家提交的报告，初审分庭认为被告人没有能力进行辩护，没有能力理解控诉的性质、程序过程、证据的重要性、程序结果，没有能力咨询律师和作证。⑤

关于证据连续性保管的问题，在欧里奇（Oric）案件中，证明一项证据的连续性保管并不是其被采信的必要条件。在有关武装冲突案件中适用严格的证据连续性保管规则并不利于司法利益，而且甚至可能导致在一些案件中根本不能引入证据。与调查和平时期的犯罪相比，调查武装冲突中的犯罪行为往往更加困难。⑥

关于申请提供机密材料的问题，在米鲁蒂诺维奇（Milutinovic）一案中，上诉分庭认为，如果法庭要求某一国家提供材料，而该国应当按照《法庭规约》第70条的规定予以提供。在向国家发布有拘束力的命令以前，法庭必须显示出在别处其已尽应有的谨慎以获得所要求的材料，但没能获得，或者从其他途径获得的信息并不足以对案件进行公平审理，因此才要求

---

① See Gacumbitsi Appeal Judgement, supra note 8, § 156.

② See Judgement, Stakic, Trial Chamber, 31 July 2003, § 719.

③ Ibid., § 315f.

④ See Public Version of the Decision on Accused's Fitness to Enter a Plea and Stand Trial, Kovacevic, Trial Chamber, 12 April 2006.

⑤ See Public Version of the Decision on Accused's Fitness to Enter a Plea and Stand Trial, Kovacevic, Trial Chamber, 45 April 2006.

⑥ See Oric Trial Judgement, supra note 96, § 27.

国家予以提供材料。上诉分庭认为不能命令国家披露其从别的国家根据信息共享协议而获得的材料。①

三、前南国际刑事法庭存在的不足

（一）前南国际刑事法庭内部机构之间存在矛盾

作为联合国附属机构，前南国际刑事法庭部门间低效率的运作使得联合国大会和安理会在管理方面的困难十分明显。规约制定者为法庭创设三个不同的部门：法庭、检察官办公室和书记处。考虑到其各自的职能，法庭、检察官被授予司法独立性。现实中，三个部门互相独立：法庭享有司法独立，庭长是法庭的负责人，向联合国大会和安理会负责；检察官享有规约保障的检察独立权；书记处独立于另两个部门，只向秘书长负责。这种各自独立的局面使得三部门之间工作协调起来既困难也耗时，彼此都谨慎地维护着各自的独立性。权力的分散、责任的分担、整体运作效率的迟缓等，这些都是长期的尚未解决的问题。②

（二）前南国际刑事法庭的运作费用昂贵，案件审理耗时过长

除 1993 年、1994 年度运作费用适度外，前南国际刑事法庭已成为一个耗资巨大的管理机构，在规模上可以相当于甚至超过许多联合国的专门机构。2001 年，前南法庭费用占联合国正常预算的 10%，之后每年法庭的一般预算均超过 2.5 亿美元。③

前南法庭运作费用昂贵已是不争的事实，然而更令人头痛的是，这些财物支出、耗费与法庭及时迅速对严重犯罪负责的个人进行审判这一主要使命的完成情况不成比例。未决犯审前漫长的羁押，使得人们已经质疑法庭是否违反了《公民权利和政治权利国际公约》所保障的基本人权；迟到的公正本身就是对公正的否定，人们开始思考前南法庭是否真正为被害人伸张了正义。也正因如此，2003 年安理会 1503 号决议要求前南国际刑事法庭采取一

---

① See Decision on Request of the United States of America for Review, Milutinovic et al., Appeals Chamber 12 May 2006, 30—31.

② See Ralph Zacklin, The Failings of Ad Hoc International Tribunals, Journal of International Criminal Justice 2（2004）.

③ Ibid.

切可能措施在 2010 年结束全部的工作。

（三）调查起诉对象的确定及取证困难

当武装冲突仍在前南境内进行时，检察官办公室根本无法获得政府、内部证人的支持，因而也无法取得证明材料、机密信息或进入犯罪现场实地调查，大多数证据是从被驱逐离境或选择离开前南的个人处收集，因而也受到证人个人经历和看法的限制，检察官办公室实际收集到的信息大多是关于低级官员的。这些级别相对较低的官员成为法庭早期被起诉的主体，而一些级别较高的指挥官却逍遥法外。而且，由于取证难等因素，导致了许多被告人久拘未审，这些都损于法庭审判的公正。2004 年 4 月 6 日，《法庭规约》修改为：检察官负责对法庭管辖类罪中有嫌疑的最应负责的一名或多名最高级别的官员调查起诉。

（四）国家合作义务的执行难以得到有效保障

与国内刑事司法体制不同，前南国际刑事法庭有赖于国家和国际组织来履行其职责。国家与前南法庭配合的义务 "来源于后者是按照安理会依据《联合国宪章》第 7 章作出决议而成立这一事实。因此，根据《联合国宪章》第 25 条，这一决议对所有国家具有拘束力"，① 国家有采取一切方式执行该决议的义务。② 但是，法庭无强行要求提供此种配合的直接权力。③ 相反，在国家不合作的情况下，法庭只有依赖安理会才能执行其命令和要求。④ 但此项强行执行方案从未能真正发挥作用，因为安理会并没有对此作出有意义的反应。如安东尼奥·卡塞塞（Antonio Cassese）庭长任职期间曾向安理会提交有关国家不服从情势报告 5 份，而安理会仅就其中 1 份作出决议，其余 3 份仅由安理会主席作出声明，而另 1 份则没有任何反应。⑤ 正是在这种情况下，卡塞塞庭长曾试图寻求国际社会支持，呼吁以南斯拉夫未能

---

① See First Annual Report of the ICTY, supra note 1.

② See Art. 25, UN Charter.

③ See D. A. Mundis, "Reporting Non-Compliance: Rule 7bis", in R. May et al., Essays on ICTY Procedure and Evidence in Honour of Gabrielle Kirk McDonald, The Hague: Kluwer Law International, 2001.

④ 所谓 "刑罚" 以外，是相对于旧派和中介论者而言。在新派那里，刑罚与保安处分并无实质上的差别，主张二者间最终融合。

⑤ See Mundis, supra note 8, at 425, nn. 15—22.

逮捕拉多万·卡拉季奇（Radovan Karaczic）和拉特科·姆拉迪奇（Ratko Mladic）而取消其奥运会的参加资格，①并"请求联合国、安理会、联合国大会、欧安会和和平执行委员会承担逮捕被告人的义务。"②

　　综上所述，前南国际刑事法庭是联合国设立的一个专门的国际刑事审判机构，从成立至今十多年来，虽然由于自身的局限性，法庭还存在着一定的不足，但它在促进国际和平与安全、惩治国际犯罪方面发挥了重大的作用，且在立法和司法实践方面都大大地促进了国际刑法的发展，为以后建立国际刑事审判机构积累了丰富而宝贵的经验。

---

①　See ICTY, The President of the International Criminal Tribunal for the Former Yugoslavia Calls for a Sports Boycott, 13 June 1996.

②　See J. China and D. Tolbert, The Office of the President: A Third Voice, in R. May et al. Essays on ICTY Procedure and Evidence in Honour of Gabrille Kirk McDonald.